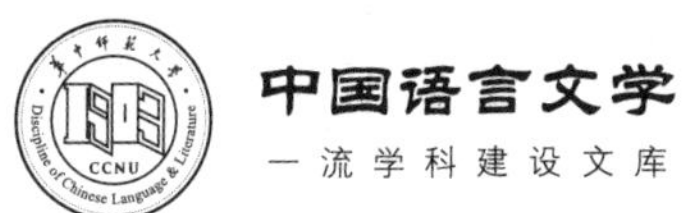

国家社科基金冷门绝学项目『基于出土文献的《诗经》文本用字研究』（19VJX123）阶段性成果

清华简『诗』类文献笺证

黄甜甜  著

广东高等教育出版社
Guangdong Higher Education Press
·广州·

图书在版编目（CIP）数据

清华简“诗”类文献笺证/黄甜甜著. --广州：广东高等教育出版社，2025.8. --ISBN 978-7-5361-7836-6

Ⅰ. K877.54

中国国家版本馆 CIP 数据核字第 2025SY4539 号

清华简“诗”类文献笺证

QINGHUAJIAN “SHI” LEI WENXIAN JIANZHENG

出版发行	广东高等教育出版社 地址：广州市天河区林和西横路 邮政编码：510500　电话：（020）87553335 http://www.gdgjs.com.cn
印　　刷	广东信源文化科技有限公司
开　　本	787 毫米×1 092 毫米　1/16
印　　张	21.75
字　　数	380 千
版　　次	2025 年 8 月第 1 版
印　　次	2025 年 8 月第 1 次印刷
定　　价	88.00 元

序

中华优秀传统文化的研究是当代中国人文社会科学研究的重要领域。2024 年 10 月 15 日，习近平总书记《在文艺工作座谈会上的讲话》曾强调：“中华优秀传统文化是中华民族的精神命脉，是涵养社会主义核心价值观的重要源泉，也是我们在世界文化激荡中站稳脚跟的坚实根基。……我们要结合新的时代条件传承和弘扬中华优秀传统文化。”

以先秦两汉典籍研究为核心的中国古典学研究正是中华优秀传统文化研究的基础性工作。21 世纪以来，出土文献研究日渐成为中国古典学研究中的显学。黄甜甜的《清华简“诗”类文献笺证》正是出土文献研究的最新力作，该书在文字训诂考证、《诗经》学专题研究等方面皆具特色，其出版对于推动出土“诗”类文献的整体研究，具有深远的意义。

该书结构设计合理，分为上下编，上编是清华简《周公之琴舞》《芮良夫毖》和《耆夜》重要研究观点的汇释，下编是分专题的论述。

明确界定“诗”类文献的概念是该书的首要创见。在《绪论》一章，作者不同意学界某些学者只要见“诗”就将全篇归入“诗”类文献的做法，而是主张从语言形式和文本功能双重视角去界定“诗”类文献。特别是从《楚辞·九歌》特有语言形式特征上区分“诗”和《九歌》一类的“赋”，将清华简《子仪》从“诗”类文献中剥离出去。

重视与同时代金文材料的互证，是上编文本集解的一大特色。语言具有时代性，想要准确考释清华简《周公之琴舞》《芮良夫毖》和《耆夜》的字词，甚至研究整篇的成文时代，需要借助同时代的文献材料，寻找清华简“诗”类文献与同时代金文等出土文献的共同特征。该书在同时代文献互证方面，有多处创获。

例如，《周公之琴舞》简四“夫明思慎”等几句，书中借助于西周师望鼎和逨盘等铜器铭文的互证，指出“夫明思慎”几句语出西周金文的习语。又如《耆夜》篇周武王《輶乘》诗“虘士奋甲，殹民之秀”两句起首字的用法，作者通过与大盂鼎、曾伯陭钺等铭文的系联，考证出起首字用作指示代词的用法渊源有自。

利用清华简“诗”类文献，推动《诗经》学重大议题的研究，亦是该书的重要特色。《诗经》的成书历程、《诗经》的经典化等学术史议题是当代《诗经》学研究的重要方向，该书在这些方面皆有深入的研究，有助于加深学界对战国时代《诗经》流传形态和经典化历程的认识。例如，作者从简本和今本《蟋蟀》的对比之中，发现今本《蟋蟀》经历了言说对象从贵族士人到一般君子士人的泛化，全诗的诗旨也被有意改造为泛化的教育意义，这些观点足以深化当代学界对《诗经》经典化具体方式的认识。

整体而言，《清华简“诗”类文献笺证》在古文字考释、《诗经》学，乃至历史文献学和古典文学等研究领域皆有较高的学术价值，学界期待着它的早日问世。

廖名春

2024 年 12 月 13 日于北京养心园

凡 例

1. 本书以《清华大学藏战国竹简（一）》中的《耆夜》、《清华大学藏战国竹简（三）》中的《周公之琴舞》和《芮良夫毖》三篇简文为研究对象。集解部分根据文意分段，以注释序号为序，先对原释文中文字隶定、释读和断句做出部分修正，而后辑录学界较为重要的观点。

2. 简文中的通假字、异体字在其后以“（ ）”括注本字、正字。简文中残字或无法辨识之字，据上下文推定字数者，以“□”标示每字；不能确定字数者，以“……”标示。讹字用“〈 〉”标示。补充内容用［ ］标示。

3. 集解部分仅选取学界较有价值的考释意见，尽量保持原文原意，但不完全照录。原研究文献中的注释和脚注一般不采录。

4. 本书采用简体字行文，但在涉及出土文献释文时，出现因简、繁体字形差异过大而影响字形隶定准确度的现象，如“㬎”与“显”，前者接近古文字构形，此种情况适当保留繁体字形。

5. 武大简帛网和复旦出土文献与古文字研究中心网所刊论文或各种会议论文，后来有正式发表的，以正式发表版本为准。

6. 书中对金文著录一律采用简称，《殷周金文集成（修订增补本）》（中华书局，2007 年）简称为《集成》，《近出殷周金文集录》（中华书局，2002 年）简称为《近出》，《新收殷周青铜器铭文暨器影汇编》（艺文印书馆，2006 年）简称为《新收》，《商周青铜器铭文暨图像集成》（上海古籍出版社，2012 年）简称为《铭图》。各铭文出处只在简称后加上原书铭文编号，不再出注。

7. 笺注部分引用的学者著述，存在标点、文献名称等方面的差异，如“蔡沈《书集传》”，不同作者称作“蔡沈《集传》”或“蔡沈集传”，本书尊重原貌，不作统一处理。

8. 为行文方便，本书在引述学者观点时，一般径称学者之名而不加先生等称谓，望祈见谅。

目　　录

上　编

第一章　绪论 …… 2

一、概念界定 …… 2

二、研究对象 …… 9

三、研究史回顾 …… 11

四、研究方法与思路 …… 23

第二章　《周公之琴舞》集解 …… 28

一、周公元启 …… 28

二、成王元启 …… 46

三、成王再启 …… 61

四、成王三启 …… 68

五、成王四启 …… 79

六、成王五启 …… 85

七、成王六启 …… 91

八、成王七启 …… 99

九、成王八启 …… 106

十、成王九启 …… 115

第三章　《芮良夫毖》集解 …… 119

一、《芮良夫毖》本事 …… 119

二、芮良夫初毖 …… 123

三、芮良夫二毖 …… 172

第四章 《耆夜》集解 …… 205
一、饮至礼 …… 205
二、王作《乐乐旨酒》 …… 216
三、王作《輶乘》 …… 225
四、周公作《赑赑》 …… 230
五、周公作《明明上帝》 …… 235
六、周公作《蟋蟀》 …… 241
七、篇名“耆夜” …… 250

下 编

第五章 《周公之琴舞》和《芮良夫毖》文本性质考 …… 256
一、两篇简文的基本特征 …… 257
二、两篇简文与“书”类文献的关系 …… 268
三、两篇简文的“诗”类文献特征 …… 273
四、两篇简文内容之源 …… 277
五、两篇简文文本性质之总结 …… 280
第六章 《耆夜》文本性质考 …… 282
一、由语言文字推测《耆夜》的成文时代 …… 284
二、由内容推论《耆夜》文本的构成 …… 287
三、《耆夜》篇的文本形态 …… 290
四、由《周礼》“乐语”论《耆夜》篇的文本性质 …… 292
五、总结 …… 297
第七章 由清华简论《诗经》在战国时代的编集和流传 …… 299
一、今本与简本《蟋蟀》之对比 …… 299
二、由《耆夜》论《国风》之改编和《诗序》之形成 …… 305
三、简本与今本《敬之》之对比 …… 309
四、由简本《敬之》论《周颂》之结集和流传 …… 313
结语 …… 318
参考文献 …… 322

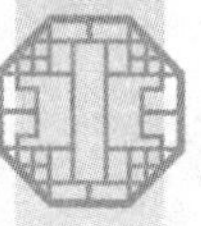

上编

第一章 绪 论

深入开展早期经典的研究，是传承和弘扬中华优秀传统文化的重要途径。王国维曾言“古来新学问起，大都由于新发见”①。20世纪90年代以来，郭店楚墓竹简、上海博物馆藏战国竹简和清华大学藏战国竹简等出土文献，相继整理刊布。其中，与“诗”相关的文献内容可谓蔚为大观，学术意义重大。特别是近出清华简所见的《周公之琴舞》《芮良夫毖》和《耆夜》三篇，有着相似的文本特征和社会功用，呈现出战国时代繁荣学术的某一个侧面。三篇文献对于我们认识研究战国时代“诗”的流传和使用情形，极具学术价值。而且，《周公之琴舞》包含可与《诗经·周颂·敬之》对读的“诗”篇，《耆夜》包含可与《诗经·唐风·蟋蟀》对读的“诗”篇，亦对我们了解《诗经》的成书和经典化历程有重大的学术意义。

一、概念界定

（一）“诗”

学界一般认为，“诗”这一概念在先秦文献中有狭义和广义之分。狭义上专指《诗经》中的三百零五篇“诗”；广义上则指一种文体，凡是格式规整、讲求韵律

① 王国维：《最近二三十年中中国新发见之学问》，《学衡》第45期，1925年9月；收入谢维扬、房鑫亮主编，胡逢祥分卷主编《王国维全集》第14卷，浙江教育出版社，2009年，第239－244页。

的作品皆可称作“诗”。[①] 例如，石鼓文在语言风格上与《诗经》高度一致，大体可称之为“诗”。[②]《诗经》和石鼓文一般呈现四言体的形式，四言体文在先秦文献中常见。但并非所有四言体文都是诗，只有经过“诗化”的四言体文才能称为“诗”。清代以来，多位学人逐渐归纳出四言体的“诗化”主要以用韵、韵律、句型、句序等方面的趋于规则化为特征。[③] 本书“诗”的定义即以四言“诗”体为基本标准。

诚然，《诗经》中也存在不少尚未“诗化”或者部分“诗化”的篇章，《周颂》所占比重最大。如《昊天有成命》“昊天有成命，二后受之。成王不敢康，夙夜基命宥密。於缉熙！单厥心，肆其靖之”，全诗无韵。但是，《周颂》整体上在使用祭祀成语的过程中，亦显露出句式逐渐规则，向四言“诗”体转化，而且入韵的趋势。[④] 故而，《周颂》自然属于先秦“诗”的一部分。这类尚未“诗化”或者部分“诗化”的篇章的创作目的是用于祭祀等礼乐仪式，曾与其他诗篇一起“入乐”[⑤]，最终也被收入《诗经》之中。因此，是否用于周代礼乐文化场合，也应当是判断先秦“诗”的次选标准。

《清华大学藏战国竹简（三）》中的《周公之琴舞》和《芮良夫毖》两篇文献除少数序言性质的文字外，主体内容基本以四言体“诗”行文，句式较为整齐，文中多见押韵现象，两篇简文符合上述先秦“诗”的基本标准。而且，《周公之琴舞》出现了与《周颂·敬之》内容基本相同的诗文，《芮良夫毖》则出现了与《豳风·伐柯》部分相近的诗文。《清华大学藏战国竹简（一）》中的《耆夜》篇

---

① 逯钦立《先秦汉魏晋南北朝诗》凡例中指出《诗》《楚辞》皆在该书编入的范围，可见该书广义“诗”的标准覆盖诗骚二体。《诗》《骚》没有实际列入书中，仅存目。该书先秦部分以“先秦诗”为总目，下列歌（上、下）、谣、杂辞、诗、逸诗、古谚语七卷。其中“诗”卷仍然以四言诗体为采录标准，内容以石鼓文为主。参见逯钦立《先秦汉魏晋南北朝诗》，中华书局，1983 年。

② 关于石鼓文与《诗经》关系的研究，参见徐宝贵《石鼓文整理研究》第七章“石鼓文的年代”第二节“从石鼓文与《诗经》的语言比较及诗歌形式的发展变化考察”，中华书局，2008 年，第 626 – 650 页。

③ 葛晓音：《四言体的形成及其与辞赋的关系》，《中国社会科学》2002 年第 6 期，第 151 – 161 页；冯胜利：《汉语韵律诗体学论稿》，商务印书馆，2015 年，第 51 – 66 页；蔡宗齐：《古典诗歌的现代诠释——节奏、句式、诗境（理论研究和〈诗经〉研究部分）》，《中国文哲研究通讯》2010 年第 1 期，第 1 – 45 页。

④ 陈致：《从〈周颂〉与金文中成语的运用来看古歌诗之用韵及四言诗体的形成》，收入陈致《诗书礼乐中的传统：陈致自选集》，上海人民出版社，2012 年，第 1 – 31 页。

⑤ 《诗经》文本曾入乐，代表性说法如顾颉刚《论〈诗经〉所录全为乐歌》，《古史辨》第 3 册下，朴社，1931 年，第 608 – 658 页。研究史的回顾可参考朱孟庭《诗经与音乐》第二章“《诗经》与音乐关系研究的历史考察”，文津出版社，2005 年，第 33 – 47 页。

以周武王伐耆之后的饮至礼为背景，主体内容包含武王与诸大臣相互酬酢所赋的五首“诗”，其中《蟋蟀》与《唐风·蟋蟀》内容大致相同，其他四诗也符合四言“诗”体的基本标准。《清华大学藏战国竹简（三）》中的《祝辞》整体属于巫术祝呪之辞，文中出现了五首四言为主的“诗”，前二则明显用韵，后三则包含句中韵[①]，这五则大体亦符合先秦“诗”的基本标准。

需要特别辨析的是，《清华大学藏战国竹简（六）》中的《子仪》篇以春秋时期秦晋殽之战为背景，讲述了战后秦穆公为与楚修好，主动将子仪送归楚国的故事。[②] 简文核心内容是秦穆公和子仪之间的赋诗与对话，对故事背景的记述较为简略。有学者称其为出土文献所见首篇以春秋时期外交“赋诗”为主体内容的文献[③]，这是对该篇文本性质较为合理的定性。然而，篇中几首诗虽然表面上可以被视作先秦“诗”，但其中多句的句型却明显与《楚辞·九歌》相一致。有学者曾分析《诗经》《楚辞》“兮”字用法的异同之处：

> 《楚辞》和《诗经》都可以把“兮”字用于一句之末，就是刘勰所说“出于句外”，但《楚辞》用“兮”于句中即《九歌》型，真正是刘勰所说的“入于句限”，而《诗经》却没有。[④]

具体到《子仪》，用“兮”于句中的《九歌》型句子出现了多处，至少有两类。第一类是“主语＋兮＋谓语”式，例如《九歌·少司命》有“秋兰兮青青”，《子仪》中相同句式的有简19的“汧可（兮）霏霏”“渭可（兮）滔滔”“杨柳可（兮）依依”，亦有见于简8的“鸟飞可（兮）渐永”；简8的“远人兮离宿”[⑤] 虽包含宾语，但也接近这一类。第二类句中“兮”的用法相当于连词“而”，例如《九歌·东君》有“长太息（兮）将上”，《子仪》简10则有“夺之绩可（兮）而

---

① 整篇较为详细的通释和用韵分析，参见侯乃峰《清华简（三）〈祝辞〉集解通释》，《出土文献研究综合集刊》第8辑，巴蜀书社，2019年，第214页。

② 李学勤：《有关春秋史事的清华简五种综述》，《文物》2016年第3期，第79－83页。《子仪》释文见李学勤主编《清华大学藏战国竹简（六）》，中西书局，2016年，第127－135页。

③ 何家兴：《从清华简〈子仪〉谈春秋秦乐》，《中国文学研究》2018年第2期，第99页。

④ 廖序东：《释“兮”及〈九歌〉句法结构的分析》，廖序东《楚辞语法研究》，商务印书馆，2006年，第33页。

⑤ 简8释文和断句参考单育辰等学者意见，参见单育辰《清华六〈子仪〉释文商榷》，《出土文献研究》第16辑，中西书局，2017年，第31－32页。

奋之"，两句的"兮"除了表示停顿，也可表示上下文的语法关系。[①] 概言之，《子仪》篇中的诗有一定辞赋化的倾向，不尽符合前述先秦"诗"的基本标准。

（二）"诗"类文献

就语文特征和文本形态而论，传世与出土先秦文献中"诗"相关文献在狭义上可以具体划分为"诗"类与"称诗"[②] 类两种，二者共同属于学界一般所言广义的"诗"类文献。

狭义的"诗"类文献一般指的是语文特征上仅为"诗"的文献。自西周至春秋时代，先后创作并最终编订合集的"诗"文本，以及其他逸诗等都可算作"诗"类，这类文献的内容往往以完整的独立诗篇构成，整体上可视为一种文类，我们称之为"诗"类文献。出土文献中，安大简《诗经》、阜阳汉简《诗经》和上博简《交交鸣鶩》《多薪》等诗篇，自然都属于"诗"类文献。诗乐本为一体，但在东周时期，诗乐分离，诗和乐分别独立流传。传世和出土《诗经》以及逸诗都是诗乐分离之后"诗"文本系统的流传作品，而上博简《采风曲目》、清华简《五音图》《乐风》则属于乐文本系统的流传作品[③]，乐文本系统的文献可归作"乐"类文献。

清华简《周公之琴舞》《芮良夫毖》与《诗经》这类纯粹的"诗"文本合集的文本形态稍有不同。二篇的主体以多篇"诗"组成，篇首和篇中出现了几条文字简短的"诗本事"[④]，这类应当是《诗经》式单纯"诗"文本合集类型以外的一

---

① 对《九歌》型"兮"字用法和句式的分析，参见廖序东《释"兮"及〈九歌〉句法结构的分析》，廖序东《楚辞语法研究》，第 42 – 69 页；孙力平《中国古典诗歌句法流变史略》，浙江大学出版社，2011 年，第 121 – 126 页。

② "称诗"一词古已有之，如《汉书·艺文志》"古者诸侯卿大夫交接邻国，以微言相感，当揖让之时，必称诗以谕其志"，但这偏指"赋诗"。张素卿《左传称诗研究》一书最早用"称诗"来统称《左传》中"引诗"和"赋诗"等用诗方式。参见张素卿《左传称诗研究》，台湾大学出版中心，1991 年，第 1 – 2、8 页。郑靖暄《先秦称诗及其〈诗经〉诠释之研究》文以"称诗"来涵盖"引诗""赋诗"和"论诗"三种用诗方式。本书采纳郑文对"称诗"的分类方式。参见郑靖暄《先秦称诗及其〈诗经〉诠释之研究》，硕士学位论文，台湾大学中国文学研究所，2004 年，第 27 – 47 页。早期文献"称诗"用例的汇集可参见何志华、陈雄根编著《先秦两汉典籍引〈诗经〉资料汇编》，香港中文大学出版社，2004 年。

③ 对二篇各自文本性质的考论，参见方建军《清华简〈五音图〉〈乐风〉试探》，《黄钟（武汉音乐学院学报）》2023 年第 4 期。

④ "诗本事"原为唐以后分析杜甫诗写作背景提出的一个概念，本书仅借此概念指代出土"诗"类文献中对"诗"创作背景的介绍。具体解释参见张晖《中国"诗史"传统》第 1 章"'诗史'说的最初形态：重读《本事诗》"，生活·读书·新知三联书店，2012 年，第 1 – 16 页。

种“诗”类文献。此外，清华简《祝辞》每首短诗前后基本上会先说明使用背景和程序，例如第一首的开头为“恐溺，乃执弊以祝曰”，末尾为“乃舍弊”。因而，《祝辞》的文本形态与《周公之琴舞》《芮良夫毖》较为接近。

先秦“称诗”的行为又分为“引诗”“论诗”与“赋诗”等方式。《左传》和《国语》大量“引诗”“赋诗”用例，以及诸子百家“引诗”“论诗”用例，皆可算作“称诗”类。

具体而言，“引诗”，指先秦文献中作者品议故事、人物和言论时，引“诗”作为论据的用“诗”现象。传世文献中此类现象多见，如《左传·隐公元年》：

> 君子曰：颍考叔，纯孝也，爱其母，施及庄公。《诗》曰：“孝子不匮，永锡尔类。”其是之谓乎。①

出土文献中也有此现象，如郭店简《缁衣》首章云：

> 夫子曰：好美如好缁衣，恶恶如恶巷伯，则民咸放（饬）而刑不屯。《诗》云：“仪刑文王，万邦作孚。”②

“论诗”指文献中论者针对《诗》整体或部分，以及“诗”中的某章、某句所作的评论。传世文献中“论诗”的例子，如《论语·阳货》有孔子的“论诗”：

> 子曰：小子何莫学夫《诗》。《诗》可以兴，可以观，可以群，可以怨。迩之事父，远之事君。多识于鸟兽草木之名。③

出土文献中的“论诗”现象，如郭店简《语丛一》简38—39：“‘诗’，所以会古

---

① 杜预注：《春秋左传集解》，上海古籍出版社，1977年，第7页。

② 荆门市博物馆编：《郭店楚墓竹简》，文物出版社，1998年，第129页。本书中凡郭店简释文，以整理者原释文为参考，同时吸收学界意见。

③ 何晏注，邢昺疏：《论语注疏》，北京大学出版社，2000年，第269－270页。

今之志也者。"[1] 又如上博简《孔子诗论》简27："孔子曰：《蟋蟀》知难。"[2]

"赋诗"，一般指春秋时期礼乐活动中，宾主双方以"诗"为介展开的对话活动。往往由宾或主自赋，多随时口诵。传世先秦文献中的"赋诗"活动多数见于《左传》和《国语》，如《左传·襄公十九年》有如下一例：

> 季武子如晋拜师，晋侯享之。范宣子为政，赋《黍苗》。季武子兴，再拜稽首曰："小国之仰大国也，如百谷之仰膏雨焉！若常膏之，其天下辑睦，岂唯敝邑？"赋《六月》。[3]

清华简《耆夜》叙述了周武王八年伐黎后，在饮至典礼上，武王与诸大臣相互酬酢赋诗的故事。[4] 文中先后有武王酬毕公作歌一终《乐乐旨酒》、酬周公作歌一终《輶乘》，周公酬毕公作歌一终《赑赑》、酬武王作祝诵一终《明明上帝》，以及周公见蟋蟀降于堂，起兴而作歌一终《蟋蟀》。多位学者的研究表明，《耆夜》篇整体成文较晚[5]，武王和周公"作歌"可能是编撰者附会的说法。先秦的用诗方式中与"作歌"表面上最接近的是"歌诗"。"歌诗"是指在聘问燕享等典礼中，在乐曲伴奏下，由乐工来歌唱诗。如《左传·襄公四年》所载：

> 穆叔如晋，报知武子之聘也。晋侯享之，金奏《肆夏》之三，不拜；工歌《文王》之三，又不拜；歌《鹿鸣》之三，三拜。[6]

与《耆夜》不同的是，"歌诗"一般是由乐工或者大师这样的专业人员进行

---

① 荆门市博物馆编：《郭店楚墓竹简》，第194页。

② 释文采自侯乃峰《上博楚简儒学文献校理》，上海古籍出版社，2018年，第14页。

③⑥ 杜预注：《春秋左传集解》，第954、813页。

④ 李学勤：《清华简九篇综述》，《文物》2010年第5期，第54页；《耆夜》释文见李学勤主编《清华大学藏战国竹简（一）》，中西书局，2010年，第149－156页。

⑤ 《耆夜》成篇时代较晚的研究可参考陈致《清华简所见古饮至礼及〈郘夜〉中古佚诗试解》，《出土文献》第1辑，中西书局，2010年，第6－30页；李峰《清华简〈耆夜〉初读及其相关问题》，李宗焜主编《出土材料与新视野：第四届国际汉学会议论文集》，台北"中研院"，2013年10月，第461－491页；曹建国《论清华简中的〈蟋蟀〉》，《江汉考古》2011年第2期，第110－115页；吴良宝《再论清华简〈书〉类文献〈郘夜〉》，《扬州大学学报（人文社会科学版）》2015年第3期。

的，而且"歌诗"必然合乐，由乐工来歌唱。[①] 所以《耆夜》"作歌"不能理解为"歌诗"。"赋诗"是由宾或主自赋，多随时口诵；《耆夜》全文以周初伐耆后饮至礼为故事背景，武王和大臣间相互酬酢，相互作歌，这种情形类似于"赋诗"。[②]简文作者很可能是在春秋时代赋诗的风气影响之下，以周初故事为"诗本事"，融古诗于饮至礼中，最终编写出《耆夜》。因此，我们完全可以视《耆夜》所载内容为"赋诗"行为。

综上分析，清华简《耆夜》不仅包含较为详细的故事背景信息（"诗本事"），所称引的诗歌一般较为完整地呈现"诗"文内容[③]，而且"赋诗"行为是全文叙事的核心，可以视为另一种文本形态的"诗"类文献。[④]

有学者认为，《周公之琴舞》《芮良夫毖》《耆夜》这三篇涉"诗"简文恰好提示出了"诗"文本由书史记录的综合形式向《诗经》专篇形式过渡的中间形态。[⑤] 这种说法，大体能概括三篇在文本形态上的共同特征。

此外，与传世文献中"称诗"用例和《周公之琴舞》《芮良夫毖》《耆夜》的文本形态不同，上博简《孔子诗论》既没有对各篇创造和使用背景的叙述，也没有对"诗"文的完整呈现，全篇仅仅"论诗"，亦可视作广义上"诗"类文献中的另一个子类。

概言之，出土文献目前所见的"诗"类文献至少有五个子类，见表1-1。

---

① 董治安：《从〈左传〉〈国语〉看"诗三百"在春秋时期的流传》，董治安《先秦文献与先秦文学》，齐鲁书社，1994年，第20页；马银琴：《周秦时代〈诗〉的传播史》，社会科学文献出版社，2011年，第45-46页。

② 对《耆夜》的赋诗性质的礼学背景研究，参见徐渊《从清华简〈耆夜〉饮至礼典推测其成书年代》，《古典学志》第1辑，广州出版社，2021年，第14-23页。

③ 《尚书大传》和《穆天子传》存有几例完整呈现所称诗文的情况，详见本书第六章。

④ 学界对出土"诗"类和"书"文献的划分标准不同，或偏重语文特征，或偏重文本功能，本书偏重语文特征。倘若偏重文本功能，《周公之琴舞》《耆夜》等篇亦可视作"书"类文献。详细的讨论参见本书第五章。

⑤ 孙世洋：《周代史官的"类诗家"功能与〈诗经〉早期传述状态初探》，《中国诗歌研究》第11辑，社会科学文献出版社，2015年，第53-58页。

表 1-1 出土文献“诗”类文献分类简表

序号	类别	名称	特征
1	“诗”	阜阳汉简《诗经》、安大简《诗经》、海昏简《诗经》、王家咀简《诗经》	独立“诗”篇的合集
2	“诗”	上博简《交交鸣鶩》《多薪》	《诗经》以外的逸“诗”
3	“诗”	清华简《周公之琴舞》《芮良夫毖》《祝辞》	简略“本事”+多篇“诗”
4	“称诗”	清华简《耆夜》	详细“本事”+赋“诗”（含“诗”文）
5	“称诗”	上博简《孔子诗论》	“论‘诗’”的合集

本书即以第 3 和第 4 子类作为研究对象。①

二、研究对象

《周公之琴舞》和《芮良夫毖》二篇收录于《清华大学藏战国竹简（三）》。《周公之琴舞》篇有简 17 支，简长 45 厘米，整体保存完好，只有第 15 号简部分残缺，简背有汉字顺序编号，简 17 末尾有留白，末字下有“[illegible]”形结尾符号。首简简背有“周公之琴舞”五字，整理者以此为篇题。整理者也指出此篇简文形制和字迹与《芮良夫毖》相同，内容也是“诗”体，当为同时所写。《芮良夫毖》首简背面有“周公之颂志（诗）”几字的刮削痕迹，可能是书手或管理者为《周公之琴舞》篇所拟标题，误写在《芮良夫毖》首简背，据此《周公之琴舞》或可称为《周公之颂志（诗）》。② 全文含十篇诗，据字面意思而论，可分周公所作和成王所作两部分，皆为以儆戒为主题的诗。周公所作部分仅存一篇诗，其他九篇为

① 鉴于《祝辞》篇相对简短，文辞晦涩难解，也不像其他三篇均与代表社会文化大传统的《诗经》存在关联，属于先秦巫术咒语诗中降为社会文化小传统而在底层社会流传的诗歌，本书暂不列入研究范围。对其文本性质的分析，参见江林昌《清华简〈祝辞〉与先秦巫术咒语诗》，《深圳大学学报（人文社会科学版）》2014 年第 2 期，第 54-58 页。

② 李学勤主编：《清华大学藏战国竹简（三）》，中西书局，2012 年，第 132 页。

成王所作，而且各篇有“启曰”起始，以“乱曰”标志结束。成王九篇中第一篇可对应今本《周颂·敬之》，只有部分文字差异。[①]

《芮良夫毖》简长44.7厘米，经缀合共得28支简，仍有7支残缺。整理者据内容拟篇题“芮良夫毖”。简文从西周末政治形势入手，重点记载芮良夫的训诫之辞。简文两处引文可与《左传》所载逸诗和《豳风·伐柯》相对照。全篇以四言体为主，多在句尾用韵。[②] 李学勤主张该篇可视为“大雅”一类诗篇。[③]

《耆夜》篇正式整理报告收入《清华大学藏战国竹简（一）》[④]，全篇有14支简，简长45厘米，最后4支简上部有残损，各简背有汉字次序编号，末简简背有“郘夜”二字为题。简文记述了武王出师戡耆，得胜后在“文大室”进行饮至礼。饮至礼上，武王酬毕公，作歌一终《乐乐旨酒》；酬周公，作歌《輶乘》；周公酬毕公，作歌一终《赑赑》；酬王，作歌一终《明明上帝》。而后周公见蟋蟀降于堂，起兴而作诗《蟋蟀》。简文《蟋蟀》诗与《唐风·蟋蟀》高度相似。[⑤]

字迹方面，《周公之琴舞》《芮良夫毖》被公认为同一书手的字迹。[⑥]《耆夜》是否与前二篇为同一书手的字迹，学界稍有争议。[⑦] 竹简形制方面，三篇的形制同中亦有异。[⑧]

---

① 相关介绍参见李学勤《新整理清华简六种概述》，《文物》2012年第8期，第66页；李学勤主编《清华大学藏战国竹简（三）》，2012年，第132页；李守奎《清华简〈周公之琴舞〉与周颂》，《文物》2012年第8期，第72－76页。

② 相关介绍参见李学勤《新整理清华简六种概述》，《文物》2012年第8期，第67页；李学勤主编《清华大学藏战国竹简（三）》，2012年，第144页；赵平安《〈芮良夫讼〉初读》，《文物》2012年第8期，第78－79页。

③ 李学勤：《关于清华简中的“丁”字》，李学勤《初识清华简》，中西书局，2013年，第187页。

④ 正式报告出版前有两文曾作简单介绍，分别为李学勤《清华简〈郘夜〉》，《光明日报》2009年8月3日第12版；李学勤《清华简九篇综述》，《文物》2010年第5期，第53－54页。

⑤ 李学勤主编：《清华大学藏战国竹简（一）》，第149页。

⑥ 贾连翔：《战国竹书形制及相关问题研究——以清华大学藏战国竹简为中心》，中西书局，2015年，第166－173页；李松儒：《清华简字迹研究》，山东画报出版社，2023年，第89－129页。

⑦ 相关综述参见李松儒《清华简字迹研究》，第89页。

⑧ 李松儒：《清华简字迹研究》，第89－127页。

三、研究史回顾

（一）《周公之琴舞》

1.《周公之琴舞》的结构

《周公之琴舞》在文本结构上，有“周公作多士儆毖，琴舞九卒”和“成王作儆毖，琴舞九卒”两句提示，篇中尚有“启”和“乱”这样的乐章术语，但周公“诗”只有“元启”一首，成王“诗”则有“元启”至“九启”九首。而且，周公“元启”没有与“启”对应的“乱”，成王九首内部皆有与“启”对应的“乱”。

面对周公和成王所作诗篇数量不对等的情况，李学勤最初认为这种情形并不意味着周公所作缺失八首，因为成王所作的九首中有的是成王的口吻，有的却是朝臣的口吻，例如成王“元内启”有“示告余显德之行”，说明这是成王口吻，而“四启”开端言“文文其有家，保监其有后，孺子王矣”的“孺子王矣”见于《尚书·立政》成王嗣位时周公所说，说明这一首为周公所作。[①] 蔡先金亦认为《周公之琴舞》通体是一篇完整的乐章，而非两篇的拼凑。[②] 后来，李学勤又主张《周公之琴舞》原诗可能实有18篇，在长期流传过程中，出于演奏的需要，组织编排成了现在看到的结构。[③] 李守奎亦主张周公也应当有九首诗，配乐为歌九章[④]；赵敏俐也有类似看法。[⑤] 简文明言“儆毖九卒”，“诗”却共有十首，邓佩玲认为这可以从乐舞序幕的角度作出解释。乐舞的序幕可作为引子，更可起揭示乐舞主旨的功能。周公所作四句诗极有可能是整个乐曲的序幕。[⑥]

针对简文“启”“乱”之别，李辉认为“乱”意味着歌者角色的转换，成王

---

① 李学勤：《新整理清华简六种概述》，第66－67页。

② 蔡先金：《清华简〈周公之琴舞〉的文本与乐章》，《西北师大学报（社会科学版）》2014年第4期，第33－40页。

③ 李学勤：《论清华简〈周公之琴舞〉的结构》，《深圳大学学报（人文社会科学版）》2013年第1期，第58－59页。

④ 李守奎：《〈周公之琴舞〉补释》，《出土文献研究》第11辑，中西书局，2012年，第9页。

⑤ 赵敏俐：《〈周公之琴舞〉的组成、命名及表演方式蠡测》，《文艺研究》2013年第8期，第39－40页。

⑥ 邓佩玲：《〈诗经·周颂〉与〈大武〉重探——以清华简〈周公之琴舞〉参证》，《岭南学报》复刊第4辑，上海古籍出版社，2015年，第219－246页。

九诗每首内部的“启”和“乱”构成轮唱模式，有周公所作，亦有成王所作。[①]与李辉“轮唱”的观点不同的是，李学勤主张“成王作”九诗各首的整体或为君或为臣的口吻，宁镇疆等学者的考证可以印证这种说法[②]，只是具体的判定存在差异。[③]（见表1－2）

表1－2　《周公之琴舞》诸“诗”内部角色口吻汇释

角色	内容	李学勤[④]	李守奎[⑤]	姚小鸥[⑥]	孙飞燕[⑦]	宁镇疆[⑧]	李辉[⑨]
周公	元启	臣					
成王	元启＋乱	君	成王				“启”为周公教戒成王，“乱”为成王自勉
	再启＋乱	臣	成王	成王	成王		“启”为周公勉群臣，“乱”为成王自勉
	三启＋乱	君	成王		成王		“启”为周公之辞，“乱”为成王之辞
	四启＋乱	臣	成王		周公	周公	“启”为周公之辞，“乱”为成王之辞
	五启＋乱	君	成王	成王	成王		“启”为周公之辞，“乱”为成王之辞
	六启＋乱	君	成王	成王	成王		“启”为成王之辞，“乱”为周公之辞

①⑨　李辉：《〈周公之琴舞〉“启＋乱”乐章结构探论》，《文史》2020年第3辑，第249－258页。

②⑧　宁镇疆：《由它簋盖铭文说清华简〈周公之琴舞〉“差寺王聪明”句的解读——兼申“成王作”中确有非成王语气〈诗〉》，《出土文献》2020年第4期，第53－63页。

③　本书对每首启和乱口吻的判定不完全等同于下列每一家说法，详细考证参见第二章每一处“句解”和第五章表5－1。

④　李学勤：《新整理清华简六种概述》，第66－67页；李学勤：《论清华简〈周公之琴舞〉的结构》，第57－59页。

⑤　李守奎：《〈周公之琴舞〉补释》，第9页。

⑥　姚小鸥、李文慧：《〈周公之琴舞〉诸篇释名》，《中国诗歌研究》第10辑，社会科学文献出版社，2014年，第1－18页。

⑦　孙飞燕：《清华简〈周公之琴舞〉与〈诗经·周颂〉的性质新论》，杨振红、邬文玲主编《简帛研究二〇一四》，广西师范大学出版社，2014年，第8页。

续上表

角色	内容	李学勤	李守奎	姚小鸥	孙飞燕	宁镇疆	李辉
成王	七启＋乱	君	成王	成王	成王		“启”为成王之辞，“乱”为周公之辞
	八启＋乱	臣			周公	周公	“启”为周公之辞，“乱”为成王之辞
	九启＋乱	臣		成王	成王		“启”为周公儆毖成王，“乱”为成王自“我”之辞

2. **成文时代及作者**

对于《周公之琴舞》的成文时代，不少研究者据“周公作多士儆毖，琴舞九卒”和“成王作儆毖，琴舞九卒”的提示语，默认整篇成文于周初。张利军认为两处提示语类似于史官的叙事之辞，据此大体可判断全篇作者是周公和成王；鉴于《周颂・敬之》为周成王嗣位的乐诗，作于周公摄政之前，大体可以判断《周公之琴舞》为周成王嗣位乐诗，且创制于周公摄政之前。[①] 李学勤认为“周公作”“成王作”不一定说明该诗直接出自周公、成王，就像《书序》讲“周公作《立政》”，而《立政》开头便说“周公若曰”，显然是史官的记述。[②] 只是李文没有明言这种史官记述是当时的史官，还是后世的史官。

李守奎结合文献、文字和考古证据，认为目前还没有西周已经出现琴的充分证据，两处序言式的文字是战国人的改写或题记，但是文中周公和成王语言风格一致，文辞古奥，多与西周金文相合，这些诗当是周初诗篇，流传过程中可能掺入了后世的因素。这些诗的作者可能是周公和成王，即使“周公作”“成王作”是战国人的推断，也近乎事实。[③]

王辉则认为简 14“威仪譆譆”的“譆譆”读为“藹藹”，出土文献最早的例

① 张利军：《清华简〈周公之琴舞〉与周公摄政》，《中国史研究》2018 年第 1 期，第 5－18 页。
② 李学勤：《再读清华简〈周公之琴舞〉》，《绍兴文理学院学报（哲学社会科学版）》2014 年第 1 期，第 2 页。
③ 李守奎：《先秦文献中的琴瑟与〈周公之琴舞〉的成文时代》，《吉林大学社会科学学报》2014 年第 1 期，第 11－19 页。

子是春秋早期，由此推论《周公之琴舞》可能是西周晚期乃至春秋时期的作品，属于后人追述往事。① 笔者亦曾指出简17“黄句（耇）”属于西周中晚期的习语。②

3. **文本性质**

从文本性质上如何定位《周公之琴舞》，是研究者普遍关心的问题。李学勤推测此篇是一种专供嗣王即位一类典礼时演奏的乐章，堪与《大武》相比。③ 李守奎主张《周公之琴舞》所记可能是成王嗣位大典及其演奏乐歌的一部分。④ 赵敏俐等学者亦都认为此篇是先秦乐章的文本。⑤ 张利军甚至主张这是周公摄政之前，周成王嗣位朝庙典礼上的乐诗。⑥ 孙飞燕认为《周公之琴舞》中的诗应属于《周颂》，但这些诗不是向鬼神祝祷之辞，而是面向大臣的讲话。⑦ 王志平结合先秦乐制，从“九絉”“元内”“启”与“乱”等字词考证入手，梳理出《周公之琴舞》反映的基本乐制。其中，“絉”可读为“佾”，“九絉”指佾舞之人数。“元内”疑读为“筦入”，谓管乐始入。“启”与“乱”对应于传世文献中“始”与“乱”。始者，乐之始；乱者，乐之终。考虑到《周公之琴舞》多为警戒之语，可印证《乐记》记载乐舞表演之前“故先鼓以警戒”。其乐制可复原为“先鼓以警戒”，而后“琴舞九佾”“管入”，曲终舞节“乱”时，“击金铙而退”，佾舞者归位。⑧

亦有学者对《周公之琴舞》的乐诗性质提出不同看法，姚小鸥等结合学者先前对上博简《采风曲目》的研究成果，加之朱熹对“笙诗”和“古乐”的讨论，参照汉魏六朝乐府歌诗文本形态，认为《周公之琴舞》中虽然存在若干未剥离掉的乐舞术语，但不宜判定为乐家传本，《周公之琴舞》是重“义”而非重“声”的诗家传本。⑨ 吴洋则认为《周公之琴舞》改写了《敬之》，化用了《大雅》《周颂》的某些诗句，体裁为“儆毖”，其性质更加接近《尚书》，应该是属于《尚

---

① 王辉：《一粟居读简记（五）》，《清华简研究》第2辑，中西书局，2015年，第197－199页。

② 黄甜甜：《清华简“诗”文献综合研究》，博士学位论文，清华大学，2014年。

③ 李学勤：《新整理清华简六种概述》，第67页。

④ 李守奎：《清华简〈周公之琴舞〉与周颂》，第74页。

⑤ 赵敏俐：《〈周公之琴舞〉的组成、命名及表演方式蠡测》，第40页。

⑥ 张利军：《清华简〈周公之琴舞〉与周公摄政》，第5－18页。

⑦ 孙飞燕：《清华简〈周公之琴舞〉与〈诗经·周颂〉的性质新论》，第5－11页。

⑧ 王志平：《清华简〈周公之琴舞〉乐制探微》，《出土文献》第4辑，中西书局，2013年，第65－79页。

⑨ 姚小鸥、孟祥笑：《试论清华简〈周公之琴舞〉的文本性质》，《文艺研究》2014年第6期，第43－53页。

书》《逸周书》类的文献。[①]

《周公之琴舞》文本在当时楚地社会发挥着什么样的功能？柯鹤立主张贵族教育中通过尊敬祖先神这一外在表现形式，将先王明君作为学习的榜样，在礼乐活动实践中结合先王的经验教训来完善与生俱来的内在品格。《周公之琴舞》九成（终）演奏模式即代表了这个学习过程。[②] 柯氏亦尝试从战国后期社会中“训”和“儆毖”文献的教育意义去研究《周公之琴舞》诗歌韵律在礼乐教学中所起的作用，认为《周公之琴舞》把口头传诵的故事和诗歌以文本的形式记录保留下来，作为贵族子弟（国子或世子）和儒家弟子教育学习的材料。[③]

4.《诗经》学的意义

《周公之琴舞》对《诗经》学研究的重要价值，学界讨论较多。

首先，聚焦于《周颂》的性质和“颂”的内涵。李守奎指出学术史上对于颂诗何以称“颂”，主要有刘心源的主“容”说和王国维的主“声”说。从目前所见的材料来看，“颂”是容貌之容的本字，“琴舞”是指音乐与舞蹈，表明清华简中的颂诗确实有舞。[④] 而且，《周公之琴舞》的“儆毖”诗说明《周颂》中不全是歌颂之诗，亦有毖体，主要用于劝诫。[⑤] 孙飞燕借助《周公之琴舞》推论《周颂》的性质可能是统治者在重大典礼上所作的乐舞之诗，总体上可以分为两类：一类是向神明祈祷之词，一类是面向现实中的人。第二类涉及行政的典礼上自警、面向大臣的训诫之辞，以及宴飨的典礼上赞美客人之语。[⑥] 徐正英和马芳亦认为《周公之琴舞》揭示了《诗经》“颂”诗有别于“风”“雅”只唱不舞而诗乐舞三位一体的原始特征。[⑦]

其次，由《周公之琴舞》探究《诗经》的成书历程。李守奎认为篇中这些诗肯定是《周颂》的一部分，周公之颂与成王所作其他八首在今本都已失传。据

---

① 吴洋：《从〈周颂·敬之〉看〈周公之琴舞〉的性质》，《出土文献研究》第 12 辑，中西书局，2013 年，第 40－45 页。

② 柯鹤立：《试论〈周公之琴舞〉中“九成”奏乐模式的意义》，《清华简研究》第 2 辑，中西书局，2015 年，第 52－56 页。

③ 柯鹤立：《诗歌作为一种教育方法：试论节奏在〈周公之琴舞〉诫“小子”文本中的作用》，《出土文献与中国古代文明——李学勤先生八十寿诞纪念论文集》，中西书局，2016 年，第 515－526 页。

④⑤ 李守奎：《清华简〈周公之琴舞〉与周颂》，第 73－74 页。

⑥ 孙飞燕：《清华简〈周公之琴舞〉与〈诗经·周颂〉的性质新论》，第 9－11 页。

⑦ 徐正英、马芳：《清华简〈周公之琴舞〉组诗的身份确认及其诗学史意义》，《复旦学报（社会科学版）》2014 年第 1 期，第 76－87 页。

《周公之琴舞》可知《敬之》确实与其他八篇构成一组，但与毛诗《周颂》其他篇无涉，这也说明今存《周颂》散乱缺失，章次已经不可推究。[①] 江林昌主张《周公之琴舞》“成王作敬毖琴舞”九成，每成有“启”“乱”相对，自然是乐舞之诗。今本《敬之》不仅字句与《周公之琴舞》有出入，而且还删去了“启曰”“乱曰”等乐舞术语。后八成均不见于今本《周颂》，说明《周公之琴舞》保留的是乐舞之诗的原貌，而今本《周颂》是读本之诗，已脱离了祭祀活动中诗乐舞三位一体的场景。[②]

徐正英主张《周公之琴舞》是一组未经孔子最后“删定”而流传到楚国的《周颂》逸诗，代表了战国中期以前的《诗经》存在形态，特别是“启曰”“乱曰”的标识可能是对《诗经》仪式乐歌“颂”原始形态的保存。[③] 他还认为周公和成王两组逸诗为司马迁所述孔子删诗“十分去九”提供了文本范例，孔子“去其重”是既去重复篇目，又去相近内容。[④] 刘丽文也持相似观点，并分析了“删诗”的常见之法。[⑤] 谢炳军对此提出异议，认为《周公之琴舞》组诗是作为乐教本之诗被完整地演示，而经王官改造的其中一篇《敬之》之诗被选入《诗经》作为“群臣进戒嗣王”的范本，两者不矛盾。[⑥] 今本《周颂》未见组诗，形制短正是《周颂》之诗的本色。[⑦] 马芳认为谢炳军没有意识到王官删诗与孔子删诗时代和编辑思想之不同，《周公之琴舞》具备被孔子删取的可能。[⑧] 张峰也主张孔子并未删《诗》，《周公之琴舞》反映出乐官最初对“诗”进入《诗》文本有过一定的整理甚至删削，到了孔子所处时代，《诗》整体框架已经与今本差别不大。[⑨]

---

① 李守奎：《清华简〈周公之琴舞〉与周颂》，第 72 – 76 页。

② 江林昌：《清华简与先秦诗乐舞传统》，《文艺研究》2013 年第 8 期，第 45 页。

③ 徐正英：《清华简〈周公之琴舞〉组诗对〈诗经〉原始形态的保存及被楚辞形式的接受》，《文学评论》2014 年第 4 期，第 51 – 61 页。

④ 徐正英、马芳：《清华简〈周公之琴舞〉组诗的身份确认及其诗学史意义》，第 76 – 86 页；徐正英：《清华简〈周公之琴舞〉与孔子删〈诗〉相关问题》，《文学遗产》2014 年第 5 期，第 19 – 28 页。

⑤ 刘丽文：《清华简〈周公之琴舞〉与孔子删〈诗〉说》，《文学遗产》2014 年第 5 期，第 37 – 43 页。

⑥ 谢炳军：《〈诗经〉的结集及其对〈周公之琴舞 · 敬之〉的选编——答徐正英先生》，《中州学刊》2016 年第 2 期，第 138 – 149 页。

⑦ 谢炳军：《再议“孔子删〈诗〉”说与清华简〈周公之琴舞〉——与徐正英、刘丽文、马银琴商榷》，《学术界》2015 年第 6 期，第 102 – 107 页。

⑧ 马芳：《也谈〈清华简 · 周公之琴舞〉与“孔子删诗”问题——兼与谢炳军博士商榷》，《中州学刊》2016 年第 7 期，第 145 – 149 页。

⑨ 张峰：《楚简诗类文献与孔子删〈诗〉》，《北方论丛》2024 年第 1 期，第 22 – 32 页。

马银琴则分析了《敬之》进入《周颂》的历程：简文“琴舞”“启曰”“乱曰”等术语表现出来的乐歌属性，不是其文辞的本来面目，而是后世改制的结果。其中的歌辞很可能来源于周公致政成王时君臣间的“儆毖”之语，最早由史官记载，但未与仪式配乐发生关联，也未被纳入收录仪式乐歌的《颂》中。至周穆王经历家难、仓促继位时，通过“言古以剀今”的改制，周成王“自儆”的“元纳启曰”，遂成为周穆王继位典礼上“诸侯进戒嗣王”的《敬之》。经过改制配入仪式，既是《周公之琴舞》的“元纳启曰”进入《周颂》的途径，同时也是导致《敬之》在情感上游离于《闵予小子》等三首诗歌的根源。①

（二）《芮良夫毖》

1. 成文时代及作者

整理者赵平安认为《芮良夫毖》先述周厉王时期的情势，又载芮良夫作毖的内容，是西周晚期一篇重要的历史文献；而且，《左传》和《国语》引《支》之事发生在周敬王时期，芮良夫引《支》之事发生在周厉王时期，简书引《支》不用句末语气词，可推断简文的成文年代应在周敬王和武王之间。② 陈鹏宇认为《芮良夫毖》作为芮良夫的规谏作品，创作于西周末期国人之变以前。③ 曹建国认为篇中“重刑”和“尚贤”的观念与西周晚期的时代不吻合，而且脂微合韵、耕文合韵和真侵元三部合韵皆不是《诗经》时代的特征，主张《芮良夫毖》成文于战国中期。④ 黄国辉根据东周以后“乃”对“迺”和“其”对“厥”的取代情况，发现《芮良夫毖》虽然存在“乃”“迺”和“其”“厥”并用的情况，但是“乃”和“其”占优，据此认为该篇保存的早期书写较少，可能是春秋时人写定，而为后人所转抄。⑤ 笔者也曾撰文指出篇中“和德定型”的观念符合西周社会语境中“德”和“型”观念的义涵，只是整篇最终成文在春秋以后。⑥

---

① 马银琴：《〈周公之琴舞〉与〈周颂·敬之〉的关系——兼论周代仪式乐歌的制作方式》，《清华大学学报（哲学社会科学版）》2019 年第 2 期，第 47－55 页。

② 赵平安：《〈芮良夫诐〉初读》，《文物》2012 年第 8 期，第 77－79 页。

③ 陈鹏宇：《清华简〈芮良夫毖〉套语成分分析》，《深圳大学学报（人文社会科学版）》2014 年第 2 期，第 69 页。

④ 曹建国：《清华简〈芮良夫诐〉试论》，《复旦学报（社会科学版）》2016 年第 1 期，第 27－29 页。

⑤ 黄国辉：《清华简〈厚父〉新探——兼谈用字和书写之于古书成篇与流传的重要性》，《清华大学学报（哲学社会科学版）》2016 年第 3 期，第 64－71 页。

⑥ 黄甜甜：《清华简所见西周“德”观念发微》，《哲学与文化》2021 年第 3 期，第 69－72 页。

还有一些学者虽未对全篇的成文时代做出判定，但是对篇中一些内容的时代和作者有所分析或间接推测。宁镇疆发现简文“必探其度，以貌其状。身与之语，以求其上”的“官人”之法与一般被认为是芮良夫劝谏厉王之语的《逸周书·芮良夫解》一些主张存在高度相似之处。[①] 芮良夫是西周末年人，《小雅·小宛》旧有刺幽王和厉王二说，《大雅·烝民》公认为周宣王时期尹吉甫所作，邬可晶认为《小宛》“哀我填寡，宜岸宜狱”中的“宜”，和《烝民》“我仪图之”中的“仪”，承担一种罕有的用法，表示对未然之事的推测或带有主观感情的判断，可训为“当”“该”或“乃”“则”，而《芮良夫毖》“其罚时尚其德型宜利”的“宜”恰恰也有类似用法。[②]

2. **文本性质**

针对《芮良夫毖》的文本性质，学界存在“诗”类文献说和“书”类文献说的分歧。李学勤主张《芮良夫毖》是和《周公之琴舞》相似的儆毖类的诗，属于刺讽类的政治诗。[③] 赵平安认为它的文本结构和《周书》多篇相似，都是两段式，先交代背景，然后详载君臣之言；虽然《芮良夫毖》多为韵文形式，但《墨子》引述的《虞夏书·五子之歌》也是韵文形式，因此《芮良夫毖》应属于《尚书》类文献。[④] 姚小鸥依据《毛诗序》分“大序”“小序”，推理《芮良夫毖》前之“序”可称为“小序”，为先秦《诗序》之遗存。他主张《芮良夫毖》当属《诗经》类文献。[⑤] 陈鹏宇参考西方口传诗学理论，比较分析了《芮良夫毖》中的“诗”类套语和“非诗”类套语，认为二者所占比重相似，说明全篇既有诗的风格，也有散文风格，他倾向认为《芮良夫毖》是“书”类文献。[⑥] 刁俊豪认为《芮良夫毖》与《皇门》《厚父》等“书”类文献在内容、思想和形式等方面存在一致性，属于周厉王的卿士告诫“君子”的“书”类文献。[⑦] 曹建国比较了《芮

① 宁镇疆：《早期“官人”之术的文献源流与清华简〈芮良夫毖〉相关文句的释读问题》，《出土文献》第13辑，中西书局，2018年，第107页。

② 邬可晶：《说清华简〈芮良夫毖〉“其罚时尚其德型宜利”》，《汉字汉语研究》2021年第4期，第18－21页。

③ 李学勤：《新整理清华简六种概述》，第67页。

④ 赵平安：《〈芮良夫讼〉初读》，第78页。

⑤ 姚小鸥：《〈清华大学藏战国竹简·芮良夫毖·小序〉研究》，《中州学刊》2014年第5期，第145－147页。

⑥ 陈鹏宇：《清华简〈芮良夫毖〉套语成分分析》，第62－69页。

⑦ 刁俊豪：《清华简〈芮良夫毖〉综合研究——与“书”类文献对读》，《出土文献综合研究集刊》第18辑，巴蜀书社，2023年，第53－55页。

良夫毖》和《诗经》的音乐体式，发现二者差异很大，他认为《芮良夫毖》更接近诵读文学，类似于汉代以后的辞赋。全篇不是一篇传自诗乐不分时代的诗家传本，而是一首诗乐分途之后的文人诗歌。①

对于《芮良夫毖》的文本创作意图，高中华、姚小鸥认为《芮良夫毖》系芮良夫进献天子的规谏，是对邦君御事的诰教之诗。② 陈鹏宇也认为《芮良夫毖》是当时献诗制度下，芮良夫呈现的一篇规谏作品。③ 此外，笔者也曾分析篇中“和德定型”和“政命德型各有常次”等观念反映出西周末年芮良夫为代表的有识之士对明定成文法度的呼吁。④

（三）《耆夜》

1. 成文时代

学界对于《耆夜》整篇的成文时代有西周至春秋、春秋和战国等几种主要观点，多位学者不否定篇中有一定的早期史料来源。

李学勤虽未对整篇的成文时代做出判断，但较早曾猜测《蟋蟀》是伐耆（黎）时作，在当地流传。⑤ 陈致曾通过对金文韵语与《周颂》诸篇的考察，认为四言成语的大量出现、四言体诗的形成，都应在西周中晚期，穆王共王时期以后；他认为从《耆夜》这几首诗大量地使用了《大雅》《小雅》中常用的套语，诗中之“庶民和同”“穆穆克邦”“毖精谋猷”“裕德乃究”“丕显来格”“万寿无疆”等二雅中所常见的语词也正是西周中晚期铜器铭文中所习见的祝祷之词，而且三首古佚诗皆为整齐的四言诗，用韵精整，因此全篇不可能是西周晚期以前的作品。⑥ 高中正针对篇中《赑赑》“谧情”“谋猷”两词出现和定型时间相对较晚，认为该诗最早定型应该是西周晚期以后的事。⑦ 刘光胜分析认为《耆夜》很可能成书于西

① 曹建国：《清华简〈芮良夫诌〉试论》，第25－30页。

② 高中华、姚小鸥：《清华简〈芮良夫毖〉疏证（上）》，《中国诗歌研究》第14辑，社会科学文献出版社，2017年，第1页；高中华、姚小鸥：《论清华简〈芮良夫毖〉的文本性质》，《中州学刊》2016年第1期，第140－142页。

③ 陈鹏宇：《清华简〈芮良夫毖〉套语成分分析》，第69页。

④ 黄甜甜：《清华简所见西周“德”观念发微》，第67－72页。

⑤ 李学勤：《清华简〈郜夜〉》，《光明日报》2009年8月3日。

⑥ 陈致：《清华简所见古饮至礼及〈郜夜〉中古佚诗试解》，《出土文献》第1辑，第29－30页。

⑦ 高中正：《清华简“谧情”与今文〈尚书〉“密静”合证》，《出土文献》2021年第3期，第64页。

周中晚期至春秋前段。[①] 郝贝钦通过梳理篇章的用词、引诗和用韵情况，也主张整篇形成于西周中晚期至春秋前期之间。[②]

日本学者古屋昭弘指出简本《蟋蟀》药铎二部合韵现象属于战国时期的语音特征，陈致据此认为简本《蟋蟀》至少是经过战国时代的文人加以编辑改定的。[③] 季旭升认为《耆夜》可能是经过东周人改动过的材料，并非西周初年的原貌。[④] 吴良宝亦同意《耆夜》（或其中的《蟋蟀》诗）应该有一个比较原始的文本，只是在流传的过程中经过了后期的加工与改动。[⑤]

徐渊基于礼制，认为《耆夜》的成书应该与《仪礼·燕礼》《左传》相先后，时代不会相距太远，篇章的礼典框架应该是春秋时代的。但是伐耆后饮至礼的故事当有所本。[⑥] “子居”认为篇中称吕尚为“吕尚父”符合齐系文献的特征，言“作歌”具有明显的齐地特色，《管子》与《耆夜》同用“裕德”一词也体现出《耆夜》的齐系特征，作者显然是春秋后期的齐人。[⑦]

刘立志认为《耆夜》之本事于古无征，当为战国时新说，应为后人拟撰附会。[⑧] 刘成群亦认为《耆夜》是“战国之士私相缀续”之作。[⑨] 曹建国则认为《耆夜》所载几首诗都应该是战国人的作品。[⑩]

2. **文本性质**

对于《耆夜》的文本性质，学界亦存在“诗”类文献说和“书”类文献说的分歧，其中将《耆夜》归为“诗”类文献的说法居多。整理团队合著的《出土简帛与古史再建》一书第五章明确将《耆夜》《周公之琴舞》《芮良夫毖》归为“诗”

---

① 刘光胜：《清华简〈耆夜〉考论》，第167－169页。
② 郝贝钦：《清华简〈耆夜〉整理与研究》，硕士学位论文，天津师范大学，2012年，第34－57页。
③ 陈致：《清华简所见古饮至礼及〈郘夜〉中古佚诗试解》，第30页。
④ 季旭升：《〈清华简（壹）·耆夜〉研究》，《古文字与古代史》第3辑，台北“中研院”史语所，2012年，第305－315页。
⑤ 吴良宝：《再论清华简〈书〉类文献〈郘夜〉》，《扬州大学学报（人文社会科学版）》2015年第2期，第71－73页。
⑥ 徐渊：《从清华简〈耆夜〉饮至礼典推测其成书年代》，第23页。
⑦ “子居”：《清华简〈耆夜〉解析》，《学灯》第20期（网络版），2011年10月1日。
⑧ 刘立志：《周公作诗传说的文化分析》，《南京师大学报（社会科学版）》2010年第2期，第146页。
⑨ 刘成群：《清华简〈郘夜〉与尊隆文、武、周公——兼论战国楚地之〈诗〉学》，《东岳论丛》2010年第6期，第57－62页。
⑩ 曹建国：《论清华简中的〈蟋蟀〉》，第114页。

类文献。[①] 程浩认为所谓“书”类文献就是君臣在行政过程中的言论记录所形成的文本，考虑到《耆夜》篇虽有大量君臣对话，但都是以诗歌的形式进行，不主张将《耆夜》归为“书”类文献。[②] 禄书果亦明确将《耆夜》与《周公之琴舞》《芮良夫毖》共同归为清华简“诗”类文献。[③] 杨博也如此归类。[④]

刘光胜认为清华简“书”类文献与儒家《尚书》为不同系统的传本，《耆夜》属于“书”类文献。刘成群所界定的“书”类文献范围最为广泛，他认为凡是上古君臣讨论治国理民的简文，按照墓主人的标准，都是属于《书》的，《耆夜》也在其列。[⑤] 吴良宝没有明确论证，直接将《耆夜》算作“书”类文献。[⑥]

对于《耆夜》的文本创作意图，或者说该篇的文本功能，杜勇认为《耆夜》并不是一篇真实记述史实的古文献，而是战国时期楚地士人虚拟的一篇诗教之文。它利用和误解了当时有关传说和文献资料，杜撰了武王伐黎、周公作《蟋蟀》等历史情节。[⑦] 蔡先金认为《耆夜》既不是所谓西周史官严肃的“记言记事”，也不是战国儒士对于古文献的“编纂整理”，而是一篇具备古小说文体特征及其要素的战国古小说。[⑧] 禄书果认为《耆夜》作为“诗”类文献，起着“以诗儆戒”和“以诗明德”的功能。[⑨]陈才认为《耆夜》很可能是战国时儒家所记，属于《汉书·艺文志》“杂说”一类文献。[⑩] 笔者主张《耆夜》是楚地用于“乐语”教育的诗教文本。[⑪]

此外，个别学者在缺乏史学和古典语文学分析的背景下认为《耆夜》为今人

---

① 程浩编选：《清华简文本与文献学研究》，李学勤等著《出土简帛与古史再建》，经济科学出版社，2017 年，第 353 页。

② 程浩：《“书”类文献辨析》，《出土文献》第 8 辑，中西书局，2016 年，第 141、145 页。

③⑨ 禄书果：《从清华简〈诗〉类文献看先秦楚地〈诗〉教特征》，《武汉大学学报（哲学社会科学版）》2018 年第 5 期，第 123－128 页。

④ 杨博：《战国楚竹书史学价值探研》，上海古籍出版社，2019 年，第 88 页。

⑤ 刘成群：《清华简与古史甄微》，上海古籍出版社，2016 年，第 55－83 页。

⑥ 吴良宝：《再论清华简〈书〉类文献〈郘夜〉》，第 69－73 页。

⑦ 杜勇：《从清华简〈耆夜〉看古书的形成》，《中原文化研究》2013 年第 6 期，第 18－27 页。

⑧ 蔡先金：《清华简〈耆夜〉古小说与古小说家“拟古诗”》，《济南大学学报（社会科学版）》2017 年第 1 期，第 88－95 页。

⑩ 陈才：《清华简〈耆夜〉拾遗》，《历史文献研究》总第 35 辑，华东师范大学出版社，2015 年，第 305－307 页。

⑪ 黄甜甜：《论清华简〈耆夜〉所见的周代“乐语”》，韩国《中国言语学》第 65 辑，第 59－81 页。

伪作[1]，程浩、刘光胜、周宝宏、董志翘和陈才等学者予以了驳论。[2]

3. 礼制背景

如何在早期礼制背景中给予《耆夜》清晰的定位，特别是如何理解武王的"夜爵"，学界有过较多讨论。

整理者据《仪礼》，认为君不与臣抗礼，故诸侯燕礼膳宰为主人。简文饮至之礼使周公为主，是为了尊毕公。以《燕礼》例之，应为武王席在阼阶上，西面；毕公席在户牖之间，南面；召公为介，辅毕公为礼，席在西阶上，东面。周公为主人，献宾，献君，自酢于君。

马楠认为简文中武王奠爵酬酒之礼与《仪礼》所载一献、旅酬、无算爵皆异。但可与《左传·昭公元年》夏四月郑伯（主人）兼享赵孟（客）、叔孙豹、曹大夫之礼相参看。[3] 曹建墩认为简文的礼仪省略了一些程序，武王"夜爵酬毕公"已是正献之后旅酬的阶段。[4] 叶国良结合早期礼制，主张"夜爵"当读为"掖爵"，《耆夜》不是饮至礼的完整记录，只是饮至礼的尾声，即旅酬之后无算爵阶段君臣"上寿"祝福时的敬酒和祝福。"掖爵"即"上寿"的动作。[5] 徐渊认为先秦礼典中饮酒礼、燕礼有至夜执烛举火的例子。《仪礼·燕礼》中有司执烛时已经到了燕礼"无算爵""无算乐"的阶段，即燕礼的最后阶段。《耆夜》的场景正是在饮至礼最后的"无算爵""无算乐"背景下展开的。[6]

4. 简本与今本《蟋蟀》之关系

陈致曾分析简本与今本之间可能的三种关系，简文是今本前身或更早的一个文本，今本是简文前身或更早的一个文本，抑或二者源自两个平行且不相干的文

---

① 丁进：《清华简〈耆夜〉篇礼制问题述惑》，《学术月刊》2011 年第 6 期，第 123－130 页；姜广辉：《清华简〈耆夜〉为伪作考》，《故宫博物院院刊》2013 年第 4 期，第 86－93 页。

② 程浩：《清华简〈耆夜〉篇礼制问题释惑——兼谈如何阅读出土文献》，《社会科学论坛（学术评论卷）》2012 年第 3 期，第 69－77 页；刘光胜：《清华简〈耆夜〉礼制解疑》，《陕西师范大学学报（哲学社会科学版）》2015 年第 5 期，第 28－34 页；周宝宏：《清华简〈耆夜〉没有确证证明为伪作——与姜广辉诸先生商榷》，《中原文化研究》2014 年第 2 期，第 63－67 页；董志翘、洪晓婷：《〈清华大学藏战国竹简（壹、贰）〉中的介词"于"和"於"——兼谈清华简的真伪问题》，《语言研究》2015 年第 3 期，第 68－70 页；陈才：《清华简〈耆夜〉拾遗》，第 303－305 页。

③ 马楠：《清华简〈郜夜〉礼制小札》，《清华大学学报（哲学社会科学版）》2009 年第 5 期，第 15 页。

④ 曹建墩：《清华简〈耆夜〉篇中的饮至礼考释二则》，罗运环主编《楚简楚文化与先秦历史文化国际学术研讨会论文集》，湖北教育出版社，2013 年，第 354－358 页。

⑤ 叶国良：《清华简〈耆夜〉的饮酒方式》，《中国经学》第 22 辑，广西师范大学出版社，2018 年，第 9－10 页。

⑥ 徐渊：《从清华简〈耆夜〉饮至礼典推测其成书年代》，第 14－15 页。

本。但他并未明确判断哪种可能性最高，只是指出简本不可能是西周晚期以前的作品。[①] 李峰亦列出了类似的三种关系，不过他发现简本《蟋蟀》保留了西周语言的风格和深层的天文学寓意，接近原创状态；而今本寓意浅显。[②] 李锐则认为简本与今本最初可能是“族本”的关系，属于不同流传系统。[③]

认为简本明显早于今本或优于今本的看法占多数。李学勤较早指出今本比简本《蟋蟀》规整，简本很可能产生过早，经过一定的演变历程才演变成《唐风》的样子。而且，简本《蟋蟀》的内容符合晋侯墓地铜器铭文关于釐侯（即《诗序》“刺晋僖侯”的僖侯）的描述，说明《诗序》的分析有误。[④] 程浩认为简本与今本基本上可以认定为一首诗，但简本《蟋蟀》在文献流传的序列上要先于今本。[⑤] 黄怀信亦认为简本保持了原始面貌。[⑥] 曹建国则认为简本当系战国时人仿《唐风·蟋蟀》而托名于周公，而且二者的旨趣不同。[⑦]

四、研究方法与思路

清华简中“诗”类文献都属于出土文献，在研究方法上首先要遵从学界研究出土文献时公认的研究路径。李学勤曾对出土文献一般研究方法做过纲领性总结：

> 一种是古文字学和文献学的途径，以文字、音韵、训诂、校勘等方法，对佚籍研究考察；另一种是学术史的途径，就佚籍的思想内涵作出分析，辨章源流。这两种途径彼此补充，交相为用，没有前者则后者失其基础，流于浮泛；没有后者则前者不得引申，佚籍的重要意义无法显示。[⑧]

---

① 陈致：《清华简中所见古饮至礼及〈郜夜〉古佚诗试解》，第 28－29 页。

② 李峰：《清华简〈耆夜〉初读及其相关问题》，第 462－490 页。

③ 李锐：《清华简〈耆夜〉续探》，《中原文化研究》2014 年第 2 期，第 55－61 页。

④ 李学勤：《论清华简〈耆夜〉的〈蟋蟀〉诗》，《中国文化》第 33 期，2011 年，第 7－9 页。

⑤ 程浩：《清华简〈耆夜·蟋蟀〉与今本〈蟋蟀〉关系辨析》，复旦大学出土文献与古文字研究中心网，2011 年 6 月 10 日。

⑥ 黄怀信：《清华简〈耆夜〉句解》，《文物》2012 年第 1 期，第 93 页。

⑦ 曹建国：《论清华简中的〈蟋蟀〉》，《江汉考古》2011 年第 2 期，第 110－114 页。

⑧ 李学勤：《序二》，见魏启鹏《马王堆汉墓帛书〈德行〉校释》，巴蜀书社，1991 年；又名《读魏启鹏〈马王堆汉墓帛书德行校释〉》，收入李学勤《拥篲集》，三秦出版社，2000 年，第 238 页。

上述说法区分了出土文献研究的两个层面，第一层面是古文字和古文献学的基础性研究，第二个层面是学术史的研究，而且是以前一层面的研究为基础。

本书的研究，首先进行的正是古文字和古文献学层面的研究。这是一种基础性研究，如《周公之琴舞》简 10 - 11 的“疐天之不易”，整理者和李学勤都将“疐”读为“对”，引《大雅·皇矣》“作邦作对”的毛传“对，配也”为旁证。但是，章太炎和杨树达都曾对毛传此说的合理性表示怀疑。结合传世和出土文献中“疐”字的用法，特别是清华简《叁不韦》中“疐”可读作“质”的用字习惯，《周公之琴舞》“疐天之不易”的“疐”亦可能读为表“敬”义的“质”。这类字词的校释训诂问题将是本书第一部分研究的重点。

出土文献中部分内容与传世文献内容相近，我们在古文字和古文献学方法指引下研究这类文献时，可以将出土文献与传世文献相互对读。“诗”类文献首先可与《诗经》中部分篇章语句对读，如《耆夜》中《蟋蟀》诗可与今本《唐风·蟋蟀》对读，又如《周公之琴舞》周公作诗第一首可与今本《周颂·敬之》相对读。此外，“诗”类文献中一些词句可以和金文以及《尚书》相对读，如《周公之琴舞》“威儀諡諡”之“諡諡”可与秦公钟（《集成》262）“盩盩允義”，以及秦公鎛（《集成》267）“盩盩文武”相对读。[①]

在此类对读过程中，可能会出现不适当的“趋同”与“立异”两种倾向，裘锡圭曾对此有过分析：

> 在将简帛古书与传世古书（包括同一书的简帛本和传本）相对照的时候，则要注意防止不恰当的“趋同”和“立异”两种倾向。前者主要指将简帛古书和传世古书中意义本不相同之处说成相同，后者主要指将简帛古书和传世古书中彼此对应的、意义相同或很相近的字说成意义不同。[②]

---

① 李学勤主编：《清华大学藏战国竹简（三）》，第 141 页；黄甜甜：《〈周公之琴舞〉札记三则》，孔子 2000 网，2013 年 1 月 5 日。

② 裘锡圭：《中国古典学重建中应该注意的问题》，裘锡圭《裘锡圭学术文集·简牍帛书卷》，复旦大学出版社，2012 年，第 339 页。

这两种问题在出土简帛“诗”类文献研究中很容易出现，尤其是与《诗经》可对读的文献研究中。所以本书的研究将以传世文献为参照，但以出土文献的研究为主要任务，努力在各篇简文自身的脉络中探寻其词义和文意，尽量避免“趋同”和“立异”两种问题发生。[①]

语言文字的时代性也是在古文字和古文献学层面研究需要注意的问题。清华简“诗”类文献中的诗文有些可能追溯至西周，有些可能经过了楚人的改造，研究过程中应当考虑到文本来源的复杂性，尽量参考西周金文、战国简帛等原始材料，从而确定重要字、词在文中的读法和用法。作为研究者，我们不能预设这些文献全部是西周文献或者楚地文献，一定是西周语言的风貌，或者一定是战国楚地语言的风貌。[②] 我们所能做的只是以丰富的出土和传世文献为背景知识，结合各时代的语言特征和各类材料自身的文意脉络，确定其合适的读法和用法。

其次是学术史的研究。学术史的研究历来强调“辨章学术，考镜源流”，尤其是在考古发现的带动下，学术史的研究有了新的空间，部分学术史甚至需要重写。[③] 先秦学术史有其特殊性，尤其是以出土文献为背景的研究，如何定义“学术史”，如李零所言：

> “学术史”并没有什么深文奥义，范围可能比较接近章学诚的说法，也是属于“即类求书，因书求学”的研究（《校雠通义·互著》）。只不过，我更强调古代知识结构和文化心理的探讨。我是从古书的分类入手，研究古代的知识系统和知识结构；在它的基础上，再研究古人的思想特点和心理特点。[④]

---

① 张宝三也曾提出在用传世文献研究新出简帛材料时，应当注意传世与出土文献各自的文意脉络。而且运用传世文献还应当基于对此文献的正确解读，符合训诂原则，明白传世文献的局限，以免牵强附会。这些方法论的反思也是本研究所应当注意的。参见张宝三《传世文献在新出土简帛资料研究之运用检讨——以〈诗经〉为例》，《简帛》第4辑，上海古籍出版社，2009年，第443－458页。

② 李峰在研究《耆夜》时提出了类似的观点，针对《耆夜》古诗，他认为“考虑到它们至少有部分传自西周的可能性，在作文字释读时我们既要照顾到战国楚文字和语言的习惯，同时也要注意它们与西周金文的潜在关系，这样我们才能充分考虑到各种解释的可能性”。详见李峰《清华简〈耆夜〉初读及其相关问题》，第465－466页。

③ 李学勤、江林昌：《世纪之交与中国学术史研究》，《烟台大学学报（哲学社会科学版）》1999年第4期；收入李学勤《重写学术史》，河北教育出版社，2002年，第424－434页。

④ 李零：《简帛古书与学术源流》，生活·读书·新知三联书店，2004年，第14－15页。

李学勤等皆主张以《汉书·艺文志》为参照，对战国至汉初的简帛文献予以分类和研究。[①] 这一时期的简帛文献大体可以按照《汉书·艺文志》六艺、诸子、诗赋、兵书、术数、方技的分类进行分门别类。[②] 近出简帛中“诗”类与“称诗”类文献，大体可以归入六艺“诗”类和诗赋类，但各类内部文献类型的复杂程度已经远远超过《汉书·艺文志》的记载。当然，学术史研究不能仅仅停留在文献的分类。“辨章学术，考镜源流”，学术源流的考证和脉络的梳理，才是研究的重中之重。本书所要做的也就是李零所言的“研究古代的知识系统和知识结构”。《汉书·艺文志》就曾对六艺、诸子、诗赋、兵书、术数、方技这六略的源流作简要的说明。如六艺“诗”类的说明如下：

> 书曰：“诗言志，歌咏言。”故哀乐之心感，而歌咏之声发。诵其言谓之诗，咏其声谓之歌。故古有采诗之官，王者所以观风俗，知得失，自考正也。孔子纯取周诗，上采殷，下取鲁，凡三百五篇，遭秦而全者，以其讽诵，不独在竹帛故也。

《艺文志》简明扼要梳理了先秦诗学的源流，点出了孔子删“诗”等重大诗学问题。但先秦“诗”学乃至整个学术史的研究已经远远超乎《艺文志》所揭示的范围和脉络。先秦“诗”学涵盖“诗”三百篇的产生、流传和结集，六义问题，“诗”的应用，《诗经》与音乐的关系，春秋战国时期“诗”学思想，《诗经》的经典化等多方面问题。[③] 这些问题确立了我们今天讨论先秦“诗”学的主题和范围，也是本书学术史意义研究部分展开讨论的问题背景。

清华简“诗”类文献，学界已有大量研究。本书立足于现有研究，上编在搜

---

① 李学勤：《论新出简帛与学术研究》，《当代学者自选文库·李学勤卷》，安徽教育出版社，1999 年，第 359 – 363 页。

② 骈宇骞、段书安编著：《二十世纪出土简帛综述》第七、八章“简帛的内容与分类”，文物出版社，2006 年，第 175 – 378 页。

③ 先秦诗学的基本问题可参看洪湛侯《诗经学史》第一编“先秦诗学”，中华书局，2002 年，第 1 – 106 页；朱金发《先秦诗经学》，学苑出版社，2007 年。

集、整理前人研究的基础上，选择其中较有价值的说法，做出辑要式的集解。[①]

具体而言，按照先讨论“诗”文献，后讨论“赋诗”文献的顺序。第一部分的文本疏证，分三章，分别是《〈周公之琴舞〉集解》《〈芮良夫毖〉集解》《〈耆夜〉集解》。各章先列入校释后的新释文，分别辑录学界对相关字词的重要研究，之后以按语形式加入笔者的个人观点。凡是研究者有充分研究的，笔者不做新解；凡是有争议或研究尚不充分之处，加入笔者个人见解。其中，第二章《〈周公之琴舞〉集解》以周公儆毖元启和成王儆毖九启为次序。第三章《〈芮良夫毖〉集解》以“《芮良夫毖》本事”“芮良夫初毖”和“芮良夫二毖”分段展开。第四章《〈耆夜〉集解》以“饮至礼”“王作《乐乐旨酒》”“王作《輶乘》”“周公作《赑赑》”“周公作《明明上帝》”和“周公作《蟋蟀》”分段展开。

下编以先秦“诗”学乃至整个学术脉络为背景，将这些材料纳入先秦学术的历史脉络中，讨论三篇简文对学术史问题所能带来的新认识。

第五章以“《周公之琴舞》和《芮良夫毖》文本性质考”为题，考察这两篇“儆毖”色彩浓厚文献的源流及其文本性质。首先辨析两篇“诗”类文献与“书”类文献的关系，强调二者虽然可能有共同的史源，但二者的“诗”类文献的特征更为明显。第六章以“《耆夜》文本性质考”为题，先从诗文的语言文字入手分析其可能的文本来源和写作时代；而后从诗文内容看其文本的构成，以“诗本事”概念为指引，分析其特殊的文本构成模式；最后重点分析《耆夜》作为诗教教本的功能和价值。第七章以“由清华简论《诗经》在战国时代的编集和流传”为题，立足于《蟋蟀》和《敬之》的简本与今本间的详细对比，分析其异同产生的原因；由简本《蟋蟀》和今本《唐风·蟋蟀》的差异，分析《国风》改编的痕迹，推论《诗序》的史料来源和编撰目的；最后，由《周颂·敬之》和成王所作儆毖的对比，参考《大武》乐章的流传情况，讨论《周颂》次第的错乱、结集和流传问题。结语分析现有研究的不足，展望未来可拓展的研究方向。

---

① 本书上编没有详尽收录学界的字词考释意见，只是有选择地辑录较有参考价值的考释意见，因而称之为“集解”而非“集释”。

第二章 《周公之琴舞》集解

一、周公元启

周公作多士敬（儆）怭（毖）[1]，琹（琴）舞（舞）九絉（遂）[2]。元内（纳）启曰[3]：无思（悔）亯（享）君[4]，罔肎（坠）亓（其）考（孝）[5]，亯（享）隹（惟）滔（慆）帀[6]，考（孝）隹（惟）型帀[7]。

【1】周公作多士敬（儆）怭（毖）

〇整理者：作，制作。多士敬怭，读为“多士儆毖”，即对众士的告诫之诗。多士，众士。《书·多士》：“尔殷遗多士。”……敬，读为“儆”或“警”。《大雅·常武》“既敬既戒”，马瑞辰《毛诗传笺通释》：“敬与儆古通用。”“怭”同清华简《芮良夫毖》之“謐”，读为“毖”，《书·酒诰》：“王曰：‘封！汝典听朕毖，勿辩乃司民湎于酒。’”①

〇宁镇疆：此“作”当理解为“兴起”或“即位”之义，“周公作”“成王作”不是周公作诗、成王作诗之意，而是分别指周公摄政、成王即政之时。古书中以“作”表“兴起”或“即位”之义的例子，如《尚书·无逸》讲到殷之高宗、祖甲即位时就反复说“作其即位”，明著“作”字。更有名的例子则是《周

① 清华大学出土文献研究与保护中心编，李学勤主编：《清华大学藏战国竹简（三）》，中西书局，2012 年，第 134 页。本书对《周公之琴舞》整理者注释皆源自该书，后文不再一一出注。

易·系辞下》云"包牺氏没，神农氏作；神农氏没，黄帝、尧、舜氏作"，"没""作"对举，顺次及时序甚明。出土文献如上博简《容成氏》讲夏、商时王的代兴"［启］王天下十又六年〈世〉而桀作，……汤王天下三十又一世而纣作"，"桀作""纣作"同样指即位，而并用"作"。因此，"作"可指"兴起"或"即位"之义是毋庸置疑的。如此，则将"成王作"理解为成王即位或即政也是于文献有征的。即政之始，作为"嗣王"的成王自儆与臣工的"多士敬毖"自可并存，这样一来，无论今本《周颂》还是《周公之琴舞》篇"成王作"部分君臣语气杂陈的矛盾都可以获得合理的解释了。[①]

○李守奎："多士"在《诗》《书》中习见，笼统地说就是众有身份、有地位之人，具体地说应当包括如下几类人：1. 周王室的百官贤士…… 2. 特指方国及殷商之官……如果此时用于成王受政典礼上，周公所面对的"多士"应当是周室宗亲和周之百官。多方来宾里的多士大概也应当包括其中，但不会是主体。[②]

○季旭升："多士"的含义很广，主要指朝中诸臣，也可以指国之重臣，甚至于包括诸侯。……《书》《诗》的"多士"，性质不同，《书》的"多士"是对友邦、前朝夏殷而发，因此专指士大夫，不包括诸侯；《诗》的"多士"是对周邦而发，因此可以包括周分封的诸侯。"周公作多士儆毖"显然比较接近《诗》，因此有可能包括周所分封的诸侯。……周公作多士儆毖，不必当面宣谕，以琴舞的形式传播到各地，自然可以让百官及诸侯知所警惕。[③]

按："恻"当读为"毖"。"毖"在《尚书》中多次出现，包含"诰"和"诫"两义。《书·酒诰》"汝典听朕毖"，《书经集传》："毖，戒谨也。"[④] 王引之言：

> "毖"虽训"慎"，然解为常听我慎，则文义未明。今案《广韵》：毖，告也。言汝当常听我告汝之言，毋违犯也。犹《康诰》曰"听朕诰女"，诰亦告也。上文曰"其尔典听朕教文义"亦相近，教亦告也。上文曰"文王诰教

---

① 宁镇疆：《由它簋盖铭文说清华简〈周公之琴舞〉"差寺王聪明"句的解读——兼申"成王作"中确有非成王语气〈诗〉》，《出土文献》2020 年第 4 期，第 63 页。

② 李守奎：《〈周公之琴舞〉补释》，《出土文献研究》第 11 辑，中西书局，2012 年，第 7 页。

③ 季旭升：《〈周公之琴舞〉"周公作多士儆毖"小考》，《清华简研究》第 2 辑，中西书局，2015 年，第 19、22 页。

④ 蔡沈：《书经集传》，上海古籍出版社，1980 年，第 90 页。

小子”，《多方》曰“我惟时其教告之”是也。上文又曰“厥诰毖庶邦庶士越少正御事”，“诰毖”犹诰告也。①

《说文·比部》：“毖，慎也。”实际上，从“必”得声的一些字含有“隐秘”“缜密”等义②，从词源可推断，“慎”是“毖”的本义。但是如王引之分析的，在《尚书》的语境下，“毖”“诰”连用，又加之“听朕毖”“听朕诰”结构相同，“毖”逐渐沾染了“诰”的“告诫”义。③ 因此，与《尚书》诰体文开篇时说君王作诰的情况类似，简文“周公作多士儆毖”之“毖”，除了“戒慎”义外，也当有上告下的“告（诰）”义，在这里引领全文。

正如李守奎曾分析的，两处序言式的文字可能是战国人的改写或题记。④ 全篇内容有一些西周以后改动的痕迹，但是不少儆毖的内容符合周公和成王的身份。在后世添加序言的人眼中，篇中的内容就是周公和成王对多士所作的儆毖。因而，“周公作”和“成王作”之“作”应当训为常见的“创作”“制作”。

【2】䆀（琴）𦏁（舞）九絉（遂）

〇整理者：琴，乐器。……𦏁，即“舞”字。絉，……简文中读为“卒”或“遂”。《尔雅·释诂》：“卒，终也。”“九絉”义同“九终”“九奏”等，指行礼奏乐九曲。《逸周书·世俘》“禴人九终”，朱右曾《逸周书集训校释》：“九终，九成也。”

〇李学勤：当时诗歌一个单位常称为一终或一成，而“遂”字，《国语·晋语四》注“终也”，《礼记·月令》注“犹成也”，“九遂”应该是和九终或九成同义。简文在成王作的“儆毖”下面，正好是有诗九篇，分别冠以“元（意思是第一）内（入）启曰”“亖（再字之误）启曰”“三启曰”以至“九启曰”。⑤

〇李守奎：䆀字从宀，銮声，下文异写作銮。銮即琴字，从金声，字见于上

① 王引之：《经义述闻》，江苏古籍出版社，2000年，第95页。

② 殷寄明：《汉语同源词大典》，复旦大学出版社，2018年，第394页。

③ 汉语词汇史上“词义沾染”的相关理论分析，参见蒋绍愚《汉语历史词汇学概要》，商务印书馆，2015年，第210－216页。

④ 李守奎：《先秦文献中的琴瑟与〈周公之琴舞〉的成文时代》，《吉林大学社会科学学报》2014年第1期，第11－18页。

⑤ 李学勤：《新整理清华简六种概述》，《文物》2012年第8期，第66页。

博简《性自命出》15号简。楚文字"瑟"字从二"亓"或三"亓"，其构形一直无确解。郭珂《说楚文字"瑟"》据出土瑟之形制指出，"亓"是瑟柱之象形，可信。琴，乐器，《鹿鸣》："我有嘉宾，鼓瑟鼓琴。"此处用作动词，指奏乐。䍾，即舞字。"無"本"舞"字异体，加义符成"䍾"，与"莫"加义符成"暮"相类。琴、舞即音乐与舞蹈。《小雅·宾之初筵》："籥舞笙鼓，乐既和奏。"

絉，字见《玉篇》，"绳也"。疑简文中读为遂。术与遂古音很近，如术与队皆定母物部字。遂有"成"与"终"意，《墨子·修身》："功成名遂，名誉不可虚假，反之身者也。"《逸周书·太子晋》"晋平公使叔誉于周，见太子晋而与之言，五称而三穷，逡巡而退，其不遂"，孔晁注："遂，终也。"九絉读为九遂，义同九终、九成等，指行礼奏乐九章。《逸周书·世俘》"钥人九终"，朱右曾校释："九终，九成也。"《史记·赵世家》："简子寤，语大夫曰：'我之帝所甚乐，与百神游于钧天，广乐九奏万舞，不类三代之乐，其声动人心。'"据下文成王作诗九篇、琴舞九絉可以推断，周公也应当有九首诗，配乐为歌九章。本篇主要是记录成王之诗，周公所作应当是省略了。①

〇李守奎：简文中的"遂"与"终"相通。《逸周书·太子晋》"其不遂"，孔晁注："遂，终也。"《礼记·乡饮酒义》："工入，升歌三终。"孔颖达疏："谓升堂歌《鹿鸣》《四牡》《皇皇者华》，每一篇而一终也。""遂"与"终"皆谓成，乐一成为一终或一遂，相应的诗就是一篇，乐就是一章。由此可见，所谓一遂是一首诗配乐和舞演奏，三者具备，表演完整。②

〇李学勤："九成"语见《尚书·益稷》"箫韶九成"，孔传释"九成"为"备乐九奏"，《正义》称："成，谓乐曲成也。郑（玄）云：'成，犹终也。'每曲一终，必变更奏，故经言九成，传言九奏。""九成""九奏"和"九终""九卒"，意思确实都是一样的。《益稷》所说"箫韶"即《周礼·大司乐》"以乐舞教国子"的"大磬"，郑玄注："大磬，舜乐也。""韶"字又通作"招"，由于该乐舞有"九成"，所以又称"九招"，见于《墨子·三辩》《庄子·至乐》《吕氏春秋·古乐》《淮南子·齐俗》《史记·五帝本纪》《山海经·大荒西经》等典籍。按照

① 李守奎：《〈周公之琴舞〉补释》，第9页。
② 李守奎：《清华简〈周公之琴舞〉与周颂》，《文物》2012年第8期，第73页。

这样的传说，具有“九成”结构的乐舞起源甚早，周公与成王之作《周公之琴舞》是传统的延续，是顺理成章的。[①]

○姚小鸥、杨晓丽：文献中有关于“终”的记载。《逸周书·世俘》：“奏其大享三终”“献《明明》三终”。《仪礼·大射》：“乃歌《鹿鸣》三终”“乃管《新宫》三终”。《礼记·乡饮酒义》：“工入，升歌三终……笙入，三终……间歌三终，合乐三终。”《明明》指《大明》，属于《大雅》；《鹿鸣》属于《小雅》。《明明》与《鹿鸣》等篇章从乐曲的构成上说，当指一组曲的一支。“献《明明》三终”当指《明明》一章演奏三遍完成。“歌《鹿鸣》三终”指《小雅》中的《鹿鸣》一章演奏三遍完成。故“终”在作音乐术语讲时，指一组曲中的一支歌曲或乐曲的演唱或演奏完毕。

先秦音乐术语中，与“终”相对应的是“成”。“成”指某一完整的乐的组合的演出完成。将该组乐演出一遍，称为一成，数遍即称数成。……“终”是“成”中较小音乐单位。由于“卒”“终”互训，“卒”也指一组曲中的一支歌曲或乐曲的演唱或演奏完毕，“琴舞九卒”指九篇歌诗的演奏完毕。[②]

○方建军：“琴舞”的“琴”和“舞”，分别归属器乐和舞蹈，说明周公和成王作品的性质属于乐舞。通篇来看，《周公之琴舞》是歌（儆毖诗）、乐（琴）、舞三位一体的乐舞表演形态。《周礼·春官·宗伯》云：“乃奏黄钟，歌大吕，舞《云门》，以祀天神。”所言之奏、歌、舞，对应的便是器乐、声乐和舞蹈，可见周代乐舞的综合性特征。“琴舞”的名称，于传世先秦文献未见。不过，以一种乐器的名称，加上“舞”字为乐舞命名，见于今本《诗经》。如《小雅·宾之初筵》“籥舞笙鼓”，其中“籥舞”即与“琴舞”相类。……《周公之琴舞》的“琴”乃板箱体弹弦乐器，演奏时琴体需平稳放置，左手按弦，右手拨弦。在乐舞表演时，若作为道具持之，并边舞边奏，恐怕很难行得通，但作为伴奏乐器则没有问题。由此看来，《周公之琴舞》可能是以突出琴的伴奏而歌舞的作品。

将“九絉”理解为“九成”是正确的，但将“成”等同为“终”，似有可商余地。实际上，“终”与“成”是有区别的，“终”是音乐作品的一个独立单位，

① 李学勤：《初识清华简》，中西书局，2013 年，第 207－208 页。

② 姚小鸥、杨晓丽：《〈周公之琴舞·孝享〉篇研究》，《中州学刊》2013 年第 7 期，第 150 页。

“一终”可以是一首独立的音乐作品，也可以是一部音乐作品之中的一个组成部分，在音乐上都是一个完整的单乐段结构。而“成”则是一部乐舞的一个独立单位，“一成”即一部乐舞的一个乐章，由“启”和“乱”两个乐段组成，在音乐上属于两段体结构。“九成”是一部乐舞的九个乐章，但并不是将其表演九遍。另外，“成”是歌、乐、舞三位一体的乐舞表演形态，而“终”则一般为歌唱或奏乐。①

○邓佩玲：虽然文献资料证明“成”“终”二词意义相当接近，但当作为计量音乐的单位时，两者应该仍有一定区别。在先秦古籍中，“歌终”一辞时有出现，或许亦是“终”作为音乐计量单位的来源。“歌终”本指演唱的终结，……“终”应该与现代汉语所谓的“次”“遍”相若，“一终”大概指演唱一遍，“终”是用以计量演奏或咏唱次数的量词。其实，“终”具“遍”义亦可从新出战国楚简得以证成。清华简《耆夜》篇记载武王八年伐黎大胜后举行饮至礼，武王君臣酬酢间赋诗唱和，每唱一诗前，简文便有“［某人］作诃（歌）一夂（终）”一语，整理者引《吕氏春秋·音初》“二女作歌一终，曰《燕燕往飞》”之例说明“演奏一次叫作‘一终’”。……

在文献中亦时常出现“成”“终”混用的现象，例如，《礼记·乡饮酒义》尝言：

> 工入，升歌三终，主人献之。笙入三终，主人献之。间歌三终，合乐三终，工告乐备，遂出。

在以上文字中，“三终”一辞出现多次，如果纯粹按字面作解，似是将“升歌”“笙”“间歌”“合乐”的诗篇分别重复演奏三遍。但实际上，倘若再与《仪礼·乡饮酒礼》的记载参证，则知所谓的“三终”实质是指“三成”。……“升歌三终”包括《鹿鸣》《四牡》《皇皇者华》“三成”；“笙入三终”有《南陔》《白华》《华黍》“三成”；“间歌三终”分别为“歌《鱼丽》，笙《由庚》”“歌《南有嘉鱼》，笙《崇丘》”及“歌《南山有台》，笙《由仪》”；“合乐”之“三

① 方建军：《论清华简“琴舞九絉”及“启、乱”》，《音乐研究》2014年第4期，第5－9页。

成”则是《关雎》与《鹊巢》,《葛覃》与《采蘩》,《卷耳》与《采蘋》。

简文所谓的“絉”是否即《大武》的“成”?笔者以为此说尚可斟酌。首先,简书开首虽有“琴舞九絉”一语,但九首诗前仅分别冠以“元”“亶(再)”“参(三)”“四”等序数,用以显示其排列的先后次序,序数后却不用“絉”,反而是直接引出各诗的“启”与“乱”。……由是可见,“絉”的用法似乎与《左传》中“再成”“三成”“四成”的“成”有所不同。……从古音角度分析,“术”“卒”上古同属物部字,音近似可通用。又古籍中“卒”“终”二字意义接近,均有终结的意思,经传诂训中两字互训的例子俯拾皆是。……本文同意“絉”或该读为“卒”,“琴舞九絉”的“絉”为量词,与文献中“三终”的“终”用法相同,“九絉”即“九终”。借指连缀的九首诗各演唱一遍。①

〇王志平:“术”通“聿”,“聿”通“肆”,“肆”通“佾”,“絉”可读为“佾”,“九絉”指佾舞之人数。“絉”字从糸术声,我们怀疑当读为“肆”。金文“肆”字多从聿得声,如郘钟:“大钟八聿(肆)”、洹子孟姜壶:“鼓钟一銉(肆)”等等。“聿”“术”可以通假。《大雅·文王》:“聿脩厥德。”《汉书·东平思王宇传》引“聿”作“述”,《后汉书·东平思王传》、《宦者吕强传》引“聿”作“术”。《尔雅·释言》:“律,述也。”是其证。《玉篇·长部》:“肆,列也。”文献中多指乐悬。《周礼·春官·小胥》:“凡县钟磬,半为堵,全为肆。”郑玄注:“钟一堵磬一堵谓之肆。”《左传·襄公十一年》:“歌钟二肆,及其镈磬,女乐二八。”杜预注:“肆,列也。县钟十六为一肆,二肆三十二枚。”《晏子春秋·内篇谏下第一》:“钟鼓成肆,干戚成舞。”

用于乐舞者,今多通用八佾之“佾”字。……“佾”为以母质部字,“肆”字有心母、以母两读,其一与“佾”同音。《论语·八佾》:“八佾舞于庭。”注引马融曰:“佾,列也。天子八佾,诸侯六,卿大夫四,士二。八人为列,八八六十四人。鲁以周公故受王者礼乐,有八佾之舞。季桓子僭于其家庙舞之,故孔子讥之。”……按照我们的训释,“九絉”仅涉佾舞之人数,不涉乐奏之阕数。成王颂诗长达九章,固然可以“琴舞九佾”;而周公颂诗即使只有短短四句,只是一章一

① 邓佩玲:《〈诗经·周颂〉与〈大武〉重探——以清华简〈周公之琴舞〉参证》,《岭南学报》复刊第4辑,上海古籍出版社,2015年,第227-232页。

终，一成一阕，但也可以“琴舞九佾”。“九絉”与佾舞之行列人数有关，而与颂诗之章句长短、乐奏几阕均无关系。……

文献中多以为天子八佾，如果解“絉”为“佾”，则为“琴舞九肆（佾）”，于礼可有根据？商代金文《戍铃方彝》有“置庸，𦧱九律𦧱”之语，“九律”的前后二个“𦧱”字，李学勤先生隶定为“龠”，而裘锡圭先生则疑为“舞”字。我们前面已指出，肆、佾一词，律、肆声通，“九律”显即“九佾”。“舞九佾舞”，说明商代万舞确有九佾之制。“九佾”“八佾”是否是殷周礼制之别，不得而知。但周公、成王均为“琴舞九肆（佾）”，说明周初尚因袭殷礼。①

○季旭升：王说在“絉”与“佾”的声音通假上还可以让人接受，但是释“九絉”为“九佾”，一则缺乏必要的佐证，再则也和礼制演进的历史不能吻合。从金文及考古文物来看，西周的礼制应该是逐步形成的，大约到康王、昭王才渐趋成熟，很难相信在成王即位之初，国家倥偬未定之际，以制礼作乐闻名的周公就会用盛大的九佾。而且目前所知道的佾舞，从八佾、六佾而下，都以二为差，突然跑出奇数的九佾，恐怕很难让人接受。②

○龚鹏程：九絉，据《周礼·春官·宗伯》：“龙门之琴瑟，九德之歌，《九韶》之舞，于宗庙之中奏之，若乐九变，则人鬼可得而礼矣。”可知周代礼乐的结构形式以九为最高，“九德”“九变”“九絉”皆为此类。③

○陈亨敦：当以读“遂”者为是，（出土及传世文献中“术”声字多读同“遂”或“坠”，其例极多，不烦罗缕。）……“遂”古书多即训为“终”或“成”，“琴舞九遂”即类似于《史记·夏本纪》的“箫韶九成”。④

按：“术”上古音在船母物部，“卒”在精母物部，“遂”在邪母物部。⑤ 就用字习惯而言，古书中常见从“术”得声的字与从“豖”得声的字相通的用例。似未见从“术”得声的字与从“卒”得声的字直接相通的用例。⑥ 因此，“絉”当读

---

① 王志平：《〈周公之琴舞〉乐制探微》，《出土文献》第 4 辑，中西书局，2013 年，第 66－69 页。

② 季旭升：《〈周公之琴舞〉“周公作多士儆毖”小考》，《清华简研究》第 2 辑，中西书局，2015 年，第 23 页。

③ 龚鹏程：《舞一舞〈周公之琴舞〉》，《中国文化》2021 年第 1 期，第 76 页。

④ 陈亨敦：《先秦出土文献所见乐舞单位名辑考》，《中国文字》2023 年夏季号，第 163 页。

⑤ 本书对各字上古音的界定，参照郭锡良编著，雷瑭洵参订《汉字古音表稿（增订本）》，中华书局，2023 年。

⑥ 张儒、刘毓庆：《汉字通用声素研究》，山西古籍出版社，2002 年，第 913、916 页；白于蓝：《简帛古书通假字大系》，福建人民出版社，2017 年，第 868－871 页。

为“遂”。

简文“絉”读为“遂”，可训为“成”。“成”指整首乐的基本组成单位，例如邓佩玲分析的，“箫韶九成”的“九成”是指箫韶共有九个章节。而“终”侧重指音乐的整体。结合清华简《耆夜》篇中“终”的形态来看，倘若诗本身仅有一章，“终”指单一乐章；倘若诗本身有多章，“终”则指多个乐章，演奏时要演奏一整套乐曲。从诗乐对应的角度来说，奏完诗的所有篇章才算是乐的一终。①“琴舞九絉（遂）”指的是周公所作“琴舞”的九成，可理解为九个乐章，当然每章亦包括相搭配的诗与舞。《礼记·乐记》“再成”“三成”“四成”之类是整套乐曲内部不同章的一种排序称法，简文元启、再启到九启与乱曰等则是另一种排序称法②，不能因为排序称法不同，就否定“九絉”指的是“九成”。

【3】元内（纳）启曰

○整理者：元，始。内，读为“纳”，进献。元纳，首献之曲。启，乐奏九曲，每曲分为两部分，开始部分称“启”，终结部分称“乱”。篇中成王所作共九章，每章都有“启”与“乱”两部分。“元内启”义为首章之启。

○李守奎：内，楚文字内与入同字。入，贡献。《墨子·贵义》：“今农夫入其税于大人，大人为酒醴粢盛，以祭上帝鬼神。”入、内、纳为古今字，亦可读为纳。《书·禹贡》：“百里赋纳总，二百里纳铚。”《国语·晋语九》：“雍子纳其女于叔鱼以求直。”元纳即首献之曲。③

○王志平：“元内”疑读为“筦入”，谓管乐始入。……从简文中不难看出，《周公之琴舞》中的“启”与“乱”两相对应于传世文献中“始”与“乱”。有趣的是，它们的读音也有关联。“始”* hljəg 为书母之部字；“启”* khlig〉* khjig 为溪母支部字。按照新的古音构拟（龚煌城修正李方桂体系），它们也是关系密切的同源词。④

○季旭升：根据我们现在的认识，周代用乐分礼盛者与礼轻者二种，礼盛者

① 王志平：《清华简〈耆夜〉中与音乐有关的术语“终”》，罗运环主编《楚简楚文化与先秦历史文化国际学术研讨会论文集》，湖北教育出版社，2013 年，第 341 页。

② 从《国语》韦昭注和《礼记》郑玄注来看，“启”“乱”最初可能是乐舞范畴的术语，偏向舞容，参见本章第 13 条王志平的分析。而“成”“终”最初可能是音乐范畴的术语，偏向乐章、乐曲。

③ 李守奎：《〈周公之琴舞〉补释》，第 10 页。

④ 王志平：《〈周公之琴舞〉乐制探微》，第 70、78 页。

的乐次为金奏、升歌、管、舞、无算乐、金奏；礼轻者为金奏、升歌、笙、间歌、合乐、金奏。周公之琴舞在什么场合演出不知道，以周公的阶级身份而言，应该是属于盛礼。周代礼乐盛礼都有“下管”一节，并不会因为某些场合比较特殊而需要特表著明。此外，经典只有“下管”，而没有“管人”。①

〇方建军：“启”在商代即作为音乐用语，如河南安阳殷墟曾出土商晚期编磬三件，分别刻铭“永启”“永余”和“夭余”，其中的“永（咏）启”，意即歌唱的开始。《周公之琴舞》的“启曰”，表示每一成演唱的开始，“启”前加上数字，用于各启之间的分隔，“乱”则不必再加数字标识。②

按：从《周公之琴舞》诸启曰的次序来看，“元”当指首次，整理者训为“始”，说法可从。“内”当读为“入”。“元内”即言乐曲的开始。

【4】无毋（侮）亯（享）君

〇整理者：无毋，读为“无悔”。《大雅·抑》“庶无大悔”，郑笺：“悔，恨也。”享，贡献。《书·洛诰》“汝其敬识百辟享，亦识其有不享”，孔传：“奉上谓之享。”孔颖达疏：“享训献也。献是奉上之词。”

〇陈伟武：所谓“怠慢”“轻慢”之义，字当作“侮”，如《书·盘庚》：“无老侮成人。”《大雅·行苇》：“序宾以不侮。”上博简《孔子见季桓子》和马王堆帛书《春秋事语》均有“毋”读为“侮”之例。简文“毋毋”犹言“不侮”，“毋”读为“侮”正是指怠慢、轻慢。③

〇李守奎：金文中享与孝，大都是对同一对象，即已经去世的先人，“享”的词义是祭祀，是对先人的供奉。简文“无悔享君罔坠其考”中的“享”理解为对时君成王的贡献比较合适，亦即麸方鼎（《集成》02824）“毕复享于天子”中的“享”，是对时君的供奉。④“毋”，《说文》“谋”之古文，简文中读为悔，无悔，不要怠慢。《大雅·抑》“庶无大悔”，笺：“悔，慢也”。此云享献不得轻慢。⑤

〇李学勤：“享”字训为献，西周初年金文克罍、克盉（《近出》987、942）云：“惟乃明乃心，享于乃辟”，是说以全心献于君王，可知这里讲的“享”涵义

① 季旭升：《〈周公之琴舞〉“周公作多士儆毖”小考》，第24页。

② 方建军：《论清华简“琴舞九絉”及“启、乱”》，第8页。

③ 陈伟武：《读清华简〈周公之琴舞〉和〈芮良夫毖〉零劄》，《清华简研究》第2辑，中西书局，2015年，第28－32页。

④⑤ 李守奎：《〈周公之琴舞〉补释》，第8、10页。

类于晚出的“忠”。诗句说的是忠于君，孝于亲，正是对朝臣多士而言，可信为周公所作。①

○季旭升：“恳”字也可以读为楚简常见的“谋”；“享”字则不妨通假为“抗”或“迋/诳”。抗，拒也，见《荀子·臣道》“有能抗君之命”杨倞注。“无谋抗君”即“不要图谋违抗君王的命令”。或通假为“迋”，迋，诳也，欺也，见《郑风·扬之水》“人实迋女”毛传、《左传·定公十年》“是我迋吾兄也”杜注。“无谋迋君”即“不要图谋欺骗君王”。……成王初即位，前有三监之乱，周公避居东都，权力基础还不是很稳固。周公在此时要全力辅佐成王，儆毖多士，要求的力度应该要强一点。要求多士不可以违拒王命，不可以欺诳君王，要忠心耿耿地事奉君王。②

○蒋文：我们赞同将“恳”读为“侮”，“侮”表轻慢、轻侮、慢易。《逸周书·克殷》说商纣“侮灭神祇不祀”，《史记·周本纪》作“侮蔑神祇不祀”，“侮”与表轻蔑的“蔑/灭（蔑）”意近连用，这两句和简文在语境上颇有相通之处。此外略需说明的是，《孔子见季桓子》简25和马王堆《春秋事语》91读为“侮”之字实皆作“恳”（辞例分别为“民氓不可侮”“愧于侮德诈怨”）。就目前所见的楚简用字情况来看，“恳”多表｛谋｝｛悔｝｛诲｝等词，如果不考虑《周公之琴舞》此例，似乎就没有确定的“恳”读为“侮”的例子了。不过，这似不足以绝对排除《周公之琴舞》此例读为“侮”的可能——“毋”本分化自“母”，战国中晚期时“母”“毋”的分化尚未完成，用“母”为“毋”的现象较为普遍，同时亦有用“毋”为“母”之例（见于上博简《民之父母》《昔者君老》《容成氏》等）。在此背景下，既已见用“恳”记录｛侮｝的例子，用“恳”来记录同一个词应该也是合理的。……在金文及传世文献中，接受“享”“孝”的对象多数时候都是已经故去的先人，如“前文人”“文考”“皇祖”等等；虽然有时也可“享”“孝”生人，如“享于乃辟”“其用享孝于皇神、祖考、于好朋友”，但总体来说较少见。……简文之“君”指故去祖先的可能性最大。考虑到在周人那里君统和宗统有密切关系，周公要求周多士好好奉享的先君，可能既包含多士们各自

---

① 李学勤：《论清华简〈周公之琴舞〉的结构》，《深圳大学学报（人文社会科学版）》2013年第1期，第58页。

② 季旭升：《〈周公之琴舞〉“周公作多士儆毖”小考》，第24页。

的较近的祖先，也包括周人之远祖和共祖，且重点可能在后者。①

按：这里“㬥”确实当读为“侮”，有轻慢之意。“亯”从整理者说法，读为“享”。“无侮享君”，即言对先祖先王的享孝应当庄重而不轻慢。如蒋文所分析的，“君”指故去祖先的可能性最大，包含多士们各自的较近的祖先，也包括周人之远祖和共祖。因为“多士”中不少人与周公和成王存在共同的较近或较远的祖先。

【5】罔𨡮（坠）亓（其）考（孝）

○整理者：𨡮，字见郭店简《老子甲》，今本作“锐”，在此读为“坠”，《广雅·释诂三》：“坠，失也”。考，读为“孝”。

○李守奎：考，整理报告读为孝；疑可不改读，指先父。②

○季旭升：“考”指祖父或男性祖先，《周颂·雝》“假哉皇考，绥予孝子”，郑笺：“皇考，斥文王也。”孔疏：“考者，成德之名，可以通其父祖。”“罔坠其考”即毋遗忘祖先之典范。……骆珍伊提出“考”字或可训为“成”，即“成就”。旭升案：《书·大诰》“天棐忱辞，其考我民”，孔传：“为天所辅，其成我民矣。”《礼记·礼运》“礼义以为器，故事行有考也”，郑玄注：“考，成也。器利则事成。”这些“考”字都是动词。不过古汉语名动相因，动词性的“考”当然也可以作名词用。依此解，“罔”字就要解成“无”，相当于“没有”“不会”；“其”承上句指“君”。本句可释为“这就不会坠失（毁败）了君王的成就”。③

○姚小鸥、杨晓丽：孝，善事父母。该句义指对待父母不失孝敬。④

○孙飞燕：如果认为“考”指先考，“罔坠其考”就应当是说不要丧失先父，这种说法并不通顺。更重要的是，金文和《诗经》中“享”“孝”连用的例子十分常见，皆指对祖先的祭祀。金文的材料如追簋铭文“用享孝于前文人”（《集成》4219—4224）。《诗经》的材料如《小雅·天保》：“吉蠲为饎，是用孝享。”毛传：“享，献也。”郑笺：“谓将祭祀也。”……“此诗‘以孝以享’，犹《潜》诗‘以享以祀’，皆二字同义。合言之则曰孝享，《天保》诗‘是用孝享’，犹《閟宫》诗‘享祀不忒’也。”因此笔者认为简文的享、孝都是指祭祀。第一句

① 蒋文：《清华简〈周公之琴舞〉“周公作多士儆毖”诗解义——兼及出土及传世文献中几例表“合于刑”义的“刑”》，《出土文献与古文字研究》第8辑，上海古籍出版社，2019年，第189－191页。

② 李守奎：《〈周公之琴舞〉补释》，第10页。

③ 季旭升：《〈周公之琴舞〉“周公作多士儆毖”小考》，第25页。

④ 姚小鸥、杨晓丽：《〈周公之琴舞·孝享〉篇研究》，第151页。

“无悔享君”的“君”指先君。《小雅·天保》：“君曰卜尔，万寿无疆。”毛传：“君，先君也。”金文中可写作“皇君”，例如叔踊父簋铭文（《集成》4056—4058）“其夙夜用享孝于皇君”。[①]

○蒋文：表享献、祭祀义确实是西周春秋时“孝”的一种常见用法，孙文的举证已十分有力。稍可补充的是，金文中除多见“用享孝”外，还出现了多例“用孝用享/用享用孝”“以享以孝”，此外亦有“用享用祀/用祀用享”“用享祀”，并且这些短语很多出现在铭文中相同的位置上。换言之，金文既见“享”和“孝”连用、对举，亦见“享”和“祀”连用、对举。与此同时，《诗经》有“享”和“孝”连用、对举，“享”和“祀”连用、对举，此外还有“孝”和“祀”连用。合观诸例，“孝”“享”“祀”为意义相近或相关的一组词，大概是没有疑问的。有此认识之后再反观简文，将“考”读为“孝”、往“享祀”的意义方向上考虑，自然是最优解……

“其”处于承指位置，承上一句的“君”，“其孝”相当于“君之孝”。文献中“某某之祭/某某之祀”就可以指对某某的祭祀，即某某是祭祀的对象，如：“先王之祀”（《国语·楚语下》）的对象是“先王”，“五厉之祀”（《管子·轻重甲》）的对象是“五厉”，“天地之祭”“鬼神之祭”（《礼记·礼器》）是针对“天地”“鬼神”的祭祀，所以“君之孝”可以是以“君”为对象的“孝”。总之，简文的“其孝”的意思是“他们（君）的孝祀”，即以先君为对象的孝祀。……金文有“恭厥明祀”（王孙诰钟）、“恭寅鬼神”一类说法，表恭敬奉持“明祀”及“鬼神（之事）”。“坠其孝”所表达的意义方向大致与之相对，即没有好好奉持先君的孝祀之事，没有使孝祀之事保持其本来应处的高位、使之坠落。“坠”所表达的这种微妙的意思在理解时不妨替换成“败坏”“废弛”“荒废”等。总之，“罔坠其孝”可大致翻译成“不可坠失（败坏）他们（先君）的孝祀”。[②]

按：整理者说法可从，“鼐”可读为“坠”，蒋文具体训作“败坏”“废弛”“荒废”，在简文语境更合理。“考”当读为“孝”。《尔雅·释诂》：“享，孝也”。

---

① 孙飞燕：《清华简〈周公之琴舞〉与〈诗经·周颂〉的性质新论》，《简帛研究二〇一四》，广西师范大学出版社，2014年，第8页。

② 蒋文：《清华简〈周公之琴舞〉“周公作多士儆毖”诗解义——兼及出土及传世文献中几例表“合于刑”义的“刑”》，第191－192页。

“享”“孝”连言见于《诗经》和西周金文；“孝享”合用亦见于《小雅·天保》“吉蠲为饎，是用孝享。禴祠烝尝，于公先王。”如孙飞燕和蒋文所分析的，应当结合西周时期的习惯用法来分析词义，“考（孝）”的意思接近“享祀”。简文“考（孝）”应当指的是对先祖先王之享祀。

【6】亯（享）隹（惟）滔（慆）帀

○整理者：滔，读为“慆”，《说文》：“说（悦）也。”《尚书大传》“师乃慆，前歌后舞”，郑玄注：“慆，喜也。”帀，句末虚词，今本作“思”。《经传释词》卷八：“思，语已词也。”

○李守奎：享，释为献享与前文对应，比较稳妥，但不排除指神鬼享用祭品，意指鬼神来享愉快。《左传·僖公五年》：“如是则非德，民不和，神不享矣。”滔，读为慆，《说文》：“说（悦）也。”《尚书大传》卷三“师乃慆，前歌后舞”，郑玄注：“慆，喜也”。帀，先秦出土文献中多用作师旅之“师”，是脂部字，此处为句末虚词，疑当读为兮。①

○季旭升：“享”字如破读为“抗”或“迒/迋”，则“滔”可读为“饕”或“謟”。……其一读为“饕”，贪也。清华壹《耆夜》简7“明日勿稻”，刘云先生读为“叨”，即“饕”，贪也。如果采用这个解释，“亯隹滔帀”可读为“抗惟饕思”，意思是“违抗君命（意图谋反）是一种贪求的行为”。其二读为“謟”，僭也、过也，意思是“违抗君命（意图谋反）是一种僭越的行为”或“违抗君命（意图谋反）是一种过分的行为”。以儆毖的性质而言，读“謟”释为“僭”比读“饕”好。②

○姚小鸥、杨晓丽：《慧琳音义》卷九“慆耳”注引《仓颉篇》：“慆，和悦貌也。”“帀”，句末语气词。该句义为在祭祀先祖或朝聘时要心怀欢喜。③

○匡腊英、杨怀源：“滔”应是对“享”的直接说明，当破读为“竺”。“竺”有丰厚之义。……此字文献上又写作“笃”，《尔雅·释诂》：“笃，厚也。”……又写作“毒”。《说文解字·屮部》：“毒，厚也。”……“笃”“竺”上古音端母觉部，“毒”上古音定母觉部；“滔”上古音透母幽部，声母为旁纽，韵为阴入对转，

① 李守奎：《〈周公之琴舞〉补释》，第10页。
② 季旭升：《〈周公之琴舞〉“周公作多士儆毖”小考》，第25页。
③ 姚小鸥、杨晓丽：《〈周公之琴舞·孝享〉篇研究》，第151页。

例可通假。……“亯（享）隹（惟）滔（竺）帀”这句诗的解释就比较明确了，意为献享要丰厚，从语法关系来说，“竺（笃、毒）”正是对主语“享”的说明。从上文来看，此献享为对国君的献享，与对鬼神的祭享类同，献享理应丰厚。……“师”与“思”同为心母，读音最近，故当以读“思”为宜。且《周公之琴舞》中成王颂诗第一首有“天隹（惟）㬎（显）帀”一句，这首诗见于传世本《诗经》，即《周颂》之《敬之》，此句作“天维显思”，两者对读，可以确定“师”读为“思”。①

○陈晨：“滔”疑读为“蹈”。本段有四句，每两句一组，每组两句属并列关系，且多处字词句式对仗，如“无㤅”与“罔𡨦（坠）”对言，第三、四句的句式相同，皆是“某隹（惟）某帀（思）”。“享隹（惟）滔帀（思）”的“滔”与“孝隹（惟）型帀（思）”的“型”对举，两者的词性应当相同。“型”，整理者认为是效法之义，传世典籍多作“刑”。故“滔”亦当属动词。《诗·小雅·菀柳》“上帝甚蹈”，孔颖达疏：“蹈者，践履之名。”又《穀梁传》隐公元年“蹈道则未也”，陆德明释文：“蹈，履行也。”“享隹（惟）滔（蹈）帀（思）”意思是说要践行供奉祭品奉祀祖先。②

○蒋文：由于“孝惟刑帀”和“享惟滔帀”句式一致，“享”“孝”又是近义词，“滔”所记录之词宜从那些与“刑”意义相近相关的词里去找。我们认为这个词可能就是“道”。“滔”从“舀”得声，和“道”同属舌音幽部，从文献反映的各种情况来看，“舀”声字和“道”发生关系的例子有不少。……此处“道”表“合于道”义，和上文讨论的“刑”一样，也是由抽象名词派生的综合性动词。文献用例如《礼记·曲礼上》：“修身践言，谓之善行。行修言道，礼之质也。”郑玄注：“言道，言合于道。”《礼记·玉藻》：“国家未道，则不充其服焉。”郑注：“未道，未合于道。”《管子·禁藏》：“行法不道，乐民不能顺。”“享惟道帀”意思是“享祀要合于道啊”，“合于道”即“合于法度”，全句和“孝惟刑帀”对应严整。③

---

① 匡腊英、杨怀源：《〈周公之琴舞〉“享隹滔帀”解》，《重庆三峡学院学报》2017年第3期，第69－70页。

② 陈晨：《上博、清华藏简文字释读札记》，《简帛》第16辑，上海古籍出版社，2018年，第28页。

③ 蒋文：《清华简〈周公之琴舞〉“周公作多士儆毖”诗解义——兼及出土及传世文献中几例表“合于刑”的“刑”》，《出土文献与古文字研究》第8辑，上海古籍出版社，2019年，第198－199页。

○廖名春："帀"即"师"，脂部山母字，与之部心母的"思"声韵有距离，当读为脂部影母字的"殹"，用作"也"。①

按： 蒋文的说法较具参考价值，但问题在于"道"这个词及相关字形在西周金文已经常见，出土简帛中亦常见，用不常见的"滔"字来通作"道"，较为反常。而且传世文献中二字互通的用例中，"道"用作"蹈"等从"舀"得声的字的情况居多，从"舀"得声的字用作"道"的居少。② 因此，简文此处的"滔"最合理的读法还是从"舀"得声的字中去寻找为宜。

我们认为《周公之琴舞》是经过后人改动而留下不少缺憾的文本，最为明显的是与西周金文的习语相比较，简四"夫明思慎"省略了不该省去的宾语"德"。③ 因此，不能完全排除一种可能性，即此处的"滔"读为"蹈"，训为"践行""履行"义，"蹈"后面的宾语可能被改动者不合理地删去了。改动的原因可能如陈晨分析的，为了与下句的句式统一。目前所见西周金文未见从"舀"得声的字后面搭配名词的用例，我们只能根据较晚的东周文献去推测简文"滔（蹈）"可能的宾语。《论语·卫灵公》："子曰：'民之于仁也，甚于水火。水火，吾见蹈而死者矣，未见蹈仁而死者也。'"这是"蹈仁"的说法。上引陈晨论文中引述过《穀梁传·隐公元年》"蹈道则未也"，这是"蹈道"的说法。虽然"蹈仁"与"蹈道"可能是东周才有的观念，但由此可类推简文的"滔（蹈）"后面省去了一个表示某种时人共同遵守的规范或思想观念的字。

或者可参考整理者读法，"滔"读为"慆"，训为"喜"。"享惟慆帀"与"七启"的"思熹在上"、西周金文"事喜上帝"的意思接近，这里是说享祀要使先祖先王高兴。

【7】考（孝）隹（惟）型帀

○整理者：型，效法，传世典籍多作"刑"，《周颂·烈文》："不显维德，百辟其刑之。"

○李守奎：考，当即祖考之考。刑，效法。单伯昊生钟："余小子肈帅井

① 廖名春：《清华简〈周公之琴舞〉与〈周颂·敬之〉篇对比研究》，《深圳大学学报（人文社会科学版）》2013 年第 6 期，第 64 页。

② 出土文献也是如此情形，安大简出现过从"舀"得声的字，都不用作"道"，参见黄德宽主编《安徽大学藏战国竹简（一）》，中西书局，2019 年，第 71、112、140、148－149 页。

③ 参见本书第二章《〈周公之琴舞〉集解》第 19 条按语。

（型）朕皇祖考懿德。”（《集成》00082）《周颂·烈文》：“不显维德，百辟其刑之。於乎！前王不忘。”《书·文侯之命》“汝肇刑文武”，孔传：“言汝今始法文武之道矣。”[①] 这类意思在金文中非常普遍，例如：妄不敢弗帅用文祖皇考穆穆秉德”（邢人妄钟，《集成》00109）、“梁其肇帅型皇祖考”（梁其钟，《集成》00187）等等。对于成王初政时的多士来说，辅佐文、武有成功的多是其先考辈，所以不像后世“祖考”联言。另外也可能受到诗之四言句法的限制。[②]

○黄杰：“考惟型思”似与中山王鼎“考度唯型”有紧密联系，“考”疑当读为本字，意为考察。“罔𩓓（坠）其考”的“考”应当是同样的意思，那么“罔𩓓其考”似当读为“无𩓓（坠）、其考”，意为不要失坠，应当考察。[③]

○孙飞燕：“孝惟型思”与《大雅·下武》“永言孝思，孝思维则”意思相似，是说祭祀是别人的榜样和准则。[④]

○蒋文：简文之“刑”是一个由抽象名词“刑”派生的动词，意思是“合于刑”。这个派生动词包含了原名词概念，是一个“综合性”动词（或称“融合性”动词）。名词“刑”派生出表“合于刑”义的综合性动词，符合上古汉语名词动用的一般路径。……出土及传世文献中还能找到这种“刑”的其他用例。金文中有几处不带宾语的“井/型（刑）”，我们认为就是表“合于刑”的综合性动词“刑”。先来看中山王譽鼎（《集成》02840）铭中的一例：

> 今余方壮，知天若否，论其德，省其行，亡不顺道，考度隹（惟）型（刑）。

此段之前的内容是譽回忆父王早逝，继位时自己尚是幼童，什么都不懂（“未通智”），只知道听傅姆的话，那时处理国政要依靠相邦贾的辅佐，然后描述了贾如何尽心履行人臣之职责。……我们认为此句宜理解为“考省谋度都合于刑（法度）”（暗含的意思就是贾不逾越规矩、谨守本分，没有非分之想）。……

再来看另外一例，见于曆鼎（《铭图》02168）：

---

①② 李守奎：《〈周公之琴舞〉补释》，第10、8页。

③ 黄杰（“暮四郎”）：简帛论坛《〈周公之琴舞〉初读》跟帖，简帛网，2013年3月17日。

④ 孙飞燕：《清华简〈周公之琴舞〉与〈诗经·周颂〉的性质新论》，第8页。

> 曆肇对元德，考（孝）友惟刑，作宝尊彝，其用夙夕肆享。

毛公旅鼎有“其用友，亦引（矧）唯考（孝）”之语，裘锡圭先生认为“意谓所作之鼎行孝友之道”，并指出可与曆鼎“孝友惟刑”互证，可从。我们认为，曆鼎之“孝友”如果理解得“虚”一点，可以说是“行孝友之道”或“行孝友之事”；如果想理解得“实”一些，不妨将“孝”看作金文常见的“用孝用享/用享用孝/用享孝”之“孝”，把“友”和多友鼎“用朋用友”之“友”联系。那么，曆鼎之“孝友”可以理解成对在上者（先祖）的奉献（祭祀）和对地位相当之人（朋友）的交好（包括宴享等行为），享献祖先和交好朋友本身也就是“行孝友之事”的一部分，或者说是“行孝友之事”的一种具体表现形式。总之，“孝友惟刑”可以翻译成“行孝友之事皆合于刑（法度）”，或“享献祖先和交好朋友皆合于刑（法度）”。……

简文的“惟刑”和中山王礜鼎“考度惟刑”、曆鼎“孝友惟刑”的“惟刑”在语气上略有不同，后二者只是一般的陈述，而简文中“惟刑”和前面的“无”“罔”相对，体会之下应有祈使、命令的意味。……总之，我们认为简文之“刑”是一个状态性的、融合了原有名词概念的综合性动词，意思是“合于刑”。“孝惟刑帀”可翻译为：“孝祀要合于刑（法度）啊!”[①]

按：“孝惟刑帀”即对先祖先王的孝要合于型。在西周的政治文化中，“型”有特殊内涵，周人提倡的孝不是只有表面的祭祀等行为，很大程度上具体表现为对先王先祖之德的“帅型”。[②] 例如番生簋铭文：

> 丕显皇祖考，穆穆克慎厥德，严在上，广启厥孙子于下，勵于大服。番生不敢弗帅型皇祖考丕坏元德，用讎圝大命，屏王位，虔夙夜，溥求不朁德，用谏四方，柔远能迩。(《集成》04326)

① 蒋文：《清华简〈周公之琴舞〉“周公作多士儆毖”诗解义——兼及出土及传世文献中几例表“合于刑”义的“刑”》，第193－198页。

② 罗新慧：《“帅型祖考”和“内得于己”：周代“德”观念的演化》，《历史研究》2016年第3期，第4－14页。此外，对西周“帅型祖考之德”政治内涵的研究，亦可参见刘源《试论西周金文“帅型祖考之德”的政治内涵》，王兴尚主编《周秦伦理文化与现代道德价值国际学术研讨会论文集》，陕西人民出版社，2008年。

又如，四十二年逨鼎铭文有周王希望逨“汝唯克型乃先祖考”（《铭图》02501）的说法。学者曾指出《诗经·周颂》“仪型文王”的说法更多是对成王及其文王后裔的要求，对周王以外的贵族则要求“帅型祖考之德”。① 因此，简文“孝惟刑帀”具体意思是周公希望多士对祖考之德的效法和继承发扬。可能是由于全篇的语境支撑，“型”后面该有的宾语“祖考”被省略了；或者是如蒋文分析的，这里的“型”即“合于型”。

《周公之琴舞》开篇这部分多句都在讲对先王和先祖的享孝，“考”不能作“考察”义讲。

句解：周公作对多士的儆告诫毖，以琴舞九遂相配合。［周公］元启道：对先祖先王的献享应当庄重而不轻慢，对其孝祀不能废弛，孝享就要合于（道?），也要以先祖为仪型。

二、成王元启

成【一】王作敬（儆）怭（毖），銮（琴）舞（舞）九絉（遂）[8]。元内（入）启曰：敬₌之₌（敬之敬之）[9]，天隹（惟）㬎（显）帀[10]，文非易帀[11]。母（毋）曰高₌（高高）才（在）上，砌（陟）降亓（其）事（使），卑（俾）蓝（监）【二】才（在）㹝（兹）[12]。

【8】成王作敬（儆）怭（毖），銮（琴）舞（舞）九絉（遂）

〇整理者：成王，周成王。成王所作儆毖九篇内容主要为自儆，首篇即今传本《诗·周颂·敬之》。

〇李守奎：成王所作“儆毖”，主要是自儆，所以没有像“周公作多士儆毖”那样确指所儆毖的对象。所歌舞的“九絉”，其歌词应当就是成王所作的九首诗。成王作诗九首，每首又分启、乱两部分，第一首见于毛诗《周颂》，即《敬之》。

① 罗新慧：《“帅型祖考”和“内得于己”：周代“德”观念的演化》，第10－13页。

从简文来看，周颂在当时是组合演奏的，每一篇诗配乐即一章，九成大礼须演奏九章。各篇诗当时并无篇题。周初之颂，经过了舞失传、乐失传、诗散乱大部分失传的过程。今本《周颂》中的篇题，大概是对散乱残缺之诗加以整理过程中整理者所加。《敬之》的作者与主旨多有争议，现在可知就是成王所作的自儆之诗，其主题很明确：承天命，继祖业，自己要勤勉不懈，希望群臣尽力辅弼，君臣一心，发扬光大。这番话作为成王的就职宣誓确实很合理。①

按：从下文各启各乱的内容来分析，“成王儆毖”既有自儆也有儆毖臣下。而且，儆毖的口吻不一定完全出自成王，个别亦可能出自周公。

【9—11】**敬₌之₌（敬之敬之），天隹（惟）㬎（显）帀，文非易帀**

○整理者：敬，读为“儆”或“警”，训“戒”。㬎，今本作“显”，郑笺：“显，光。”文，文德。《周颂·武》“允文文王”，孔颖达疏释为“信有文德者之文王”。《国语·周语下》“夫敬，文之恭也”，韦昭注：“文者，德之总名也。”今本《敬之》作“命不易哉”。

○李守奎：非，不可。《书·盘庚》“人惟求旧，器非求旧，惟新。”易，变易。今本作“命不易哉”。简文第九章有“德非堕帀”“文非动帀”等，句式相同，意思相类。“非易”与“非动”意思都是不可变易。成王九章诗首尾呼应。天命可易，文德不可易。文德须人奉守，文德堕失则天命改易。② 文义串讲为：警惕再警惕！上天光明，洞悉一切，文德不可损改，不要说天高高在上有所不知，有神在天地之间上下往来，在下监视我们的一切。③

○沈培：周人是认为天命靡常的，因此“说命不易哉”的“易”为变易，这是不合周人的思想的。……“非”可以说它的意思近乎“不”或“无”。……过去把“命不易哉”的“易”解释为“难易”之“易”，对于这句话的意思，大多解释为“命不易保”。如前引（宋）朱熹《集注》解释为“其命不易保也”。（明）何楷《诗经世本古义》卷十上说：“命者，有天下之命也。不易者，言保之不易也。”其实，“命不易哉”本身大概没有“命不易保”的意思，其意应该就是“天命不容易”，大概就是“有天命或得到天命是不容易的”或“天命是不容易有的”“天命是不容易得到的”的意思。……

---

①②③ 李守奎：《〈周公之琴舞〉补释》，第11－12页。

在李注所引《国语·周语下》那段文字的前面还有“能文则得天地”一句话。大家都熟知，在周人的观念里，周人之所以能得天下、能战胜殷人，主要就是因为文王之德，因此“文”之德性十分被周人看重。（唐）柳宗元《天对》说“天集厥命，惟德受之”，如果把其中的“德”就看成是“文德”，应该也是不错的。因此，《周公之琴舞》说“文非易帀”，体现的是对文德的重视。“文德”和“天命”实际上是联系在一起的，因此简文和毛诗这两句所体现的思想是一致的。①

〇陈颖飞：西周初期，“文”作为对人最高的夸美已常见，如《周颂·思文》“思文后稷”、《周颂·武》“允文文王”，毛传释“文”为“文德”，“文非易帀”的“文”即此含义。……“天惟显帀，文非易帀”，……天是如此的光明彰显，文德不可更易。②

〇廖名春：简本的“文”与今本的“命”是同义互换。“文”有礼法义。《论语·子罕》：“文王既没，文不在兹乎?”朱熹《集注》：“道之显者谓之文，盖礼乐制度之谓。”……“命”有教命、政令义。《周易·姤·大象传》：“后以施命诰四方。”孔颖达《疏》：“风行草偃，天之威令，故人君法此以施教命诰于四方也。”……礼法义的“文”与教命、政令义的“命”意义相近，所以能够互用。③

〇冯胜君：今本“命不易哉”，郑笺谓“其命吉凶不变易也”。王先谦《诗三家义集疏》引前人说谓“易”为难易之“易”，当是。此处简文“易”前不作“不”作“非”，则“易”显然为形容词，当是难易之“易”。④

〇顾史考：《周公之琴舞》的“文非易哉”实嫌不词，至少于文献无征。不过，如李守奎指出，《周公之琴舞》中成王诗的第九章启部有“德非堕帀、文非动帀”等语，李氏解“非”为“不可”，谓“意思都是不可变易”，似可证成“文非易哉”实非误文的可能；此外亦不能完全排除《毛诗》的“命不易哉”是某编者为了求其与《诗》中他句较为一致而凭意妄改的结果。若以“命不易哉”为是，则是天命不会变易的意思，而若以“文非易帀”为是，则或该如李氏而解此两句

① 沈培：《〈诗·周颂·敬之〉与清华简〈周公之琴舞〉对应颂诗对读》，《出土文献与古文字研究》第6辑，上海古籍出版社，2015年，第331－332页。

② 陈颖飞：《从清华简〈周公之琴舞〉看西周早期“德”的观念》，“清华简与《诗经》研究”国际会议，香港浸会大学，2013年11月。

③ 廖名春：《清华简〈周公之琴舞〉与〈周颂·敬之〉篇对比研究》，第65页。

④ 转引自孙永凤《清华简〈周公之琴舞〉集释》，硕士学位论文，吉林大学，2015年。

为“上天光明，洞悉一切”，因而成王“文德不可损改”。[①]

○石小力:《诗经》中言“不易”者三见，其二主语为“命”，其一为“王”，未见“文”者，……且《左传》《新书》《汉书》凡引《敬之》此句，皆作“命不易哉”。故从传世古书辞例来看，当以作“命”为是，简本作“文”，亦应用为“命”。“文”古音明母文部，“命”明母真部，声纽相同，韵部旁转，古音相近，可以通用。……从楚文字乃至整个古文字材料来看，“文”字所表示的词是比较固定的，一般皆用作文德之“文”，如“文祖”“文考”“文母”等，大命、天命之“命”，一般也用“命”字表示，二字未见直接通用的例子，故从用字习惯来看，大家认为二字相通的可能性不大，转而寻求二字意义上的联系。但二字既有异文关系，古音又相近，且有间接相通的用例，故从音近相通的角度来解释是较为直接和合理的。[②]

按:《书·君奭》有“在我后嗣子孙，大弗克恭上下，遏佚前人光，在家不知。天命不易。天难谌，乃其坠命。弗克经历，嗣前人，恭明德”。朱骏声《尚书古注便读》:“易，陂也，犹轻慢也。”简文“文非易哉”之“易”也当读为“陂”，有轻慢义。论者多将“易”视作“容易”之“易”，但“天命”或“文德”本身不存在难或易的问题，存在的只有人对“天命”或“文德”的态度。而且，轻慢义是由“难易”之“易”引申而来，表达的正是人的态度。

《尚书》《诗经》显示出的周人天命观中，常见不可轻慢天命的说法。如石小力揭示的，《诗经》中言“不易”者三见，其二主语为“命”，其一为“王”，未见“文”者。因此，《周颂·敬之》这里作“命”比简文为优。笔者[③]和石小力先后怀疑“文”可读为“命”，这是一种处理办法。

如前文所言，《周公之琴舞》被西周以后人改动的痕迹较多，这里不排除是后人对西周天命观不了解的情况下，以自身所处时代的一些观念去理解原文，进而大胆做出了改动。清华简《五纪》多次强调“文”这种德的重要性，例如简 122

① 顾史考:《清华简〈周公之琴舞〉成王首章初探》，《古文字研究》第 30 辑，中华书局，2014 年，第 398 – 399 页。

② 石小力:《清华简〈周公之琴舞〉“文非易帀”解》，《出土文献》第 7 辑，中西书局，2015 年，第 101 – 102 页。

③ 黄甜甜:《〈周公之琴舞〉初探》，《深圳大学学报（人文社会科学版）》2013 年第 6 期，第 77 – 78 页。

有“文、惠、武三德以敷天下”[①]，可见战国楚地思想中，“文”再次被凸显。时人按照自己的理解，用熟悉的“文”替换了音近的“命”，不能排除这种可能性。

【12】母（毋）曰高＝（高高）才（在）上，砌（陟）降亓（其）事（使），卑（俾）蓝（监）才（在）孳（兹）

〇整理者：砌，从力声，读为“陟”。力，来母职部；陟，端母职部。陟降其事，《敬之》作“陟降厥士”。瘨钟（《集成》246）：“大神其陟降。”卑蓝才孳，读为“卑监在兹”，与上文“高高在上”相对。卑，下，指人间。今本《敬之》作“日监在兹”。

〇李学勤：“卑”，读为“俾”。[②]

〇李守奎：“陟降”一词，古书中大都是指祖先神灵在天地之间的升降往来。……《大雅·文王》：“文王陟降，在帝左右。”朱熹集传：“盖以文王之神在天，一升一降，无时不在上帝之左右，是以子孙蒙其福泽，而君有天下也。”《敬之》中的陟降，与上文也应当一致，是指神灵在天地之间的陟降。“高高在上”的是天，天子“在兹”统治人间，沟通天、人的就是这些陟降其间的神灵，他们的职责就是到下面监视，到上面报告，天藉此知人间之善丕，人藉此获天之福祸。[③]

〇沈培：李守奎先生的注释和补释说明“陟降”一定是指神之往来天上和人间，因此“陟降其事”“陟降厥士”的主语绝非人君，“陟降”也绝非赏罚的意思。……李学勤先生在《概述》里已经在“卑”后括注了“俾”，这一意见似未引起大家的注意。我们认为，这是很正确的意见。“俾监”的说法见于古书，《逸周书·作洛》说：“武王克殷，乃立王子禄父，俾守商祀，建管叔于东，建蔡叔、霍叔于殷，俾监殷臣。”这里的“俾监殷臣”就是指使前面所说的管叔、蔡叔、霍叔监视殷臣。依此去看简文“陟降其事，俾监在兹”，就可以知道它说的就是使“其事”“监在兹”。“其事”既是“陟降”的宾语，也是“俾”的宾语，只不过承前省略了。那么，“其事”如何理解呢？其实，过去已有正确的说法。高亨先生《周颂考释（下）》说：“厥士谓天之士也。天之士者天之官吏、天之使者也。郑

---

① 清华大学出土文献研究与保护中心编，黄德宽主编：《清华大学藏战国竹简（十一）》，中西书局，2021 年，第 130 页。

② 李学勤：《新整理清华简六种概述》，第 66 页。

③ 李守奎：《〈周公之琴舞〉补释》，第 11－12 页。

笺：‘监，视也。’此言天令其使者时陟于天，时降于地，日日在此视察我，以报告于天也。”……

简文作“事”，毛诗作“士”。“事”“士”相通，前面所引各家皆无异议。“事”“使”相通，也不烦举例。因此，简文应当读为“陟降其使，俾监在兹”，毛诗也应当读为“陟降厥使，日监在兹”。由于毛诗后一句话没有像简文那样使用“俾”，它和前一句的关系就不十分明确，因此才引起了那么多的分歧。……

如果早期周人的观念中，也是以日月为天之使者，那么“陟降其使，俾监在兹”说的就是天派遣日月作使者，让它们去人间监察。有了这一层认识，再去重读郑笺，就会觉得比较容易理解了。郑笺说“陟降厥士”就是“天上下其事”，“谓转运日月，施其所行，日月瞻视近在此也”。似乎是把“其事”坐实为日月运行之事，虽然仍嫌勉强，但把“日月”跟天所派遣联系起来，还是有一定的道理的。①

○廖名春：“卑监在兹”的，……而是“陟降厥事（士）”，上下来往的天帝的使臣。“兹”是近指代词，如果指“高高在上”者，则不能说“在兹”。今本的“日”，郑玄笺训为“日日”，当无问题。依此，简本的“卑”当读为“比”，训为“频”。“卑”与“比”、从“卑”之字与从“比”之字常通用。而“比”有连续、频频、屡屡之义。……简本之“卑（比）”与今本之“日”，也属同义互换。②

○季旭升：“陟降”者应是祖先之神灵，不应该是事物。“使”与“事”在甲骨金文常同字，战国文字虽然已分化，但少数保守的书手仍然保留这种习惯。本句“陟降其事”读为“陟降其使”最为合理，“使”谓上天之使，即文王。③

按：“事”当从沈培读法，读作“使”。简本“卑”可读为“俾”，李学勤和沈培说法可参考。“俾监在兹”即言使其使者监于兹，隐含的主语是“天惟显帀”的“天”。

至于陟降的使者，是否是“日月”，在传世早期文献和西周金文中没有明确线

① 沈培：《〈诗·周颂·敬之〉与清华简〈周公之琴舞〉对应颂诗对读》，第338－340页。

② 廖名春：《清华简〈周公之琴舞〉与〈周颂·敬之〉篇对比研究》，第65页。

③ 季旭升：《〈毛诗·周颂·敬之〉与〈清华三·周公之琴舞·成王作敬毖〉首篇对比研究》，《古文字与古代史》第4辑，台北“中研院”史语所，2015年，第387－388页。

索。[①] 今本“陟降厥士，日监在兹”，郑笺：“天上下其事，谓转运日月，施其所行，日月瞻视近在此也。”清代学者胡承珙认为“天上下其事，谓转运日月，施其所行”三句在解释“陟降厥士”，“日月瞻视近在此也”解释“日监在兹”，而且怀疑“日月瞻视近在此也”当为“日日瞻视近在此也”。[②] 林义光亦句解为“日日在此监观默佑吾所为之诸事”。[③]

从西周金文和《诗经》相关说法来看，确实如李守奎所言，“陟降”指祖先神灵在天地之间的升降，我们怀疑“陟降其使”的主体就是上文“天惟显帀”的“天”，上天陟降的使者则是先王先祖。[④] 在周人的灵魂观念中，先王先祖死后居于天上，陟降往来于天上地下。例如，《大雅·文王》言：“文王陟降，在帝左右。”《周颂·闵予小子》言：“念兹皇祖，陟降庭止。维予小子，夙夜敬止。”一般认为是周厉王为器主的㝬簋铭文言：“㝬作䵼彝宝簋，用康惠朕皇文烈祖考，其各前文人，其濒在帝廷陟降。”张政烺解释说：“本铭乃言祖考、前文人并在帝廷陟降。”[⑤]

“毋曰高高在上”是成王对多士说的话，意思是（你们）不要说（上天）高高在上。随后成王马上解释说明上天为什么不是高高在上的，因为上天会“陟降其使，俾监在兹”。

䚇（乱）曰[13]：讫（其）我𠈍（夙）夜不免（逸），敬（儆）之![14] 日𩫏（就）月𣴎（将），孝（学）亓（其）光明[15]。弼（弼）寺（持）亓（其）又（有）肩[16]，貽（指）告畬（余）㬎（显）悳（德）之行[17]。

【13】䚇（乱）曰

○整理者：䚇，当即“䚇（亂）”之讹形，早见于毛公鼎。乱，音乐之卒，与

---

① 按，沈培文中的举例出自《淮南子》，相对较晚。参见沈培《〈诗·周颂·敬之〉与清华简〈周公之琴舞〉对应颂诗对读》，第339页。

② 胡承珙：《毛诗后笺》，黄山书社，1999年，第1564页。

③ 林义光：《诗经通解》，中西书局，2012年，第411页。

④ 周人祖先在天上世界的作用，最新研究参见宣柳《帝廷和下都：周代“死后世界”的演变》，《史学月刊》2021年第9期；黄静静、刁俊豪《也论甲金文中的“宾”字——兼谈商周时人的死后世界》，宋镇豪主编《甲骨文与殷商史》新14辑，上海：上海古籍出版社，2024年，第541－561页。

⑤ 张政烺：《周厉王胡簋释文》，《张政烺文集·甲骨金文与商周史研究》，中华书局，2012年，第251页。

“启”相对。《论语·泰伯》：“《关雎》之乱，洋洋乎盈耳哉。”朱熹《集注》以为“乱”是“乐之卒章也”。“乱曰”也习见于《楚辞》。

○王志平：《国语·鲁语下》：“昔正考父校商之名颂十二篇于周太师，以《那》为首，其辑之乱曰：‘自古在昔，先民有作。温恭朝夕，执事有恪。’”韦昭注：“凡作篇章，篇义既成，撮其大要为乱辞。诗者，歌也，所以节儛者也，如今三节儛矣。曲终乃更变章乱节，故谓之乱也。”依韦注，“乱”是指曲终舞节繁乱。这还可以从其他文献得到印证。《礼记·乐记》“《武》乱皆坐”，郑玄注云：“乱，谓失行列也。失行列则皆坐。”孔颖达疏：“作此《武》舞，回移转动，乱失行列，皆坐。”“乱”应该就是指舞佾乱失行列。正因为周公颂诗仅短短四句，给予佾舞者的表演时间太短，来不及做队形的交插换位等变化，因此有“启”而无“乱”。而成王颂诗九章，给予佾舞者的表演时间足够充分，因此就可以有“九启九乱”的变化。①

○方建军：从《周公之琴舞》简文看，“乱”位于歌曲的结尾，“乱”诗多为长短句，在演唱方式上可能为合唱，在音乐上应该有较强的气氛烘托，从而在结尾处形成一曲的高潮。②

○姚小鸥、孟祥笑：考“乱曰”有三层含义。其一，标志乐舞的转换，如“《武》乱皆坐”。其二，乐奏之义，如“治乱以相”。其三，收束全篇，即韦昭所言“撮其大要以为乱辞”，这种形式为《楚辞》及汉乐府所继承。《周公之琴舞》中“乱曰”的用法为最后一种。③

○邱德修：今得《周公之琴舞》简有“启曰……乱曰……”凡九见，适与《泰伯》“……始……乱”若合符节，足以证成“乐之卒章”，既可谓之为“合乐”，又可称之为“乱”。④

○邓佩玲：首先，既然九首诗篇均有“启”有“乱”，“《关雎》之乱”应该并非单指《关雎》，而是该诗的后半部分。其次，从“启”“乱”与诗篇的配合可知，两部分似乎只是将诗篇一分为二，从音乐角度观之，实是将一首乐章里的每

---

① 王志平：《清华简〈周公之琴舞〉乐制探微》，第 75 页。
② 方建军：《论清华简“琴舞九絉”及“启、乱”》，第 8 页。
③ 姚小鸥、孟祥笑：《试论清华简〈周公之琴舞〉的文本性质》，《文艺研究》2014 年第 6 期，第 53 页。
④ 邱德修：《〈周公之琴舞〉简“乱曰”新证》，《清华简研究》第 2 辑，第 12 页。

一章（即“卒”或“成”）作出二分。再者，从内容角度来说，儆毖“九絉”中“启”与“乱”不见有主次之分，“乱”应该不起任何揭示主旨的作用。因此，《周公之琴舞》有关“启”“乱”的记载可以说明，乐章中每一章节均可划分为“启”“乱”两大部分，但此划分却似乎与内容毫无关联。……或许，正由于“始”“乱”只将诗篇一分为二，主要用于标示音乐或舞容的转变，其后随着诗、乐、舞间关系的日渐疏离，《诗》只保留了诗篇的部分，诗篇中原本“始”“乱”的标示渐渐失传，故今本《诗》已不见有关区分。反之，《楚辞》、汉赋等虽然继续沿用“乱”的名称，但其性质亦出现变化，成为只是用以展现作品主旨，并多用于作品之末，标示结束的部分。①

〇李辉：传统对“乱”的认识是有局限的，“乱”不仅仅有总撮大要、卒章显志的功能，“乱”章在音乐韵律、歌唱方式、歌者角色口吻上，也与前文有所不同。正如韦昭所注：“曲终乃更，变章乱节。”“乱”即意味着转变，这也可从“乱”字的训诂上得到参证，“乱”字有变更、变换之义。《礼记·王制》：“乱名改作。”郑玄注：“乱名改作，谓变易官与物之名，更造法度。”《左传·襄公十年》：“余恐乱命。”杜预注：“既成改之为乱命。”《汉书·终军传》：“上乱飞鸟。”颜师古注：“乱，变也。”可知，在一些情况下，“乱”有标识歌者角色转换的功能，或者说，“乱”正是歌者角色口吻转换的文本提示语。②

按：《周公之琴舞》中的“乱”不起收束全篇、揭示主旨的作用，可能如邓佩玲分析的，实际功能是标识音乐或舞容的转变。

从《周公之琴舞》全篇来看，每一“启”“乱”之间不一定存在歌者角色转换或角色口吻的转换。《周颂·闵予小子》言：“念兹皇祖，陟降庭止。维予小子，夙夜敬止。”从《闵予小子》先言“皇祖陟降”，后言“小子夙夜敬止”的叙述逻辑来看，简文成王元启的“陟降其使，俾监在兹”和乱辞的“其我夙夜不逸，儆之”本来应该连读，叙述的口吻都是成王。其他各条启与乱之间的叙述逻辑和口吻详见下文各条句解。

【14】讫（其）我㑵（夙）夜不兔（逸），敬（儆）之

〇整理者：讫，句首语气词，疑读为“遹”或“聿”。《大雅·文王有声》

① 邓佩玲：《〈诗经·周颂〉与〈大武〉重探——以清华简〈周公之琴舞〉参证》，第241－242页。

② 李辉：《〈周公之琴舞〉“启＋乱”乐章结构探论》，《文史》2020年第3期，第251－252页。

“遹骏有声，遹求厥宁，遹观厥成”，朱熹《诗集传》云：遹，“疑与聿同，发语辞”。免，疑为“逸”之省形。夙夜不逸，义同下文“夙夜不解”。

〇李守奎：免，……或可读为“豫”，……免、豫并为舌音鱼部字，楚文字的“豫”字象旁变形音化为“免”，故训中豫可训“怠”。……免读为“逸”的可能性也存在。一种情况是同义换读。逸、豫同义，故训互训的例证很多。《小雅·白驹》“尔公尔侯，逸豫无期”，“逸”“豫”同义词连用。第二种情况是文字省形。楚文字逸字作㝃，㝃省作免也可能与清华简《系年》“追”字省作“自”属于同类现象。[①]

〇李锐：战国文字中免、象常相混讹，疑此处免当为象，象古音邪纽阳部，《敬之》中相应的“聪”古音为清纽东部，东阳合韵，简文可以读为“讫（遹）我夙夜，不聪敬之”。……讫或不必转读为“遹”，读为“汔”即可。《诗经·大雅·民劳》：“民亦劳止，汔可小康。”[②]

〇廖名春：简本的“讫”可读为“乞”，而“乞”与“维”音义相近，可以通用。“维”古音为微部喻母，“乞”为物部见母，微、物两韵可对转。《广韵·迄韵》：“乞，求也。”与表示希望、祈使语气的“维”义近。明白了这一点，就知道简本的“讫我夙夜不免，敬之”当读为“乞我夙夜不逸，敬之”，除多出“夙夜”二字外，与今本的“维予小子不聪（纵），敬止”并没有什么大的不同。[③]

〇陈致：同意“讫”为虚词、义与“遹”相类的说法，但是认为不必视其字为“遹”字。“讫”字本身就有虚词的用法，义同“其”，系一种推测的语气。实则“讫”“汔”“迄”及“仡”，均有推测之义，用法即如“其”。……第三简云：“乱曰：‘讫我宿夜，不免（逸）敬之。’”第十六简：“讫我敬之，弗亓（其）坠哉。”其中的“讫”字，我以为均当释为“其”。“讫我宿夜”一语当与《周颂·我将》中的“我其夙夜”，以及《周颂·振鹭》中的“庶几夙夜”合观，显系当时习语。《周颂》中的《闵予小子》云：“维予小子，夙夜敬止（之）。”似为“我其夙夜”“我其敬之”的展开句式。简文的“讫我”应为“我讫（其）”的倒置用法。[④]

〇来国龙：不但战国楚简中有“免”读为“逸”的现象，更早的两周金文等

---

① 李守奎：《〈周公之琴舞〉补释》，第 12 页。

② 李锐：《读清华简 3 札记（三）》，孔子 2000 网，2013 年 1 月 14 日。

③ 廖名春：《清华简〈周公之琴舞〉与〈周颂·敬之〉篇对比研究》，第 66 页。

④ 陈致：《读〈周公之琴舞〉札记》，《清华简研究》第 2 辑，第 33－34 页。

古文字材料中也有不少“兔”字应读“逸”的例子。[1]

○顾史考：疑“讫”或可读如“其”，“讫我”或如“我其”的倒装语：“其”为群纽之部，“讫”为见纽物部，声母为旁纽，韵部主要元音相同而通转。或可干脆读如“乞”，即乞求，引申为希冀、期盼的意思，与“其”字用法亦相近。成王诗第九章亦以类似之句开头：“讫我敬之，弗其䨣哉！”“讫我夙夜”与“讫我敬之”，语法与句意相同，而“不兔敬之”亦如“弗其䨣哉”以否定词开句而有劝戒之意。……成王诗的第三章有“裕其文人，不浼（逸）蓝（监）舍（余）”两句，李守奎解作“希望我的先人祖考，不要放弃监督我”。“不浼（逸）”似该与此“不兔（逸）”用法相同，有助于证成“不逸敬之”实该连读。[2]

○苏建洲：简3“讫（遹）我（夙）夜不兔”的“兔”作，此字应由字（，膂的偏旁，多友鼎）类似“人”形的下半加上饰笔而成，遂类似“勿”形［原文注：此字在简文读为“逸”，应该如陈剑所说是早期一形多用的现象，兔字表示“逸”这个词。当然还有一种可能是书手将“兔”误写为“象”，请比对“为”作（邗王是埜戈）、（中山王鼎）的“象”旁。李锐主张此字应为“象”，可依今本读为“聪”。不过今本《诗》文作“维予小子，不聪敬止”，与简文“讫（遹）我（夙）夜不兔敬之”并不全然相同，能否直接比附不无疑问，而且“象”读为“聪”，也比较罕见。此外，郭永秉提示我，写作的兔字，字形底下凸显其腿型，可能就是兔逸的专字，待考］。如同楚简的“兔”常见作，学者多已指出是由下部加饰笔而讹变成的，与“肉”无关。[3]

按：如陈致所言，“讫”可读为“其”，“尚也”，表希望语气。

“”字整理者释作“兔”，观察字形会发现：该字字形下部不同于一般楚文字“兔”字（）下部“肉”旁。[4] 字形难以确释，可能是“兔”字的讹写，暂依整理者读为“逸”。

---

① 来国龙：《从楚简中“兔”和“鼠”字的混淆谈古楚语与雅言的接触和影响》，朴惠莉、程少轩编《古文字与汉语历史比较音韵学》，复旦大学出版社，2017年，第186页。

② 顾史考：《清华简〈周公之琴舞〉成王首章初探》，《古文字研究》第30辑，中华书局，2014年，第399页。

③ 苏建洲：《释战国时期的几个“蔑”字》，《古文字研究》第30辑，中华书局，2014年，第290－295页。

④ 网友“鸤鸠”最早在网上指出这一差异，参见简帛网简帛论坛之“清华简《周公之琴舞》初读”讨论版块，2013年1月14日。

【15】日臺（就）月脜（将），季（学）亓（其）光明

〇整理者：脜，即状貌之“状”，读为“将”。日臺月脜，《敬之》作“日就月将”。孔颖达疏：“日就，谓学之使每日有成就；月将，谓至于一月则有可行。言当习之以积渐也。”朱熹《诗集传》：“将，进也，……日有所就，月有所进，续而明之，以至于光明。”季，楚简中多读为“教”，疑读为“效”。《敬之》作“学有缉熙于光明”。

〇李学勤：“季”读为“学”。①

〇李守奎：“季，《说文》：‘放也。’意思是效仿，与‘效’是同源词，楚文字多用作教学之‘教’，今本《敬之》作‘学’。‘教’‘学’‘效’等是授受同辞，皆同源词。‘季其光明’，从天的角度说就是教人以光明，从人的角度说就是效仿天的普施光明，效仿也是学习的一种方式，意思一贯。②

〇沈培：“日就月将”的“日”“月”是状语，而不能作主语看。……史惠鼎作“惠其日就月将”云云，“日就月将”前面已有主语“惠”，更可说明“日”“月”非主语。准此，《敬之》《周公之琴舞》中的“日就月将”大概不能理解为“日月率行”，此句以及“季其光明”“学有缉熙于光明”的主语都应当是“予小子”、是“我”即成王。这样，“季”读为“教”的可能性大概是没有的，只剩下读为“学”或“效”两种可能。“学（或效）其光明”的“其”当指天，“敬之敬之”的“之”也是指天。此诗开头便说“天惟显思”，“显”就是光的意思，此处说“学（或效）其光明”，正可看作是前后呼应。经过这样的讨论，确实可以说简文“日就月将，学（或效）其光明”的文义是很显豁的，其意无非是说成王他日有所就，月有所行，向天（或日月）学习（或仿效）光明。③

〇廖名春：简本的“季”可释为“教”，也可释为“学”。简本的“有”与今本的“其”也可互训。……唐人史征云：“‘大人以继明照于四方’者，‘继明’犹‘缉熙’之义。”……北宋欧阳修指出：《颂·敬之》云“学有缉熙于光明”，……孔安国传《尚书》“熙，广也”，他书或训为安，或训为和，随文义各自不同。而此熙训广近是矣。缉，绩也。绩者，接续而成功也。缉熙云者，接续而增广之也。……

---

① 李学勤：《新整理清华简六种概述》，第66页。

② 李守奎：《〈周公之琴舞〉补释》，第12页。

③ 沈培：《〈诗·周颂·敬之〉与清华简〈周公之琴舞〉对应颂诗对读》，第347－348页。

马瑞辰以“缉熙当谓积渐广大”，皆出于欧阳氏之说。今人高亨……缉当读为揖，……《广雅·释诂》：“揖，进也。”……《尔雅·释诂》：“熙，兴也。”《说文》：“兴，起也。”缉熙合为一个成语，则为奋发前进之意。……“学有缉熙于光明。”言学又奋发前进至于光明之地步也。……“缉熙”系“接续而增广之”、“积渐广大”，是对“日就月将”具体意义的概括。……简本无“缉熙于”三字，当是对《敬之》篇原文的简省。[①]

〇陈致：秦汉之前“日就月将”与学习之事无关，多言祭祀之事。……出土与传世文献中“学”与“觉”多相通之例。简文“季”当释为“学”，借为“觉”，有觉悟义。今本“有缉熙于”四字可能是《昊天有成命》“於缉熙！单厥心，肆其靖之”，或者《文王》“穆穆文王！於缉熙敬止”中“於缉熙”孱入。[②]

〇吴洋：简本改“学”为“教”，目的是与前面所言之文王相互照应，于是本句的主语从前一句的成王变成了文王，而《诗经》本的主语则与前句统一，都是成王自己。[③]

〇季旭升：以“光明”代表文王之德，应属可信。“季”读“效”读“学”都可以，但以成王的身分及本简的事情，读“效”更合适些。“日就月将，效其光明”二句应倒过来讲，意为：“（成王）效法文王的光明德行，每日都有成绩，每月都有进步。”[④]

按：如陈致所言，“日就月将”最早的意涵不一定和学习有关。沈培分析较为有理，“季”似可读为“学”或“效”。这里指的是成王日有所成就，月有所行，向天学习（或仿效）光明。

【16】弼（弼）寺（持）亓（其）又（有）肩

〇整理者：弼，纠正、辅佐。《书·益稷》：“予违，汝弼。汝无面从，退有后言。”寺，读为“持”，扶持、护持。《论语·季氏》：“危而不持，颠而不扶，则将焉用彼相矣。”《汉书·刘向传》：“上数欲用向为九卿，辄不为王氏居位者及丞

① 廖名春：《清华简〈周公之琴舞〉与〈周颂·敬之〉篇对比研究》，第66－67页。
② 陈致：《读〈周公之琴舞〉札记》，第36－37页。
③ 吴洋：《从〈周颂·敬之〉看〈周公之琴舞〉的性质》，《出土文献研究》第12辑，中西书局，2013年，第42页。
④ 季旭升：《〈毛诗·周颂·敬之〉与〈清华三·周公之琴舞·成王作敬毖〉首篇对比研究》，《古文字与古代史》第4辑，台北“中研院”史语所，2015年，第396页。

相御史所持，故终不迁。”颜师古注：“持，谓扶持佐助也。”弼、持同义，《敬之》作“佛时”。又肩，有肩，有所承担、担负。《左传》襄公二年：“郑成公疾，子驷请息肩于晋。”

○沈培：从简文的用字来看，《周公之琴舞》一篇共出现过三次“弻”字，其中两次肯定用为否定词“弗”［简11：弻（弼—弗）敢巟（荒）才立（位）。简15：弻（弼—弗）敢巟（荒）悳（德）］。再看传世古书的情况。《韩诗外传》《说苑·君道》引此诗，“佛时”作“弗时”。这可能不是巧合。既然这样，“弻寺其有肩”里的“弻”有没有可能就是读为否定词“弗”呢？

再看“寺”的读法。在清华简里，“寺”读为“时”最多。这可能也是今本毛诗在转写时改为“时”的一个原因。但是，如果前面的“弻”是否定词“弗”，“寺”读为“时”的可能性是很小的，“弗时其有肩”也难以说通。“寺”最大的可能就是一个动词，“其有肩”是“寺”的宾语。战国秦汉出土文献中“寺”常读为“待”。简文很可能应该读为“弗待其有肩”，“待其有肩”的说法可以跟下面几个动宾句比较：

> 《尚书·洛诰》：汝其敬识百辟享，亦识其有不享。
>
> 《左传·襄公二十四年》：王嘉其有礼也，赐之大路。
>
> 《孟子·梁惠王上》：谓其沼曰灵沼，乐其有麋鹿鱼鳖。

因此，“弗待其有肩，示告余显德之行”这两句诗大意是“天没有等待我有大任就示告我显德之行”或“天不会等待我有了大任才示告我显德之行”。①

○季旭升：“其”可作代词，表近指或远指，犹“此”“彼”，或“这些”“那些”。②

○陈美兰：这两句的主语理解为文王比较合适，意思是成王期许，文王（或文王之光明）佐弼辅持我的责任、承担，且示告我如何彰显德性的行为。③

---

① 沈培：《〈诗·周颂·敬之〉与清华简〈周公之琴舞〉对应颂诗对读》，第355页。

② 季旭升：《〈毛诗·周颂·敬之〉与〈清华三·周公之琴舞·成王作敬毖〉首篇对比研究》，第402页。

③ 陈美兰：《〈清华大学藏战国竹简（叁）·周公之琴舞〉“××其有×”句式研究》，《中国文字》新40期，艺文书馆，2014年，第28页。

〇廖名春：简本的“其”，可读为“以”，两者虽声母一为牙音，一为舌音，但韵母也皆属之部。《周礼·考工记·匠人》：“眡以景。”《文选·景福殿赋》李善《注》引“以”作“其”。……因此，简本“弼寺其又肩”当读作“弼持以有肩”，是成王要求群臣“以有肩弼持”自己。[①]

按：清华简中“弻”字不一定皆用作“弗”，亦有用作“弼”的，例如《治政之道》简8的“弻恶以忧君家”，即表辅正义。[②]“弻寺亓又肩”可读作“弼持其有肩”。“弼”“持”近义词连用。有，虚词，无义，用于单音节前调节音节。肩，本义“肩膀”，引申有“负担”义。《左传·襄公二年》：“郑成公疾，子驷请息肩于晋。”杜预注：“欲辟楚役，以负担喻。”简文“弼持其有肩”是成王希望上天能够辅助他，言外之意就是帮助他担负天下重任。

【17】䟡（指）告畬（余）㬎（显）悳（德）之行

〇整理者：䟡，即“视”字，读为“示”，教导。《礼记·檀弓下》：“国奢则示之以俭，国俭则示之以礼。”显德，谓显明的美德。《书·文侯之命》：“简恤尔都，用成尔显德。”毛公鼎（《集成》2841）“告余先王若德”，句意与简文“示告余显德之行”相类。

〇李守奎：䟡，从見（视之初文），旨声，双音字，读为“示”。《说文》：“示，天垂象，见吉凶，所以示人也，从二（古文上），三垂，日、月、星也，观乎天文，以察时变。示，神事也。”字形分析虽然不对，但所述天垂象示人之思想，渊源有自，与诗文密合。[③]

〇苏建洲：䟡，据张富海先生《据古文字论“氏”、“视”等字的上古声母》所揭示的音理证据，读为“指”反而是可以成立的。[④]

〇吴雪飞：此字当读为“指”。文献中有“指告”，又作“致告”“厎告”。《尚书·微子》：“今尔无指告，予颠隮，若之何其?”杨筠如先生《覈诂》：“指，犹告也。”指告，即将自己的意志告知于人，当为先秦固定用语。这句话当作：

---

① 廖名春：《清华简〈周公之琴舞〉与〈周颂·敬之〉篇对比研究》，第67页。

② 清华大学出土文献研究与保护中心编，黄德宽主编：《清华大学藏战国竹简（九）》，中西书局，2019年，第126页。

③ 李守奎：《〈周公之琴舞〉补释》，第12页。

④ 苏建洲（“海天游踪”）：简帛论坛《〈周公之琴舞〉初读》跟帖，简帛网，2021年1月13日。

“弼持其有肩，指告余显德之行。”①

〇季旭升：全句可语译为“（希望文王）能够帮助我承担大任，（并时时）示告我光显的德行”。②

〇张富海：“视”字本来就是展示之“示”的本字，用“旻”“眡”来表示“示”，是很正常的用字。所以从用字的区别来看，“旨”和“䚂”也不宜再读为“示”。清华简《周公之琴舞》简3：“弼时其有肩，䚂告舍余显德之行。”《周颂·敬之》作：“佛时仔肩，示余显德行”。学者皆读“䚂”为“示”。但《尚书·微子》“今尔无指告予”，有“指告”的说法，简文之“䚂告”显然即“指告”。③

按：苏建洲和张富海说法可从，“䚂”读作“指”。

成王元启的乱曰以下的言说对象不只是前面的上天，也有成王自儆的成分。“其我夙夜不逸，儆之！日就月将，学其光明”是成王的自儆。“弼持其有肩，示告余显德之行”则是成王对多士的期望（或对上天的祈告）。

句解：成王作儆毖，以琴舞九遂相配合。［成王］元启道：敬畏之！敬畏之！上天显明洞察，对待天命不可轻慢。（你们）不要说上天高高在上，上天派遣他的使者升降往来于天地，使他们在人间监视。［成王］乱曰：我将夙夜不寐，不可太安逸。敬畏之！（希望）我日有所就，月有所行，向天学习（或仿效）光明。（你们）要辅佐我担当大任，向我指示通向显明之路。

三、成王再启

亶〈再〉攺（启）【三】曰[18]：叚（嘏）才（哉）古之人，夫明思誋（慎），甬（用）戴（仇）亓（其）又（有）辟[19]。允不（丕）承不（丕）㬎（显），思坠（攸）亡（无）睪（斁）[20]。

① 吴雪飞：《清华三〈周公之琴舞〉补释》，简帛网，2013年1月17日。

② 季旭升：《〈毛诗·周颂·敬之〉与〈清华三·周公之琴舞·成王作敬毖〉首篇对比研究》，第402页。

③ 张富海：《据古文字论“氏”“视”等字的上古声母》，张富海《古文字与上古音论稿》，上海古籍出版社，2021年，第302－303页。

䜌（乱）曰：已，不（丕）曹（造）孳（哉）[21]！思型之！【四】思毷彊之！[22]甬（用）求亓（其）定，䙲（欲）皮（彼）趣（熙）不茖（落）[23]，思𨕖（慎）[24]。

【18】亜〈再〉攺（启）曰

〇整理者：亜攺，第二曲之“启”。疑“亜”为“再”字之讹。《礼记·乐记》：“再成而灭商。”

〇颜世铉：“亜”应该读为庚、赓、更。三字音义相通，更有继续、再次之义。①

按：“亜”原字形为“[亜]”。从《周公之琴舞》全文来看，此处的“亜”当指第二次启，古书中表示第二次也多用“再”。战国文字“再”与“亜”形近，如郭店简《穷达以时》15号简“幽明不再”的“再”字形为“[再]”，与“[亜]”偏旁和结构近似，这里的“亜”不排除是“再”字的讹写。

【19】叚（嘏）才（哉）古之人，夫明思訢（慎），甬（用）戴（仇）亓（其）又（有）辟

〇整理者：叚才，读为“假哉”。“假哉古之人”与《周颂·雝》“假哉皇考”句式相同。毛传：“假，嘉也。”亦见《尔雅·释诂》。“古之人”指先祖先考。《大雅·思齐》：“古之人无斁。”……夫，《书·召诰》“夫知保抱携持厥妇子”，《正义》：“犹人人。”思，句中助词。一说“夫”读为“薄”。《方言》：“薄，勉也。”甬，读为“用”，以也。戴，读为“仇”，训“配”，使相配。《春秋繁露·楚庄王》：“百物皆有合偶，偶之合之，仇之匹之，善矣。”又辟，读为“有辟”；辟，《尔雅·释诂》：“君也。”用仇其有辟，与㺇尊（《集成》6014）“克仇文王”、墙盘（《集成》10175）“仇匹厥辟”等义近。

〇李守奎：叚，整理报告读为假，训嘉；或可读为遐，训昔。“遐在古之人”，与何尊之“昔才（在）在尔共考公氏”句式相同。第二章从内容和辞气上与何尊都有相似之处，也是前文周公对多子训诫意思的进一步引申。首先叙述所训导之人祖考的功绩，然后再要求对方效法先祖，继承发扬，这也就是周公所说的“罔

① 颜世铉：《清华简（叁）札记一则》，“清华简与《诗经》研究”国际会议，香港浸会大学，2013年11月。

坠其考”。夫，整理报告训为人人。疑夫与思皆语助词，“夫明思慎”即明且慎。[①]

按：“叚”可读为“嘏”。《周颂·我将》“伊嘏文王”，王引之《经义述闻》：“言大哉文王。”此处的“嘏”是形容“古之人”的伟大。“古之人”指下臣们的先祖。[②]“夫”与“思”都是无义虚词。“明”是周人非常看重的一种品质。[③]“慎”字本义可能是“重”[④]，如《吕氏春秋·节丧》“慈亲孝子之所慎也”，高诱注：“慎，重也。”《尚书·文侯之命》所言“丕显文武，克慎明德”，西周金文中有不少类似的说法：

A. 大师小子师望曰：不（丕）显皇考宄公穆穆克盟（明）氒（厥）心，慎（慎）氒（厥）德，用辟于先王。（师望鼎，《集成》2812）

B. “逑曰：不（丕）显朕皇高且（祖）单公，趄（桓）趄（桓）克明，慎（慎）[⑤]氒（厥）德，夹诏文王武王。（逑盘，《新收》757）

简文“夫明思慎”可以联系师望鼎铭文“克盟（明）氒（厥）心，慎（慎）氒（厥）德”和逑盘铭文“克明，慎（慎）氒（厥）德”来理解，两处金文的“克”为助动词，“明＋心”“慎＋德”和“明慎＋德”皆动宾短语，“夫明思慎”应该是“明心”和“慎德”的缩语，宾语“心”和“德”被不当地删除了。

对照师望鼎铭文，“用辟于先王”紧接着“克盟（明）氒（厥）心，慎（慎）氒（厥）德”，逑盘铭文“夹诏文王武王”紧接着“克明，慎（慎）氒（厥）德”，简文“用仇其有辟”也是接着“夫明思慎”而言，三处的叙述逻辑相似，都先说“明心慎德”，然后才能效法、辅佐或者匹配先王。简文“用仇其有辟”还可与史墙盘铭文“逨（仇）[⑥]匹厥辟”对读，“仇”与“匹”都有匹配之意，古人讲

---

① 李守奎：《〈周公之琴舞〉补释》，第13页。

② 李守奎文意串讲中已解释为“你们的先人”，参见李守奎《〈周公之琴舞〉补释》，第14页。

③ 陈英杰：《西周金文作器用途铭辞研究》，线装书局，2008年，第259－260页；柯鹤立《周代的“明心”：一种统治工具》，李峰、施劲松主编《张长寿、陈公柔先生纪念文集》，中西书局，2022年，第489－499页。

④ “慎”字本义的考证可参考廖名春《“慎”字本义及其文献解读》，《文史》2003年第3期，第184－193页。

⑤ “慎”字的考释参见陈剑《说慎》，《简帛研究二〇〇一》，广西师范大学出版社，2001年；收入陈剑《甲骨金文考释论集》，线装书局，2007年，第39－53页。

⑥ “逨”字考释参见陈剑《据郭店简释读西周金文一例》，《北京大学中国古文献研究中心集刊》2，燕山出版社，2001年；收入《甲骨金文考释论集》，第20－38页。

臣对君的关系，也用“仇”“匹”等语。[1] 此外，从这些铭文的行文脉络来看，“明心”和“慎德”的往往是作器者的先考先祖，这也证明简文“古之人”指的是下臣们的先考先祖。

【20】允不（丕）承不（丕）㬎（显），思坠（攸）亡（无）睪（斁）

〇整理者：允，训“信”。《书·尧典》：“命汝作纳言，夙夜出纳朕命，惟允。”丕承丕显，《周颂·清庙》作“不显不承”。丕承，很好地继承。《书·君奭》：“惟文王德丕承无疆之恤。”《孟子·滕文公下》引《书》：“丕显哉文王谟，丕承哉武王烈。”思，句首助词。坠，读为“攸”，长远。秦《峄山刻石》：“群臣从者，咸思攸长。”亡睪，读为“无斁”。《大雅·思齐》：“不显亦临，无射亦保。”《周南·葛覃》：“服之无斁。”

〇李守奎：睪，读为斁，败坏。《书·洪范》“帝乃震怒，不畀洪范九畴，彝伦攸斁”，孔传：“斁，败也”。[2]

按：西周金文中的相关话语有助于我们理解“再启”的整体逻辑：

> 唯天将集厥命，亦唯先正恪乂厥辟，庸勤大命，肆皇天亡斁，临保我有周，丕巩先王配命……（毛公鼎，《集成》02841）[3]
>
> 王若曰：師訇，丕显文武，膺受天命，亦则于汝乃圣祖考辅右先王，作氒肱股，用夹召厥辟，奠大令，盭龢于政，肆皇帝亡斁，临保我厥周，四方民亡不康静……（师询簋，《集成》04342）

从毛公鼎和师询簋的言说逻辑来看，先正和乃祖考这些多士的先人努力辅佐先王，有助皇天无斁，临保有周。简文“再启”的言说逻辑与此类似，也是说“古之人”如何辅佐、匹配先王，使得皇天无斁。

“允”可从整理者说法，训为“信”，《词诠》视作表态副词。[4] 简文“丕承”

① 裘锡圭：《戎生编钟铭文考释》，《裘锡圭学术文集·金文及其他古文字卷》，复旦大学出版社，2012年，第111页。

② 李守奎：《〈周公之琴舞〉补释》，第13页。

③ 释文采自复旦大学出土文献与古文字研究中心编撰《出土文献与古文字教程》，中西书局，2024年，第391页。此处两则释文采用宽式释文。

④ 杨树达：《词诠》，上海古籍出版社，2007年，第399页。

和“丕显”是《诗》《书》中的成词。“丕承”与“丕时”义近，《大雅·文王》“有周不显，帝命不时”，林义光解释为“言有周之光明，帝命之持久”。[①]“丕显”或“言神之光显大明者”。[②] 就周原甲骨和战国简帛用字习惯而言，“思”疑可读为“使”，表示使成某种结果。[③]“攸”，长远。“亡”，读为“无”。“斁”可训为“厌”。《周南·葛覃》“服之无斁”，“斁”毛传：“厌也”。[④]

“允丕承丕显，思攸无斁”，可与史墙盘（《集成》10175）的“昊䋣（昭）无斁”对读。昊䋣（昭）指“天”之高远光明。[⑤] 与“昊昭无斁”接近，简文“丕显”的主语也当是皇天。“思攸无斁”隐含的主语是古之人。“允丕承丕显，思攸无斁”意思是皇天的光明可以显耀、持久，（你们的先考先祖努力）使皇天长久地无厌。言外之意是，如果你们的先考先祖让皇天生厌，皇天的光明就不会显耀、持久。

【21】𤔲（乱）曰：已，不（丕）曹（造）㢭（哉）

○整理者：已，语气词。《书·康诰》：“已，汝惟小子，乃服惟弘。”又见《大诰》、大盂鼎等。不曹，读为“不造”。《周颂·闵余小子》“遭家不造”，郑笺：“遭武王崩，家道未成。”与简文合。

○黄杰：“不”疑当读为“丕”。上文“不承”“不显”，“不”均读为“丕”。简6“殹莫肯曹（造）之”，原注将“造”解为“成”，可从，此处“曹（造）”字可能也是同样的意思，那么“不造哉”当读为“丕造哉”，即“丕成哉”。[⑥]

按：“不”当读为“丕”，“造”当训为“为”或“成”，《大雅·思齐》“小子有造”，“造”毛传：“为也”。[⑦]“丕造哉”是成王对下臣的期望之辞，祈望下臣有所作为，像“古之人”那样有所成就。

【22】思型之！思毷彊之

○整理者：思，句首语气词。毷，当时双音符字，见于《集韵》。简文中疑读

---

① 林义光：《诗经通解》，第300页。

② 姜昆武：《诗书成词考释》，齐鲁书社，1989年，第221页。

③ 陈斯鹏：《论周原甲骨和楚系简帛中的“囟”与“思”》，《文史》2006年第1辑；收入《卓庐古文字学丛稿》，中西书局，2018年，第17－40页。

④ 毛亨传，郑玄笺，孔颖达疏：《毛诗正义》，北京大学出版社，2000年，第38页。

⑤ 读法和考释参见李学勤著、董喆整理、刘国忠审校《金文与西周文献合证》，清华大学出版社，2023年，第949页。

⑥ 黄杰：《再读清华简（三）〈周公之琴舞〉笔记》，简帛网，2013年1月14日。

⑦ 毛亨传，郑玄笺，孔颖达疏：《毛诗正义》，第1189页。

为“懋”，劝勉。《国语·晋语四》：“懋穑劝分，省用足财。”彊，畺旁写法见于黝钟（参看《淅川下寺春秋楚墓》图201、205等），“彊”字所从偏旁，典籍多作“强”。《周礼·地官·司谏》“掌纠万民之德而劝之朋友，正其行而强之道艺”，郑玄注：“强犹劝也。”

○胡敕瑞：“思”“使”古韵同为之部，声纽相近（一为心母、一为山母），不少学者已指出“思”“使”两字在出土文献中多通用。这几处的“思”或许都应读为“使”。“思”作句首语气词，古籍罕见。①

○夏含夷：思，祝颂或祷告之词，表示“冀幸”或“希望”的副词，与“尚”字的用法（“庶几也”）相似。②

○李守奎：毷疑读为懋，彊典籍多作强，同义连用，劝勉。③

○黄杰：“冒”属幽部，“毛”属宵部，“懋”属侯部，侯与幽、宵虽然相近，毕竟不是同部，所以，此字似不若直接读为“勖”，意为勉。④

按：“思”从心从囟，囟亦声。“思”上古音在心母之部，“式”在书母职部，二者具备通假的音理条件，沈培主张周原甲骨和战国简帛中部分“思”读作“式”。⑤ 我们认为，简文此处的“思”可读作“式”。裘锡圭《卜辞“异”字和诗、书里的“式”字》举出多则西周金文中“式”写作“弋”，表劝令义的用例，例如史墙盘铭文：“剌考文武弋（式）竊（义与‘赐’义近）受（授）墙尔𩞁福”（墙盘，《集成》10175）。⑥ 成王再启“乱曰”的“思”与“启曰”的“思”读法、用法应当不一样，表示的是劝令语气的副词。“乱曰”全句是成王对多士的劝诫。型，仪型，此处用作动词。“毷”可从整理者说法读为“懋”，训为“勉”。

① 胡敕瑞：《读〈清华大学藏战国竹简（三）〉札记之四》，清华大学出土文献研究与保护中心网，2013年1月7日。

② 夏含夷：《〈诗〉之祝诵——三论“思”字的副词作用》，《清华简研究》第2辑，中西书局，2015年，第43页。

③ 李守奎：《〈周公之琴舞〉补释》，第13页。

④ 黄杰：《初读清华简（三）〈周公之琴舞〉笔记》，简帛网，2013年1月5日。

⑤ 参见沈培《周原甲骨文里的“囟”和楚墓竹简里的“囟”或“思”》，《汉字研究》第1辑，学苑出版社，2005年，第345－366页。按，沈培认为周原甲骨和楚简中“思”表示“使令”或“致使”义的“使”属于通假；“思”还可以读作“式”，表示“应、当”义的语气副词，所在的整句体现说话者对命题的一种推测和判断。本书同意沈文区分“思”的两种用法，但主张楚简中的“思”亦有金文和传世文献中“式”表劝令义的语气副词用法。

⑥ 参见裘锡圭《卜辞“异”字和诗、书里的“式”字》，《裘锡圭学术文集·甲骨文卷》，复旦大学出版社，2012年，第221页。

“彊”也可训为“勉”，《淮南子·修务》“功可彊成”，高诱注：“彊，勉也”。[1]

【23】甬（用）求亓（其）定，裘（欲）皮（彼）趣（熙）不茖（落）

○整理者：定，安定、平定。《周颂·赉》“敷时绎思，我徂维求定”，郑笺：“以此求定，谓安天下也。”《大雅·文王》“遹求厥宁，遹观厥成”，句意亦似。“裘”即“裕”，读为“欲”，希冀。皮，读为“彼”。《书·洛诰》：“彼裕我民无远用戾。”趣，读为“熙”，《周颂·酌》“时纯熙矣”，郑笺：“熙，兴。”茖即“落”字，《国语·吴语》“民人离落”，注：“殒也。”

○李守奎：裘即裕字，整理报告读为欲。“裕”于《书》中多见，多为训导义。《康诰》：“用乃心，顾乃德，远乃猷裕，乃以民宁。”皮，读为彼。《洛诰》：“彼裕我民，无远用戾。”又《国语·吴语》“（越王勾践）身自约也，裕其众庶”，韦昭注：“裕，饶也。”训导、饶皆可通，或可不改读。“裘皮趣不茖”，或可读为“欲彼熙丕格”。欲，希冀。彼，指前文人。趣，读为熙，和乐貌，犹熙熙。《老子》：“众人熙熙，如享太牢，如春登台。”不，读为丕，句中助词。茖即落字，读为格，金文作各。《尧典》：“光被四表，格于上下。”若此，则承首章之“陟降其事”而言。[2]

按：定，似可训为“成”，《吕氏春秋·仲冬》“以待阴阳之所定”，高诱注：“定，成也。”这里的“定”相对前文的“造”而言。趣，读为“熙”，有光明之义。这里的“熙”当相对上文“丕显”而言。

【24】思逝（慎）

○整理者：思，读为“使”。逝，读为“慎”。《小雅·巧言》“昊天已威，予慎无罪”，毛传：“慎，诚也。”与上文“夫明思誓”相应。

按：这里乱辞的“慎”回应了启辞的“夫明思慎”。

此外，第二启和乱文辞的文意，也可以参照《大雅·思齐》来理解：

> 思齐大任，文王之母，思媚周姜，京室之妇。大姒嗣徽音，则百斯男。
> 惠于宗公，神罔时怨，神罔时恫。刑于寡妻，至于兄弟，以御于家邦。

---

① 高诱注：《淮南鸿烈解》卷19，《四部丛刊》景钞北宋本。
② 李守奎：《〈周公之琴舞〉补释》，第13页。

雝雝在宫，肃肃在庙。不显亦临，无射亦保。

肆戎疾不殄，烈假不瑕。不闻亦式，不谏亦入。

肆成人有德，小子有造。古之人无斁，誉髦斯士。

《诗序》：“思齐，文王所以圣也。”《正义》：“首章言大任德行纯备，故能生此文王，是其所以圣也。二章以下，言文王德当神明，施化家国，下民变恶为善，小大皆有所成，是其圣之事也。”①

《思齐》以赞颂的口吻叙说文王之所以为圣，叙述了文王的许多品质德性。而简文则以成王口吻，希冀臣下能学习古之人的作为。《思齐》“惠于宗公，神罔时怨，神罔时恫”言文王能“上顺于先祖宗庙百神”。② 简文“夫明思慎，用仇其有辟”则是期望大臣能敬畏、匹比于君王。《思齐》“不显亦临，无射亦保”，毛传：“以显临之，保安无厌也”。林义光引毛公鼎铭文“肆皇天无射，临保我有周”说明诗义③，正因为文王能“惠于宗公”，所以皇天才会无厌，才能临保周邦。简文“允丕承丕显”则形容皇天的光明持久显明，“思攸亡斁”是希望大臣能长久地使皇天无厌。《思齐》“小子有造”言小子有作为，简文“丕造”则是期望大臣们有所作为。

《思齐》与简文再启和乱的文辞高度相似，可能有相似的来源。但二者立意角度不同，一个赞颂文王之德性，一个以成王口吻训诫下臣。

句解：［成王］④ 再启道：嘉善啊你们的先考先祖，（他们）明心慎德，以匹比先王。（因为）皇天之光明持久而且显明。（你们的先考先祖努力）使皇天长久地无厌烦。乱曰：（希望你们）大有所为！努力效法你们的先祖先考，懋勉之！求得有所成，（以求）皇天的光泽不落。慎重吧！

四、成王三启

参（三）启曰：悳（德）元隹（惟）可（何）？曰𣶏（渊）亦印（懿）[25]。㢨（严）余不解（懈），㸒₌（业业）畏【五】

①② 毛亨传，郑玄笺，孔颖达疏：《毛诗正义》，第1182、1185页。

③ 林义光：《诗经通解》，第315页。

④ 再启和乱的内容，言说的主体不明显，称之为周公对多士的儆毖，亦可说通。李学勤就持这种看法，参见李学勤《论清华简〈周公之琴舞〉的结构》，第58页。

载[26]，不易畏（威）义（仪），才（兹）言隹（惟）克，敬之![27]

【25】悳（德）元隹（惟）可（何）？曰肙（渊）亦印（懿）

○整理者：德元，见《书·召诰》“其惟王位在德元”，孔传：“其惟王居位在德之首。”肙，即“淵”，深邃、深沉。《老子》：“道冲而用之或不盈，渊兮似万物之宗。”印，读为“抑”，义为美。《齐风·猗嗟》“抑若扬兮”，毛传：“抑，美色。”

○李守奎：悳元读为德元，《书·召诰》：“其惟王位在德元，小民乃惟刑用于天下，越王显。”孔传：“其惟王居位，在德之首。”第二章儆毖多子臣辅，第三章则是自儆。今始亲政，在王位者之德当何如？如此解释很顺畅。曾疑元训始，亦可通。①

○黄甜甜：“印”可读为“玄”。“印”字古音在影纽真部，“玄”字古音在匣纽真部，二字同韵，皆为喉音。古书中“玄”与“渊”有连用的例子，如《楚辞·九章》“临沅湘之玄渊兮，遂自忍而沉流”；《楚辞·九叹》有“鞭风伯使先驱兮，囚灵玄于虞渊”。简文此处“玄”可训为幽，义与渊近同，皆形容“德”。②

○季旭升：印、抑本一字分化……原考释依形隶为“印”，读为“抑”，可从，但释为“美”，不妥。在《〈周公之琴舞〉补释》中读为“懿”，更是向“美”义靠拢。“抑抑”有二义：“美”与“密”。原考释引《毛诗·大雅·生民》“威仪抑抑，德音秩秩”，《传》：“抑抑，美也。秩秩，有常也。”但这个解释不如郑《笺》所释：“抑抑，密也；秩秩，清也。成王立朝之威仪致密无所失，教令又清明。”其实在《诗·大雅·抑》首章“抑抑威仪”下，毛传也说：“抑抑，密也。”本简依郑《笺》释“抑”为“密”，意义与“渊”近，因此《周公之琴舞》把“渊”“抑”并列为“元德”。“抑”的意思就是“慎密”。如果依原考释解为“懿美”，似乎很难成为一种成王自我儆勉的“德行”。黄甜甜读“印”为“玄”，训为“幽”，谓“玄”与“渊”近同。不过，儒家修身的德行中似乎找不到提倡“玄”这种德行。亦，各家未释，当读为“与（以鱼）”，与“亦（以铎）”声纽相同，

① 李守奎：《〈周公之琴舞〉补释》，第14页。

② 黄甜甜：《〈周公之琴舞〉札记三则》，孔子2000网，2013年1月5日。

韵为阴入对转。此义已往未见，当可补入虚词词典。[①]

〇王挺斌：简文“曰肙亦印”最好的读法很可能是“曰渊亦懿”。我们知道，“印”“抑”本为一字分化。“抑”“懿”古音在影母质部，音理关系至为密切。两者古有相通之例，如《国语·楚语上》“于是乎作《懿》戒以自儆也”，韦昭注：“‘《懿》’，《大雅·抑》之篇也。‘《懿》’，读曰‘《抑》’，《毛诗序》曰：‘《抑》，卫武公刺厉王，亦以自儆也。’”此外，清华简《祭公》“印德”，一般都从整理者读为“懿德”。所以，“印/抑”读为“懿”并无障碍。

之所以一定要选择这个读法，主要是古书中有“渊懿”一词，一般解释为渊深美好之义。用例如汉扬雄《法言·序》：“圣人聪明渊懿，继天测灵，冠乎群伦，经诸范。”又，《问明》：“‘盛哉！成汤丕承也，文王渊懿也。’或问‘丕承’。曰：‘由小致大，不亦丕乎？革夏以天，不亦承乎？’‘渊懿’。曰：‘重易六爻，不亦渊乎？浸以光大，不亦懿乎？’”《论衡·自纪》：“德汪濊而渊懿，知滂沛而盈溢，笔泷漉而雨集，言溶瀶而泉出，富材羡知，贵行尊志，体列于一世，名传于千载，乃吾所谓异也。”另外，《后汉书》《三国志》以及后世文人著作中经常可见“渊懿”一词，常常用来形容人的德行。将之放在清华简《周公之琴舞》中去理解，应该是较为顺畅的。[②]

〇沈培：季文指出“渊抑”的“抑”当从毛传、郑笺释为“密”，这是正确的，但他又说这种“密”“意义与‘渊’近”，则不够准确。《广雅·释诂》“慎、必、蕆，敕也”条，王念孙《疏证》原本解释说：

> 必当为毖，《酒诰》“厥诰毖庶邦庶士”“汝劼毖殷献臣”“汝典听朕毖”，皆戒敕之意也。

后作补正又增加一说：

① 季旭升：《〈清华三·周公之琴舞·成王敬毖〉第三篇研究》，《东海中文学报》第29期，2015年，第150页。
② 王挺斌：《战国秦汉简帛古书训释研究》，博士学位论文，清华大学，2018年，第60页。

（必，敕也。）注“谨与敕同义”下补：必当为密。《系辞传》云“君子慎密而不出”，是谨敕之意也。字通作宓。蜀秦宓字子勅，勅与敕通。《论衡·问孔》篇云：“周公告小材勅，大材略。”勅谓密也，略谓疏也。

可见“慎密”之“密”是谨敕之义。毛传、郑笺当取此义，《周公之琴舞》的“抑”正是此义。[①]

按：“元”可训为“本”或“始”。“德元”即言德初始的状态或情状。“印”可参考王挺斌说法，读为“懿”，古书中形容圣贤之德的时候，使用过“渊懿”这个词，如西汉扬雄《法言·问明》篇有言：“盛哉！成汤丕承，文王渊懿也。”即在形容帝王德性的渊深。无论是《周公之琴舞》“曰渊曰懿”，还是西周金文所见“烈德”“䟤德”“介德”“孔德”“元德”和“明德”等，共同反映的是周人对“德”所具有神圣属性的各种称颂和描述，意在表达敬畏和虔敬。[②]

【26】厰（严）余不解（懈），㸁₌（业业）畏载

○整理者：厰，《说文》有“厰”字，简文读作“严”，敬也，畏也，又作“俨”。《大雅·常武》：“赫赫业业，有严天子。”《离骚》“汤禹俨而祇敬兮”，王逸注：“俨，畏也。”不解，即“不懈”。㸁₌，即“业业”。《大雅·云汉》“兢兢业业，如霆如雷”，毛传：“兢兢，恐也；业业，危也”。畏载，读为“畏忌”，谨慎。王孙诰钟（《近出》60）：“畏忌趩趩。”叔夷鎛（《集成》285）：“小心畏忌。”《仪礼·士虞礼》：“小心畏忌，不惰其身。”

○黄甜甜：疑“畏天之载”“业业畏载”两处“载”字，皆可训为“行”“为”。古书中“载”有训为“行”的。《书·皋陶谟》：“亦言其人有德，乃言曰，载采采。”孔传：“载，行；采，事也。”孔颖达疏：“载者，运行之义，故为行也。此谓荐举人者，称其人有德，欲使在上用之，必须言其所行之事。”“畏天之载”意谓畏惧上天之行为。“㸁＝（业业）畏载”，意谓小心谨慎地行事。[③]

○季旭升：“载（精之）”与“忌（群之）”古韵同属之部，但是声纽相去较

---

① 沈培：《由清华简〈四告〉申论周人所言“懿德”的内涵》，《新亚学报》第39卷，2022年，第78页。

② 对该条的思想史义涵解读，参见黄甜甜《清华简所见西周“德”观念发微》，《哲学与文化》2021年第3期，第62－65页。

③ 黄甜甜：《〈周公之琴舞〉札记三则》，孔子2000网，2013年1月5日。

远，通转实例确实未见。不过也不是完全不可能。“忌”，《广韵》“渠忌切”，声属群母，但“忌”从“己”得声，“己”字《广韵》“居理切”，声属见母。见母与精母有相通之例，如“耕”（古茎切，见母）字，《说文》以为“从耒、井声”，“井”（子郢切）即属精母。再说，简文读为“畏忌”，于义也很适当，可从。

《周公之琴舞·成王敬毖》第七篇有“畏天之载”句，与本篇的“业业畏载”用词类似，不过，“畏天之载”的“载”是名词，“业业畏载”的“畏载”是不及物动词，二者当可做不同解释。①

○白于蓝：典籍中未见“畏天之事”“畏天之行”“畏天之为”或“畏天之灾”之类的说法。《周颂·我将》有“我其夙夜，畏天之威，于时保之”语。笔者认为，简文“畏天之载”与《我将》“畏天之威”语义相当。《周颂·有客》：“既有淫威。”毛传：“威，则。”《尔雅·释言》：“威，则也。”《后汉书·李固传》：“斗斟酌元气。”李贤注：“《春秋保干图》曰：‘天皇于是斟元陈枢，以五易威。’宋均注曰：‘威，则也。法也。’”《大戴礼记·千乘》：“宗社先示威。”王聘珍《解诂》引《尔雅》：“威，则也。”《书·君奭上》：“有殷嗣天灭威。”孙星衍《今古文注疏》引《尔雅》：“威者，则也。”可见，“威”字古有“则”义，义同法则。所谓“畏天之威”，即畏天之法则。“载”为精母之部字，“则”为精母职部字。两字声母双声，韵部对转。古音十分密切，例可相通。②

○叶玉英：上古音“载”为＊zɯʔ，“忌”为＊gɯs。“才”声系字未见有别的与见组通假的例子，因此“载”不可能假借为“忌”。我们认为“载”当假借为“葸”。《论语·泰伯》：“恭而无礼则劳，慎而无礼则葸。”何晏集解：“葸，畏惧之貌。”汉扬雄《百官箴·执金吾箴》：“如虎有牙，如鹰有爪。国以自固，兽以自守。牙爪葸葸，动作宜时，用之不理，实反成灾。”“葸葸”指使人恐惧。《大戴礼记·曾子之事》：“人言善而色葸焉，近于不悦其言。”③

按：“严”训为“敬”；“余”，成王自称。“解”读为“懈”。“载”可训为“行”，“畏天之载”意谓畏惧上天之行为。“𤔲=（业业）畏载”，意谓小心谨慎

① 季旭升：《〈清华三·周公之琴舞·成王敬毖〉第三篇研究》，第151－152页。

② 白于蓝：《〈清华大学藏战国竹简（三）〉拾遗》，《中国文字研究》第20辑，上海书店出版社，2014年，第19页。

③ 叶玉英：《谈谈〈简帛古书通假字大系〉中值得商榷的字词关系问题》，陈斯鹏主编《汉语字词关系研究（二）》，中西书局，2021年，第105页。

地行事，可能是成王自儆。“畏载”可能是简13“畏天之载”的缩写。

【27】不易畏（威）义（仪），才（兹）言隹（惟）克，敬之

〇整理者：不易，古习语。屡见《书》《诗》及金文。《书·盘庚中》“今予告汝不易”，孔颖达疏：“郑玄云：‘我所以告汝者不变易。’”畏义，读为“威仪”。《大雅·抑》：“敬尔威仪。”克，成也。见《春秋》宣公八年杜预注。《大雅·抑》“慎尔出话，敬尔威仪”，与此“不易威仪，在言惟克”意近。

〇黄杰：当断读为：“才言，惟克敬之”。“才”当读为“兹”，此也，“兹言”是指前面的“曰渊亦抑，严余不懈，业业畏忌，不易威仪”。上引简文以“德元惟何?”设问，以“曰渊亦抑，严余不懈，业业畏忌，不易威仪”回答，所以接着说：“兹言，惟克敬之”。[①]

〇季旭升：“在”可释为“察”，《尚书·舜典》：“在璇玑玉衡，以齐七政。”孔传：“在，察也。”察言指慎言，《礼记·缁衣》：“子曰：‘君子道人以言，而禁人以行。故言必虑其所终，而行必稽其所敝；则民谨于言而慎于行。’《诗》云：‘慎尔出话，敬尔威仪。’”表现的正是同样的要求。李守奎……串讲为：“小心畏忌，言则必行而有成，时时戒惧。”上下文义似较难衔接。本句衔接上句的意思是：“（要达到渊抑的）威仪是不容易的，只有慎言才能达到。”[②]

按：周人所谓的“德”本来“相当于各族因应其生产方式、社会形态、宗教意识等整体而产生的族群传统”[③]。“德”这种族群传统，具体定形为周人的“礼”。具体到个人层面，周人在西周中晚期特别强调践行“威仪”来彰显“礼”。西周的“威仪”是封建贵族容仪举止和精神气度的综合，是个人内在之“德”的外化。有学者对此曾有很好的诠释：

> 威仪观强调支配须借由统治者的身体为媒介。统治者作为理想的人格者，借由其身体的仪态，包含语言以及与仪态配合的器物（所谓礼器），以展示所谓威仪。威仪观也预设了只要支配者的身体能实践威仪的规范，被支配者自然会顺服其支配。此支配关系的预设之所以能成立，是因为人们相信可以借

---

① 黄杰：《再读清华简（三）〈周公之琴舞〉笔记》，简帛网，2013年1月14日。

② 季旭升：《〈清华三·周公之琴舞·成王敬毖〉第三篇研究》，第153页。

③ 王健文：《奉天承运：古代中国的国家概念及其正当性基础》，东大图书公司，1995年，第75页。

由威仪的实践（包括身体仪态的表演与礼器的使用），而与宗教的神圣领域相联系，而此种宗教的力量可以保证支配体制。①

《周公之琴舞》和清华简另一篇《摄命》的一些相近说法亦有助于我们理解西周的“威仪”。

六启……；乱曰：弗敢忘在位，宠威在上，敬显在下。呜呼！式克其有辟，用颂（容）辑余，用小心，持惟文人之若。

八启曰：佐侍王，聪明其有心，不易，威仪蔼蔼，大其有谋，匄泽恃德，不畀用非颂（容）。

我一人在位，亦则乃身无能豫用非颂（容），汝正命。（《摄命》简11）

曰：……鲜唯胥学于威仪德，罔非胥以淫极。王曰：摄，余辟相唯御事，余厌既异厥心厥德不止则俾于余。矧汝唯子，今乃辟余，小大乃有闻知，弼永。汝其有斁有湛，乃眔余言，乃知唯子不唯之颂（容），是亦尚弗逢乃彝。乃作穆穆，唯恭威仪，用辟余才在位，乃克用之彝。汝不廼是，唯人乃亦无知无闻于民若否。（《摄命》简16—20）②

传世和出土文献目前未见对西周“威仪”具体规则和容仪举止的详细描述，但是“用颂（容）辑余”“不畀用非颂（容）”“无能豫用非颂（容）”等说法间接证明西周“威仪”实有容仪举止的具体规范。③

这里的“易”，与前文“文非易帀”之“易”一样，当读为“敭”，训为“轻慢”。“不易威仪”是说君王对待威仪不应轻慢。

“才”可读为“兹”，“兹言”是指前面的“曰渊亦懿，严余不懈，业业畏载，

① 甘怀真：《先秦礼观念再探》，甘怀真《皇权、礼仪与经典诠释：中国古代政治史研究》，台大出版中心，2004年，第16页。对先秦时期“威仪”的钩沉可参见鲁士春《先秦容礼研究》，天工书局，1998年；凡国栋《先秦“顾容”礼钩沉》，《史林》2009年第4期，第112－116页；张怀通《商周礼容考论》，《古代文明》2016年第2期，第24－35页。

② 出处采用宽式释文，综合参考众家释文，恕不一一出注。

③ 罗新慧曾主张西周的“威仪”仅表示规范和准则，近于后世一般所谓“德行”，没有具体的容仪和行止的规定，参见罗新慧《周代威仪辨析》，《北京师范大学学报（社会科学版）》2017年第6期。笔者的看法不同，参见黄甜甜《清华简所见西周“德”观念发微》，第65－69页。

不易威仪”。“隹”，读为“惟”，句首发语词。“克”表示主观上愿意从事某种行为。《尚书》中多见这种情态用法，例如《多士》：“尔克敬，天惟畀矜尔。”① 简文“惟克敬之”是成王自儆要能做到上述的“严余不懈，业业畏载，不易威仪”。

䜌（乱）曰：非（彼）天諡（含）悳（德）【28】。殹（抑）！莫肎（肯）曹（造）之【29】。佰（夙）夜不解（懈），薆（懋）尃（敷）亓（其）又（有）敚（说）【30】，裦（欲）亓（其）【六】文人，不逸（逸）蓝（监）畲（余）【31】。

【28】非（彼）天諡（含）悳（德）

○整理者：諡，读为“廞”，《尔雅·释诂》：“兴也。”

○李守奎：諡……可读为歆，祭享鬼神使其快乐谓之歆。《左传》襄公二十七年：“能歆神人，宜其先辅五君以为盟主也。”《国语·周语下》：“以言德于民，民歆而德之，则归心焉。”韦昭注：“歆，犹嘉服也。”不是天所欣喜之德，天就不肯造临保佑成就他，所以下文说要夙夜不懈，勉力于“其有悦”，“其有悦”也就是天所欣悦之德。鬼神享德这种思想源远流长，《左传》多有记载。②

○黄杰：似当读为“禁”，楚简从“金”声之字有用为“禁”之例。造，原注解为成，可从，“造之”当指成就德行。此句意为：不是天禁止德行，但是没有人肯成就（德行）。③

○吴雪飞：“諡”可为“含”。文献中有“含德”的辞例，如《尚书·盘庚上》：“非予自荒兹德，惟汝含德不惕予一人。”《尚書覈诂》：“含，《史记》作‘舍’，俞樾谓‘含’之言藏也，怀也。”“含德”即“藏德”“怀德”。这句话当作：“非天含德，繄莫肯造之。”④

○邓佩玲：“諡”或当读“含”。……“含德”一辞尝见于《书·盘庚》，其云：非予自荒兹德，惟汝含德，不惕予一人。……“惟汝含德，不惕予一人”乃周王勉诫群臣怀藏德行，并且须敬惧事王。……亦见于出土文献郭店楚简，《成之

① 对此种情态用法的分析参见刘利《先秦汉语助动词研究》，北京师范大学出版社，2000年，第125页。
② 李守奎：《〈周公之琴舞〉补释》，第14页。
③ 黄杰：《再读清华简（三）〈周公之琴舞〉笔记》，简帛网，2013年1月14日。
④ 吴雪飞：《清华三〈周公之琴舞〉补释》，简帛网，2013年1月17日。

闻之》简1－3云：行不信则命不从，信不着则言不乐。民不从上之命，不信其言，而能含德者，未之有也。……“彼”“非”二字相通假之例亦甚为常见。……“非天諡德”当读为“彼天含德”，远指代词“彼”置于“天”前作定语，相类例子尝见于《诗·周颂·思文》，其云：“思文后稷，克配彼天。”①

〇季旭升：諡，可读为“矜”。……从言金声，“金”字《说文》从“今”声，因此与侵部的“矜”同音可通。矜，慎也。《大戴礼记·小辨》：“大夫学德别义，矜行以事君。”卢辩注：“矜，犹慎也。”由慎义引申为惜，见《小尔雅》，犹今义“舍不得”。……“非天矜德”谓“天不是舍不得施给德惠”。②

按：邓佩玲说法可参考。“非”可读为“彼”，“諡”可读“含”。“非天諡悳”即“彼天含德”。

【29】殹（抑）！莫肎（肯）曹（造）之

〇整理者：殹，读为“繄”。《左传》隐公元年“尔有母遗，繄我独无”，杜预注：“繄，语助。”肎，字见《说文》，今作“肯”。曹，读为“造”，成也。

〇李守奎：曹，读为造、至，义同来格。《周礼·地官·司门》“凡四方之宾客造焉，则以告”，郑注：“造，犹至也。”③

〇邓佩玲：“殹（繄）莫肯曹（造）”之“乃与成王作儆毖（毖）”第二首诗之“乱”相呼应，……或可理解为诫勉之辞。……整句可语译为：“上天本怀藏德行，只是你不肯有所成就。”诗意所指大概是说明天虽本怀恩德，但除天命之外，人事之努力尤其重要，上天仅庇佑有德之人，正如《书·蔡仲之命》尝言：“皇天无亲，惟德是辅。”因此，成王须勉力治国，行仁政德化天下，始能改变现在“不曹（造）”之政治局面。④

〇季旭升：简文这四句其实对比得很整齐：

天：非天諡（矜）悳（德），殹（繄）莫肎（肯）曹（造）之

人：佤（夙）夜不解（懈），懋（懋）尃（敷）亓（其）又（有）敚

① 邓佩玲：《〈清华简三·周公之琴舞〉“非天諡悳”与诗〈周颂〉所见诫勉之辞》，《汉语言文字研究》第1辑，上海古籍出版社，2015年，第173－181页。

② 季旭升：《〈清华三·周公之琴舞·成王敬毖〉第三篇研究》，第156页。

③ 李守奎：《〈周公之琴舞〉补释》，第15页。

④ 邓佩玲：《〈清华三·周公之琴舞〉“非天諡德”与〈周颂〉所见诫勉之辞》，第181－183页。

上句说："天不是舍不得施给德惠、不肯成就我国家。"下句说："我们自己要夙夜不懈，努力施政布德，才能解决（上天舍不得成就我们这个困难）。""敚"字读为"脱"，意为"解脱"，所要解脱的困境，正是"天莫肯造之"。这样解释，诗意较为连贯。依这个解释，前两句的主语为"天"，可以直接说"非天諡（矜）悳（德），莫肎（肯）曹（造）之"，"繄"字实为可有可无。……把"繄"释为"语助无义"总能成立吧！[①]

○孙飞燕：吴雪飞对"諡"字的释读可从。"繄"，笔者认为相当于"唯"，意思是"只是"。"莫"指的是没有人。"造之"的"之"指的是德。这句话的意思是说不是天隐藏美德，只是没有人愿意成就美德。这样理解有两点好处：首先，这首诗可以和成王所作的第五首诗"天多降德，滂滂在下流，自求敚"对读。"天多降德"和"不是上天隐藏美德"是从正反两个方面来讲的，可以对应。其次，《逸周书·皇门》中周公对大臣说"惟莫启余嘉德之说"，意思是没有人告诉我嘉德的道理，这与简文说没有人成就美德有相似之处。[②]

按："殹"与"抑"可通[③]，此处"抑"字单读，表怒恨之叹声[④]，如《小雅·十月》"抑！此皇父"，郑笺："抑之言噫，'噫是皇父'，疾而呼之。"[⑤]"殹（抑）！莫肎（肯）曹（造）之"，成王痛恨自己不去有所作为。也与再启的"丕造哉"正反呼应。

【30】悉（懋）尃（敷）亓（其）又（有）敚（说）

○整理者：悉，即"懋"，训"勉"。《书·盘庚下》："无戏怠，懋建大命。"尃，读为"敷"，训"布"。又，读为"有"，助词。敚，即"悦"，训"乐"。句意是说乐以播布天德。

○陈美兰：此处或可读为"懋敷其有说"，所谓"说"，有内涵、道理的意思，指上文的天之"德"，类似用法可参《周书·康诰》："王曰：'封，予惟不可不监，告汝德之说于罚之行。'"刘起釪对"告汝德之说于罚之行"说解如下："伪《孔传》释云：'告汝施德之说于法之所行，欲其勤德慎罚。'意谓以德行罚（蔡沈

---

① 季旭升：《〈清华三·周公之琴舞·成王敬毖〉第三篇研究》，第160–161页。

② 孙飞燕：《清华简〈周公之琴舞〉补释》，《考古与文物》2018年第6期，第113页。

③ 白于蓝：《简牍帛书通假字字典》，福建人民出版社，2008年，第148页。

④ 裴学海：《古书虚字集释》，中华书局，1954年，第256页。

⑤ 毛亨传，郑玄笺，孔颖达疏：《毛诗正义》，第850页。

语），或寓德于罚（戴钧衡语），历代注疏家多承此说。王引之始云：‘于，犹越也，与也，连及之词。’（《夏小正》传曰：‘越，于也。’《广雅》曰：‘越，与也。’）‘行’，道也。言告汝德之说与罚之道也。《传》曰：‘“告汝施德之说于法之所行”，失之。’（《述闻》）王说是。”刘起釪对这句话语译为：“所以我特地告诉你一些运用恩德的道理和关于刑法的正确措施。”此说可从。简文这句话的意思是成王自儆自惕，要勉力敷布上天之德的道理。[①]

〇季旭升：成王先说“非天矜德，抑莫肯造之”，对这样的难题，成王接着说“（只有）夙夜不懈，懋敷”，才能“亓（其）又（有）敓”，因此，“其有敓”应该是“懋敷”的补语，表示“夙夜不懈，懋敷”的结果。根据这样的分析，我们以为“敓”可以释为“解脱”之“脱”。其，副词，表推测、期许，义为“大概、或许、将要”，全句谓：“（只有）夙夜不懈、努力施政布德，才能解决（上天‘舍不得施予恩德，成就我们’的这种困难）吧！”[②]

按：整理者和陈美兰说法可从，《尚书·毕命》有“惟文王武王敷大德于天下”，与简文文意相似。尃，读为“敷”，训“布”。敓，读为“说”，即《康诰》“告汝德之说”之“说”。

【31】裦（欲）亓（其）文人，不㝃（逸）蓝（监）舍（余）

〇整理者：裕，读为“欲”。文人，古称先祖之有文德者。《大雅·江汉》“告于文人”，郑笺：“告其先祖诸有德美见记者。”金文多作“前文人”。㝃，即“逸”，训“失”。《礼记·礼运》注：“犹去也。”监舍，读为“监余”。监，察看、督察。《书·吕刑》：“上帝监民。”

〇李学勤：“欲其文人，不逸监余”，“余”也是成王自称，“文人”即西周金文常见的“前文人”，指的是先公先王。[③]

〇季旭升：欲，愿也，见《玉篇·欠部》。《诗·小雅·蓼莪》：“欲报之德，昊天罔极。”即用此义。逸，常用义为“安逸”，引申有“懈怠”义，“不逸”当义同“不懈怠”、“不停止”。全句可释为：希望我的祖先，不停止地永远监督我们。[④]

---

① 陈美兰：《〈清华大学藏战国竹简（叁）·周公之琴舞〉“××其有×”句式研究》，《中国文字》新40期，艺文印书馆，2014年，第31页。

②④ 季旭升：《〈清华三·周公之琴舞·成王敬毖〉第三篇研究》，第163页。

③ 李学勤：《论清华简〈周公之琴舞〉的结构》，第59页。

按：“褻”可读为“欲”，整理者说法可从。“欲其文人”是成王的口吻。西周中晚期金文中的常见“文人”“前文人”，常与祖、考并用，有学者分析其义涵指世系远于祖、考的先祖。①

句解：［成王］三启道：（上天赋予周人的）德是什么样的？是渊深美好的。我将庄敬而不懈怠；敬畏上天，努力行事；威仪庄重而不轻慢。这些话，我将（努力）敬畏。乱曰：上天含德。噫！（痛恨我）不有所作为。夙兴不寐，广布上天之德。希望先祖们不停地监查我的行为。

五、成王四启

四启曰：文₌（亹亹）亓（其）又（有）豙（家）【32】，缶（保）蓝（监）亓（其）又（有）逡（後）【33】。需（孺）子王矣【34】，不盗（宁）亓（其）又（有）心，孶₌（孜孜）亓（其）才（在）立（位），㬎（显）于【七】上下【35】。

【32】文₌（亹亹）亓（其）又（有）豙（家）

○整理者：文文，《礼记·乐记》“礼减而进，以进为文；乐盈而反，以反为文。”郑注：“文，犹美也。善也。”《周颂·桓》：“桓桓武王，保有厥士。于以四方，克定厥家。”

○陈致：“文文”读为“亹亹”，《大雅·文王》“亹亹文王，令闻不已”，《毛传》：“亹亹，勉也”。②

○李守奎：或可读为勉勉、亹亹。文与勉声韵俱同，皆明母文部。《大雅·棫朴》：“勉勉我王，纲纪四方。”三家诗作“亹亹”。《大雅·文王》毛传：“亹亹，勉也。”③

○季旭升：陈说可从。不过，“亹亹其有家”为赞美先王兴家开国之勤勉，与下句“孶₌（憖憖）亓（其）才（在）立（位）”同义，并非赞美成王。④

① 陈英杰：《西周金文作器用途铭辞研究》，线装书局，2008年，第320页。

② 陈致：《清华简〈周公之琴舞〉中“文文其有家”试解》，《出土文献》第3辑，中西书局，2012年，第42页。

③ 李守奎：《〈周公之琴舞〉补释》，第15页。

④ 季旭升：《〈清华三·周公之琴舞·成王敬毖〉第四篇研究》，《古文字研究》第30辑，中华书局，2014年，第393页。

按：陈致、李守奎二先生的说法可从，“文文”可读为“亹亹”，训为“勉”。

【33】缶（保）蓝（监）亓（其）又（有）逡（後）

〇整理者：缶蓝，读为“保监”，保佑和监督。《逸周书·文儆》：“汝何葆非监？不维一保监顺时。”又，读为“有”，词头。有后，指后嗣。

〇季旭升：一、二句其实应该承第三篇末两句“欲其文人，不逸监余（希望前代的祖先们，不休止地监督我）”的“文人”——也就是先祖。因此第四篇开头说“文文其有家，保监其有后”，其实是赞颂先祖已经很勤勉地建立了家业，而能保护、监督后人——我成王正是先祖的后人。乐舞之诗有前后文义相承者，如《礼记·乐记》：“夫《武》，始而北出，再成而灭商。三成而南，四成而南国是疆，五成而分周公左召公右，六成复缀以崇。”皆述武王之事，自应前后相承。[①]

按：“亹亹其有家，保监其有後”的言说主体不明显，可能是延续前文成王对先祖的赞颂，也可以理解为周公对先祖的赞颂。

【34】需（孺）子王矣

〇整理者：“孺子王矣”，《书·立政》三见，屈万里《尚书集释》：“此乃成王亲政之初，周公警之之辞也。”

〇李守奎：“孺子王矣”在《周书》中是周公劝诫成王的习惯用语，据此曾怀疑启与乱是君臣唱和关系，但第六章启之首句就是“其余冲人，服在清庙”，显然是成王自称，启不可能是周公之诗。如果是周公对成王的称谓，就只能是成王引用周公的告诫，但如此理解上下文并不协调。疑是成王自称，义同“小子”、“冲子”。秦公镈（《集成》00270）中秦公自称“余虽小子，穆穆帅秉明德”，周王亦可自称为王。在《清华简〈周公之琴舞〉与周颂》一文中，笔者认为何尊的“助王恭德谷（裕）天，顺（训）我不每（敏）”，也是成王诰命的内容，与《敬之》的“佛（弼）寺（侍）其有肩，示我显德行”文意近同。若此说不误，金文中成王就有自称为王的例证。成王就职亲政后，周公称其为“嗣天子王”（见《立政》），似不当再称“孺子”。蔡侯绅钟（《集成》00210）之“余唯（虽）末小子，余非敢宁荒”与“孺子王矣，不宁其有心”意思相近，远有所承。“不宁其有心”

---

① 季旭升：《〈清华三·周公之琴舞·成王敬毖〉第四篇研究》，第393页。

就是“其有心不宁”，也就是非敢荒宁。[①]

〇季旭升：清人钱大昕《十驾斋养新录》卷二“孺子”条下指出“孺子”有“天子以下嫡长为后者、童稚之称、妇人之称”三种意义。……“乳（孺）子”之称，也许还要加上其他可能，如辈分长的称辈分低的为“孺子”，或者晚辈对先祖自称。……本句承前二句赞美前文人“文文其有家，保监其有后”，因此接着说我这个年轻的继承人现在继位为王了。[②]

按：清代学者钱大昕曾指出：“考诸经传，则天子以下嫡长为后者乃得称孺子。《金縢》《洛诰》《立政》之‘孺子’，谓周成王也。”[③]“孺子”源自“乳子”，指年幼之人。[④] 这里是周公对成王的称呼。

【35】不盜（宁）亓（其）又（有）心，孷＝（孜孜）亓（其）才（在）立（位），㬎（显）于上下

〇整理者：不宁，读为“丕宁”。《大雅·生民》“上帝不宁”，毛传：“不宁，宁也。”一说“不宁”如字读，不安宁。蔡侯申钟（《集成》210）：“余唯末小子，余非敢宁荒。”意思类同。孷，疑读为“嫠”，《说文》：“嫠，忧也。”才立，读为“在位”，《书·尧典》：“朕在位七十载。”上下，指天神和人间。《国语·周语上》“夫王人者，将导利而布之上下者也，使神人百物无不得其极”，韦昭注：“上谓天神，下谓人物也。”《周颂·访落》：“绍庭上下，陟降厥家。”

〇李守奎：“孷孷其在位”，与“文文其有家”句式相同，疑“孷孷”读为“孜孜”或“孳孳”。……孜孜，《泰誓》“尔其孜孜，奉予一人”，亦作孳孳，皆勤勉不怠之义。[⑤]

〇季旭升：“宁”指德之和安。……全句谓“先祖之心有和安之德”。……此处无论是周公毖成王或成王自毖，主语如果是成王，都是很奇怪的事。成王刚为王，还不可能“显不上下”，因此这儿的主语只能是前篇的“文人”，即文王、武王。[⑥]

---

①⑤ 李守奎：《〈周公之琴舞〉补释》，第 15 – 16 页。

② 季旭升：《〈清华三·周公之琴舞·成王敬毖〉第四篇研究》，第 393 – 394 页。

③ 钱大昕：《十驾斋养新录》，江苏古籍出版社，2000 年，第 28 页。

④ 对“孺子”词义引申的具体研究参见刘晓晗《从词汇视角再说上古汉语“孺子”的意义和用法》，《饶宗颐国学院院刊》第 9 期，中华书局（香港），2022 年。

⑥ 季旭升：《〈清华三·周公之琴舞·成王敬毖〉第四篇研究》，第 394 页。

按：整理者说法可参考。“不宁其有心”是周公在告诫成王保持警惕之心。李守奎读“孶”为“孜”，有勤勉之意，可从。《逸周书·成开》“余小子思继厥常，以昭文祖之守，定武考之烈，呜呼！余夙夜不宁”，其中“余夙夜不宁”与简文“不宁其有心，孜孜在位”文意相似。“显于上下”是周公希望成王的德行能够大显于天上地下。

䜌（乱）曰：豼（遹）亓（其）㬎（显）思，皇天之杠（功）[36]。昼之才（载）见（视）日，夜之才（载）见（视）晨（辰）[37]。日内（入），辠䍜（蛊）不盜（宁），是隹（惟）尾（度）[38]。

【36】豼（遹）亓（其）㬎（显）思，皇天之杠（功）

○整理者：豼，读为“遹”或“聿”。句首语气词。显，光明。思，语气词，用于句末，如《小雅·采薇》“今我来思”，《周颂·敬之》“天惟显思”。皇天，《书·梓材》：“皇天既付中国民越厥疆土于先王。”杠，读为“功”。

○李守奎：豼，可读为逸字，其构形待考。整理报告读为遹或聿，其功能与“繄”相类，皆句首语气词。《诗·大雅·文王有声》：“文王有声，遹骏有声，遹求厥宁，遹观厥成，文王烝哉！”“逸其显思，皇天之功”，当是“皇天之功，逸其显思”的倒装句，义同《敬之》的“天惟显思”。①

○季旭升：“皇天之功”可有二解：一谓先祖文人所以能成此显赫事业，实乃皇天之功；二谓先祖成此显赫事业，以张皇天功，“皇”可释为“张大”，见《尚书·康王之诰》“张皇六师”孔疏。②

按：豼，读为“遹”或“聿”，句首发语词，无实义。《诗》《书》和西周金文中“皇天”多见，是对天及天神的尊称。西周金文中有“皇尹”和“丕显”连用的情况，例如史兽鼎铭文中有“对扬皇尹丕显休”（《集成》02778），而相同位置处的“皇尹”亦常作“皇天尹”③，疑似简文“豼（遹）亓（其）㬎（显）思，

---

① 李守奎：《〈周公之琴舞〉补释》，第16页。

② 季旭升：《〈清华三·周公之琴舞·成王敬毖〉第四篇研究》，第394页。

③ 张桂光主编：《商周金文辞类纂》，中华书局，2014年，第1册，第96页。

皇天之社（功）”为一句，是周公歌颂皇天的话语。皇天丕显之功指的是下句的“昼之才（载）见（视）日，夜之才（载）见（视）晨（辰）”中“日”“辰”体现的天道运行。

【37】昼之才（载）见（视）日，夜之才（载）见（视）晨（辰）

○整理者：清华简《说命下》作“昼女（如）见（视）日，夜女（如）见（视）晨（辰），寺（时）罔非乃载”。才，读为“载”，义为事；或读为“在”，察知、审察。《书·舜典》“在璇玑玉衡，以齐七政”，孔传：“在，察也。”晨，星辰之辰的专字。

○李守奎：“昼之在视日，夜之在视辰”与首章之“日就月将，教其光明”相呼应。国君因为要效仿天之光明，所以白天要视日，晚上要视辰。与“日就月将，教其光明”相呼应。①

○季旭升：本句的“辰”应指北辰，即北极星，更为合理。《论语·为政》：“为政以德，譬如北辰，居其所而众星拱之。”星辰因岁差，每77年西移一度，先秦以前，北辰在天空极北，北半球一年到头终夜可见。……祖先多么显赫啊，张大了上天之功，好像白天看到的太阳，晚上看到的北极星。②

○胡宁：《广雅·释诂》“视，效也。”……“视日”即效法太阳，“视辰”即效法星辰，也就是王要像太阳和星辰监临下土一样监察天下。③

○姚小鸥、李文慧：日月星辰乃“天”之具体表征，《淮南子·天文训》：“日月者，天之使也；星辰者，天之期也。”从一定意义来说，“视日”“视辰”代表了先秦人们对天道的思考和探索，体现了王室敬天保民的思想观念。④

按：《说命下》作“昼女（如）见（视）日，夜女（如）见（视）晨（辰），寺（时）罔非乃载”。整理者解释整句是在命傅说主管朝事⑤，这种说法对理解《周公之琴舞》这里的简文有参考意义。“昼之才见（视）日，夜之才见（视）晨（辰）”，“才”可从整理者说法读为“载”，有行事之意。古人行政事多按照天象

---

① 李守奎：《〈周公之琴舞〉补释》，第16页。

② 季旭升：《〈清华三·周公之琴舞·成王敬毖〉第四篇研究》，第394－395页。

③ 胡宁：《楚简逸诗：〈上博简〉〈清华简〉诗篇辑注》，上海古籍出版社，2018年，第75－76页。

④ 姚小鸥、李文慧：《〈周公之琴舞〉“视日”“视辰”与商周天道观之传承》，《中原文化研究》2022年第2期，第111页。

⑤ 李学勤主编：《清华大学藏战国竹简（三）》，第130页。

的变化来划分时间段，《国语·鲁语下》对天子、诸侯、卿大夫和庶人不同时间段的政事安排有如下记载：

> 是故天子大采朝日，与三公、九卿祖识地德；日中考政，与百官之政事，师尹维旅、牧、相宣序民事；少采夕月，与大史、司载纠虔天刑；日入监九御，使洁奉禘、郊之粢盛，而后即安。诸侯朝修天子之业命，昼考其国职，夕省其典刑，夜儆百工，使无慆淫，而后即安。卿大夫朝考其职，昼讲其庶政，夕序其业，夜庀其家事，而后即安。士朝受业，昼而讲贯，夕而习复，夜而计过无憾，而后即安。自庶人以下，明而动，晦而休，无日以怠。①

《考工记·匠人》也有“昼参诸日中之景，夜考之极星，以正朝夕”的说法。大意是说白天就按照太阳的提示，夜晚按照星辰等天象的提示，在不同时段做不同的政事。简文“昼之才（载）见（视）日，夜之才（载）见（视）晨（辰）”是周公对成王的儆毖之辞，是说白天政事的行程根据太阳的升落来安排，晚上政事的行程根据星辰的变化来安排，意在告诫成王每日依天象变化分时间段来谨慎行事。

【38】日内（入），辠䘁（蛊）不寍（宁），是隹（惟）尾（度）

○整理者：入，《广雅·释诂三》：“得也。”䘁读为“举”。《吕氏春秋·自知》“所以举过也”，高诱注：“举犹正也。”宁，《尔雅·释诂》：“安也。”尾，从尸，乇声，疑即“仛”字，读为“宅”，《礼记·郊特牲》疏：“安也。”或读为“度”，法度。或疑字当释“引”，义为延续长久。

○陈剑：“䘁”字从意符“虫”，与“辠”连用，《瞻卬》首章亦“不宁”“罪罟（蛊）”同见，是否可能释为“蛊”（其声符“bei”楚文字常用为“举”，与“蛊”音近），值得考虑。②

○季旭升：疑此“辠”字应隶为“亲”。……周代亲亲，分封同姓，以屏蕃

① 上海师范学院古籍整理组校点：《国语》，上海古籍出版社，1978 年，第 205 页。

② 陈剑：《清华简“戾灾辠蛊”与〈诗经〉“烈假”“罪罟”合证》，《饶宗颐国学院院刊》第 2 期，中华书局（香港），2015 年，第 73 页。

周，即“日入亲”。……句解：每天接纳值得亲近的亲人，举用安和其心的贤人。①

〇姚小鸥、李文慧：“日入罪举不宁，是惟宅”，谓当时刻查举不宁，使天下得安。②

按：“日入”可以单独断开为句。如上述《国语》所见“日入”，都表示太阳落山之后的时间。“罿”这里或可读为“罟”，二字上古音皆在见纽鱼部。“罪罟（蛊）”表示“罗网”一类义③，简文“日入，罪罟不宁”意思是到了夜间，法网也不收紧。

“宅”和“度”可通用④，这里当读为“度”，训为“法”，作名词用。

句解：［周公］四启道：先王勤勉兴家，护佑监察他的后人。孺子王！（你应当）心中时刻不宁（保持警惕），勤勉在位，（让你的功绩）光显于上下。［周公］乱曰：皇天的功德显耀在下！观看太阳的升落来安排白天的政事，观察星辰的变化来安排夜间的事务。夕阳落山后，法网也不收紧，这才是法度。

六、成王五启

五启曰：於（呜）【八】虐（呼）！天多隆（降）悳（德），沕₌（滂滂）才（在）下，流（攸）自求敚（说）[39]，者（诸）尔多子，逑（笃）思湝（忱）之[40]。

【39】天多隆（降）悳（德），沕₌（滂滂）才（在）下，流（攸）自求敚（说）

〇整理者：天多降德，墙盘（《集成》10175）：“上帝降懿德。”沕沕，读为“滂滂”，《广雅·释训》：“滂滂，流也。”引申为广大。汉焦赣《易林·同人之蛊》：“流潦滂滂。”此以水流喻降德之广被。流，疑读为“攸”，训为所以。……敚，读为“悦”，《尔雅·释诂》：“乐也。”句意言人各自求德而乐之。

---

① 季旭升：《〈清华三·周公之琴舞·成王敬毖〉第四篇研究》，第395页。

② 姚小鸥、李文慧：《〈周公之琴舞〉“视日”“视辰”与商周天道观之传承》，第112页。

③ 陈剑：《清华简“戾灾辠蛊”与〈诗经〉“烈假”“罪罟”合证》，《饶宗颐国学院院刊》第2期，中华书局（香港），2015年，第71页。

④ 白于蓝：《简帛古书通假字大系》，第688页。

○李守奎：流读为攸，整理报告训为语助词，亦可参看王引之《经传释词》。《大雅·皇矣》：“执讯连连，攸馘安安。”“流”不改读似也能通。《说文》：“流，水行也。”“流”承上“滂滂”，皆隐喻天降大德，如大水在下之奔流。又如训为“求”，《关雎》“左右流之”，毛传：“流，求也。”天降德广在下土，求而得之以求取悦天心。“敓”读为悦，很可能与第三章“懋敷其有悦”之悦都是指上天神灵的喜悦。“攸自求悦”，第五章内容与第三章照应。“天歆德”与“天降德”之间有联系。天降懿德，人求而得之，人具此德以享，天帝鬼神临而享之，欣而悦之，福而佑之。第三章成王自己说如果不具备天所歆享之德，天就不肯造临保佑，所以自己要夙夜不懈，勉力行天所悦之德。这章是成王劝诫多子修德以求天之喜悦。①

○黄杰：“流”读为“攸”不符合楚简的用字习惯，而且古汉语中罕见“攸”在一个复句中的某个分句句首作连词的用法。以上简文疑当断读为：“天多降德，滂滂在下流，自求悦。”②

○季旭升：“流”字本有从、随、顺之意。……天多降德，滂滂在下，“滂滂”本来就是形容水势盛大的样子，句谓天所降的“德”，像盛大的河流，只要“顺”着这条多德的大河，自然可以求得“解脱快乐”，“敓”字有解脱、解悦之意。③

○胡宁：“敓”是“夺”的异体，读为“对”。……《大雅·皇矣》“帝作邦作对”，毛传：“对，配也。”……“流自求敓”意谓上天所降众多之德广流于下，自求其可以匹配之人。④

按：“天多降德，滂滂在下”的“滂滂”意在形容“德”所传布范围之广大，但其实际降临和传布的对象可能只限于周王、周室贵族和分封的诸侯。因贵族等级不同，具体到各人，其“德”自然有大有小，《尚书·酒诰》“越小大德，小子惟一”中所谓“小大德”可能即代指等级不同的各类贵族。⑤

这里的“流”可依整理者读为“攸”，语首助词，无义。《词诠》曾举例《尚

① 李守奎：《〈周公之琴舞〉补释》，第17页。
② 黄杰（“暮四郎”）：简帛论坛《清华简〈周公之琴舞〉初读》跟帖，简帛网，2013年3月17日。
③ 季旭升：《〈清华三·周公之琴舞·成王敬毖〉第五篇研究》，《中国文字》新40期，第4页。
④ 胡宁：《楚简逸诗：〈上博简〉〈清华简〉诗篇辑注》，第79页。
⑤ 黄甜甜：《清华简所见西周“德”观念发微》，第65页。

书·洪范》“攸好德”、《大雅·皇矣》“执讯连连，攸馘安安”。[①]“攸自求敓”的“敓”仍读为“说”，即简6“懋敷其有说”和《康诰》“德之说”的“说”。正因“德”有大有小，成王才希望多士们“自求说”。

【40】者（诸）尔多子，逑（笃）思涺（忱）之

○整理者：者，读为“诸”。吴昌莹《经词衍释》：“犹凡也。”多子，《书·洛诰》“予旦以多子越御事，笃前人成烈，荅其师，作周孚先”，孔颖达疏：“子者，有德之称。大夫皆称子，故以多子为众卿大夫。”逑，“逐”字异体，读为“笃”，《尔雅·释诂》：“厚也。”思，句中语气词。涺，读为“忱”，《说文》：“诚也。”《大雅·大明》“天难忱斯，不易维王”，毛传：“忱，信也。”

○季旭升：“逑思忱之”之“逑”原考释读为“笃”，可从。“思”，同“斯”，犹“而”也。笃思忱之，谓诚笃而信服之（上天所降多德）。[②]

按：“逑”可读为“笃”，训为“厚”。思，句中无义虚词，或读为“使”。涺，可读为“忱”，训为“信”，使动用法。这里“逑（笃）思涺（忱）之”是周公希望多子笃厚，使得上天信任他们。

𤔔（乱）曰：㔜（桓）爯（称）亓（其）又（有）箬（若）[41]，曰亯（享）倉（会）畬（余）一人，【九】思辅畬（余）于勤（艰）[42]，乃是隹（惟）民，亦思不忘[43]。

【41】㔜（桓）爯（称）亓（其）又（有）箬（若）

○整理者：㔜，读为“桓”。《商颂·长发》“玄王桓拨，受小国是达”，毛传：“桓，大。”爯，读为“称”，举用。《左传》宣公十六年“禹称善人，不善人远”，杜预注：“称，举也。”若，训顺、善。

○李守奎：称，举用。其，语助词。若，善也。有若，疑指善人。《左传》宣公十六年：“禹称善人，不善人远。”杜预注：“称，举也。”又，“桓称其有若”与第三章“懋敷其有悦”句式相同，或可作他解。[③]

---

① 杨树达：《词诠》，第337页。

② 季旭升：《〈清华三·周公之琴舞·成王敬毖〉第五篇研究》，《中国文字》新40期，第5页。

③ 李守奎：《〈周公之琴舞〉补释》，第17页。

○陈剑：“若”字完全可以理解为承上文“天多降德，滂滂在下”云云而言，“有若”指“若德”，即“善德”本身（毛公鼎有“告余先王若德”），而不必为“有善德之人”。《洛诰》“公称丕显德，以予小子扬文武烈”，《祭公之顾命》简7-8“王曰：公称丕显德，以余小子扬文武之烈，扬成康、昭主之烈”，《君奭》“惟兹惟德称，用乂厥辟”，皆系“称德”类说法，可与简文相印证。简文大意可理解为：“大力称举上天所降美好的德行，以享事、配合佐助我。”[①]

○季旭升：“称”似当释为“举行”，见《逸周书·祭公》“公称丕显之德”孔晁注。“有若”之“有”字为前缀助词（见《成王敬毖》第二篇、第三篇），“有若”指善德。全句谓：你们（多子）要大大地称行善德。本句之前为对“诸尔多子”说话，要多子“流自求敚”、“逐思沈之”，即本句“称其有若”。成王勉多子力行善德，以奉事成王。原考释及《补释》以“有若”指善人，与前后文的关系的衔接似乎不够紧密。[②]

按：陈剑说法基本可从。“若”即西周金文、《尚书》《诗经》中“若否”的“若”。毛公鼎铭文有言：“虩許上下若否。”（《集成》02841）《尚书·盘庚》：“今我既羞告尔于朕志若否。”“有若”指的是“若德”。《尚书》和西周金文中多次出现“若德”的说法，“若德”即善德。《尚书·康诰》言“宏于天若德”，毛公鼎铭文亦有“毋窒緘告余先王若德”[③]的说法。“称德”的说法《尚书》多见。《洛诰》“公称丕显德”，“称”，孙星衍《尚书今古文注疏》：“称者，《说文》云：扬也。”[④] 佢，亦或可读为“恒”，久也。

【42】曰亯（享）倉（会）畬（余）一人，思辅畬（余）于勤（艰）

○整理者：享，献。……克罍、盉（《近出》987、942）：“惟乃明乃心，享于乃辟，余大对乃享。”倉，即“应答”之“答”。享达亦即飨答。《汉书·郊祀志下》“不答不飨，何以甚此”，颜师古注：“不答，不当天意。”余一人，君王自称。思，句首语气词。勤，读为“艰”。叔夷钟、鎛（《集成》272、285）：“汝辅余于艰恤。”

---

① 陈剑：《清华简与〈周公之琴舞〉字词合证零札》，《出土文献与中国古代文明——李学勤先生八十寿诞纪念论文集》，中西书局，2016年，第220页。

② 季旭升：《〈清华三·周公之琴舞·成王敬毖〉第五篇研究》，第7页。

③ 此句宽式释文采自陈剑《说“慎”》，陈剑《甲骨金文考释论集》，第45页。

④ 孙星衍：《尚书今古文注疏》，中华书局，1986年，第410-411页。

○易泉：会，原释文作“答”，字也见于郭店六德21号简等，当是“会”字。“享会”用例见于《周书·王罴传》：“每至享会，亲自秤量酒肉，分给将士。”《资治通鉴·唐高祖武德元年》：“陛下闻骁果欲叛，多酝毒酒，欲因享会，尽鸩杀之。”①

○陈剑：“倉”是“合”下加口旁繁饰、口中又加一小横笔作“曰/甘”形的繁体（又或变为“田”形作“畣”），其字楚文字中多见，上中恒作“口”形（这部分是有表意作用的意符，故很少出现变化），与此字中部作从“田”形大不合。郭店简《老子》甲19号简“”，原整理者释为“合”，裘锡圭先生按语已经指出：“简文此字上部，与楚文字中一般‘合’字有别，颇疑是‘会’字而中部省去竖画。”《周公之琴舞》此形“”，正是裘先生所说“会”字而其“中部竖画”不省者。从字形上看释此字为“会”远胜于释为“倉”。

简文此“会”字应联系《尚书·文侯之命》如下“会”字理解：父义和！汝克昭（绍）乃显祖；汝肇刑文武，用会绍（诏）乃辟，追孝于前文人。……杨家村窖藏铜器逑盘中，有“雩朕皇高祖新室仲……会釁（诏）康王”、“雩朕皇高祖惠仲盠父……用会昭王、穆王”、“雩朕皇考恭叔……明济于德，享辟厉王”等语，董珊先生已经指出：“会召”是融合了“辅相”和“逑匹”两类意思而来。……“享会”之“享”字，也不必看作具体的“进献”，从而认为其对象只能是“有善德之人”。所谓“奉上谓之享”，可以包含臣下奉承、服事君主的各种行为，实与“辟”义甚近。前举逑盘的“享辟”，即系两义近动词连用，其对象均为周王，“享会”与之相类。“享辟”一语亦见于逑钟，其文云器主之皇考“帅用厥先祖考政（正）德，享辟先王”，与简文“桓称其有若【之德】，曰享会余一人”亦颇可相对比印证。综上所述，简文大意可理解为：“大力称举上天所降美好的德行，以享事、配合佐助我。”②

○季旭升：本简此字实是“会”字，但“享会余一人”文义费解。原考释释为“答”于义较长，但径隶为“答”则不妥。“会（古外切，见纽月部；又黄外切，匣纽月部）”、“合（古沓切，见纽缉部；又侯阁切，匣纽缉部）”，各有二音

① 易泉：简帛论坛《清华简〈周公之琴舞〉初读》帖文，简帛网，2013年1月5日。

② 陈剑：《清华简与〈周公之琴舞〉字词合证零札》，第219－220页。

读，声同，韵近，……月缉二部得旁转。二字义亦相近，故本简此字可视为形音义俱近之书手误写。字实为“合”，读为“答”。“享答”即臣子对君上之奉侍报答。“曰享答余一人”即“以奉侍报答我”。“享”字释为臣子对君上的奉侍。[①]

按：“𠱾”原整理报告释为“會”，此处从陈剑说法，改释为“会”。“享会余一人”即言“享事、配合佐助我一人”。这是成王对多士的儆毖之辞。大意是“大力称举上天所降之德，以享事、配合佐助我，辅助我于艰难之中”。

【43】乃是隹（惟）民，亦思不忘

○整理者：是，读为“禔”，《说文》：“安福也。”思，助词。忘，读为“荒”。《大雅·桑柔》“哀恫中国，具赘卒荒”，郑玄笺：“皆见系属于兵役，家家空虚。”

○李守奎：或可读为视，照料，治理。《左传》襄公二十五年“飨诸北郭，崔子称疾，不视事”。[②]

○黄杰：“是”当读为“寔”，语助词，《国语·晋语》：“公曰：‘子寔图之。’”这里不排除为了凑足音节而加的可能。“思”，原解为助词，似当读为“使”。“忘”原读为“巟”，似可读如本字，“不忘”承前“惟（思量）民”而言。[③]

○季旭升：“是”读“寔”，“隹”读为“惟”，均可从。但“寔”当训同“实”，意为真实地，真诚地；“惟”，念也、谋也。“忘”，黄杰依本字读，固然可通。但上句已叮咛臣子要“惟（思量）民”，下句又说“亦使不忘”，稍嫌冗赘。原考释读为“巟”，可从。[④]

按：这里的“是”作为无义的语助词而存在。“思”也是无义语助词。“忘”读如字。“不忘”的宾语“民”前置。

句解：［成王］五启道：呜呼！上天降下广博之德，各自去求德吧。你们这些人（多子），要笃厚从事，使得上天信任你们。乱曰：永远称举上天降下之德，享事、配合佐助我一人，在艰难中既辅佐于我，也不忘百姓。

---

① 季旭升：《〈清华三·周公之琴舞·成王敬毖〉第五篇研究》，第7－8页。

② 李守奎：《〈周公之琴舞〉补释》，第18页。

③ 黄杰：《再读清华简（三）〈周公之琴舞〉笔记》，简帛网，2013年1月14日。

④ 季旭升：《〈清华三·周公之琴舞·成王敬毖〉第五篇研究》，第9页。

七、成王六启

六启曰：亓（其）畬（余）湝（冲）人[44]，备（服）才（在）清宙（庙），隹（惟）克少（小）心，命不𡰥〈彝〉箮（乎）[45]，疐（质）【一〇】天之不易（敭）[46]。

【44】亓（其）畬（余）湝（冲）人

〇整理者：其，句首语气词。畬湝人，即《书》“予冲人”，见《盘庚》《金縢》《大诰》等。《盘庚下》孔传：“冲，童。”孔颖达疏：“冲、童声相近，皆是幼小之名。自称童人，言己幼小无知，故为谦也。”

〇李守奎：“其余冲人，服在清庙”，与《书·大诰》“洪惟我幼冲人，嗣无疆大历服”句式、语义类同。①

〇季旭升：高本汉以为“在中国语最古的时期，像在《书经》里所表现的，‘其’字很常出现于两种完全不同的意义，……一个语气词，表示一种主观的意见，一种希望或是一种劝勉，例如：《益稷》‘天其申命用休’；《召诰》‘王其疾敬德’。”……“其余冲人，服在清庙，惟克小心，命不夷缓，疐天之不易”的“其”字有期勉义。“其”字所期勉的内容为“惟克小心”，意为“希望我（这个年轻人在宗庙祭祀先祖，）能够小心翼翼”。“小心”的原因或内容是“命不𡰥箮，疐天之不易”，因此“其”字的期勉范围也可以视为包括“惟克小心，命不𡰥箮，疐天之不易”。②

〇苏建洲：“冘”是以母，从“冘”声的“沈”中古声母分属“澄母”与“书母”，“沈”应该是*L－系声母。……禤健聪指出“湝”是楚简记写｛沈｝的用字，又认为传世文献冲子、冲人之｛冲｝，西周金文以“沈”、楚文字以“湝”记写。此说已经揭示出历时性的问题，西周金文“沈”、楚文字“湝”如何会演变为传世文献冲子、冲人之｛冲｝呢？施瑞峰先生指出“当然上古*T－、*L－两系声母的合流发生在汉代，还是非常可能的”。……

---

① 李守奎：《〈周公之琴舞〉补释》，第18页。

② 季旭升：《〈清华三·周公之琴舞·成王敬毖〉第六篇研究》，《兴大中文学报》第38期，2015年，第39－41页。

总之，“沈子”“沈人”本来是表示幼小或辈分低一类的意思，由《芮良夫毖》简24“豢（朕）隹（惟）湝人，则女（如）禾之又（有）秺（稺）”、《说文》禾部“稺，幼禾也”可证。清华简《诗》《书》类文献用字继承了西周以来的习惯。后来*T－、*L－两系声母合流了，“沈人”之｛沈｝经历L－>T－的转变，韵亦有变，“沈人”之｛沈｝才被改写为“冲”，先秦出土文献的“沈人”与传世典籍的“冲人”仍可认为是一词。清华简“湝人”文例为了与传世典籍对应而括读为“冲人”，但我们不能以为先秦时期“冘”声与“中/童”声可以通假。①

○张富海：西周金文用“沈”*drum记录幼小义的｛冲｝，表明｛冲｝的上古语音本来是*drum，属于“冘”的谐声类*Tum，后来因异化作用而发生音变*drum>*druŋ，其韵母由侵部转入冬部，故而传世文献换用冬部的“冲”字来记录。“冲”字《说文》训“涌摇”，上古音*druŋ，“沈”与“冲”并非共时平面的通假。中山王礜鼎（《集成》2840）：“寡人學（幼）踵（冲），未甬（通）智。”用“重”*droŋ声的字为｛冲｝，是相邻主元音的不严格通假，足以表明战国时已经发生上述音变，因为若是*droŋ和*drum，则两者主元音和韵尾都不同，不大可能相通。《尚书·吕刑》：“幼子、童孙”，“童孙”读“冲孙”，语音关系相同。清华简《四告》简40：“乃蟲（冲）孙虎哀告截訽（叩）。”假借“蟲”*druŋ为｛冲｝，也反映了*drum>*druŋ音变，而且表音更准确，两者是完全同音的关系，跟传世文献用“冲”字的情况相同。②

按：苏建洲和张富海意见可从，“冲人”这里是成王的自称。开头的“其”是表主观期许的语气词。

【45】备（服）才（在）清宙（庙），隹（惟）克少（小）心，命不尸〈彝〉篙（乎）

○整理者：备，读为“服”，训“事”。清庙，《周颂·清庙》小序郑笺：“清庙者，祭有清明之德者之宫也，谓祭文王也。”命，指天命。尸，读为“夷”。《大雅·瞻卬》“靡有夷届”“靡有夷瘳”等句中的“夷”，杨树达释为句中助词。篙，疑读为“歇”，《左传》宣公十二年杜注训“尽”。

① 苏建洲：《楚简中与“沈人”有关的字词关系考察》，陈斯鹏主编《汉语字词关系研究》第2辑，中西书局，2021年，第71－73页。

② 张富海：《“冘”“甚”的谐声类及相关古文字释读》，《管子学刊》2023年第4期，第126页。

○李学勤：“服在清庙”意思是在清庙主祀。[1]

○李守奎：𡰥，读为夷，或可训为灭绝。箸，……或可读“割”。“夷割”意思大约相当后世文献中的“夷绝”，即灭绝。大意是周所受天命得以延续，不灭绝。[2]

○无语：当释为“彝”，训为“常”，“箸”可读为“宪”，可与《尚书·康诰》“肆汝小子封，惟命不于常”之“惟命不于常”相比较。[3]

○陈剑：简10有一原释作“𡰥”、读为“夷”之字，其形如下：。《清华简(叁)》末所附字形表第209页作。黄杰指出，“此字𡰥下部明显还有‘丝’形和‘又’形的笔画，当释写为屡，释读待考”。“无语”先生在此基础上认为“屡”应即“彝”字变体，又举出了更多的此类字形。今增补传抄古文例并将简本《祭公》“遚”形附于最末，以资对比：王子匜俎，鄬子受编钟，曾姬无恤壶，蔡侯申盘，《说文》“彝”字古文，《汗简·丝部》引《说文》（《古文四声韵》上平声脂韵引《说文》略同），郳公镈（此改用董珊先生摹本），。郳公镈之形两“幺”形上有一横笔相连，已与“遚”声符“𢆶”全同；…就“屡”而言，其中也包含“𢆶”形（其右侧已不清晰，也可能“丝”形之上本是作如上举王子匜俎和曾姬无恤壶那类形的，而不应与“尸”旁结合分析作从“𡰥”）。[4]

○季旭升：可以读为“命不夷缓”。据《说文》，“夷”的本义是“平也”，先秦典籍“夷”字训为“平”的例子很多（常义，不举例），本篇此字似也应释为“平”，意思是“平易”“平坦”。“箸”则可考虑读为“缓”（“害”声与“爰”声相通）。“命不夷箸”即“周邦的命运不会平坦宽缓的（目前看来是多灾多难）”。《诗·大雅·文王》“周虽旧邦，其命维新”“天命靡常”“骏命不易”“命之不易”，《周颂·敬之》“命不易哉”，还有前面李学勤引述的《尚书·大诰》“尔亦不知天命不易”和《君奭》“不知天命不易”，这些句子显示了周初念兹在兹、戒慎恐惧的敬畏天命的思想，“隹（惟）克少（小）心，命不𡰥（夷）箸（缓）”表

① 李学勤：《论清华简〈周公之琴舞〉“疐天之不易”》，《出土文献研究》第11辑，中西书局，2012年，第2页。

② 李守奎：《〈周公之琴舞〉补释》，第18页。

③ “无语”：简帛论坛《清华简〈周公之琴舞〉初读》跟帖，简帛网，2013年1月15日。

④ 陈剑：《清华简与〈周公之琴舞〉字词合证零札》，第212－213页。

现的就是这种思想。[①]

按：整理报告所谓的“巳”字字迹模糊，原字形为“[illegible]”。不止一位研究者主张释为“彝”字讹写[②]，可训为“常”。笔者怀疑“箸”字语法地位上当是句末语气词，古文字中“害”有鱼部和祭月部两系[③]，鱼部的“害”被认为是“瑚”的象形初文[④]，匣母鱼部的“害”在音理上可以读为匣母鱼部“乎”。上古汉语语气词中鱼部居多，例如“乎”“夫”“欤”等[⑤]，不排除简文的“箸”是楚地一种表示感叹的语气词。这里的“命不彝箸”文意类似于“天命靡常”。

【46】 𡨦（质）天之不易（敭）

〇整理者：𡨦，读为“对”。㝬簋（《集成》4317）“畯在位，作𡨦在下”，秦公簋（《集成》4315）“畯𡨦在天”等，均读为“对”。《大雅·皇矣》“帝作邦作对”，毛传：“对，配也。”天之不易，《书·大诰》：“尔亦不知天命不易。”《书·君奭》：“不知天命不易。”

〇李学勤：“𡨦”是端母质部字，“对”是端母物部，声同韵亦相近，故可通假。……许多金文中的“𡨦”字，以及《周公之琴舞》的“𡨦”字，也都应读作“对”。……《诗·皇矣》云：“帝作邦作对，自大伯王季。”“对”字毛传训为“配也”，郑笺：“作，为也。天为邦，谓兴周国也。作配，谓为生明君也。”孔疏：“生明君，谓生文王也。国当以君治之，故言作配。”原来当时的观念，王朝的成立由于天命，这是“作邦”；这样的天命必须有君王当之，这是“作对”，亦即作配。[⑥]

〇季旭升：可以用《诗·皇矣》毛传“配也”来解释。……其实，“𡨦”字的“配”义用久了成为熟词后，单用一个“𡨦”字就可以包含“配天”的意思，也就是“当天子”的意思。因此“骏𡨦在位”就是“长久地在位当天子”。准此，

---

① 季旭升：《〈清华三·周公之琴舞·成王敬毖〉第六篇研究》，第 44 – 45 页。

② 其他说法参考黄杰《再读清华简（叁）〈周公之琴舞〉笔记》，简帛网，2013 年 1 月 14 日。

③ 参见大西克也《论古文字资料中的“害”字及其读音问题》，《古文字研究》第 24 辑，中华书局，2002 年，第 303 – 306 页；陈剑《昔鸡簋铭用为“送”之字与相关问题》，朱渊清、苏荣誉主编《有凤来仪：夏含夷教授七十华诞祝寿论文集》，中西书局，2022 年，第 326 – 362 页。

④ 参见陈剑《昔鸡簋铭用为“送”之字与相关问题》，第 362 页。

⑤ 参见刘璐亚《古汉语语气词的音理特征及其流变研究》，博士学位论文，南京师范大学，2019 年，第 34 页。

⑥ 李学勤：《论清华简〈周公之琴舞〉“𡨦天之不易”》，第 2 页。

本篇的“疐天之不易”应读为“‘疐天’之不易”，意思是“当天子的不容易”。①

按：“疐”是否能读为“对”，尚可存疑。《诗·皇矣》篇“作邦作对”的“对”，杨树达指出“邦”与“对”义近，章太炎怀疑“对”与“封”义近。② 无论传世文献，还是出土文献中，“疐”与“质”关系密切③，《礼记·大学》：“身有所忿懥。”郑玄注：“懥，或作懫。”《豳风·狼跋》：“载疐其尾。”《说文》引作“载躓其尾”。疐、质同属端母质部，可通用。清华简《叁不韦》简94“自兵〈戒〉自慎自疐”，“疐”整理者读为“质”。自质，犹自正。④《广雅·释诂》：“质，懂也”，王念孙《广雅疏证》：“谨，与懂通。”⑤ 我们怀疑简文“疐”读作“质”，训为“谨”，词义接近“敬”。

此处“易”字亦当读为“敡”，训为“轻慢”。前文说天命靡常，这里主张对待天命要恭敬而不可轻慢。

䜌（亂）曰：弻（弗）敢巟（忘）才（在）立（位）[47]，龏（宠）畏（威）才（在）上，敬（警）㬎（显）才（在）下[48]。於（呜）虖（呼）！弋（式）克亓（其）又（有）辟，甬（用）颂（容）咠（辑）畬（余），甬（用）少（小）心[49]，【一一】寺（持）隹（惟）文人之䒸（若）[50]。

【47】弻（弗）敢巟（忘）才（在）立（位）

○整理者：弻，读为“弗”；弻敢，不敢。荒，《国语·吴语》“荒成不盟”，韦昭注：“荒，空也。”

○李守奎：弻敢，读为弗敢，西周金文屡见，其主语是自称或第一人称。如“虘弗敢望（忘）公伯休”（虘簋，《集成》04167）、“墙弗敢沮”（史墙盘，《集成》10175）、“余弗敢乱”（琱生簋，《集成》04292）、“余弗敢吝”（大簋盖，《集

① 季旭升：《〈清华三·周公之琴舞·成王敬毖〉第六篇研究》，第45页。

② 黄益飞：《试说西周金文中的“对”字》，《青铜器与金文》第3辑，上海古籍出版社，2019年，第130－135页。

③ 张儒、刘毓庆编著：《汉字通用声素研究》，山西古籍出版社，2002年，第767页。

④ 清华大学出土文献研究与保护中心编，黄德宽主编：《清华大学藏战国竹简（十二）》，中西书局，2022年，第130、132页。此外，《叁不韦》中多见的“尸疐”一词，亦有学者认为当读为“司质”，参见刘晓晗《“司慎”续考》，《简帛》第26辑，上海古籍出版社，2023年，第19－20页。

⑤ 王念孙著，张其昀点校：《广雅疏证》，中华书局，2019年，第303页。

成》04299)。不敢、弗敢在先秦文献中多用于表述自我警戒而不用于训诫他人。[①]

按:“亢”可读为“忘”。郭店简《唐虞之道》简8“忢(爱)睪(亲)亢(忘)臤(贤)”,“亢”即读为“忘”。[②]

【48】龏(宠)畏(威)才(在)上,敬(警)㬎(显)才(在)下

○整理者:龏,读为“宠”。《易》师卦《象传》:“在师中吉,承天宠也。”畏,读为“威”。此指天之宠威。敬㬎,读为“警显”,警告显示。《大雅·文王》:“明明在下,赫赫在上。”虢叔旅钟(《集成》238):“皇考严在上,异(翼)在下。”

○李守奎:显,显扬。《孟子·公孙丑上》:“管仲以其君霸,晏子以其君显。”[③]

○胡敕瑞:读为“龚畏”,或许更为直接明了。“龚畏”犹“恭畏”。“龏畏才(在)上”即敬畏上天。[④]

○黄杰:“龏畏在上,敬显在下”就与《大雅·文王》“明明在下,赫赫在上”相近,成了对在上者和在下者的描摹,与“弗敢荒在位”的意义没有什么关联了。我们认为这两个词应当看作动词,“龏畏”读为“恭畏”,“恭畏在上”意为恭敬畏惧在上者;“敬显”可读为“儆显”,“儆”意为戒,“显”意为使之显明,大概是针对在下者之中的贤能而言,“儆显在下”意为儆戒在下者,使之显明。这样解释,与前“弗敢荒在位”意思一致。[⑤]

○吴雪飞:“严在上,翼在下”与“龏威在上,敬显在下”意思一致。根据毛传和朱熹的训释,显然“龏威”相当于“严”,而“敬显”相当于“翼”。这里的龏、敬均读如本字,不必假借为他字。[⑥]

按:龏,读为“宠”。畏,读为“威”,此指天之宠威。敬㬎,读为“警显”。从“余冲人”等用词来看,第六启和乱是成王自儆之辞。[⑦] 这里的“龏(宠)畏

①③ 李守奎:《〈周公之琴舞〉补释》,第19、18页。

② 荆门市博物馆编:《郭店楚墓竹简》,文物出版社,1998年,第157页。

④ 胡敕瑞:《读〈清华大学藏战国竹简(三)札记之三〉》,清华大学出土文献研究与保护中心网,2013年1月7日。

⑤ 黄杰:《再读清华简(三)〈周公之琴舞〉笔记》,简帛网,2013年1月14日。

⑥ 吴雪飞:《清华三〈周公之琴舞〉补释》,简帛网,2013年1月17日。

⑦ 李学勤:《论清华简〈周公之琴舞〉的结构》,《深圳大学学报(人文社会科学版)》2013年第1期,第59页。

（威）才（在）上，敬（警）㬎（显）才（在）下”是成王对先王先祖等神灵的敬畏赞颂之辞，也是“弜（弗）敢巟（忘）才（在）立（位）”的原因。“威”和“显”的主角是先王，而非成王。

【49】於（呜）虐（呼）！弋（式）克亓（其）又（有）辟，甬（用）颂（容）咠（辑）舍（余），甬（用）少（小）心

○整理者：式，句首语助词。克，肩任。有辟，国君。甬，读为“用”。颂，读为“容”。咠，读为“辑”，《尔雅·释诂》：“和也。”

○胡敕瑞：“弋（式）克亓（其）又（有）辟”一句中的“式”，解释为“用”字似乎更好。《尔雅·释言》：“试、式，用也。”“式”作“用”解，古书中也多见。……简 4 另见“用仇其有辟”一句，句式与文意与简 11 的“弋（式）克亓（其）又（有）辟”相似。在“式”的位置上出现的正是“用”，这可算是“式”义同“用”的一个异文证据。①

○黄杰：金文中有如下辞例，克夹绍先王（《集成》2833、2834），克恭保厥辟恭王（《集成》2836），克逑先王（《集成》4331），克辅佑先王（《集成》4342），克逑文王（《集成》6014）。本篇简 4 云“用仇其有辟”。我们怀疑，此处“克其有辟”很可能与上举金文辞例是类似的意思，“克”下可能脱去了“逑（仇）”或“夹绍”等字。“克”是“能够”之意。②

○季旭升：以为此处脱去了“逑（仇）”或“夹绍”等字，补足后这个句子就变成“式克逑其有辟”“式克夹绍其有辟”，全句就变为成王对臣子的要求了。这样理解，与本篇前面的成王自我警勉的篇旨相去较远。本篇从一开始就是成王自我警勉国命不夷、配天不易，因而要效法先祖保持戒慎恐惧之心。篇末突然转而要求臣下，有点奇怪。“辟”，本义为“法”、“效法”，见《逸周书·祭公》“天子自三公上下辟于文武”孔注。在本句可释为“可效法的典范”。“式克其有辟”，意思是：“因此能够有我可效法的典范”。③

○孙飞燕：当断读为“式克其有辟用颂（容），辑余用小心”。“用”是以的

① 胡敕瑞：《读〈清华大学藏战国竹简（三）札记之三〉》，清华大学出土文献研究与保护中心网，2013 年 1 月 7 日。

② 黄杰（“暮四郎”）：简帛论坛《清华简〈周公之琴舞〉初读》跟帖，简帛网，2013 年 3 月 17 日。

③ 季旭升：《〈清华三·周公之琴舞·成王敬毖〉第六篇研究》，第 49 页。

意思。“颂”读容，指仪容、礼容。……还有三个理由：一是第八简“不畀用非颂（容）”，非容，《尚书》中常见“非谋”“非彝”的说法，“非容”这个词语结构与它们相同。第八简说用非容，这里说用容，可以对应，说明在“容”下点断是合适的。二是如果读成“式克其有辟用容辑，余用小心”，“余用小心”就只能是成王在说自己，可是这一小段是成王对群臣的要求，所以“辑”应该属下读，看成是群臣以小心来安定成王。三是“式克其有辟用容，辑余用小心”句式工整，“克其有辟”“辑余”是动宾结构，“用容”“用小心”是状语，比较容易理解。笔者将这首诗之乱翻译为：乱曰：我在位不敢荒怠，敬畏天命，在下敬显。呜呼！以礼容辅佐其君，以小心安定我，这样是顺从文德之人的表现。[①]

〇李守奎：如果是成王劝诫王族臣辅，“颂咠”是动词，意思大概是使我仪容和揖。[②] 颂，容貌之容本字，仪容。《诗・周颂・振鹭》：“我客戾止，亦有斯容。”朱熹集传：“我客来助祭者，其容貌修整。”《礼记・杂记下》：“戚容称其服。”郑玄注：“容，威仪也。”辑，和悦。《诗・大雅・板》：“辞之辑矣，民之洽矣。”郑玄笺：“辞，辞气，谓政教也。王者政教和说，顺于民，则民心合定。”[③]

按：前文“夫明思慙（慎），甬（用）載（仇）亓（其）又（有）辟”，“用”整理者训为“以”，前后构成递进关系。此处“弋克亓（其）又（有）辟”在感叹词“於（呜）虖（呼）”之后，没有递进关系可言，不可训作“用”，“式”可用作表示劝令语气的副词。[④] 克，在这里不是实义的“肩任”“承担”，而是虚化为副词，表示“能够”。前文已经多次分析《周公之琴舞》文本不是完美自洽的，“克”下脱去“逑（仇）”或“夹绍”等字，是有可能的。“式克其有辟”是成王告诫下臣要能逑匹君王。

【50】寺（持）隹（惟）文人之若（若）

〇整理者：寺，读为“持”，保持。若，训“顺”。

〇李守奎：寺，读为持，训为辅助，扶持。[⑤] 寺，读为持，奉侍，指奉侍先祖。因其服在清庙，所以要服侍先祖文人。《荀子・荣辱》：“父子相传，以持王

---

① 孙飞燕：《清华简〈周公之琴舞〉补释》，第115页。

②③ 李守奎：《〈周公之琴舞〉补释》，第18、19页。

④ 裘锡圭：《卜辞“异”字和诗、书里的“式”字》，第221页。

⑤ 李守奎：《〈周公之琴舞〉补释》，第18页。

公。”王念孙《读书杂志·荀子一》：“持，犹奉也。”①

○黄杰：“寺”似当读为“时”，“时惟”是《书》类文献中常见的词。《书·多士》：“时惟天命。”《洛诰》：“乃时惟不永哉。”“时惟文人之若”是一个由“时惟”领起的倒装句，犹言“时惟若文人”，若，动词，原注解为“顺”，可从。②

○季旭升：“容”当释为“宽裕”，《荀子·不苟》：“恭敬谨慎而容。”王念孙《读书杂志·荀子一》：“容之言裕也。言君子敬慎而不局促，绰绰有裕也。”《非十二子篇》“修告导宽容之义”，《韩诗外传》作“宽裕”。“咠”，原考释读为“辑”，释为“和”，可从。“用容辑余”，意思是：“（效法先王的典范）使我宽裕温和。”③

按：《尔雅·释诂》：“若，善也。”简9“恒称其有若”与此处“寺（持）隹（惟）文人之若（若）”文义相似，前引陈剑说法指出“有若”指“若德”。这里的“文人之若”也当指先祖的善德。“寺（持）隹（惟）文人之若（若）”即保持发扬前文人的善德，这是成王自儆之辞。

句解：［成王］六启道：我幼冲之人，于清庙小心服事享孝先王。天命无常，恭敬天命不能慢怠。［成王］乱曰：不敢忘记我在位之身。天之宠威在上，警显于下。呜呼，（你们多士要努力）去匹比君王。要常有（端正的）举止容仪，小心辑和我，持守先文人之德。

八、成王七启

七启曰：思（使）又（有）息，思（使）憙（憙）才（在）上[51]。不（丕）㬎（显）亓（其）又（有）立（位），右帝才（在）茖（落）[52]，不遳（失）隹（惟）同[53]。

【51】思（使）又（有）息，思（使）憙（憙）才（在）上

○整理者：息，《广雅·释诂一》：“安也。”憙，喜乐。思憙在上，意与“喜

---

① 李守奎：《〈周公之琴舞〉补释》，第19页。编按，此说建立在李文另一种断句方案上，断为“余用小心寺，佳惟文人之若”。

② 黄杰：《初读清华简（三）〈周公之琴舞〉笔记》，简帛网，2013年1月5日。

③ 季旭升：《〈清华三·周公之琴舞·成王敬毖〉第六篇研究》，第50页。

侃前文人”类同。

〇李守奎：又，读为有，动词或形容词词头。息，宁静，使宁静。《左传·昭公八年》：“若知君之及此，臣必致死礼以息楚。”杜注：“息，宁静也。”周初未定，故成王期使国家安定。“思喜在上”或即周公所说的“享唯慆兮”，也就是第三章的“懋敷其有悦”。①

〇季旭升：连着下句“丕显其有位，右帝在路”，主语应该都是同一个人，这个人应该是文王、武王，而不应该是成王。文王尚未灭殷，恐难说成使天下安宁；武王虽灭殷，而天下动荡未安，因此成王即位之初经常说“遭家未造”……因此“息”似可释为“滋息、生长”，《易·革·彖传》“水火相息”、《荀子·大略》“有国之君，不息牛羊；错质之臣，不息鸡豚”等句中的“息”字，都是这个意思。当然，《周公之琴舞》属《诗》类文献，诗多夸饰，用类似《孟子》的话赞颂“文王一怒而安天下之民”“武王亦一怒而安天下之民”也未尝不可以。或许我们可以二义合并，释“息”为“孳息、安定”。“有”字做词头用，清华三多见。……“在上”，指“在上者”，即“上帝”，《诗·大雅·大明》“赫赫在上”，《周颂·敬之》“无曰高高在上”，都是这个意思。原考谓“思憙在上”“意与‘喜侃前文人’类同”，似非。本句谓文王、武王使上帝喜乐，而不是成王使“前文人”喜乐。《诗经·大雅·文王》“维此文王，小心翼翼。昭事上帝，聿怀多福。厥德不回，以受方国”，正是此义。②

按：“思”当读为“使”，表劝令语气的副词。“思（使）有息”缺乏丰富语境，阙疑待考。西周早期的天亡簋（《集成》4261）铭文中有“王卒祭于丕显考文王事，喜上帝”③，“喜上帝”与简文“思憙上帝”文意相近。“在上”指在上之上帝。裘锡圭考释天亡簋（大豊簋）时已指出西周钟铭中常见“喜侃”“喜乐”先人之灵的一类话语，例如“用昭格喜侃乐前文人”“用喜侃皇考”，简文这里的“思憙上帝”就是使上帝喜乐一类的意思。

【52】不（丕）㬎（显）亓（其）又（有）立（位），右帝才（在）茖（落）

〇整理者：有位，疑指前文人在帝侧之位。茖，即“落”字，《尔雅·释诂》：

① 李守奎：《〈周公之琴舞〉补释》，第20页。

② 季旭升：《〈清华三·周公之琴舞·成王敬毖〉第七篇研究》，《中国文字》新42期，第3–4页。

③ 释文参考裘锡圭《大豊（礼）簋铭新释》，《中华文史论丛》2023年第2期，第3页。

“始也。”

○李守奎：才，读为在，察。《书·舜典》：“在璇玑玉衡，以齐七政。”孔传：“在，察也。”茖，读为客，指商人为代表的旧王朝之人。[①]

○季旭升：“不显其有立（位）”应该就是指文、武王能“思又（有）息，思憙（意）才在上”，因此能够显赫地“有位”，文王三分天下有其二，武王灭商立周，这就是“有位”。……“右”可以释为“尊崇”，《淮南子·氾论》：“兼爱，尚贤，右鬼，非命，墨子之所立也。”高诱注：“右，犹尊也。”右帝，即尊崇上帝。“才”，《琴舞补释》读为“在”，训为“察”，可从。“茖”读为“路”，指“正道”，《尚书·洪范》：“无有作恶，遵王之路。”孔颖达疏：“动循先王之正道。”“右帝才茖”可释为“尊崇上帝，明察正道”。不用“道”字而用“路”字，或许与押韵有关，“路”属铎部，与“思憙在上”的“上”（阳部字）押韵。[②]

○马楠：“在茖”即《大雅·皇矣》“串夷载路”、《生民》“厥声载路”之“载路”。……“串夷载路”谓道路平整，……“右帝在路”句意与《皇矣》“帝迁明德，串夷载（在）路”相同。《皇矣》“在路”的主语其实就是改德于周的“帝”，行路贯通平易，百姓归往正是“帝迁明德”“天立厥配”的表征。《周公之琴舞》七启谓先考先祖充塞光明，丕显在天，右帝在路，与《皇矣》诗旨也是相互贯通的。[③]

按：茖，读为“落”，可能代指帝之“陟降”这种行为。李守奎前后句译为“祖考在天上光显有位，辅助天帝督查”，其说似可从。右，读为“佑”，有“佐助”之义。

【53】不遳（失）隹（惟）同

○整理者：不遳，读为“不佚”，与三启之“不逸”同义。同，一也。

○李守奎：第三章“欲其文人，不逸监余”是期望前文人们不失对自己的督查，此章是期望先祖考们对异姓诸侯、殷之遗民也加以督查，所以说“不失唯同”。[④]

○单育辰：“不逸惟同”的“同”，就是要与六启之乱中另一人说的“弗敢荒

①④ 李守奎：《〈周公之琴舞〉补释》，第20页。

② 季旭升：《〈清华三·周公之琴舞·成王敬毖〉第七篇研究》，第5页。

③ 马楠：《试说〈周公之琴舞〉“右帝在路”》，《出土文献》第4辑，中西书局，2013年，第94－96页。

在位”的行为“相同”。①

○季旭升：“不失”即“没有差失”，“惟同”是指同于“上帝”“正路”。②

按：“不逸惟同”，文辞过于简略，阙疑待考。

䜌（亂）曰：仡（遹）畬（余）龏（恭）【一二】害（曷）怠（台）[54]？考（孝）敬肥（非）紿（怠）巟（荒）[55]。欿（咨）尔多子，笁（笃）亓（其）緄（勉）卲（劭）[56]。畬（余）彖思念[57]，畏天之载[58]，勿请福之侃（愆）[59]。

【54】仡（遹）畬（余）龏（恭）害（曷）怠（台）

○整理者：龏，读为“恭”。害，训“何”。《周南·葛覃》“害澣害否”，毛传：“害，何也。”怠，即“怠”。句意为恭敬不敢怠慢。

○李守奎：害，疑问代词，相当于“何”。《史记·高祖本纪》：“吾所以有天下者何？项氏之所以失天下者何？”③

○单育辰：此句式与本篇简5：“德元惟何？曰渊亦印。”简14：“良德其如怠（台）？曰享人大☐”句式相当。又《芮良夫毖》简24“咎何其如怠（台）哉！”“怠”亦用作“台”。可参《尚书·梓材》：“厥命曷以？”④

○苏建洲：这种用法的“害”实为“曷”的假借。《说文》“曷，何也。”⑤

○季旭升：“害”“何”“曷”析言有别，统言则无异。读为“何”，只是贴近后世用词。“怠”应依单育辰读“以”，《尚书·梓材》：“厥命曷以？”孔传：“知其教命所施何用。”据此，“何以”即“以何”。“汔余恭害以”可以略为断开为“汔余恭，何以？”，义为：“希望我能恭敬，要怎么做呢？”⑥

按：仡，读为“遹”，句首无义发语词。“遹余恭曷台？”以疑问句引领下文，下文是成王对如何恭敬的回答。“曷台”当读作古汉语常见的复音虚词“何以”，表示问行为所凭借的方式，介宾结构“何以”作“余恭”的状语，用法相当于

①④ 单育辰：《清华三〈诗〉、〈书〉类文献合考》，《清华简研究》第2辑，中西书局，2015年，第228页。

②⑥ 季旭升：《〈清华三·周公之琴舞·成王敬毖〉第七篇研究》，第6、7页。

③ 李守奎：《〈周公之琴舞〉补释》，第20页。

⑤ 苏建洲：《初读清华三〈周公之琴舞〉〈良臣〉札记》，简帛网，2013年1月18日。

“靠什么”。①

【55】考（孝）敬肥（非）紨（怠）巟（荒）

〇整理者：考敬，读为“孝敬”，《左传》文公十八年：“孝敬忠信为吉德。”肥，读为“非”，古“肥”与“非”通。

〇李守奎：紨荒，读为怠荒。《礼记·曲礼上》：“毋侧听，毋噭应，毋淫视，毋怠荒。”郑玄注：“怠荒，放散身体也。”②

〇季旭升：“非”是表“是非”的系词，本句是个叙事句，不是判断句，因此读为“非”字并不合适，应该读为“靡”。肥，符妃切，奉纽微部；靡，文彼切，明纽歌部，二字上古音声纽同属唇音，韵为旁转。《郭店·语丛四》“非言不酬，非德亡復”，刘钊《郭店楚简校释》读为“靡言不酬，靡德无报”，以为即《诗·大雅·抑》的“无言不讎，无德不报”。“靡”有“不”义，《诗·卫风·氓》：“三岁为妇，靡室劳矣。”朱熹《诗集传》：“靡，不。言我三岁为妇，尽心竭力，不以室家之务为劳。”“孜（孝）敬肥（靡）紨（怠）巟（荒）”义即“孝敬而不荒废懈怠”。③

按：“紨（怠）巟（荒）”即“怠荒”。

【56】敹（咨）尔多子，笃（笃）亓（其）䚆（勉）卲（劭）

〇整理者：敹，读为“咨”。《书·尧典》“帝曰：咨，汝羲暨和”，孔传：“咨，嗟。”《大雅·荡》：“文王曰咨，咨汝殷商。”笃，读为“笃”，《尔雅·释诂》：“固也。”䚆，疑读为“谏”。卲，疑读为“劭”，《说文》：“勉也。”

〇黄杰：“谏劭”恐当读为“见昭”。④

〇季旭升：读为“谏”，可从。谏，以正言劝谏。“卲”，原考释读为“劭”释为“勉”，不如读为“诏”，释为“辅助”，《周礼·天官·大宰》：“以八柄诏王，驭群臣。”郑玄注：“诏，告也，助也。”义与“谏”相近，皆劝谏辅助之意。全句谓：啊！众卿大夫们，你们要实实在在地劝谏辅助我。⑤

① 洪成玉编著，张寿康校阅：《古汉语复音虚词和固定结构》，浙江人民出版社，1983年，第56页。
② 李守奎：《〈周公之琴舞〉补释》，第20页。
③⑤ 季旭升：《〈清华三·周公之琴舞·成王敬毖〉第七篇研究》，第7、8页。
④ 黄杰：《初读清华简（三）〈周公之琴舞〉笔记》，简帛网，2013年1月5日。

○吴祺：清华简《祭公之顾命》简18“緍歿”即典籍中的“瞑（眠）眩”。《说文》“蔄”的古文为“緍”，“蔄（緍）”的声符“𦬆”音“眠”，从“免”得声之字与从“民”得声之字均能与从“文”得声之字相通。……简文“緍”当可读为“勉”，训为勉励，与同训为“勉”之“劭”字为同义连文。[①]

按：整理者说法可从。秋，读为“咨”，训为“嗟”，发声词。笁，读为“笃”，亦可训为“厚”。其，表劝令义的副词。“緍”可读为“勉”。卲，可参考整理者读法，读为“劭”，训为“勉”。“緍劭”二字近义词连用。

【57】舍（余）彔思念

○整理者：彔，字见甲骨文，指晚上的某一段时间。字疑读为“逯”，《广韵》：“谨也。”思念，《国语·楚语下》：“吾闻君子唯独居思念前世之崇替者，与哀殡丧，于是有叹，其余则否。”

○李守奎：“彔”字早见于甲骨文，据黄天树研究，表示的时段可能是夜半的一个时称。[②] 彔字本义是晚上的一个时间段，略同于“夕”。“余夕思念”很顺，但文意不古，像是情歌。彔或可读为“逯”，《说文》“逯，行谨逯逯也”。《广韵·烛韵》：“逯，谨也”。[③]

按：彔，当从李守奎说法，视作夜半的时称。清华简《尹至》简1“惟尹自夏徂亳，彔至在汤”，李守奎、郭永秉主张简文的“彔”是表示夜间的时称。[④] 李守奎也认为简文“彔”保留了卜辞常见表示时称的用法。此外，安徽大学藏楚简《诗经》中《墙有茨》“中冓之言”的“中冓”写作“中彔”。“中彔”多见于甲骨卜辞，表示夜半的意思，与《韩诗》和《鲁诗》对“中冓”的说解正相吻合。“彔”从夕彔声，上古音归于来纽屋部，可通于见纽屋部的“冓”。[⑤]

“思念”的对象可能是下文“畏天之载”的“天之载”。简文的“思”“念”可能是并列的两个动词，还不是后世复合词意义上的“思念”，二者皆有“思考”“考虑”义。

---

① 吴祺：《说楚简中的“緍”字》，《南开语言学刊》2024年第1期，第140－142页。

② 李守奎：《清华简〈周公之琴舞〉与周颂》，《文物》2012年第8期，第76页。

③ 李守奎：《〈周公之琴舞〉补释》，第20页。

④ 李守奎：《清华简〈周公之琴舞〉与周颂》，第76页；郭永秉：《清华简〈尹至〉“彔至在汤”解》，《清华简研究》第1辑，中西书局，2012年，第48－51页。

⑤ 黄德宽：《略论新出战国楚简〈诗经〉异文及其价值》，《安徽大学学报（哲学社会科学版）》2018年第3期。

【58】畏天之载

○整理者：畏天之载，《大雅·文王》“上天之载，无声无臭”，毛传：“载，事。”

○胡敕瑞：“畏天之载”亦当解释为“畏天之灾”，与《芮良夫毖》中的“畏天之降载（灾）”一致。①

○季旭升：其实《诗·大雅·文王》“上天之载，无声无臭，仪刑文王，万邦作孚”，郑笺云：“天之道难知也，耳不闻声音，鼻不闻香臭。仪法文王之事，则天下咸信而顺之。”郑笺把“上天之载”释为“天之道”，释“载”为“道”，与白于蓝释“载”为“则”意思一样的，“载”与“则”读音也很接近，通假也没有问题。成王的意思，说得具体一点，可释为“敬畏上天的行事”；说得抽象一点，可释为“敬畏上天的法则”，二说均可通。②

按：联系下文“勿请福之侃（愆）”，这里“畏天之载”之“载”与成王三启的“业业畏载”之“载”一样，可训为“行”。

【59】勿请福之侃（愆）

○整理者：请，《广雅·释言》：“乞也。”侃，读为“愆”，训“过”。

○黄杰：“勿请福之愆”应当是倒装句，即“勿愆请福”，“愆”意为失掉。《左传》昭公二十六年：“王昏不若，用愆厥位。”杜注：“愆，失也。”《玉篇》：“愆，失也。”“请福”似可读为“景福”。“景福”即大福。“勿愆请（景）福”即勿失掉大福。③

○陈伟武：读“侃”为“愆”，训“过”近是，而释“请”为“乞也”似不确，“乞”含主动请求之意，显与文意不合。“勿”用如“不”，“请”指招致，“侃（愆）”义为“失”，全句是说，我日夜思念，敬畏上天之事，不招致福分之失。④

按：“请”，可从整理者意见，训为“乞”。“侃”，读为“愆”，训为“失”。

---

① 胡敕瑞：《读〈清华大学藏战国竹简（三）札记之四〉》，清华大学出土文献研究与保护中心网，2013 年 1 月 7 日。

② 季旭升：《〈清华三·周公之琴舞·成王敬毖〉第七篇研究》，第 12 页。

③ 黄杰：《再读清华简（三）〈周公之琴舞〉笔记》，简帛网，2013 年 1 月 14 日。

④ 陈伟武：《读清华简〈周公之琴舞〉和〈芮良夫毖〉零札》，《清华简研究》第 2 辑，中西书局，2015 年，第 29 页。

《左传·昭公二十六年》“王昏不若，用愆厥位”，杜预注：“愆，失也”。①

句解：［成王］七启道：国家安宁，使先王和神灵喜乐。先王丕显在天帝之侧，佐助天帝临视监督天下。乱曰：我该靠什么做到恭敬？不敢怠荒于对上天的孝和敬。你们这些多士，努力敦厚地向我诫勉。我每夜（也会）关注和敬畏上天的行为，乞使福祚不失。

九、成王八启

八启曰：差（佐）寺（侍）王【十三】，志（聪）明亓（其）又（有）心[60]，不易，畏（威）义（仪）諡₌（蔼蔼）[61]，大亓（其）又（有）慕（谋）[62]，介（匄）睪（泽）寺（恃）悳（德），不畀（俾）甬（用）非颂（容）[63]。

【60】差（佐）寺（侍）王，志（聪）明亓（其）又（有）心

○整理者：差寺，读为“佐事”，辅佐。《左传》昭公七年：“在我先王之左右，以佐事上帝。”《书·皋陶谟》：“天聪明，自我民聪明。”《易》鼎卦《彖传》：“巽而耳目聪明。”

○李守奎：寺，读为“持”，差（佐）寺（持）义同第一章之“弼寺”。其有心当指佐持王之心。②

○黄杰：此句疑当读为“差（嗟）！寺（时）王志（聪）明。时，此也。”③

○季旭升：先秦典籍中“嗟”字作赞颂义使用的非常少，……相反的，“嗟”往往被认为是不是很礼貌的呼唤声……以这样的一个词来表达周公对成王的颂美，似乎不是很恰当。此外，赞颂自己的君王，而称之为“时（此）王”，似乎也未见其例。

据此，“差”字原考释读为“佐”，应可从。……《补释》改读为“持”，以为“义同第一章之‘弼寺’”。案：“佐持”即辅佐、扶持。……如果本篇是成王

① 杜预注：《春秋左传集解》，上海古籍出版社，1977 年，第 1541 页。

② 李守奎：《〈周公之琴舞〉补释》，第 21 页。

③ 黄杰：《初读清华简（三）〈周公之琴舞〉笔记》，简帛网，2013 年 1 月 5 日。

所作，要求臣下用心辅佐，让自己聪明，似乎不是很好的要求。我们主张本篇是成王赞美周公，则成王赞美周公“聪明”，似无不可。周公辅佐武王灭商，又摄政多年，辅佐成王即位，制礼作乐，成王赞美他“聪明”，应该是当之无愧。下文“大其有谟”一句，也是成王美周公，才足以当之。①

○杨鹏桦：全篇未见直接颂扬时王之辞，八启恐怕不会以“嗟！时王聪明，其有心不易”开头。故“差寺”仍应连读，解为辅佐。然而整理者自此而下断读为“差（佐）寺（事）王聪明，其有心不易”，李先生将其译为“你们要佐助王视聪目明，尽力辅佐之心永不改变”，则仍有可商。一则“差（佐）寺（侍）王”句意已足，二则“聪明”难言佐助，李先生所谓“佐助王”与“视聪目明”之间，似当加入“做到”或“保持”才能疏通。窃疑“聪明”当与“其有心”连读。金文多见“聪”“明”与“心”连用之例：

余虽末小子，余非敢宁荒。有虔不惕（易），佐佑楚王……既忎（聪）于心，诞中厥德。（蔡侯纽钟，《集成》211）

穆穆朕文祖师华父忎（聪）𦔻厥心，宖静于猷，淑哲厥德，肆克恭保厥辟恭王。（大克鼎，《集成》2836）

丕显高祖、亚祖、文考，克明厥心，疋尹余典厥威仪，用辟先王。（瘐钟，《集成》247）

余夙夕虔敬朕祀，以受多福，克明厥心，盭和胤士，咸畜左右。（秦公钟，《集成》262）

铭文言“聪于心”“明厥心”，都是表述在下者对在上者（王、先祖等）的辅佐与虔敬之心时所用，与“佐待王，聪明其有心”的语境颇为接近，蔡侯纽钟先言“左右楚王”，再言“聪于心”，更为相似。于省吾先生谓“‘悤’之通诂训‘明’、训‘悟’”，并释“聪于心”为“聪悟于心”。然则“聪明其有心”意为使

① 季旭升：《〈清华三·周公之琴舞·成王敬毖〉第八篇研究》，《台北大学中文学报》2015 年第 18 期，第 17－18 页。

其心怀聪悟、明通。[①]

〇宁镇疆：“寺”读为“时”，理解为近指代词“是”，类似的辞例在清华简“书”类文献中是很多的，试看下面的例子：

> 其在寺（时）后王之享国，肆祀三后，永叙在服。（清华简《厚父》）
> 古天氐降下民，作寺（时）后王君公。（清华简《成人》）
> 惟寺（时）太戊盖曰……（清华简《说命下》）
> 惟寺（时）皇上帝宅其心，享其明德。（清华简《祭公》）

《厚父》的“寺（时）后王”实即“是后王”，如把《周公之琴舞》之“寺王聪明”之“寺王”理解为“是王”，它们在辞例上高度一致：都是在“王”前面用近指代词“是”。《成人》的“寺（时）”也当理解为近指代词“是”，指代后面的“后、王、君、公”，与《周公之琴舞》的“寺（时）王”相类。《说命下》与《祭公》则是用“惟+寺”的构词方式，“寺”也应该理解为近指代词“是”。而且，《说命下》“惟寺（时）”后面的“太戊”同样是王。……

真正支持“差”与“寺”应该断读，特别是“差”当读为“嗟”，“寺”当理解为近指代词“是”，是它簋盖铭文的证据。……“戲（嗟）！吾考克渊克，乃沈子其顀怀多公能福。”这句是器主“它”称颂其“考”，并说自己将永念诸位先公的福佑。句首的“戲”，金文中极为常见，既可作连词“且”，也可读“嗟叹”之“嗟”。……其称颂父考的“渊克”又与“聪明”词义相近，则《周公之琴舞》八启开头的表述无疑与它簋盖铭文非常接近，我们试比较两文的表述：

> 戲（嗟）！吾考克渊克……（它簋盖）
> 差（嗟）！寺（时）王聪明，其有心不易。（《周公之琴舞》）

两处语气词的位置，以及称颂“王”或“考”之心智“渊克”或“聪明”的

① 杨鹏桦：《清华简（叁）断读献疑三则》，《简帛研究》（2015秋冬卷），广西师范大学出版社，2015年，第29－30页。

表述均惊人一致。……

"差"当读为"嗟"，且应与"寺"断读，而"寺"理解为近指代词"是"都是非常合适的。《周公之琴舞》"寺（时）王"也是该句的主语，而他也是"聪明"的。……《周公之琴舞》的"寺王聪明"和《大雅·皇矣》的"维此王季，因心则友"都是正面称颂王，而且都用了"指代词+王"这样的主语结构。……将此句释读为"嗟！寺（时）王聪明，其有心不易"，口吻显然有颠覆性变化。最明显的，我们可以看出它不会是成王的口吻，否则的话，成王说自己"寺（时）王聪明"，这是很不合理的。如若是成王的口吻，按照周人一贯的辞令文风，他应该像今本《敬之》那样说"维予小子不聪"，而不应该自己说自己"聪明"。然则，这是谁的口吻呢？我们认为是周公等臣工。①

按：杨鹏桦说法最具参考价值，蔡侯纽钟铭文足以说明"聪明其有心"应当连读。差寺，读为"佐侍"，有辅佐、侍奉义。倘若读为"嗟，是王聪明"，指示词"是"起"回指"作用时，需要前面相邻句子中已经有先行词。② 但是"七乱"出自成王口吻，"八启"口吻则是周公，言语的主体已经发生变化，突然出现的"是"缺乏前文对指代对象的铺垫。因此，"嗟，是王聪明"的读法难以成立。

【61】不易，畏（威）义（仪）譩₌（藹藹）

○整理者：蔡侯申钟（《集成》210）："有虔不易。"威仪譩譩，秦公钟（《集成》262）："䔲䔲允义，翼受明德。"

○李守奎：畏义譩譩，义同"威仪抑抑"。《诗·大雅·假乐》："威仪抑抑，德音秩秩。"毛传："抑抑，美也。"③

○黄甜甜："威仪"一词《诗经》、金文多见，裘锡圭先生曾指出"古代所谓威仪也就是礼容"。他举《礼记·中庸》有"礼仪三百，威仪三千"。《礼记正义》云："所以三千者，其履行周礼之别，其事委曲，条数繁广，故有三千也""䔲䔲"也见于秦公镈，其文曰"䔲䔲文武，镇静不廷"。孙诒让指出"譩"乃"趨"字异体，于省吾从之，并读为"藹"。《大雅·卷阿》有"藹藹王多吉士"，毛传：

① 宁镇疆：《由它簋盖铭文说清华简〈周公之琴舞〉"差寺王聪明"句的解读——兼申"成王作"中确有非成王语气〈诗〉》，《出土文献》2020年第4期，第55－61页。

② 梁银峰：《汉语史指示词的功能和语法化》，上海教育出版社，2018年，第83－84页。

③ 李守奎：《〈周公之琴舞〉补释》，第21页。

蔼蔼，犹济济也。《大雅·文王》“济济多士”，毛传：“济济，多威仪也。”《尔雅·释训》：“蔼蔼、济济，止也。”孙炎注曰：“济济，多士之容止也。”据此，于先生认为“蔼蔼”与“济济”义近，皆形容文武多士容止之盛。于先生的说法完全可以放入简文中，读“譅”为“蔼”。我们参考裘、于二先生的看法，畏（威）义（仪）譅＝（蔼蔼），即是形容王臣礼容之多盛。①

〇王辉：《周公之琴舞》后八篇诗名义上是成王所作，成王说这些有蔼蔼威仪之贤士“佐事王聪明”……“趚趚”读为“蔼蔼”，出土文献最早的例子已到春秋早期。传世文献最早的例子为《大雅》之《文王》《卷阿》。②

〇陈伟武：“譅譅”读为“抑抑”“蔼蔼”或“趩趩”，均未达一间。实当读为“业业”。同篇简5—6“三启”有“㦩＝（業）畏载（忌），不易畏（威）义（仪）”之语，“業業”指“危也”。《大雅·常武》：“赫赫業業，有严天子。”朱熹集传：“業業，大也。”《广雅·释训》：“業業，盛也。”“大”之与“盛”，义实相涵。“譅”从盍得声，“盍”从“去”声，属叶部字。战国文字“業”亦可从“去”声。③

〇杨鹏桦：“譅譅”有两种可能的连读法：或者依旧连上读“不易威仪譅譅”，“譅譅”如陈伟武解为盛大，引申为盛美，“不易威仪譅譅”犹“不易譅譅威仪”（前引《大雅·假乐》有“威仪抑抑”，《抑》则有“抑抑威仪”），即不轻慢（虔敬）盛美的威仪；或者连下读“譅譅大其有谟”，“譅譅”与“大”同义，句义为使其谋猷广大。考虑到传世文献及金文均有与“威仪××”相同或相类的句式，除整理者所引“嗑嗑允义（仪）”和李守奎所引“威仪抑抑”之外，还有《邶风·柏舟》“威仪棣棣”、蔡侯尊（《集成》6010）“威仪游游”等，而“譅譅”加诸下句句首稍显不类，因此笔者倾向于前一种读法。④

〇苏建洲：之所以会有这种读法，可能跟“盍”在楚简中有与“曷”“害”

① 黄甜甜：《〈周公之琴舞〉札记三则》，孔子2000网，2013年1月5日。

② 王辉：《一粟居读简记（五、六）》，《秦始皇帝陵博物院》，2014年，第199页。

③ 陈伟武：《读清华简〈周公之琴舞〉和〈芮良夫毖〉零札》，第29页。

④ 杨鹏桦：《清华简（叁）断读献疑三则》，第31页。文中提到陈斯鹏认为：“不易”也不排除独用的可能，即断为：“差寺王，聪明其有心，不易。威仪譅譅，大其有谟。”杨文认为此说可参。前举蔡侯钮钟“有虔不惕（易），佐佑楚王”，叔尸镈“虔恤不惕（易），佐佑余一人”及蔡侯盘“𢽍敬不惕（易），肇佐天子”等，“有虔”“虔恤”“𢽍敬”均与“不易”构成义近叠用，单用“不易”亦有可能。

相通的例证有关，如《郭店·穷达以时》剑3“皋陶衣胎（枲）蓋（褐）”；《包山》268“一纺害，丹黄之里”、《望山》二号墓简12“一紫箬，赭黸之里”，其中“害”与“箬”李家浩先生读为车蓋之“蓋”。……“蓋”是去声，故有 * -ps > * -ts 这样的变化，也才能跟“害”相通，二者本不是同一平面的语音现象。但“盍”并没有这样的音变条件，因此不能类推出“盍”与“害”相通。事实证明楚简中“盍”多与叶谈缉部字相通，……“何不/曷不”合音的“盍”从没有变作月部，所以“盍”不可能用“害”“曷”字表示。所以将“盍”及从“盍”声之字读为“藹”是值得怀疑的。……“威仪譪譪”当读为“威仪晔晔”。“晔”是匣纽叶部，与“盍”双声叠韵。《改并四声篇海·日部》引《龙龛手鉴》云：“‘曗’同‘晔’”，也可见“晔”与“業”声音相近。“晔”与表示盛大的“業”当是同源词。[①]

按：“譪譪”可参考于省吾对“藍藍”的读法，读为“藹”。《尔雅·释训》：“藹藹、济济，止也。”郭璞注：“皆贤士盛多之容止。”“威仪譪譪”即形容多士容仪的庄盛。苏建洲读为“晔晔”，音理虽可通，目前未见文献中二者相通的用例。

杨鹏桦和陈斯鹏说法有理，“有虔”“虔恤”“斆敬”均与“不易”构成义近叠用，在此处可以独立断开。“不易”即不慢易、不轻慢。

【62】大亓（其）又（有）慕（谋）

○整理者：慕，读为“谟”，谋略。

○季旭升：“其”，古人称为状事之词，放在形容词的后面，如“凄其以风”“烂其盈门”“温其如玉”“宛其死矣”，相当于形容词的词尾。“大其有谟”意思是：大大地有治国的谋略。成王即位之初，够资格被赞颂“大其有谟”的人，应该就是周公了。《补释》谓“宏大你们的谋略”，为成王对臣下的期许，能够当得起这样期许的人恐怕不多。[②]

○杨鹏桦：此段宜断读为：“佐侍王，聪明其有心，不易威义譪譪，大其有

① 苏建洲：《清华简〈四告〉考释三则——“夒”“盍”“到”》，《中国文字》2022年夏季号，艺文印书馆，第100－102页。

② 季旭升：《〈清华三·周公之琴舞·成王敬毖〉第八篇研究》，第20页。

谟。”意谓众臣当辅佐侍奉君王，使其心怀通明，虔敬盛美之威仪，使其谋猷广大。[①]

〇孙飞燕：笔者提出另一种读法：佐持王聪，明其有心，不易威仪，謐謐大其有谟。这样断读的依据是：首先，“聪”和“明”可以分开，如《尚书·尧典》：“月正元日，舜格于文祖。询于四岳，辟四门，明四目，达四聪。”……其次，“明心”的说法常见，指修明内心。如师询簋（《集成》4342）：“敬明乃心。”师望鼎（《集成》2812）：“丕显皇考宄公，穆穆克明厥心。”第三，“其有心”和“其有谟”相对，“大其有谟”和“明其有心”正好也可以相对。第四，在第三首诗中也有“不易威仪”的诗句，可以与此对读。第五，“謐謐”修饰“大其有谟”，是可以理解的，例如第三首诗的“业业畏载”，“业业”修饰“畏载”。[②]

按：“慕”可读为“谋”，“慕”从“莫”得声，古“莫”与“谋”多相通。[③]“大亓（其）又（有）慕（谋）”，期望多士有大谋猷，类似于《尚书·君陈》“尔有嘉谋嘉猷”。

【63】介（匄）睪（泽）寺（恃）悳（德），不畀（俾）甬（用）非颂（容）

〇整理者：介，读为“匄”，祈求。《豳风·七月》“为此春酒，以介眉寿”，林义光《诗经通解》读“介”为“匄”。睪，疑读为“泽”，《书·多士》：“殷王亦罔敢失帝，罔不配天其泽。”寺，读为“恃”。句意为祈求上天之恩泽，依凭有德。畀，赐予。“不畀”又见《书》“多士”“多方”等，皆指天、帝而言。颂，读为“雍”，训“常”。此句言如不守常，则天不畀之。

〇李守奎：介，佐助。《诗·豳风·七月》：“为此春酒，以介眉寿。”郑玄笺：“介，助也。”睪读为怿，悦。……（后句译为）“不降福任用那些没有威仪之容的人”。[④]

〇胡敕瑞：“介泽恃德”中的“介”，……而当作“因依”“怙恃”解。“介”作因、恃解的例子，如《左传·文公六年》：“介人之宠，非勇也。”杜预注：“介，因也。”《汉书·南粤传》：“欲介使者权谋，诛嘉等。”颜师古注：“介，恃

① 杨鹏桦：《清华简（叁）断读献疑三则》，第31－32页。
② 孙飞燕：《清华简〈周公之琴舞〉补释》，第116页。
③ 张儒、刘毓庆：《汉字通用声素研究》，第10页。
④ 李守奎：《〈周公之琴舞〉补释》，第21－22页。

也。”……《周公之琴舞》中的“介泽恃德”，互文见义，意谓依仗（祖宗的）恩泽德惠。……“颂”读如“功”或“庸”。这段话也是成王的警戒之言。大意是说，依仗祖宗恩泽德惠的人，将不予任用，因为不是他们自身的功庸勋劳。①

〇季旭升：“介睪寺悳”句，胡敕瑞解得很好，意为“仰仗他的德泽”，这是一句感恩的话，能让成王仰仗德泽的人，应该就是周公了。②

〇黄杰：“颂”似当读为“容”，这是楚简的一般用法。“容”指容仪。③

按：“介”与“寺”并列，都是动词，不能作介词。“介”当从整理者读为“匄”，“睪”读为“泽”。“寺”亦可读为“持”，古书有“持”“德”搭配的用例，如《庄子·庚桑楚》：“外、内韄者，道德不能持，而况放道而行者乎。”

畀，当读为“俾”，使也。④ 参考前文简11“甬（用）颂（容）咠（辑）舍（余）”，简文这里的“颂”当读为“容”，指的是礼容。“非颂（容）”指代那些不合礼仪的“非颂（容）”之人。“不畀甬（用）非颂（容）”是周公希望多士们不要使成王任用“非颂（容）”之人。

𤔲（乱）曰：良悳（德）亓（其）女（如）𣉻（台）【64】？曰亯（享）人大【十四】……【65】罔克甬（用）之，是𩑦（坠）于若（若）【66】。

【64】良悳（德）亓（其）女（如）𣉻（台）

〇整理者：女𣉻，读为“如台”，多见于《商书》，《史记》训为“奈何”。

〇李守奎：“如台”一词，先秦经籍中仅见于商书，汉代人解为“奈何”。清华简中已见于《尹至》。《尹至》叙述商事，与商书类似，与《书》合。《琴舞》第九章之乱曰：“良悳亓女𣉻?”“女𣉻”2字写法与《尹至》完全相同，显然应该读为“如台”。⑤

---

① 胡敕瑞：《读〈清华大学藏战国竹简（三）札记之二〉》，清华大学出土文献研究与保护中心网，2013年1月5日。

② 季旭升：《〈清华三·周公之琴舞·成王敬毖〉第八篇研究》，第22页。

③ 黄杰：《初读清华简（三）〈周公之琴舞〉笔记》，简帛网，2013年1月5日。

④ 张世超、孙凌安、李国泰等编：《金文形义通解》，京都：中文出版社，1996年，第1085页。

⑤ 李守奎：《清华简〈周公之琴舞〉与周颂》，《文物》2012年第8期，第76页。

〇季旭升：如台，原考释引旧说，释为“奈何”。先秦典籍“奈何”有“如何”与“无可如何”两种解释。……本篇“良德其如台”当依此，释为“良德如何”，意谓：“（周公等重臣的）良德是什么呢？”[①]

按：“良德其如㠯（台）”与第七启“遹余恭曷㠯（台）”句式相同，皆疑问句。“如台”，相当于“该怎么办”。[②]“德”疑似还是指族群的共同规范，而不是后世伦理意义上的“德”。

【65】曰亯（享）人大……

〇整理者：简文此处约缺去十四至十五字。

【66】罔克甬（用）之，是𨜒（坠）于若（若）

〇整理者：甬，读为“用”，疑句意为若不具良德，则不可用之。若，训“善”。《书·立政》：“我其克灼知厥若。”不具良德，故有失于善。

〇李守奎：第八章内容与第六章密切呼应。第六章结尾处说“甬（用）颂旨余，甬（用）小心寺（事），隹文人之若（若）”，此处的“罔克甬（用）”，则“𨜒于若”。第六章乱部分是从正面说应当怎么做，第八章是从反面说。之，指所说之“良德”。[③]

〇季旭升：“是坠于若”就应该是“罔克用周公”的结果。“是”，表因果关系的连词，相当于“则”“因而”。“𨜒”似可考虑读为“绝”，“𨜒”既对应《郭店·老子甲》简27的“锐”，因此把“𨜒”读为与“锐”音读相近的“绝”，应该是合理的。锐，上古音属定母月部；绝，属从母月部，二字声近韵同（定从相通之例，如“𧑙”，《说文》大徐音徒叶切，“徒”在“定”母；字从“疌”声，“疌”，《说文》大徐音疾叶切，“疾”在“从”母），应可通假。“是绝于若”，意思是：（如果不能重用周公，）那就会自绝于国家的安顺之境。[④]

按：参考前文文例，这里的“若”仍当训为“善”。此条乱曰文辞有缺失，文义难定。

句解：［周公］八启道：（你们要）辅佐侍奉成王，使王耳聪目明，要庄敬不轻慢，（保持）威仪庄盛，使其谋猷广大，能求得和依凭上天赋予之德，不使王任

---

①④ 季旭升：《〈清华三·周公之琴舞·成王敬毖〉第八篇研究》，第23、25页。

② 洪成玉编著，张寿康校阅：《古汉语复音虚词和固定结构》，第115页。

③ 李守奎：《〈周公之琴舞〉补释》，第21页。

用不尊礼之人。乱曰：（保持）良德，该怎么办呢？（应该）孝享……不用……将使德坠失。

十、成王九启

九启曰：於（呜）虗（呼）！弻（弼）敢巟（荒）悳₌（德，德）【十五】非〈墼〉（懈）帀，纯隹（惟）敬帀，文非敕（懈）帀[67]，不氦（坠）卣（修）彦（彦）[68]。

【67】弻（弼）敢巟（荒）悳₌（德，德）非〈墼〉（懈）帀，纯隹（惟）敬帀，文非敕（懈）帀

○整理者：弼敢，读为“弗敢”。《左传》文公十八年：“弗敢失队。”荒德，废德。《书·盘庚中》“明听朕言，无荒失朕命”，孔传：“荒，废。”陲当是“堕”字异体，读为“惰”。《左传》襄公二十年“惰而多涕”，杜预注：“惰，不敬也。”帀，语气词。纯，训“善”。《周颂·维天之命》：“于乎不显，文王之德之纯。”《史记·汉兴以来诸侯年表》“非德不纯，形势弱也”，索隐：“纯，善也。”文，德之总名也。《荀子·不苟》“夫是之谓至文”，杨倞注：“言德备。”敕，读为“动”，变化。“文非动帀”与元内启之“文非易帀”文意相通。

○黄杰：似当释为“毄”。①

○苏建洲：原字形“[字形]”下部左旁下部似土非土，如果是土旁，则是“墼”。“毄”可读为“懈”，春秋郑与兵壶“不墼春秋岁尝”，魏宜辉读为“不懈于春秋岁尝”，正确可从。简文“文非懈帀”与前文“德非惰帀”句式相同，懈、惰意思相近，皆同前面所说“弗敢荒德”。②

按：“[字形]”可从苏建洲释为“墼”，读为“懈”。“文非懈帀”与前文“文非易帀”文义相似，“文”或者解释为文德，或者是后人用“文”替换了“德”。

【68】不氦（坠）卣（修）彦（彦）

○整理者：卣，读为“修”，训“善”，与“彦”义近。《书·立政》：“惟成

① 黄杰：《初读清华简（三）〈周公之琴舞〉笔记》，简帛网，2013年1月5日。
② 苏建洲：《初读清华三〈周公之琴舞〉〈良臣〉札记》，简帛网，2013年1月18日。

德之彦，以乂我受民。”《尔雅·释训》：“美士为彦。”《郑风·羔裘》“彼其之子，邦之彦兮”，毛传：“彦，士之美称。”不坠修彦，即不失善美之人。

○李守奎：卣，读为修，亦作脩。《离骚》：“恐脩名之不立。”産，与“产”字结构相同，疑为“颜”字异体。《诗·郑风·有女同车》：“有女同车，颜如舜华。”简文中读为彦，美。《书·立政》：“自一话一言，我则末惟成德之彦，以乂我受民。”孔疏：“彦训为美。”①

按：“修彦”可能与前文多次提及的“威仪”有关，特别是与礼容相关。

䜌（亂）曰：讫（其）我敬之，弗亓（其）𩒠（坠）羙（哉）。思丰亓（其）退（复），隹（惟）福思【十六】甬（用）[69]，黄句（耇）隹（惟）程（盈）[70]。【十七】

【69】讫（其）我敬之，弗亓（其）𩒠（坠）羙（哉）。思丰亓（其）退（复），隹（惟）福思甬（用）

○整理者：“遹我敬之，弗其坠哉”，可参看《书·金縢》：“无坠天之降宝命，我先王亦永有依归。”复，《左传》定公四年注：“报也。”一说义为庇护。《小雅·蓼莪》“顾我复我，出入腹我”，高亨云：“复借为覆，庇护之意。”句意是丰大其庇护。“惟”“思”皆语词。用，疑读为“庸”，训“大”。

○李守奎：疑或可读为融，长远。……《诗·大雅·既醉》：“昭明有融，高朗令终。”毛传：“融，长。”②

○黄杰：“甬”似当读为“用”，这也是本篇之“甬”字的一般用法。原注认为“惟”“思”皆语词，按照这种理解，“惟福思用”即“惟福用”，亦即“用福”。《鬼谷子·决篇》：“善其用福，恶其有患。”③

按：“讫”可从陈致意见读为“其”，“讫我”是“我（讫）其”的倒装。“讫（其）我××”的说法在前文简3已经出现过，当是成王口吻。“思丰其复”的“思”，表劝令义的副词。“复”，可参考高亨说法，有庇护义。“思丰其复”言希望上天和祖先给予的庇护丰厚。隹（惟），句首语气虚词。“思”，表“思考”

①② 李守奎：《〈周公之琴舞〉补释》，第22页。

③ 黄杰：《再读清华简（三）〈周公之琴舞〉笔记》，简帛网，2013年1月14日。

“思虑”义。西周金文有“用鲁”的说法，鲁，金文中常训作“福”。有学者主张这类“用”可训为“取”。[①] 简文“甬”可能就是用作“用”。“惟福思用”句式倒装，即言“思考求福、取福”。

【70】黄句（耇）隹（惟）程（盈）

○整理者：程，读为“盈”。《召南·鹊巢》毛传：“满也。”

○黄杰：“程”当读如本字，《诗·小雅·小旻》“哀哉为犹，匪先民是程，匪大犹是经”，“程”意为效法。此处可将“惟”解作“为、是”（《史记·夏本纪》“荆、河惟豫州”），“程”看作名词，解为所效法之人，亦即法度。[②]

○孙飞燕：笔者将这句话断读为“思丰其复惟福，思用黄耇惟盈”，两句话句式非常整齐。两个“思”字都是句首无义助词。……丰其复，整理者所说的“丰大上天的庇护”可从。惟，笔者认为是连词，意为和。例如《尚书·禹贡》：“厥贡羽毛齿革惟金三品。”简文这句话是说丰富上天的庇护和福禄。……黄耇在文献中一般有两种用法，一种指的是长寿，如《诗经·小雅·南山有台》：“乐只君子，遐不黄耇?”……一种指有才德的老年人，……《周公之琴舞》记载的是“儆毖”之诗，通篇讲的是对自己或者对大臣的儆戒，所以与求福关系不大，更有可能的是讲任用老成人。惟，训为思。……盈，《诗经·齐风·鸡鸣》：“鸡既鸣矣，朝既盈矣。”程俊英解释为：“盈，满，指上朝的人都到齐了。”简文这句话是说任用老成人，要考虑充满朝堂，不能落下一人。[③]

按：“句”，从整理者读为“耇”。“程”，读为“盈”。楚简中“呈”声字多借为“盈”。[④] 此处“盈”或者训为“长”。《文选·张衡〈东京赋〉》“不缩不盈”，薛综注：“盈，长也。”[⑤]

《小雅·南山有台》“遐不黄耇”，毛传：“黄，黄发也。耇，老。”《仪礼·士冠礼》“黄耇无疆”，郑玄注：“寿征也。”西周中晚期金文作器用途寿考类铭辞中亦多见“黄耇”一词[⑥]，如史强盘铭文末尾“怀福禄、黄耇、弥生，堪事厥辟，其

---

① 陈英杰：《西周金文作器用途铭辞研究》，线装书局，2008年，第434页。

② 黄杰：《再读清华简（三）〈周公之琴舞〉笔记》，简帛网，2013年1月14日。

③ 孙飞燕：《清华简〈周公之琴舞〉补释》，第116－117页。

④ 白于蓝：《简牍帛书通假字字典》，福建人民出版社，2008年，第284页。

⑤ 萧统编，李善等注：《六臣注文选》卷3，《四部丛刊》景宋本。

⑥ 此类铭辞的专门研究可参陈英杰《西周金文作器用途铭辞研究》，第393－395页。

万年永保用”（《集成》10175）[①]。从《周公之琴舞》全文文意看，除了儆毖内容外，也多在祈求国祚、福禄的长久。“黄句（耇）隹（惟）程（盈）”则是对长寿的祈求。

句解：［成王］九启道：呜呼！不敢使德性荒怠。德不能惰。应当崇敬纯德。文德不可懈怠。礼容不可有失。乱曰：我将敬畏之，不可堕失。使（上天和先祖给予的）庇护丰厚，思考求福（之事），（祈求）长寿。

① 此段铭文的详细研究可参于省吾《墙盘铭文十二解》，尹盛平主编《西周微氏家族青铜器群研究》，文物出版社，1992年，第298－301页。

第三章 《芮良夫毖》集解

一、《芮良夫毖》本事

周邦聚（骤）又（有）禍（祸）[1]。寇（寇）戎方晋[2]，氒（厥）辟、戠（御）事各縈（营）亓（其）身[3]，恖（亟）静（争）于䆴（富），莫紿（治）庶戁（难）[4]，莫恤【一】邦之不盜（宁）[5]。

【1】周邦聚（骤）又（有）禍（祸）

〇整理者：周邦，见于《尚书》和西周金文。《周书·大诰》：“矧今天降戾于周邦。”大克鼎（《集成》2836）：“天子其万年无疆，保辥周邦，畯尹四方。”指周王朝。“聚”通“骤”。“禍”与“祸”音义相同，是楚文字通行的写法。①

〇苏建洲：“骤”，数也、屡次。《左传·文公十四年》：“公子商人骤施于国。”杜预注：“骤，数也。”《史记·齐太公世家》：“田成子惮之，骤顾于朝。”裴骃《集解》引杜预曰：“心不安，故数顾于朝。”②

按：《广雅·释诂》：“骤，数也。”简文这里用作表频率的副词。

---

① 清华大学出土文献研究与保护中心编，李学勤主编：《清华大学藏战国竹简（三）》，中西书局，2012 年，第 147 页。本书对《芮良夫毖》整理者注释皆源自该书，后文不再一一出注。

② 苏建洲：《〈清华三·芮良夫毖〉研读札记》，《中国文字》新 40 期，艺文印书馆，2014 年，第 41 页。此文部分观点初见于简帛网简帛论坛“清华简《芮良夫毖》初读”版块。

【2】寇（寇）戎方晋

〇整理者：寇，“寇”之异体。寇戎，谓来犯之戎。《逸周书·时训》：“鹰不化鸠，寇戎数起。”……晋，进长。《易》晋卦《彖传》：“晋，进也。明出地上，顺而丽乎大明，柔进而上行。”《后汉书·西羌传》：“厉王无道，戎狄寇掠，乃入犬丘，杀秦仲之族，王命伐戎，不克。”

〇李学勤：当时的寇患，见于传世文献的只有《后汉书·东夷列传》的“厉王无道，淮夷入寇，王命虢仲征之，不克”，寥寥数语，不足以显示灾难的严重程度。好在近年青铜器铭文的发现和研究，已经将厉王时夷人入侵的过程大致揭露出来。据厉王所作的宗周钟（即㝬钟）及有关的其他铭文，厉王因南方蛮夷作乱，曾自成周出发征讨，所伐有南淮夷英、桐、潏、角、津等国，取得胜利，归途路经在今湖北北部的鄂国，鄂侯还曾“纳醴于王”，谁想不久鄂侯竟然反叛，率夷人入侵，深入周朝腹地。厉王命六师攻伐鄂国，经过一段曲折才得成功。尽管铭文使用不少可能是溢美之词，厉王国事的艰难还是显然易见的，芮良夫对此极度忧虑，是必然的事。[①]

〇赵平安：“寇戎方晋”是指周边少数民族频繁进犯。《古本竹书纪年》：“厉王无道，戎狄寇掠，乃入犬丘，杀秦仲之族。王命伐戎，不克。”《今本竹书纪年》：“三年，淮夷侵洛，王命虢公长父征之，不克。十一年，西戎入于犬邱。”《帝王世纪》：“自厉王失政，猃狁荆蛮，交侵中国，官政隳废，百姓离散。”[②]

〇单育辰：“晋”可读为“臻”。[③]

〇王瑜桢：“方”当训为大，或读为“旁”，《广雅·释诂》：“方，大也。”《墨子·天志上》“方施天下”孙诒让《间诂》：“方、旁古通。《说文·上部》云：‘旁，溥也’。方施，言施溥遍于天下。”“方臻”是指贼寇、战事广泛迫至之意。[④]

〇苏建洲：方，普也、遍也、大也。……厉王时期的多友鼎（《集成》2835）铭文云：“唯十月，用猃狁方兴，广伐京师，告追于王，命武公：‘遣乃元士，羞追于京师。’武公命多友率公车，羞追于京师。”李学勤先生指出：“‘方兴’，见

---

① 李学勤：《新整理清华简六种概述》，《文物》2012 年第 8 期，第 68 页。

② 赵平安：《〈芮良夫讼〉初读》，《文物》2012 年第 8 期，第 77 页。

③ 单育辰（“ee”）：简帛论坛“清华简《芮良夫毖》初读”版块，简帛网，2013 年 1 月 13 日。

④ 王瑜桢：《〈清华大学藏战国竹简（叁）·芮良夫毖〉释读》，《出土文献》第 6 辑，中西书局，2015 年，第 184 页。

《尚书·微子》:‘小民方兴’‘方兴沈酗于酒’,或作‘并兴’,见《尚书·费誓》‘徂兹淮夷,徐戎并兴’,《尚书序》‘徐夷并兴’。杨筠如《尚书覈诂》解释‘方兴’说:‘方与旁同,《说文》:旁,溥也。兴,《释言》:‘起也。’所以‘玁狁方兴’意即玁狁大起。”铭文的“方”与简文用法相同。①

按:“方”,可训为“大”。“晋”可读为“臻”,训为“至”。②

【3】氒(厥)辟、戠(御)事各縈(营)亓(其)身

○整理者:厥辟,见于墙盘、师訇簋、虢叔旅钟、逐钟等,“在叙述或对话中处于第三身语境”(参陈英杰《谈金文中“辟”字的意义》),意为“其主”,这里指周厉王。“戠”为“御”之异体。御事见于《书》“牧誓”“大诰”“酒诰”“梓材”“召诰”“洛诰”“顾命”等篇,孔传:“诸御治事者。”孙星衍疏:“主事者。”此处当指荣夷公之辈。縈,读作“营”。《公羊传》庄公二十五年“以朱丝营社”,陆德明《释文》:“本亦作縈,同。”《孟子·梁惠王上》“经之营之”,朱熹注:“营,谋为也。”简文是指周厉王和他的执政卿士专利。

○赵平安:指周厉王和他的执政卿士独占山泽之利。③

○陈剑:此诗的“厥辟”当指“御事”的上一级贵族主,而非周厉王。④

○高中华、姚小鸥:“厥辟”,指邦君诸侯。或谓“厥辟”指“厉王”,非是。……“厥辟御事,各营其身”,言邦君御事各营己身,而不恤“王身”。周初“封建亲戚以蕃屏周”,诸侯藩卫天子,王臣营恤王身,乃周人大伦。《大雅·烝民》“王命仲山甫,式是百辟,缵戎祖考,王躬是保”,《尚书·文侯之命》“曰惟祖惟父,其伊恤朕躬”,《毛公鼎铭》王命毛公以其族“干吾(扞御)王身”(《集成》2841),皆为明证。“王身”为营保之对象。若以“厥辟”为“厉王”,而斥王自营其身,与古人观念相违。⑤

○马楠:《清华简》(壹)《皇门》有:“母(毋)隹(惟)尔(爾)身之嚣”,

① 苏建洲:《〈清华简三·芮良夫毖〉研读札记》,第41-43页。

② 对厉王时期外患的详细梳理,参见程薇《清华简〈芮良夫毖〉与周厉王时期的外患》,《出土文献》第3辑,中西书局,2012年,第54-60页。

③ 赵平安:《〈芮良夫祕〉初读》,第77页。

④ 引自邬可晶《读清华简〈芮良夫毖〉札记三则》,《古文字研究》第30辑,中华书局,2014年,第409页。

⑤ 高中华、姚小鸥:《清华简〈芮良夫毖〉疏证(上)》,《中国诗歌研究》第14辑,社会科学文献出版社,2017年,第4-5页。

两句辞例相近，知“縈”“罌”二字用法相同。笔者认为，两字皆当读为“营”。“罌字盖从亩，賏声。賏声、𤇾声（《说文》所谓‘荧省声’）往往义近可通。如《说文》言部之謍、謍；缶部之罌、罃；《庄子·则阳》‘魏莹’，《战国策·魏策》作‘魏婴’。且从賏之婴、缨，从𤇾之营、萦皆有环绕义。”“罌”与郭店简《老子（甲）》对应传本“锐”字之“𩐁”并非一字。营训为经营、营求，《芮良夫毖》《皇门》所谓“营身”，即经营其身，与忧恤邦国相对。①

○苏建洲：所谓“各营其身”相当于文献上的“营己”，如《郎中王政碑》：“□不营己，好是正直。”徐幹《中论·谴交》：“徒营己治私，求势逐利而已。”即谋求自己的利益。又作“徇己”，《后汉书·崔骃列传》：“游不伦党，苟以徇己”，《注》曰：“徇，营也。言交非其类，苟以营己而已。”②

○刁俊豪：“厥辟御事”可与后文“凡百君子，及尔荩臣”、《尚书·酒诰》“文王诰教小子有正有事无彝酒”对看，“厥辟”大致对应“君子”和“有正”，“御事”大致对应“荩臣”和“有事”，则“厥辟”当为有司之长。③

按：縈，可参考马楠说法，读为“营”，“各营其身”言各自谋私利。如陈剑所言，“辟”是“御事”的上一级贵族，而非周厉王。西周金文中“辟”除了指代天子，可指代诸侯，亦可指代高级贵族。例如，大盂鼎铭文“殷正百辟率肆于酒”（《集成》02837），“辟”即指高级贵族。

【4】恧（亟）静（争）于禀（富），莫紿（治）庶戁（难）

○整理者：“静”通“争”，“禀”通“富”，“紿”通“治”，“戁”通“难”。《论语·学而》“富而无骄”，皇侃疏：“积蓄财帛曰富。”《书·尧典》“庶绩咸熙”，蔡沈《集传》：“庶，众也。”《国语·周语上》：“厉王说荣夷公，芮良夫曰：‘王室其将卑乎！夫荣夷公好专利而不知大难。夫利，百物之所生也，天地之所载也，而或专之，其害多矣。天地百物，皆将取焉，胡可专也？所怒甚多，而不备大难，以是教王，王能久乎？……今王学专利，其可乎？匹夫专利，犹谓之盗，王而行之，其归鲜矣。荣公若用，周必败。’既，荣公为卿士，诸侯不享，王流于

① 马楠：《〈芮良夫毖〉与文献相类文句分析及补释》，《深圳大学学报（人文社会科学版）》2013年第1期，第77页。

② 苏建洲（“海天游踪”）：简帛论坛“清华简《芮良夫毖》初读”版块发帖，简帛网，2013年2月1日。

③ 刁俊豪：《清华简〈芮良夫毖〉综合研究——与“书”类文献对读》，第40页。

僥。”可与简文合观。

〇苏建洲：亟，读为“亟”。①

按： 整理者说法可从，《国语·周语上》这段记述与简文所述西周晚期时代背景相同，劝诫者更是同一人：芮良夫。亟，从楚文字用字习惯而言，当从苏建洲读法，读为“亟”，作为表频率的副词，有“屡次”义。类似的用法和结构有《孟子·离娄下》“仲尼亟称于水曰：‘水哉！水哉！’”

【5】莫恤邦之不寍（宁）

〇整理者：恤，忧也。《国语·晋语三》“吾君惭焉，其亡之不恤”，韦昭注：“恤，忧也。”寍，即“寍”，文献多作“宁”。

〇高中华、姚小鸥：“莫恤邦之不宁”，言邦君诸侯无人忧恤王室。②

按： “不宁”即不安宁，这种说法《诗》《书》多见，如《小雅·节南山》“俾民不宁”，《书·洪范》“家用不宁”。

二、芮良夫初毖

内（芮）良夫乃乍（作）訤（毖）再夂（终）[6]，曰：敬之孳（哉）君子！天猷（犹）畏矣[7]。敬孳（哉）君子！寤（悟）敗（败）改繇[8]，【二】龏（恭）天之畏（威）。载聖（听）民之繇（谣）[9]，閈（柬）鬲（历）若（若）否[10]，以自訛（责）讃[11]。由求聖人[12]，以緟（申）尔悬（谋）猷[13]，母（毋）贖（羞）餌（闻）繇[14]，厇（度）【三】母（毋）又（有）諮（咎）[15]。

母（毋）惏惫（贪）、䛇（狰）昆（惃）、圞（满）溋（盈）、康戏，而不智寤（悟）告[16]。此心目亡（罔）亟

① 苏建洲（“海天游踪”）：简帛论坛“简帛研读—清华简《芮良夫毖》初读”版块，简帛网，2013年1月31日。

② 高中华、姚小鸥：《清华简〈芮良夫毖〉疏证（上）》，第6页。

（極）[17]，稟（富）而亡（无）況[18]，甬（用）莫能𡴀（止）【四】欲，而莫肎（肯）齐好[19]。

尚桓₌（桓桓）敬𢦔（哉）[20]！寡（顾）皮（彼）後（後）復（复），君子而受柬，万民之窖[21]。所（御）而弗敬，卑（譬）之若【五】童（重）载以行隋（崝）险[22]，莫之扶（扶）退（助），亓（其）由不邁（颠）倾[23]。

【6】内（芮）良夫乃复（作）訟（毖）再攵（终）

○整理者：芮良夫，芮国国君，厉王时入朝为大夫，是西周时有名的贤臣。訟，相当于文献中的“毖”。清华简《说命下》：“余既訳故訟女”，“故訟”可对应《书·酒诰》中的“劼毖”。《酒诰》：“予惟曰汝劼毖殷献臣”，“厥诰毖庶邦庶士越少正御事”。王念孙《广雅疏证》以为“毖”“皆戒敕之意也”。“毖”可作动词，也可作名词。《酒诰》“汝典听朕毖”，即用为名词，“作訟再终”的“訟”和“朕毖”的“毖”一样，具有名词特征。“作訟再终”形式上和“作歌一终”相似。“作歌一终”见于清华简《耆夜》和《吕氏春秋·音初》等。古代诗可入乐，演奏一次叫作“一终”。简文中“訟”皆用韵，为诗歌体，也是可以演奏的。

○李学勤：“再终”意即两篇，简文确分作两篇，冠以“曰”和“二启曰”。不过仔细读来，两篇还是互相联系的。如果以之作为一体来看，全诗便至少有 180 余句，这要比传世《诗经》任何《雅》《颂》都更长些。①

○高中华、姚小鸥：“终”为周代礼乐制度术语之一。经学文献表明，周代礼乐制度操作系统中，“终”表示“成”，即“备乐”中较小的音乐单位（一般指某一支歌曲或乐曲）的演唱或演奏完毕。②

按：讽谏类诗，如《诗》中“变雅”诗，以公卿列士献诗进入朝廷，再由乐师加工后成为朝廷礼仪所用乐歌。③《芮良夫毖》也有可能通过同样的方式入乐，

① 李学勤：《新整理清华简六种概述》，第 67 页。

② 高中华、姚小鸥：《清华简〈芮良夫毖〉疏证（上）》，第 6 页。

③ 黄松毅：《仪式与歌诗：〈诗经·大雅〉研究》，中国传媒大学出版社，2010 年，第 187－192 页；赵敏俐：《中国古代歌诗研究：从〈诗经〉到元曲的艺术生产史》第一章“《诗三百》与周代歌诗生产”，北京大学出版社，2005 年，第 106 页；李辉：《论〈诗经〉讽谏诗的创制与入乐机制》，《文学评论》2023 年第 3 期，第 180－188 页。

此处“再终”指演奏乐曲两遍。

与《周公之琴舞》中以上诰下的“毖”稍有不同，这里的“毖”是下臣对君王和同僚的儆毖，所以“毖”主要表儆诫之义，缺少“训诰”的意味。

【7】天猷（犹）畏矣

○整理者：猷，即“犹”，训为“可”。《诗·魏风·陟岵》“犹来无止”、《小雅·白华》“之子不犹”，毛传：“犹，可也。”吴昌莹《经词衍释》卷一：“犹，犹‘可’也。《燕策》‘安犹取哉’，言齐何可取也。”

○黄杰：“犹”似当解释为已，《尔雅·释诂下》：“猷，已也。”郝懿行《义疏》：“犹、猷，古字通。”《墨子·节葬下》：“若以此若三国者观之，则亦犹薄矣；若以中国之君子观之，则亦犹厚矣。”王念孙《读书杂志》：“《尔雅》：‘犹，已也。’言亦已薄、亦已厚也。”“天犹威矣”即天已威矣。①

○邓佩玲：简文“畏”仍宜读如字，“天犹畏矣”乃言“君子”之“犹畏天矣”，宾语“天”前置于动词前。《诗》为强调或押韵需要，时将名词或代词宾语置于动词之外，组成“宾·动”之结构，如：“赫赫师尹，民具尔瞻。”（《小雅·节南山》）……“民具尔瞻”即“民具瞻尔”，言人民俱仰望“师尹”，动词“瞻”置于代词宾语“尔”后。……因此，“敬之孳（哉）君子，天猷（犹）畏矣”乃言“君子”敬畏上天。②

○曹建国：“猷”与“犹”通，古书习见。犹，欲也。畏，当读为“威”。“天犹威矣”，即《诗·雨无正》之“旻天疾威”，相同文例也见于毛公鼎。③

○高中华、姚小鸥：“猷”，即“犹”字，语助。或训为“用”。《尚书·盘庚上》：“先王有服，恪谨天命，兹犹不常宁，不常厥邑。”言先王恪谨天命，兹用不敢常安。《无逸》：“古之人犹胥训告，胥保惠，胥教诲”，言古之人用相训告，相保惠，相教诲。诸“犹”字用法相同。……“畏”，读为“威”。“畏”“威”二字

---

① 黄杰：《清华简〈芮良夫毖〉补释》，《简帛研究》（2015 秋冬卷），广西师范大学出版社，2015 年，第 3 页。该文大部分观点初稿见于简帛网《初读清华简〈芮良夫毖〉笔记》《再读清华简〈芮良夫毖〉笔记》及简帛网论坛“暮四郎”发言，2013 年 1 月。

② 邓佩玲：《谈清华简〈芮良夫毖〉“毖”诗所见之诤谏——与〈诗〉及两周金文之互证》，《清华简研究》第 2 辑，中西书局，2015 年，第 155 页。

③ 曹建国：《清华简〈芮良夫讼〉试论》，《复旦学报（社会科学版）》2016 年第 1 期，第 19 页。

古多通用。①

按：“畏”在上古文献中可作形容词，例如《庄子·达生》篇“畏涂”表示险恶的道路。“猷”读为“犹”，程度副词，用在形容词或动词谓语前作状语②，“天猷（犹）畏矣”即言天很可畏。

【8】蓦（悟）敗（败）改繇

○整理者：“蓦”即“寤”。《周礼·春官·占梦》“四曰寤梦”，陆德明《释文》：“本又作寤。”《周南·关雎》“寤寐求之”，毛传：“寤，觉。”“繇”同“繇”。《集韵·宵韵》：“繇或作繇。”《尔雅·释诂》：“繇，道也。”郝懿行《义疏》：“繇者，行之道也。”“寤败改繇”指从失败中觉悟，改弦更张。

○王瑜桢：可以读为“道”。“繇”（异体或作“繇”），有三个读音：余招切，上古音属于喻四（余、以）幽部；又以周切，上古音属于喻四（余、以）幽母；又直祐切，上古音属澄母幽部（有的学者归入觉部）。“由”，以周切，上古音属于喻四（余、以）幽母。“道”，徒皓切，上古音属于定母幽部。从音理上来看，读为“由”或“道”应该都是可以的。但是读为“道”，文义似乎比较好讲。“寤败改繇（由）”，意思应该是说：（你们这些行事不正的君子们，日日夜夜）醒着睡着都应该想着怎么改变你们的做法吧！③“败”应还有衰落、过失、弊病的意思，如果释为“觉悟过失、改变行为之道”可能可以说得通。④

○王宁：或当为“悟败改繇”，“繇”本有“道”义，《尔雅·释诂》：“繇，道也”，……该句意思可能是明白失败的原因而改变自己的行为或做法。⑤

○孟蓬生：楚人谓称“过”为“败”，传世文献和出土文献都有证据。传世文献，如楚国之“司败”（就词义而言，犹言“司过”）。出土文献，如包山简之“阩门有败”。悟败改繇，为并列的两个动宾结构，悟、改同为动词，败、繇同为名词。《诗·小雅·伐木》：“宁适不来，微我有咎。”毛传：“咎，过也。”是清华简“悟败（义为过）改繇（咎）”即楚辞《天问》之“悟过改更（“臾”之误字，

① 高中华、姚小鸥：《清华简〈芮良夫毖〉疏证（上）》，第9页。
② 何乐士：《古代汉语虚词词典》，语文出版社，2006年，第530页。
③ 王瑜桢：《清华三〈芮良夫毖〉札记》，复旦大学出土文献与古文字研究中心网，2012年9月21日。
④ 王瑜桢：《〈清华大学藏战国竹简（叁）·芮良夫毖〉释读》，第185页。
⑤ 王瑜桢《清华三〈芮良夫毖〉札记》文后评论。

借为咎)”，两例时代相近，可以互证。[①]

○白于蓝：这种用法的“寤”古代亦常写作“悟”。《说文》：“寤，寐觉而有信曰寤。”段玉裁《注》：“古书多假寤为悟。”《孟子·孟子题辞》：“可以寤疑辩惑。”焦循《正义》：“寤与悟通。”[②]

○邓佩玲：可参诸《书·梓材》：“肆往，奸宄杀人，历人宥。肆亦见厥君事，戕败人宥。”……“亹敳（败）改繇（宥）”与“戕败人宥”意思应该大致相若，俱言于民众应采宽宥政策，赦免其罪行。本文疑简文“亹敳（改）繇”四字当读为“舍败改宥”，其中“亹”所从之“五”乃声符，读音与从余之“舍”接近。……“敳（败）”与“戕败人宥”之“败”意义相同，指作贼之人。……至于“舍”有“释”“免”之意也，《国语·周语下》“反及嬴内，以无射之上宫，布宪施舍于百姓”，韦昭注：“舍，舍罪也。”……因此，“亹（舍）敳（败）改繇（宥）”乃劝告在位者赦免作贼者之罪行，并改采宽宥之政策。[③]

○单育辰：“繇”读为“谣”。[④]

○曹建国：《尔雅·释诂下》：“迪、繇、训，道也。”此处“繇（繇）”当训为“道”，改繇即改道。此可与《逸周书·芮良夫解》之“呜呼！惟尔执政朋友小子，其惟洗尔心，改尔行，克忧往愆，以保尔居”，《楚辞·天问》之“悟过改更，我又何言”等相参证。[⑤]

○高中华、姚小鸥：《说文·系部》“繇”字段玉裁注：“古‘繇’‘由’通用一字。”《王风·君子阳阳》“右招我由房”，“由”，阜阳汉简《诗经》S081即作“繇”。《广雅·释诂》：“由，式也。”式犹法也。……整理者训“繇”为“道”，虽可通，然与表抽象含义之“道德”“天道”字易生混淆，不如读为“由”字，且其为《诗经》惯用字，宜为本文献整理之首选。[⑥]

按：“亹”可直接读作“悟”，训为“觉”。敳，“败”字的异构。繇，道也，

---

① 王瑜桢《清华三〈芮良夫毖〉札记》文后王宁评论下跟帖。

② 白于蓝：《〈清华大学藏战国竹简（三）〉拾遗》，《中国文字研究》第20辑，上海书店出版社，2014年，第20页。

③ 邓佩玲：《谈清华简〈芮良夫毖〉“毖”诗所见之诤谏——与〈诗〉及两周金文之互证》，第156–157页。

④ 单育辰（“ee”）：简帛论坛“清华简《芮良夫毖》初读”版块，简帛网，2013年1月13日。

⑤ 曹建国：《清华简〈芮良夫讼〉试论》，第19页。

⑥ 高中华、姚小鸥：《清华简〈芮良夫毖〉疏证（上）》，第9–10页。

简文指行事准则。“亹（亹）敗（败）改繇”中“亹（亹）敗（败）”与“改繇”并列，即言从失败中醒悟，改变行事之则。

【9】载聖（听）民之繇（谣）

〇整理者：载，句首助词。“聖”同“听”。《书·无逸》“此厥不听”，汉石经作“不聖”。《礼记·乐记》“小人以听过”，《释文》：“本又作聖。”“繇”即“繇”，道也。

〇李学勤：载聖（听）民之繇（谣）。[①]

〇单育辰：“繇”读为“谣”。[②]

〇王坤鹏：“繇”或通作谣，意指民人的风议。《汉书·李寻传》“参人民繇俗”，颜师古注：“‘繇’读与‘谣’同。”……民众通过歌谣的形式讽谏朝政，“听民之谣”即是“参民人谣俗”。先秦典籍记载有这种通过歌谣讽谏的形式。[③]

〇邓佩玲：类似记载可参考《周礼·秋官·司寇》：“以三刺断庶民狱讼之中：一曰讯群臣，二曰讯群吏，三曰讯万民。听民之所刺宥，以施上服下服之刑。”……《芮良夫毖》“载聖（听）民之繇”于用词及句子形式上皆可与《司寇》“听民之所刺宥”相参照，或可由是说明“繇”该读“宥”。[④]

〇曹建国：“载”，……当释为“行”。《书·皋陶谟》：“亦言其人有德，乃言曰：载采采。”孔传：“载，行；采，事也。”“聖”，读为听，顺也。繇，道也。“载听民之繇”与“畏天之威”相对成文。[⑤]

按：“繇”可径读为“谣”，王坤鹏说法可参考。简2“亹（亹）敗（败）改繇”和简3“载聖（听）民之繇”之“繇”表示的可能是不同的词。类似现象简文还有一些，例如简3两见的“聖”分别用作“听”和“聖”两个词。

【10】閖（柬）鬲（历）若（若）否

〇整理者：“閖”即“间”，“鬲”通“隔”。否，《易·否》“否之匪人”，《释文》：“塞也”。

〇苏建洲：“间”疑读为“简”，简选也。《庄子·庚桑楚》：“简发而栉，数

---

① 李学勤：《新整理清华简六种概述》，第68页。

② 单育辰（“ee”）：简帛论坛“清华简《芮良夫毖》初读”版块，简帛网，2013年1月13日。

③ 王坤鹏：《清华简〈芮良夫毖〉篇笺释》，简帛网，2013年2月26日。

④ 邓佩玲：《谈清华简〈芮良夫毖〉“毖”诗所见之诤谏——与〈诗〉及两周金文之互证》，第154页。

⑤ 曹建国：《清华简〈芮良夫毖〉试论》，第20页。

米而炊。”成玄英《疏》：“譬如择简毛发梳以为髻。”“鬲”疑读为“历”，二字通假古书常见，如“鬲山”即“历山”。《清华一·保训》简1“王念日之多鬲（历）”，均可为证。“历”也有选择的意思，如《楚辞·离骚》：“灵氛既告余以吉占兮，历吉日乎吾将行。”蒋骥注：“历，选也。”①

〇王坤鹏：“间”通“简”，“鬲”通“历”。“鬲”“历”古音相近，俱是来母锡部，《史记·滑稽列传》云“以垄灶为椁，铜历为棺”，《索隐》云“历即釜鬲也”，又清华简《保训》“日之多鬲”，“鬲”读为“历”。“简”意为简择，“历”意为察相，《尔雅·释诂下》“历，相也”。《礼记·郊特牲》云“简其车赋，而历其卒伍”，“简”“历”的用法与简文相似。“若（若）否”为典籍成语，《大雅·烝民》“邦国若否，仲山甫明之”，郑玄《笺》云“‘若否’犹‘臧否’，谓善恶也”。又《尔雅·释诂》云：“若，善也。”“简历若否”，承上文“恭天之威，听民之繇”，意思是遍察天意民情是好还是坏，是善还是恶。②

〇邓佩玲：可参诸《左传·昭公二十年》“君所谓可而有否焉，臣献其否，以成其可；君所谓否而有可焉，臣献其可，以去其否，是以政平而不干，民无争心”。此言君臣相处之道，倘若君认为可行而其中有不行者，臣宜指出不行之处，反之亦然，所言者实乃臣民之诤谏。此段文字以“可”“否”借代谏言，与简文之“若（若）否”相类。而“閟（间）鬲（隔）”一语之释读，则可参诸《古今韵会举要》引徐曰：“谏，间也。君所谓否，臣献其可，以间隔之。于文言柬为谏。柬者，多别善恶，以陈于君。”该书所引为佚文，并不见于小徐或大徐本《说文》。《古今韵会举要》读“间隔”之“间”为“谏”，“隔”则有“塞”之意，故“閟（间）鬲（隔）若（若）否”即言以谏言阻挡其做不当之行为。③

〇高中华、姚小鸥：“閟”当读为“县（悬）”。清华简第二辑《系年》第十八章“（楚灵王）伐吴，为南怀之行，閟陈蔡”。“閟陈蔡”即“县陈蔡”。……“县（悬）隔若否”，言阻绝民意。④

按：“閟”即“间”，可通“柬”，训为“择”。《说文·柬部》：“柬，分别简

---

① 苏建洲：《〈清华简三·芮良夫毖〉研读札记》，第44页。此观点初见于简帛论坛“清华简〈芮良夫毖〉初读”版块，简帛网，2013年1月31日。

② 王坤鹏：《清华简〈芮良夫毖〉篇笺释》，简帛网，2013年2月26日。

③ 邓佩玲：《谈清华简〈芮良夫毖〉“毖”诗所见之诤谏——与〈诗〉及两周金文之互证》，第159页。

④ 高中华、姚小鸥：《清华简〈芮良夫毖〉疏证（上）》，第12页。

之也。”《尔雅·释诂上》：“柬，择也。”“历”，也可训为“择”，《离骚》“历吉日乎吾将行”，蒋骥注：“历，选也。”“柬”和“历”同义复词。“若否”古书常见，《大雅·烝民》“邦国若否，仲山甫明之”，郑玄《笺》云：“‘若否’犹‘臧否’，谓善恶也。”晋公盞（集成10342）铭文亦有“不（丕）厰（嚴）虩若否”，意谓“国事不管好坏，都保持敬畏之心”。①

《国语·晋语六》记载范文子对赵文子言：

> 故兴王赏谏臣，逸王罚之。吾闻古之王者，政德既成，又听于民，于是乎使工诵谏于朝，在列者献诗使勿兜，风听胪言于市，辨袄祥于谣，考百事于朝，问谤誉于路，有邪而正之，尽戒之术也。②

“辨袄祥于谣”，韦昭注：“辨，别也。袄，恶也。祥，善也。行歌曰谣。”“载聖（听）民之繇（谣），閲（柬）鬲（历）若（若）否”，这种说法接近于“辨袄祥于谣”，意谓选择鉴别（查明）民意中的好坏意见。

【11】以自訿（责）讃

〇整理者：《礼记·丧服四制》“訾之者”，郑玄注：“口毁曰訾。”讃，疑读为“毁”。毁，微部晓母；贵，物部见母，古音很近。古书以贵、为、毁为声符的字可辗转相通。《战国策·齐策三》“夏侯章每言未尝不毁孟尝君也”，高诱注：“毁，谤”。这个意义后来或写作“譭”。简文“訾讃”表示被动。

〇王坤鹏：訾，当为思量、考虑之意。《国语·齐语》：“桓公召而与之语，訾相其质，足以比成事，诚可立而授之”，韦昭注：“訾，量也。”讃，与“訾”义近，为省思之意，《广韵·队韵》：“讃，觉悟。”全句意思为：统治者应察相天威民情的好坏，自己考虑思省。③

〇邓佩玲：“訿（訾）讃（毁）”或言不好或具瑕疵之事，简文言统治者需将谏言视为“訾毁”，实指其应当以谏言作为自我之警惕与约束，劝勉其广开言路，

① 谢明文：《晋公盞铭文补释》，《出土文献与古文字研究》第5辑，上海古籍出版社，2013年，第252页。
② 上海师范学院古籍整理组校点：《国语》，上海古籍出版社，1978年，第410页。
③ 王坤鹏：《清华简〈芮良夫毖〉篇笺释》，简帛网，2013年2月26日。

集言纳谏。①

○苏建洲：考虑到古书有眦与积、眦与渍的通假例证，“訿”可能就是“讃”的替换声符，简文读为“责”，责求也。而“讃”可考虑读为“譌/讹/过”，《说文》：“鵙，资也。从贝，为声。或曰此古货字。读若贵。”段注云：“按为化二声同在十七部。货古作鵙，犹讹譌通用耳。铉本此下更有读若贵三字。”可见贵与为与化可以通假。则简文的“讃”可能就是“讹”的替换声符。而楚简的“过”字常写作从“化”声，则“讃”亦可考虑读为“过”。《汉书·陈胜项籍列传》：“自矜功伐，奋其私智而不师古，始霸王之国，欲以力征经营天下，五年卒亡其国，身死东城，尚不觉寤，不自责过失，乃引‘天亡我，非用兵之罪’，岂不谬哉!”东汉《太平经》云：“用是之故，故自责过，负安从起，日夜思人，不解行所负，何所怨咎。”所谓“自责过失”“故自责过”正可与本简“自责过”对读。简文读为“简历若否，以自责过”。意思可能是说简选良善的意见，以自我反省，责求过失。②

○高中华、姚小鸥：“訿讃”叠韵联绵词。又作“溃止”。……“悬隔若否，以自訿讃”，谓阻绝民意，乃自求溃乱之道。③

○单育辰：《安大一·诗经》简101有这么一句话：“维此褊心，是以为訿。”此句在今本《诗经·魏风·葛屦》中作：“维是褊心，是以为刺。”安大简整理者说：“（‘是以为訿’）《毛诗》作‘是以为刺’。《说文·言部》：‘呰（訿），不思称意也。’上古音‘訿’属精纽支部，‘刺’属清纽锡部，音近可通。”这是很正确的。由此可知，《芮良夫毖》“以自訿讃”的“訿”，整理者的解释是妥当的，不过也可以读为“刺”，这里的“刺”是责讽的意思，是典籍中的常用词，并不像其他诸说对《芮良夫毖》“訿”的释解那样用例罕僻。④

按：苏建洲部分说法可从，“訿”可读为“责”，责求也。《广韵·队韵》“讃，觉悟”的训释相对较晚，不宜贸然视作先秦的词义。疑似“讃”可读为“愦”，《说文·心部》：“愦，乱也。”“以自訿（责）讃（愦）”言以自我反省，

---

① 邓佩玲：《谈清华简〈芮良夫毖〉“毖”诗所见之诤谏——与〈诗〉及两周金文之互证》，第159－160页。
② 苏建洲：《〈清华三·芮良夫毖〉研读札记》，第45－46页。
③ 高中华、姚小鸥：《清华简〈芮良夫毖〉疏证（上）》，第12－13页。
④ 单育辰：《清华简〈芮良夫毖〉续考两则》，《出土文献综合研究集刊》第19辑，巴蜀书社，2024年，第92页。

责求混乱的原因。

【12】**由求聖人**

○整理者："由"通"迪"，语气助词。

○王坤鹏：《大雅·桑柔》云"维此良人，弗求弗迪"，《传》曰："迪，进也。"《笺》曰："国有善人，王不求索不进用之。"简文此处"迪"为进用之意。[①]竹简中的"圣人"乃是西周中后期起而流行的词汇，有其特殊内涵，并不全同于后世文献中所泛称的"圣人"。……西周中晚期以来的"圣人"基本上是指曾为王朝服务的勋官贵戚，而且在王朝内应具有一定的威望与地位，做出过不俗的贡献。竹书所说的"圣人"亦当作如是解。简3"迪求圣人"指选择有才能、有威望的世家大臣主持朝政。[②]

○黄杰：《诗·大雅·桑柔》"维此良人，弗求弗迪"，其中的"求""迪"显然就是此处的"求"和"由"。……郑笺："国有善人，王不求索、不进用之。"《礼记·缁衣》引《君陈》曰："既见圣，亦不克由圣。"……郑玄注："由，用也。"……结合《桑柔》"弗求弗迪"及简文"由求圣人"看，"由"很可能与"求"义近。[③]

○高中华、姚小鸥："圣人"，指睿识有智慧者。《邶风·凯风》"母氏圣善"，《毛传》："圣，睿也。"《大雅·桑柔》"维此圣人，瞻言百里。维彼愚人，覆狂以喜"，"圣人"与"愚人"相对。这一意义上的"圣人"与战国以降儒家所言道德事业兼备之"圣人"有异，与后世道德完备之"圣人"意义差别更大。"圣"以智识言，不以道德言。早期文献中，"圣智"与"勇力"往往并举，……"由求圣人"与下文"以申尔谋猷"之"谋猷"语意相承，皆用"圣"字早期意义。询于智者，为周人政治传统。[④]

按：这里是芮良夫的儆毖之辞。芮良夫所作《大雅·桑柔》云："维此良人，弗求弗迪。"迪求的对象是地位较下的良人，所以《毛传》随文释义"迪，进也"。《礼记·缁衣》引《君陈》曰："既见圣，亦不克由圣。"郑玄注："由，用也。"

---

① 王坤鹏：《清华简〈芮良夫毖〉篇笺释》，简帛网，2013年2月26日。

② 王坤鹏：《清华简〈芮良夫毖〉学术价值新论》，《孔子研究》2017年第4期，第46页。

③ 黄杰：《清华简〈芮良夫毖〉补释》，第4页。

④ 高中华、姚小鸥：《清华简〈芮良夫毖〉疏证（上）》，第13页。

郑注可参考，简文这里的“由”也可训为“用”。“由求圣人”，即用求圣人。

【13】以纕（申）尔愳（谋）猷

○整理者：纕，西周金文作“䌸”，古书一般作“申”。《国语·鲁语上》“申之以盟誓”，韦昭注：“申，重也。”

○王坤鹏：此句意为当求索进用圣智之人，申明他的道谋。此句是对“君子”即统治者的要求。①

○黄杰：读为“陈”。《说文》“陈”从“申”声，古文作“𨸏”。《周礼·秋官·大行人》：“春朝诸侯而图天下之事，秋觐以比邦国之功，夏宗以陈天下之谟，冬遇以协诸侯之虑。”《大戴礼记·朝事》有相似内容，“夏宗”句作“夏宗以陈天下之谋”。《中论·亡国》：“欲进则不得陈其谋，欲退则不得安其身。”这些都可以佐证“陈尔谋猷”的读法。②

按：整理者说法可从，“纕”西周金文一般读为“申”③，简文这里可训为“申重”。猷，谋也。

【14】母（毋）䐢（羞）䎽（闻）繇

○整理者：“䐢”通“扰”。《书·胤征》孔传：“扰，乱。”“䎽”通“闻”。

○王坤鹏：“闻繇”即上文简3“听民之繇”，“繇”仍当释为“谣”。“毋扰闻谣”句为倒装，应为“闻谣毋扰”。“度”名词动用，意为遵守法度。句意为：统治者听到人民的疾苦，不应有乱，应遵守法度，不要有过错。此句仍是芮良夫对“君子”的要求。④

○邓佩玲：金文及楚简所见“䐢”既可与“扰”“柔”“羞”相通，故“䐢”“扰”“柔”“羞”四字读音应该相近。……“母（毋）䐢（忧）䎽（闻）繇（宥）”即谓“毋䐢（忧）以繇（宥）䎽（闻）”，句子应属上古汉语之意动用法，即劝谏在位者不需担心因宽宥而闻名。但为何芮良夫有此忠告？其实，根据古书记载可知，古人认为在位者对于臣民所犯之罪行，应予以适当、公平之惩治，不宜随意赦免，因过度宽宥易招致臣民作乱，正如《书·大禹谟》所谓“宥过无

---

①④ 王坤鹏：《清华简〈芮良夫毖〉篇笺释》，简帛网，2013年2月26日。

② 黄杰：《清华简〈芮良夫毖〉补释》，第5页。

③ 对“纕”字的详细研究，可参裘锡圭、李家浩《谈曾侯乙墓钟磬铭文中的几个字》，《裘锡圭学术文集·金文及其他古文字卷》，复旦大学出版社，2012年，第54–60页。

大”。又《书·君陈》云：“殷民在辟，予曰辟，尔惟勿辟；予曰宥，尔惟勿宥。惟厥中。”不过，与《书》所记不同乃是，西周晚年厉王不听臣民谏言，甚至将犯颜直谏之士治罪，故芮良夫祈请厉王需采取更宽宥之态度接纳谏言，广开言路，宽厚待民，毋须担心因宽宥待民而闻名。[①]

○单育辰：“腼”应读为“羞”，上博三《周易》简28“不恒其德，或承其慐（羞）”。上博三《中弓》简4+26：“雍也憧愚，恐贻吾子慐（羞）。”上博五《季庚子问于孔子》简1：“肥从有司之后，一不知民务之焉在，唯子之贻腼（羞）。”“腼（慐）”即读为“羞”。[②]

○高中华、姚小鸥：“毋顺昏谣”，谓毋听昏悖之言。上博简《用曰》简17“违众诮谏，腼䎽恶谋”，“腼䎽”即“顺昏”，与此处“毋顺昏谣”义相反对。[③]

按：上博简（三）《周易·恒卦》九三爻辞：“不恒其悳，或承其慐（羞），贞吝。”“慐”字有学者指出并不是忧字，实际上“腼”即“脜”字之异构。《说文·百部》：“脜，面和也。从百肉，读若柔。”古音柔声、丑声相通，故慐、羞可以相通。慐字从心，腼声，当为“羞耻”之“羞”的本字。[④] 此处“腼”可参考上博简“慐”字的读法，读为“羞”。“羞问”的说法古书有之，如《晏子春秋·内篇问上》“上君全善，其次出入焉，其次结邪而羞问”“羞问之君，不能保其身”。“繇”，原字形为“”，左旁从肉，与楚简中从言从係会意的“讯”字“”字差异明显。[⑤] 这里当从整理者，释为“繇”，训为“道”。“䎽”通“闻”。“母（毋）腼（羞）䎽（闻）繇”即毋羞于闻道，闻道的对象是前文所说的圣人。

【15】尾（度）母（毋）又（有）諮（咎）

○整理者：“尾”通“度”。《逸周书·武纪》“不知所施之度”，朱右曾《集训校释》：“度，法度也。”“諮”通“咎”。《书·盘庚上》“非予有咎”，蔡沈《集传》：“咎，过也。”

---

① 邓佩玲：《谈清华简〈芮良夫毖〉“毖”诗所见之诤谏——与〈诗〉及两周金文之互证》，第162页。

② 单育辰：《清华三〈诗〉、〈书〉类文献合考》，《清华简研究》第2辑，中西书局，2015年，第228页。

③ 高中华、姚小鸥：《清华简〈芮良夫毖〉疏证（上）》，第15页。

④ 孟蓬生：《上博竹书（三）字词考释》，简帛研究网，2004年4月26日。袁莹对字形有深入解释，认为“腼”所从之“肉”形是由“夒”所从之“爪”形讹变而来，参袁莹《说“腼”》，复旦大学出土文献与古文字研究中心网，2011年9月26日。

⑤ “讯”字的考释参郭永秉《读〈平王问郑寿〉篇小记二则》，简帛网，2007年8月30日。

〇邓佩玲：该辞之具体意义实可参考《吕氏春秋·似顺论》："贤主有度而听，故不过。有度而以听，则不可欺矣，不可惶矣，不可恐矣，不可喜矣。"高诱注："度，法也。""度"指合乎一定标准，"不过"言不会有所过失，《似顺论》所言者实与清华简"母（毋）又（有）諮（咎）"相通。《似顺论》言贤明君主须按一定准则听取言论及民意，如此则不会犯错、受欺骗、惶恐、惧怕或易于被取悦。今清华简《芮良夫毖》"尾（度）母（毋）又（有）諮（咎）"一语所言大致相同，乃劝告在位者需按一定标准听取意见，如斯行事者则可治国无所过失。[①]

〇陈伟武：读"尾"为"度"训法度可从，只是"腼"似可读为"羞"，"餌"可读为"问"，"繇"可读为"由"训由从、遵行更顺适，而"尾（度）"字当属上读。"繇"用为"由"，战国秦汉简帛多见，如郭店简《尊德义》3："不繇其道，不行。"《芮良夫毖》"母（毋）腼（羞）餌（问）繇（由）尾（度）"，意思是不要羞于询问遵行的法度，与"毋又（有）諮""毋惏憊（贪）……"构成排比句式。[②]

〇曹建国：简文中的"繇"或可训为"兆辞"，"有咎"也是占筮的习用语。占筮有告繇和不告繇之分别，《诗》亦有其例。《卫风·氓》之"尔卜尔筮，体无咎言"，《大雅·绵》之"爰始爰谋，爰契我龟：曰止曰时，筑室于兹"，此皆告繇之例。《诗·小旻》之"我龟既厌，不告我犹"，乃不告繇之例，犹《周易·蒙》渎筮不告之义。不告繇则无以图吉凶，故《小旻》讳之。[③]

〇高中华、姚小鸥："度毋有咎"，言法度威仪无有差忒。[④]

按：详备的明文法度一般被认为始于春秋时期，简文语境的西周末期尚且没有后世意义上严格的法律。[⑤]"度毋有咎"的"度"不能理解为后世的法律法度。这里的"度"指的是周人共同的族群和社会规范。"度毋有咎"是说社会准则不要出现错误。

---

① 邓佩玲：《谈清华简〈芮良夫毖〉"毖"诗所见之诤谏——与〈诗〉及两周金文之互证》，第163页。
② 陈伟武：《读清华简〈周公之琴舞〉和〈芮良夫毖〉零札》，第29－30页。
③ 曹建国：《清华简〈芮良夫祕〉试论》，第20页。
④ 高中华、姚小鸥：《清华简〈芮良夫毖〉疏证（上）》，第15页。
⑤ 黄东海、范忠信：《春秋铸刑书刑鼎究竟昭示了什么巨变》，《法学》2018年第2期，第53－61页。

【16】母（毋）惏惫（贪）、敉（猼）昆（惃）、圂（满）浧（盈）、康戏，而不智蕶（悟）告

〇整理者：惏，《说文·心部》：“河内之北谓贪曰惏。”段玉裁注：“惏与女部‘婪’音义同。”《左传》昭公二十八年“贪惏无餍”，《释文》引《方言》云：“楚人谓贪为惏。”惫，从心酓声，而“酓”从酉今声；“惫”可以读作“贪”，很可能就是“贪”的异体字。“敉”即“猼”，《集韵》以为“猣”之异体。《玉篇·犬部》：“猼，犬惊。”《广韵·肴韵》：“猼，豕惊。”引申有乱义。惃，《广雅·释诂三》：“乱也。”圂，“满”之古文。浧，“盈”之异体。康，《唐风·蟋蟀》“无已大康”，毛传：“康，乐。”

〇单育辰：“”整理者释为从孝从犬的字，认为有乱义。左旁所谓的“孝”，楚文字不如此写，应是“孛”的讹形，参郭店《老子乙》简10之“（孛）”，此字应隶定为“猼”，连下字读为“悖惃（或昏）”。①

〇王瑜桢：“满盈”义为“盈满”，即骄傲自满。②

〇曹方向：恐当读为“觉”。告、觉见母双声，韵部阴入对转，音理可通。《孝经·孝治》引《诗·大雅·抑》“有觉德行”，今毛诗同，但今本《礼记·缁衣》引作“有梏德行”。郭店简本对应“觉”“梏”的字，李学勤、张富海等也释为“梏”。故简文的“告”可以读为“觉”。《说文》：“悟，觉也。”《玉篇》：“悟，觉悟也。”不知悟告，大概即今天所说的执迷不悟。《孟子》书中有先觉、后觉。芮良夫自是先觉者。芮良夫作毖，即孟子所期待的“先觉觉后觉”也。③

〇白于蓝：此“告”字似当读作“觉”。上古音“告”与“觉”均为见母觉部字，两字双声叠韵，例可相通。《大雅·抑》：“有觉德行。”《礼记·缁衣》引觉作梏。……《说文》：“觉，寤也。”“觉寤（或悟）”为同义复词。简文“悟觉”义同“觉悟”，亦见于典籍。《孟子·万章上》：“予，天民之先觉者也。”赵岐《注》：“我先悟觉者也。”④

〇邓佩玲：“告”本有上报之意，是动词，但简文“告”于此乃动词活用为名

① 单育辰：《清华三〈诗〉、〈书〉类文献合考》，第228页。

② 王瑜桢：《〈清华大学藏战国竹简（叁）·芮良夫毖〉释读》，第186页。

③ 曹方向（“鱼游春水”）：简帛论坛“简帛研读”版块，简帛网，2013年1月8日。

④ 白于蓝：《〈清华大学藏战国竹简（三）〉拾遗》，第20页。

词，实指向在位者犯颜纳谏之忠臣贤将。因此，简文“不智蔓（舍）告”亦是戒慎之语，综合上下文所言，简文此处实儆戒在位者勿要耽于逸乐，……甚至不知赦免犯颜直谏忠臣之罪行。[①]

○范常喜：传世文献中“觉悟”亦作“悟觉”或“寤觉”。《孟子·万章上》：“予，天民之先觉者也。”赵岐注：“我先悟觉者也。”司马相如《长门赋》：“惕寤觉而无见兮，魂廷廷若有亡。”可见，将清华简中的“蔓告”读作“悟觉”正确可从。不过我们怀疑，清华简中颠倒写作“蔓告”可能是为求押韵而特意做的改变。上古音“告”属觉部，而清华简本段简文前面“猷、繇、諮”等韵脚字皆属幽部，幽、觉二部为对应的阴声韵和入声韵，正可相押，而文献中“觉悟”本又可以作“悟觉”，《芮良夫毖》的作者便因此写作了“蔓告”。简文此句是训诫君王，不要在国家出现了“惏贪、狰惃、满盈、康戏”等诸多无道行为后还不醒悟。[②]

按：“惏惫”从整理者训释，“惏”训为贪。惫，读为“贪”，“惏惫”同义复词。

“敎”字左旁与“孛”有差异，仍当释为“孝”。该字是否与后世《集韵》著列的“狰”为同一字，难以判定。“昆”当读为“惃”。“敎”与“惃”在词义上也可能是同义复词。惃，《广雅·释诂三》：“乱也。”只是“敎”的具体读法待考。

如整理者所言，“圞”是“满”之古文。浧，“盈”之异体。满和盈同义复词，都有骄傲自满的意思。《周易·谦卦》彖传“人道恶盈而好谦”，简文也是类似的告诫。

“戏”有嬉乐义，与“康”同义复词。

“蔓”可读为“悟”，“告”读为“觉”，二者构成同义复词，都有觉悟、醒悟的意思。

【17】此心目亡（罔）亟（極）

○整理者：“亟”，通“极”。《左传》昭公十三年孔颖达疏：“极，谓限极。”

○王坤鹏：《小雅·何人斯》“视人罔极”，“罔极”与简文“无极”同，意为

① 邓佩玲：《谈清华简〈芮良夫毖〉“毖”诗所见之诤谏——与〈诗〉及两周金文之互证》，第163页。

② 范常喜：《上博五〈鲍叔牙与隰朋之谏〉“诘蛊”新释》，《古文字研究》第30辑，中华书局，2014年，第341页。

没有标准。[①]

○曹建国："无极"即"罔极"，于《诗经》习见，如《小雅·蓼莪》之"欲报之德，昊天罔极"，《大雅·桑柔》之"民之罔极，职凉善背"。[②]

○高中华、姚小鸥："心目无极"，言思想行为无一定之准则。[③]

按："亡"可径直读为"罔"。"罔极"有无常、无标准的意思。如《卫风·氓》"士也罔极，二三其德"、《小雅·何人斯》"有靦面目，视人罔极"、《大雅·民劳》"无纵诡随，以谨罔极"。这里的"心目罔极"指心目不遵守该有的准则。

【18】寡（富）而亡（无）涚

○整理者：涚，典籍或作"倪"。《庄子·大宗师》"不知端倪"，陆德明《释文》："倪，本或作涚。"《集韵·佳韵》："倪，或作涚。"《庄子·齐物论》"何谓和之以天倪"，《释文》引崔撰云："倪，际也。"

○王坤鹏："富"与《小雅·小宛》"壹醉日富"之"富"义同，马瑞辰曰："富之言畐也。《说文》：'畐，满也。读若伏。'畐通作偪，《方言》：'偪，满也。'又作愊，《广雅》：'愊，满也。'"涚，整理者释义为际，甚确。竹简此句意为：心目没有标准，则自满而无际涯。[④]

○王瑜桢："涚"字晚出，见《集韵》，以为"倪"之异体，因此我们以"倪"来讨论，倪（五稽切），上古音在疑纽支部，"倪"从"兒"声，"兒"字有二读，其一读"五稽切"，这当是"倪"字读"五稽切"一音的由来；"兒"字另一读为"汝移切"，上古音属日（泥）纽支部。际（子例切），上古音属精纽月（祭）部。日（泥）纽与精纽同属舌齿，发音部位极近，……因此我们可以把"涚"字读为"际"。[⑤]

○高中华、姚小鸥："富而无涚"，言心志盈满，曾无届极。[⑥]

○陈剑："埶"声字与"兒"声字可通，最显著的材料是"危而不安"义之双音词"臲卼"的多种写法。《说文·阜部》"陧，危也"，段注谓"《秦誓》曰'邦之杌陧'，《易》作'臲卼'，许《出部》之'槷魁、不安也'，皆字异而音义

①④ 王坤鹏：《清华简〈芮良夫毖〉篇笺释》，简帛网，2013年2月26日。

② 曹建国：《清华简〈芮良夫谘〉试论》，第20页。

③⑥ 高中华、姚小鸥：《清华简〈芮良夫毖〉疏证（上）》，第17页。

⑤ 王瑜桢：《〈清华大学藏战国竹简（叁）·芮良夫毖〉释读》，第186页。

同”；引“周书曰‘邦之阢隉’”，段注谓“《秦誓》文。……阢当是转写之误。当是本作扤、或作兀，未可定也。今《尚书》作‘杌隉’，《周易》作‘劓刖’、作‘臲卼’，郑注字作‘倪伆’。许《出部》作‘槷䠷’，其文不同如此。”《周礼·考工记·轮人》：“轂小而长则柞，大而短则摯。”郑玄注引郑司农云：“摯读为槷，谓辐危槷也。”孙诒让《周礼正义》引戴震云：“槷同隉。”……“富而无涚”应即与前文之“恒争于富”相呼应。因此，像“富而没有边际、没有边涯”这类理解，是很不合适的。我认为，此“涚”字也应当读为“艺”。……

古书“无极”一语，其义大致可分为两类。一是“无穷尽、无边际”，《汉语大词典》“无极”条下第一义项即此，所举书证有，《左传·僖公二十四年》：“女德无极，女怨无终。”……一是“无准则”“无常法”“无定制”一类义，如《汉书·礼乐志》“刑罚无极”云云，亦即《诗经·卫风·氓》“士也罔极，二三其德”之“罔极”（同类用法的“罔极”《诗经》中数见）。……《左传·文公六年》“陈之艺极”，杜预注：“艺，准也。极，中也。贡献多少之法。传曰：‘贡之无艺。’又曰：‘贡献无极。’”实与此处注矛盾。当然，以上两义也并非截然无关。在讲“贪欲”或“藉敛”“贡献”之类的场合，“无艺”就其“意义”讲是“无准则、无常制”，但就其“事实”讲，则往往就是偏向“多”的一面，自然也就是“无边际、无止境”之类了。此亦其之所以容易被误解之故。

“心目无极”的“心目”，应是指心和眼睛的动作，亦即“心之所思”“目之所视”之类，合起来犹言“精力用心”；跟它搭配的“无极”，只能是上述第二类用法。精力用心没有准则常法，不用在应该用在的地方，其后果即“莫治庶难，莫恤邦之不宁”。由此，“富而无涚”之“涚”，读为“艺”解为“准则”，就比讲为“涯际”要好得多。《国语·鲁语上》：“今鱼方别孕，不教鱼长，又行网罟，贪无艺也。”《国语·晋语八》：“及桓子骄泰奢侈，贪欲无艺。”韦昭注皆谓：“艺，极也。”前引王引之说云，“皆谓无常法、无定制也”。简文“富而无艺”不是说富得没有边际，而是说在富这件事、这个方面，做事没有准则，即“恒（或‘极’）争于富”。此与“心目无极”两方面合起来，就造成下文所述“因此莫能止欲，而莫肯齐好”的不好情况。①

按：“稟”从整理者读为“富”，这里的“富”相对下文“甬（用）莫能歨（止）欲，而莫肎（肯）齐好”而言，指的是财用、器物的富绰。“涚”从陈剑说法读为“艺”，有准则的意思。

【19】甬（用）莫能歨（止）欲，而莫肎（肯）齐好

〇整理者：歨，用为“止”。《上海博物馆藏战国楚竹书（七）》之《凡物流行》有“和凥和气齐聖（声）好色”一语，此处“齐好”当与之同意。《小雅·小宛》“人之齐圣”，孔颖达疏：“中正谓齐。”“齐好”是统治者追求的一种理想境界。

〇“子居”：该句整理者读为“用莫能止欲，而莫肯齐好”。上句为支部韵，本句断于“好”处则成了“幽”部韵，而这样就失韵了，故笔者认为此句当读为“用莫能止，欲而莫肯齐”。与上句为“支”“脂”相押。“用莫能止”就是说不能自已，“欲而莫肯齐”就是说欲求无度而不肯静心庄敬。②

〇苏建洲：“用”是因果连词，可理解为因而、以致。③

按：“甬”，读为“用”，因果连词。《尚书·金縢》“乃命于帝庭，敷佑四方，用能定尔子孙于下地”，“用”字用法与之接近。“而”，递进连词，“而且”。④“肎”即“肯”，训为“能”。“齐”表“均齐”之义；“好”，表“好货”义，《左传·僖公二十九年》“冬，介葛卢来，以未见公故，复来朝。礼之，加燕好”，杜预注：“燕，燕礼也。好，好货也。”⑤“用莫能止欲，而莫肯齐好”则言：因而（君子）们不能抑止他们追求财物的欲望，而且他们也不肯均分财物。下文简9再次强调了财富分配的平均问题。

【20】尚亙₌（桓桓）敬孳（哉）

〇整理者：《尔雅·释言》：“庶几，尚也。”邢昺疏：“尚，谓心所希望也。”

---

① 陈剑：《战国竹书字义零札两则》，《出土文献与古文字研究》第10辑，上海古籍出版社，2022年，第114－117页。

② “子居”：《清华简〈芮良夫毖〉解析》，孔子2000网，2013年2月24日。

③ 苏建洲（“海天游踪”）：简帛论坛“简帛研读—清华简《芮良夫毖》初读”版块，简帛网，2013年2月1日。

④ 何乐士主编：《古代汉语虚词词典》，语文出版社，2006年，第107页。

⑤ 杜预注：《春秋左传集解》，第477页。

亟，与郭店简《缁衣》三二号简“亟”写法相同，读为“恒”。《易·序卦》：“恒者，久也。”

○黄杰：“亟”在楚简中多用为“极”。此处为合文，读为“极之”。上文简4“心目无极”，“无极”意为没有准则，此处“极之”意为“以……为准则”。“极之”与其下“敬哉”句式相同，且末字押韵（“之”“哉”均属之部），也可作为“亟₌”读为“极之”的佐证。上引简文读为：尚极之！敬哉！①

○高中华、姚小鸥：“尚桓桓”为经典用语。《尚书·牧誓》：“尚桓桓！如虎如貔，如熊如羆。”“尚”为希冀之辞。《尔雅·释言》：“庶几，尚也。”邢昺疏：“尚，谓心所希望也。”《鲁颂·泮水》“桓桓于征”，《毛传》：“桓桓，威武貌。”《周颂·桓》“桓桓武王”，《郑笺》训同。“尚桓桓，敬哉”，戒众人黾勉从事，毋敢懈怠。清华简《封许之命》“桓桓不敬，严将天命”，与简文意近。②

○朱德威：尚，读为当，应该。此句可与清华简五《封许之命》简3“趠₌（桓桓）丕敬，严将天命”相参。孟蓬生参考金文辞例，对“桓桓”进行了解释，可以参考。兹节略引述如下：“秦公镈：‘……穆穆帅秉明德，叡専（敷）明刑，虔敬朕祀，以受多福，协龢万民，唬（疑虔之讹字或误摹）夙夕，剌剌趠趠。’复封壶甲：‘戠（翼～禩）龏威（畏）諆（忌），不豙（弛）夙（夙）夜，从其政事，趠乍（将?）圣公命。’简文‘桓桓’与秦公镈‘趠趠’和复封壶之‘桓’用法相近，都是指作器者自己而言，若据传世文献解作‘威武’，不仅有自伐之嫌，而且与前文‘虔敬’‘勤勉’之语意不相谐调。《逸周书·谥法》：‘克敬勤民曰桓。’……清华简《封许之命》之‘桓桓不豙（弛）’与蔡侯申器之‘有虔不易（弛）’语意略同……”因此，“桓桓”似应理解为“虔敬”“勤勉”之类的含义。③

按：尚，表希冀。《逸周书·谥法解》：“可敬勤民曰桓。”《说文·心部》：“宪，敏也。”西周金文癲钟铭文“癲趠趠夙夕圣趚”的“趠趠”与井人妄钟“妄宪宪圣趚”的“宪宪”音近可通，表达的是同一个词，表示的正是“敬敏”

---

① 黄杰：《初读清华简〈芮良夫毖〉笔记》，简帛网，2013年1月5日。

② 高中华、姚小鸥：《清华简〈芮良夫毖〉疏证（上）》，第18页。

③ 朱德威：《〈芮良夫毖〉集释》，硕士学位论文，吉林大学，2017年，第70－71页。

一类的意思。[①] 简文这里的亟亟当读作“桓桓”，表示“敬敏”义。

【21】募（顾）皮（彼）逡（後）遉（复），君子而受柬，万民之咎

○整理者：《周礼·秋官·大司寇》“凡远近惸独老幼之欲有复于上”，郑玄注：“复，犹报也。”《尔雅·释诂》：“柬，择也。”邢昺疏：“简、柬音义同。”“咎”通“咎”。《论语·八佾》“既往不咎”，刘宝楠《正义》：“凡有所过责于人，亦曰咎。”

○马楠：此句上云“尚桓桓敬哉，顾彼后复”，下云“所而弗敬”。“尚”引领祈使句，为希冀之辞，“所而弗敬”以下言不尔则有危咎，所以“君子而受柬万民之咎”文意当与“尚桓桓敬哉，顾彼后复”相连。试读“柬”为“谏”，“受谏”见《荀子·修身》“好善无厌，受谏而能诫”，与“纳谏”义同。咎则训为聚，咎为见组幽部字，同在见组幽部的九声、丩声、求声字多有会聚义，如《说文》“勼，聚也”；“纠，绳三合也”；“逑，敛聚也”，此言君子纳谏，则为万民之聚所。[②]

○王坤鹏：应读作：“君子而受简万民之咎所、而弗敬。”柬，典籍通作简，《尔雅·释诂》上云：“柬，择也”。所，意指境地。《尚书·无逸》：“君子所其无逸”，郑玄曰：“所，犹处也。”又《论语·为政》“居其所而众星共之”，皇侃云：“所，犹地也。”此句意为：君子受万人所瞩目、为众矢之的，若其弗敬，就像重载而行于峭险之地而没有扶助之物。[③]

○杨鹏桦：“之×”可相当于“是×”。《吕氏春秋·期贤》：“吾君好正，段干木之敬；吾君好忠，段干木之隆。”许维遹引王念孙曰：“之，是也。”即解为“段干木是敬”“段干木是隆”。……值得注意的是，《诗经》下列文句可与“万民之咎”（“万民是咎”）并观：

既破我斧，又缺我銶。周公东征，四国是遒。（《豳风·破斧》）

不竞不絿，不刚不柔。敷政优优，百禄是遒。（《商颂·长发》）

---

① 谢明文：《从语法角度谈谈金文中“穆穆”的训释等相关问题》，谢明文《商周文字论集》，上海古籍出版社，2017年，第170－173页。

② 马楠：《〈芮良夫毖〉与文献相类文句分析及补释》，第77页。

③ 王坤鹏：《清华简〈芮良夫毖〉篇笺释》，简帛网，2013年2月26日。

……“四国是遒”即聚四国，“百禄是遒”即聚百禄。然则“万民之（是）窨”即“窨万民”，“窨”字用法与诸例之“遒”相类，表聚集义。“遒”上古属清纽幽部，“窨”之声符“咎”属群纽幽部，二者存在相通的可能。当然，马楠所列“有会聚义”的“见组幽部”诸字古音距“窨”更近，“窨”读“逑”的可能性最大。郭店《缁衣》简18—19“执我戟戟”，上博一《缁衣》作“执我戗戗”，“戗”从戈、咎省声；同篇简43“君子好戟”，《诗·周南·关雎》作“君子好逑”。故从“咎”得声之“窨”可读“逑”。《诗·大雅·民劳》：“民亦劳止，汔可小休。惠此中国，以为民逑。”毛传：“逑，合也。”郑笺：“合，聚也。”《民劳》为召穆公刺谏周厉王所作，与《芮良夫毖》性质类似，“民逑”正可佐证“万民之窨（逑）”的读法。……大意谓君子若接受谏言，则可逑聚万民。[①]

○曹建国：断句当为“君子而受柬，万民之窨”。其中“柬”读为“谏”，正其失也。《论语·八佾》：“遂事不谏。”刘宝楠《论语正义》：“《说文》：谏，证也。证者，正其失也。”“窨”读为咎，通“逑”。咎为见母幽部字，逑为群母幽部字，音近而通。逑，匹也，聚也。《诗·下武》之“王配于京，世德作求”、《大雅·民劳》之“惠此中国，以为民逑”、《尚书·康诰》之“用康乂民作求”，皆其例。简文“君子而受谏，万民之逑”，当与《国语·召穆公谏厉王弭谤》对读，君子能受谏则万民逑聚，厉王弭谤则致万民壅溃。[②]

○高中华、姚小鸥：“顾彼后复”，言所为皆有后报，怠惰恣睢，乃自取亡，必常顾念。整理者读“复”为以言语回复之“复”，不合文意。《大雅·抑》“无言不雠，无德不报”，清华简《尹诰》“厥辟作怨于民，民复之用离心”，与简文可相参看。……简文“咎”字可读为“逑”。《大雅·民劳》“惠此中国，以为民逑”，《毛传》：“逑，合也。”《郑笺》：“合，聚也。”“之”，语助，用法与“是”同。“君子而受谏，万民之逑”，言君子纳谏，则万民归聚之。[③]

○“子居”：“顾彼后复”当可与《大雅·桑柔》的“维彼忍心，是顾是复”

---

① 杨鹏桦：《清华简（叁）断读献疑三则》，《简帛研究》（2015秋冬卷），第33－34页。

② 曹建国：《〈芮良夫讼〉试论》，第20页。

③ 高中华、姚小鸥：《清华简〈芮良夫毖〉疏证（上）》，第18－19页。

来对观。①

○庞壮城：此句或可以读为“君子而受，柬（谏）万民之咎”，“而”字可读为“能”。……前后句可理解为“冀求持续恭敬之心，反复顾念，君王则能接受，选择人民之责备”。②

○李松儒：“君子而受柬”的“而”很可能是“不”的讹字。在楚简中也有“不”讹写为“而”的例子，如上博三《周易》简50“妇孕而□”，“而”字，马王堆帛书及今本《周易》皆做“不”。改释后的相关释文如下：“用莫能止欲，而莫肯齐好。尚（当）兢兢敬哉，顾彼后复（报）。君子而〈不〉受谏，万民之咎。御而弗敬，譬之若重载以行崝险，莫之扶埴（助），其犹不颠卬（倾）？”可以看出，这几句话的韵脚十分清楚，“好、报、咎”押幽部韵，“敬”与“卬（倾）”押耕部韵。③

按：整理者说法可参考，“复”可训为“报”，“顾彼后复”即言行事要考虑后果，言外之意是接续前句，强调要保持恭敬之心。“受柬”可能如马楠所说指受谏、纳谏。“窖”读为“逑聚”“逑合”的“逑”。“万民之窖”即逑聚万民，这是君子而受柬的结果。“而”的用法待考。

【22】所（御）而弗敬，卑（譬）之若童（重）载以行隋（崝）险

○整理者：所，职也。《经义述闻·诗》“爰得我直”条：“哀十六年《左传》‘固其所也’，《史记·伍子胥传》作‘固其职也’，是职与所同义。”职，此云居君子之职。“卑”通“譬”。“隋”当即“崝”之异体。《淮南子·缪称》“城峭者必崩，岸崝者必陁”，高诱注：“崝，峭也。”

○单育辰：《左传》之“所”可引申为“职”，并非本有义项。“所”应读为“御车”“御民”之“御”。《尊德义》简24“戸”，陈剑先生读为“御”，其字亦从“所”得声。又《周易·渐》“利御寇”之“御”，马王堆帛书《周易·六十四卦》即作“所”（第八十六行下）。④

○高中华、姚小鸥：“所”当训为“处”，本句指处君子之位。《尚书·无逸》

① 子居：《清华简〈芮良夫毖〉解析》，孔子2000网，2013年2月24日。

② 庞壮城：《清华简〈芮良夫毖〉释译》，《出土文献综合研究集刊》第1辑，巴蜀书社，2014年，第144页。

③ 李松儒：《谈清华简中“倒山”形字》，《文献语言学》第16辑，中华书局，2023年，第190页。

④ 单育辰：《清华三〈诗〉、〈书〉类文献合考》，第228页。此观点初见于简帛论坛“清华简《芮良夫毖》初读”版块，简帛网，2013年1月31日。

“君子所其无逸”，郑玄注：“所，犹处也。君子处位为政，其无自逸豫也。”“所而弗敬”，言君子处位当敬，否则，自取败亡。[①]

按：“所”，从单育辰说法，读为“御”，有抗拒、抵挡之义。“隋”可从整理者说法，读为“嶕”，训为“峭”。

【23】莫之敍（扶）退（助）[②]，亓（其）由不遏（颠）倾

○整理者：“由”通“犹”。“丁”［编按：字形为］[③] 上字疑为“遻”［编按：字形为］，通“躐”。《后汉书・崔骃传》“则躐缨整襟，规矩其步”，李贤注：“《史记》曰：‘摄缨整襟。’华峤书‘躐’作‘摄’也。”引申表示收敛。“丁”字此处疑读为“停”。《庄子・德充符》“平者，水停之盛也”，郭庆藩《集释》：“停，止也。”

○王瑜桢：“敍”可释为“辅”，《小雅・正月》“其车既载，乃弃尔辅”，毛传：“大车重载，又弃其辅。”孔颖达疏：“为车不言作辅，此云‘乃弃尔辅’，则辅是可解脱之物，盖如今人缚杖于辐以防辅车也。”可见“辅”是“载重”时必需要的辅助物件，与本篇“譬之若重载以行嶕险，莫之辅导”所叙述的内容完全吻合。[④]

○赵平安：“君子而受柬万民之咎，所而弗敬，卑之若童（重）载以行嶕险，莫之扶道（导），其由不遻（摄）丁。”“丁”读为“停”。[⑤]“”应释为“亭”的专字，很可能是“亭”的象形初文。[⑥]

○蔡伟：清华简《皇门》作：“卑（譬）女（如）戎夫，乔（骄）用从肣（禽），亓（其）由（犹）克又（有）只（获）？”《芮良夫毖》“卑之若……其由”与《皇门》“卑（譬）女（如）……亓（其）由（犹）”的句式相同。又《尚书・盘庚》曰：“若火之燎于原，不可向迩，其犹可扑灭？”“若……其犹”的句式也与《芮良夫毖》“卑之若……其由”的句式相近。《芮良夫毖》的这一段话应该

---

① 高中华、姚小鸥：《清华简〈芮良夫毖〉疏证（上）》，第19页。

② 编按：该字整理者释为“道”，读为“导”。

③ 整理者释为“丁”，笔者从李松儒意见释为“倾”。

④ 王瑜桢：《〈清华大学藏战国竹简（叁）・芮良夫毖〉释译》，2013年。

⑤ 赵平安：《“京”“亭”考辨》，中国古文字研究会第十九届学术年会论文，2012年12月，正式发表于《复旦学报（社会科学版）》2013年第4期，第92页。

⑥ 赵平安：《再论所谓倒山形的字及其用法》，《深圳大学学报（人文社会科学版）》2014年第2期，第52页。

作：“君子而受柬万民之咎，所而弗敬，卑（譬）之若童（重）载以行崝险，莫之扶道（导），其由（犹）不邋丁?”“邋”是可以用本义来解释的。《说文》：“邋，搚也。”可知“邋”就是折断的意思。这句话的意思大概是说：“譬如重载以行峻险之地，若不加以扶助，难道还会不折断而停止吗?（意思是肯定会折断而停止的。）”其所“折断”的当然是指车或车上某一具体的部件，如车轴之类。[1]

〇李学勤：这个字，则依楚文字常规，在其中央竖笔上面加饰笔小横，于是成为我们看到的形状，应视为“丁”字的一种变体。……“丁”在此与“敬”字押韵，而应读为端母真部的“颠”，系通转。“丁”，《尔雅·释诂》及《诗·云汉》传：“当也。”……“丁”字在简文里也训当。[2]

〇郭永秉：所谓“邋”字，上部是正、倒两个人形（与“化”字无关），下部实是“鼎”旁的一种省变写法。从字形上说，这个字显然应当释为从“辶”从“傎”声之字。……全字似可径释为上博简《周易》简24、25等、《郑子家桑》甲本、乙本简4所见的“遉”。……“遉”字从辶真声，疑即“颠覆”“颠倒”之“颠”的本字，……用为“颠”。[3]

〇侯乃峰：此字当是一个变体（改变“山”字的书写方向）表意字，应释为“阜”字。……阜，上古音在並母幽部；覆，上古音在滂母觉部；二字声母同属唇音，韵部阴入对转，古音极其接近。“阜”读为“覆”，从读音上说是没有问题的。[4]

〇贾连翔：诸家对句中所谓“道”字的释读似并无异议，……细审字形，除去“辵”的部分并非“首”，而与楚文字中增加饰笔的“且”旁相合，比如与本篇属同一书手的《祭公》中的“且”就写作“”，又《廼命二》中从且的“祖”字也写作“”。故此字当释为“逌”。《说文》：“逌，往也。”或体作“徂”。“莫之枤（扶）逌”句意为如果没有辅助就去前往。[5]

---

① 蔡伟：《读新见的出土文献资料札记二则》，复旦大学出土文献与古文字研究中心网，2012年12月24日。

② 李学勤：《关于清华简中的“丁”字》，《初识清华简》，中西书局，2013年，第186－187页。

③ 郭永秉：《释清华简中倒山形的“覆”字》，《中国文字》新39期，艺文印书馆，2013年，第77－87页。此文初稿见于郭永秉（“丁若山”）《读清华三悬想一则》，简帛网，2013年1月12日。

④ 侯乃峰：《战国文字中的“阜”》，《贵州师范大学学报（社会科学版）》2017年第1期，第121－122页。该文初稿见于侯乃峰《清华简（叁）所见“倒山形”之字构形臆说》，简帛网，2013年1月14日。

⑤ 贾连翔：《浅谈竹书形制现象对文字识读的影响——以清华简几处文字补释为例》，《出土文献》2020年第1期，第86页。此文初稿发表于李学勤先生学术成就与学术思想国际研讨会，2019年12月。

○李松儒：“退”可读为“助”，“助”和“退”都从“且”得声。“扶助”一词典籍多见，如《白虎通·乡射》“所以扶助微弱而抑其强”、《释名·释亲属》“夫，扶也，扶助其君也”。《芮良夫毖》简6的“扶助”其实指的就是简5“君子而〈不〉受谏，万民之咎”的“受谏”。……楚简中常常用多个写法表示同一个词，所以用“退”表示“助”毫不奇。……这几句话的韵脚十分清楚，“好、报、咎”押幽部韵；“敬”与“𠁥（倾）”押耕部韵。再结合《殷高宗问于三寿》简7、睡虎地秦简《为吏之道》简11的头字来看，它们就是一个从“𠁥”从“聖”、一个从“山”从“顷”的双声字。那么，《芮良夫毖》“𠁥”字确实只能释为“倾”，造字之义是象山倾覆之形，而不能释为“覆”。《淮南子·原道》“持盈而不倾”，高诱注：“倾，覆也。”《大雅·瞻卬》“哲妇倾城”，朱熹《诗集传》：“倾，覆。”“倾”和“覆”的意思非常相近，但它的意义比“覆”还要广泛一些，也包括有倾仄、倾斜的意思。所以简文用“颠倾”来指车的颠覆、倾侧是非常合适的。[1]

○杨鹏桦：此段当断读作“君子而受柬（谏），万民之窨（逑）；所（御）而弗敬，譬之若重载以行崝险，莫之扶导，其犹不颠（覆）?”大意谓君子若接受谏言，则可逑聚万民；御民若不敬，则如载重行险而无所扶导，岂有不颠覆之理?[2]

按：“莫之敖退”宾语前置，即“莫扶助之”。“敖”读作“扶”，“退”读作“助”。“”当参考裘锡圭、邬可晶和李松儒等人意见[3]，从“辵”从“偵”声，读为“颠”。鉴于“敬”与“𠁥”可能押耕部韵，“”字当从李松儒的意见，释为耕部的“倾”。

敬哉（哉）君子！恪哉（哉）母（毋）巟（荒），畏天之隆（降）载（灾），恤邦之不㵘（臧）[24]。【六】母（毋）自縱

① 李松儒：《谈清华简中“倒山”形字》，第192－193页。

② 杨鹏桦：《清华简（叁）断读献疑三则》，第34页。

③ 郭永秉《释清华简中倒山形的“覆”字》文中已经提到邬可晶主张该字读为“倾”，裘锡圭怀疑是“倾”字初文。参见郭永秉《释清华简中倒山形的“覆”字》，《中国文字》新39期，艺文印书馆，2013年，第85－86页。

（纵）于熍（逸）以嚣（傲）[25]。不惷（图）戁（难），覍（变）改祟（常）絉（术）[26]，而亡（无）又（有）絽（纪）綂（纲）[27]。此悳（德）型不齐，夫民甬（用）惪（忧）愓（伤）[28]。民之【七】偿（散）矣，而隼（谁）啻（适）为王[29]？皮（彼）人不敬，不蓝（鉴）于顕（夏）商。

【24】恪孳（哉）母（毋）巟（荒），畏天之隆（降）载（灾），恤邦之不䁆（臧）

〇整理者：䁆，从贝爿声，读为“臧”。

〇高中华、姚小鸥：《诗经·商颂·那》“执事有恪”，《毛传》：“恪，敬也。”“毋荒”，典籍通常作“无荒”。《唐风·蟋蟀》“好乐无荒”，《毛传》：“荒，大也。”“大”与“淫”意相近，指过度。《左传·襄公二十七年》载印段赋《蟋蟀》，赵文子论之曰：“乐而不荒。乐以安民，不淫以使之。”正以“不淫”申说“不荒”。“乐而不荒”，言康乐而有度。“好乐无荒”意同。“恪哉毋荒”，言恪敬天命，慎毋逸乐过度。或释“荒”为“怠荒”，乃引申之义。……“邦之不臧”，犹言邦之不宁。①

按：《尔雅·释诂下》：“恪，敬也。”“荒”可训为“慌乱”“迷乱”。《唐风·蟋蟀》“好乐无荒”，郑笺：“荒，废乱也。”“臧”可训为“善”。邦之臧、不臧的说法也见于《尚书·盘庚》“邦之臧，惟汝众。邦之不臧，惟予一人有佚罚”。

【25】母（毋）自縱（纵）于熍（逸）以嚣（傲）

〇整理者：“嚣”通“遨”。《文选·嵇康〈琴赋〉》“以遨以嬉”，李周翰注：“遨，游。”《文选·宋玉〈高唐赋〉》“当年遨游”，李周翰注：“遨游，戏也。”

〇曹建国：《尔雅·释言》：“嚣，闲也。”郭璞注“嚣然，闲暇貌。”相同文例如《小雅·十月之交》“我不敢效我友自逸”。②

① 高中华、姚小鸥：《清华简〈芮良夫毖〉疏证（上）》，第21－22页。
② 曹建国：《清华简〈芮良夫訬〉试论》，第20页。

〇白于蓝："嚣"似当读作"傲"。"傲"字古有轻慢、不敬之义。①

〇高中华、姚小鸥："嚣"，读为"敖"，倨傲。敖字今作"傲"，经传多作"敖"。《礼记·曲礼》"敖不可长"，《孔疏》："敖者，矜慢在心之名。""不敖"为君子美德。《诗经·小雅·桑扈》"彼交匪敖，万福来求"，言不侮慢，不倨傲，则福禄来聚。《周颂·丝衣》"不吴不敖，胡考之休"，言不喧哗，不傲慢，则可得寿考之福。……或读"敖"为"遨"，训"游"，于义未惬。②

按："嚣"读作"傲"，有"倨傲"义。"以傲"是"自纵于逸"的后果。

【26】不惹（图）戁（难），皃（变）改祟（常）絉（术）

〇整理者："絉"，通"术"。《国语·晋语六》"尽戒之术也"，韦昭注："术，道也。"

〇高中华、姚小鸥："图"，《尔雅·释诂》："谋也。""敖不图难"，谓倨傲怠惰而不思救患。③

〇白于蓝：［句读为"以嚣（傲）不（丕）惹（图），戁（悍）皃（变）改祟（常）"］，"不（丕）惹"亦即"大谋"。"大谋"一词典籍习见，兹不赘举。简文"以嚣（傲）不（丕）惹（图）"即轻慢或不敬大谋之义。戁于此似当读作"悍"。"悍"字有强、急之义。……"戁（悍）皃（变）改祟（常）"应即悍然变易天常，改动旧法之义。④

按：图难，《汉书·冯奉世传》"奉世图难忘死"，颜师古注："图难，谋除国难也"。⑤ 常术，即常道。

【27】而亡（无）又（有）絽（纪）統（纲）

〇整理者："統"字释读参见陈剑《试说战国文字中的写法特殊的亢和从亢诸字》。纪纲，指法度。崔瑗《座右铭》："世誉不足慕，唯仁为纪纲。"

〇白于蓝：现在"常"字下断句，押阳部韵，则"絉"似当读作"秫"。《广

---

① 白于蓝认为6－8号押阳部韵，重新断读为："敬哉君子！恪哉毋荒，畏天之降灾，恤邦之不臧。毋自纵于逸，以傲丕图，悍变改常，术而无有纪纲。此德刑不齐，夫民用忧伤。民之残矣，而惟啻为王，彼人不敬，不鉴于夏商。"详见白于蓝《清华简〈芮良夫毖〉6—8号简校释》，《古文字研究》第31辑，中华书局，2016年，第346页。

②③ 高中华、姚小鸥：《清华简〈芮良夫毖〉疏证（上）》，第22页。

④⑤ 白于蓝：《清华简〈芮良夫毖〉6—8号简校释》，第347－348页。

⑤ 班固著，颜师古注：《汉书》，中华书局，1964年，第3301页。

雅·释诂四》：“疾，狂也。”……“絉（疾）而亡（无）又（有）絽（纪）統（纲）”即狂而没有纪纲之义。[5]

按：整理者意见可从。

【28】此悳（德）型不齐，夫民甬（用）憂（忧）惕（伤）

〇王坤鹏：齐，义为中正。《诗经·小雅·小宛》“人之齐圣”，毛《传》：“齐，正也”，孔颖达疏：“中正谓齐”。“德刑不齐”意为德刑紊乱，与简21“政命德刑各有常次”之意恰相反。周代文献中关于慎刑罚之说很多，如《康诰》云：“克明德慎罚”“敬明乃罚”，《吕刑》云：“故乃明于刑之中”等。[1]

〇邬可晶：“悳（德）型不齐”（7号简）、“悳（德）型态（整理者读‘怠’）絉（整理者读‘惰’，或读‘坠’）（19号简），而欲“和悳（德）定型”（18号简），使“政命悳（德）型各有祟（常）㳄（次）”（21号简）。“德型”之“型”，整理者一律括注为“刑”，学者们似无异议。古书中的“德刑”“刑德”，一般指赏与罚或教化与刑罚。但7号简“德型不齐”承“亡（无）又（有）纪纲”而言，上文未引出的见于22号简的“德型”，且与“罚”对举，恐非“赏罚”或“教化与刑罚”之谓。《左传·襄公二十八年》记子产论“大适小，有五美”，与“宥其罪戾”“赦其过失”“救其菑（灾）患”并举者，有“赏其德刑”一条，杜预注：“刑，法也。”杨伯峻先生解释说：“有德可则，有刑可范。”可“法”“范”之“刑”即“型”。简文的“德型”应与《左传·襄公二十八年》的“德刑”同意，“型”就当“型范”讲，不必读为刑罚之“刑”。从全诗看，周邦“德型”的种种混乱现象，根本上是由“厥辟、御事，各营其身”（1号简）所造成的。[2]

按：如邬可晶所言，“德型不齐”即德型不正。此处的“型”并非刑罚意义上的“刑”，而是“型范”意义上的“型”。“德型不齐”强调的是在西戎侵扰的时局下，“德”所代表的族群规范，特别是具体的法度，处于混乱不定的状态，导致民众深受其害。[3]“甬”可读作“用”，表因果连词。“此悳（德）型不齐，夫民甬（用）憂（忧）惕（伤）”，即言德型不正，处于混乱状态，百姓因此忧伤。

---

① 王坤鹏：《清华简〈芮良夫毖〉篇笺释》，简帛网，2013年2月26日。
② 邬可晶：《“咸有一德”探微》，《出土文献与中国古典学》，中西书局，2018年，第156页。
③ 黄甜甜：《清华简所见西周“德”观念发微》，《哲学与文化》2021年第3期，第71页。

【29】民之俴（散）矣，而隼（谁）啻（适）为王

〇整理者："啻"通"帝"。

〇曹方向：简文讲德刑不齐，百姓遭殃。下句不当忽然说"民贱"。整理者读为"贱"的字，简文写作从人从戋，疑读为"残"。啻读为"适"。简文通读为"民之残矣，而谁适为王"。谓百姓残灭凋敝散亡，谁能一个人称王？下句说"彼人不敬，不监于夏商"，夏商已失去民心而亡，所谓"此日曷丧，与汝偕亡"，又曰"独夫纣"，皆指没有百姓之后，不能做真正的王了。①

〇王坤鹏："俴"字亦见简17，彼处整理者释作残，此处亦当释为残。俴从戋声，上博简《容成氏》简41："于是乎亡宗戮族戋（残）群焉"，戋读为残。"残民"，典籍常见，如《左传·宣公二年》云"残民以逞"。"惟啻为王"为倒装句式，当为"为王惟啻"。望山楚简M1简77云："……南方有敚与啻，啻见……"，望山简整理者认为"啻"疑当读为"谪"。清华简此字或亦当读为谪。谪，作为动词有责罚意，作为名词，谪有过失之意。"民之残矣"正是由于王者行事有过失的原故。②

〇王瑜桢：［编按：字形为］原考释隶"隹"读"谁"，承陈剑老师提点"隹"下有一横笔，依形当隶为"隼"，读为"谁"。③

〇白于蓝：典籍中有"民残"一词，《左传·昭公二十年》："政宽则民慢，慢则纠之以猛。猛则民残，残则施之以宽。"《战国策·齐策五》："夫士死于外，民残于内，而城郭露于境，则非王之乐也。"均其例。至于"啻"字，……该字于此似当读作"谪"或"责"。……"民之俴（残）矣，而隹（惟）啻（谪或责）为王"是讲百姓残伤，就会谴责其王。④

〇高中华、姚小鸥：曹方向先生释字正确，释义则有可商。"適"当读为"是"。《诗经·小雅·伐木》第四章"宁適不来，微我有咎"，"適"，阜阳汉简《诗经》S142作"是"。上古音"是"字禅母支部，"適"字书母锡部。支锡对转，书禅旁纽，故得通借。……"民之残矣，而谁適为王"，乃芮良夫责问执政君子：

① 曹方向（"鱼游春水"）：简帛论坛"简帛研读"版块，简帛网，2013年1月5日。
② 王坤鹏：《清华简〈芮良夫毖〉篇笺释》，简帛网，2013年2月26日。
③ 王瑜桢：《〈清华大学藏战国竹简（叁）·芮良夫毖〉释读》，第187页。
④ 白于蓝：《清华简〈芮良夫毖〉6—8号简校释》，第348页。

民人残灭，我等为谁而王耶！又篇末，“民多艰难，我心不快”。皆述重民之意。《诗》《书》等经典文献表明，周人的执政理念中，以保民为首务。①

按：“俴”当可读为“散”。“戔”在从母元部，“散”在心母元部，楚文字中不少“戔”有读为“散”的习惯，例如《容成氏》简41“于是乎樊宗鹿族戔群焉备”的“戔”以读为“散”最为合适。② 古书多有“民散”的说法，如《论语·子张篇》：“孟氏使阳肤为士师，问于曾子。曾子曰：‘上失其道，民散久矣。如得其情，则哀矜而勿喜。’”比较而言，简文这里强调的是百姓的离散，而不是残灭。因此，“俴”读为“散”较为合适。

“隹”可读为“谁”。“啻”，可参考曹方向意见，读为“适”。“民之散矣，而谁适为王”即是说（如果）百姓逃亡四散，谁还适合为王？这是对周厉王的儆毖之辞。

心之惪（忧）矣，楚（靡）所告眔（怀）[30]。佳（兄）俤（弟）慝矣[31]，忈（恐）不和【八】埙（顺）[32]。屯员（云）圂（满）溢（溢）[33]，曰余（予）未均[34]。凡百君子，返（及）尔（爾）聿（荩）臣。[35]疋（胥）收（纠）疋（胥）由（迪），疋（胥）桼（穀）疋（胥）埙（均）[36]。民不日幸[37]，尚【九】惪（忧）思。

【30】楚（靡）所告眔（怀）

○整理者：眔，读为“怀”。《说文·心部》：“怀，念思也。”

按：靡所告怀，即无人可倾诉心意。这是针对下文兄弟失和而言。

【31—32】佳（兄）俤（弟）慝矣，忈（恐）不和埙（顺）

○整理者：《孟子·梁惠王下》“民乃作慝”，朱熹《集注》：“慝，怨恶也。”［读“埙”为“均”］《小雅·皇皇者华》“六辔既均”，毛传：“均，调也。”

---

① 高中华、姚小鸥：《周代政治伦理与〈芮良夫毖〉“谁適为王”释义》，《文艺评论》2016年第9期，第41－42页。

② 邓少平：《试说楚简中读为“散”的“戔”字》，《中国文字研究》第17辑，上海人民出版社，2013年，第36－38页。

○王坤鹏：这里的“兄弟”，指来自贵族家族内部的政治力量。《诗经·思齐》说文王“刑于寡妻，至于兄弟，以御于家邦”，家族内的兄弟构成了周王朝政治的重要支柱。①

○苏建洲：均应读为“顺”。“旬”与“川”有通假例证，如《子羔》08“采诸甽（畎）亩之中”。《容成氏》14“以三从舜于旬（畎）亩之中”，可见“旬”与“川”可以通假，而“川”常读为“顺”，则简文应该读为“兄弟慝矣，恐不和顺”。《论语·子路》：“子路问曰：‘何如斯可谓之士矣？’子曰：‘切切偲偲，怡怡如也，可谓士矣。朋友切切偲偲，兄弟怡怡。’”马融曰：“切切偲偲，切责之貌也。怡怡，和顺之貌也。”正可见兄弟以“和顺”为美德。②

○高中华、姚小鸥：“慝”，读为同音之“忒”。《尚书·洪范》“民用僭忒”，《汉书·王嘉传》引“忒”作“慝”。《广雅·释诂》：“忒，差也。”王念孙《广雅疏证》：“《尔雅》‘爽，差也’，‘爽，忒也’。郭璞注云：‘皆谓用心差错不专一。’”“兄弟忒矣”，言兄弟不能同心。③

○冯胜君：在上博简中，“尼”或从“尼”声之字，均从“匚”得声。……“匚”声与“匿”声关系亦十分密切。“匚”为匣纽支部字，“阋”为晓纽锡部字，匣、晓二纽均为喉音，支、锡为严格的阴、入对转的关系，故“匚”“阋”古音非常接近，而“匚”声与“匿”“尼”声关系密切，故将“慝”读为“阋”当可成立。……《小雅·常棣》：“兄弟阋于墙，外御其侮。”毛传：“阋，很也。”孔疏：“很者，忿争之名。”《国语·周语上》：“古人有言曰：‘兄弟谗阋，侮人百里。’周文公之诗曰：‘兄弟阋于墙，外御其侮。’若是则阋乃内侮，而虽阋不败亲也。”“兄弟慝（阋）矣”，即兄弟之间产生纷争；“恐不和均”，“和均”当训为协调、谐和。应劭《风俗通·正失·乐正后夔一足》：“和均五声，以通八风。”“兄弟慝（阋）矣，恐不和均”意即兄弟纷争，恐将导致不和谐合睦。从文义看，是十分顺畅的。④

---

① 王坤鹏：《清华简〈芮良夫毖〉篇笺释》，简帛网，2013年2月26日。

② 苏建洲：《〈清华三·芮良夫毖〉研读札记》，第47页。

③ 高中华、姚小鸥：《清华简〈芮良大毖〉疏证（上）》，《中国诗歌研究》第14辑，社会科学文献出版社，2017年，第25页。

④ 冯胜君：《读清华简〈芮良夫毖〉札记》，《汉语言文字研究》第1辑，上海古籍出版社，2015年，第184－185页。

按：“慝”读为“阋”，较为合理。“均”可读为“顺”。这里的“和均（顺）”是相对下文兄弟间为财富不均而导致的纷争而言。

【33—34】屯员（云）圂（满）溢（溢），曰余（予）未均

○整理者：《易·比》“有孚盈缶”，李鼎祚《集解》引虞翻曰：“屯者，盈也。”《广雅·释诂一》：“屯，满也。”《吕氏春秋·审时》“其粟圆而薄糠”，高诱注：“圆，丰满也。”屯、圆、满、溢，近义连用。“余”通“予”。《淮南子·本经》：“予之与夺也”，高诱注：“予，布施也。”《荀子·富国》“忠信调和均辨之至也”，杨倞注：“均，平均。”

○黄杰：“屯”当理解为皆，“员”当读为“云”。……“屯云”即皆云、都说。“予”，整理报告解为布施。今按：解为给予、赐予似更准确。“屯云满溢，曰予未均”承前“兄弟慝矣，恐不和顺”，大意是兄弟们都说财物多得满溢，赐予却不平均。“云”“曰”同义换用，以避免重复。[①]

○高中华、姚小鸥：“余”，舒也。《尔雅·释天》：“四月为余。”《诗经·小雅·小明》孔颖达《疏》引李巡曰：“四月，万物皆生枝叶，故曰余。余，舒也。”又借为“除”。上引《尔雅·释天》“四月为余”，郑玄笺《诗》作“四月为除”。《小雅·天保》“何福不除”，除亦余之假借。“何福不除”，言上天降福，无不舒布。整理者读“余”为“予”，训为“布施”，稍嫌迂延。“屯云满溢，曰余未均”，言屯聚已极，而施布未均。[②]

按：“屯”可训为“皆”。[③] “员”可读为“云”，郭店简《缁衣》“《大夏（雅）》云”，“云”在上博本作“员”。《孝经·诸侯章》“制节谨度，满而不溢”，郑玄注：“奢泰为溢。”[④] 满溢，充盈丰厚而显得泰奢。“员（云）”和“曰”，都是言语的意思。

“屯员（云）圂（满）溢（溢），曰余（予）未均”意谓兄弟相互指责对方泰奢，慨叹自己分配的不够平均。

---

① 黄杰：《清华简〈芮良夫毖〉补释》，第7－8页。

② 高中华、姚小鸥：《清华简〈芮良夫毖〉疏证（上）》，第26页。

③ 朱德熙：《说“屯（纯）”“镇”“衠”》，《朱德熙古文字论集》，中华书局，1995年，第173－175页。对“屯”“皆”语义特征之别的详细辨析，参见宋华强《先秦出土文献总括词“屯”的再考察》，《“中央”研究院历史语言研究所集刊》第96本第1分，2025年，第1－33页。

④ 李隆基注，邢昺疏：《孝经注疏》，北京大学出版社，2000年，第10页。

【35】凡百君子，彶（及）尔（爾）肆（荩）臣

〇整理者：《大雅·文王》“王之荩臣，无念尔祖”，朱熹《集传》：“荩，进也。言其忠爱之笃，进进无已也。”

〇马楠：“荩臣”之“荩”，《尔雅·释诂》、毛传、郑笺皆训为“进”，谓“王之进用臣”（郑笺），后代注家多同此说。而“荩”字《方言》中另有训诂“余也”，即用作“烬”之通假字。清华简《皇门》云：朕遗父兄罘朕俳（荩）臣。“荩臣”与“遗父兄”平列，是“荩臣”谓前代、先王之遗臣无疑。据此《文王》诗云：

> ……文王孙子，本支百世。凡周之士，不显亦世。
>
> ……假哉天命，有商孙子。商之孙子，其丽不亿。上帝既命，侯于周服。
>
> 侯服于周，天命靡常。殷士肤敏，祼将于京。厥作祼将，常服黼冔。王之荩臣，无念尔祖。
>
> 无念尔祖，聿修厥德。永言配命，自求多福。殷之未丧师，克配上帝。宜鉴于殷，骏命不易。

“假哉天命”以下说殷未丧众时，克配上帝。天命不常，上帝弃商，降天命于周，商之子孙遗民服事于周廷。故而“王之荩臣，无念尔祖”是告诫殷遗臣无念尔祖，天命既改，当修德以配天命。告诫对象是“有商孙子”而非“文王孙子”，“荩臣”释为遗臣文义乃顺，与“王之进用臣”并无关系。又《韩诗外传》卷三“《诗》曰‘有瞽有瞽，在周之庭’，纣之余民也”，与“殷士肤敏，祼将于京”文义相类，“荩臣”与“余民”义亦相类。据此，清华简《芮良夫毖》“凡百君子，及尔肆（荩）臣”之“荩臣”亦当释为先王遗臣，与“凡百君子”相别。[1]

按：马楠说法可参考，“荩臣”偏指先王遗臣。

① 清华大学出土文献读书会：《清华6整理报告补正》，清华大学出土文献研究与保护中心，2016年4月16日。

【36】疋（胥）收（纠）疋（胥）由（迪），疋（胥）禁（縠）疋（胥）㺶（均）

〇整理者：《尔雅·释诂》："胥，相也。""收"通"纠"，匡正。由，《广雅·释诂二》："助也。"禁，"縠"之异体。《小雅·小弁》"民莫不縠"，郑笺："縠，养。"均，调和。

〇马楠："胥禁"与《大雅·桑柔》"朋友已谮，不胥以谷"相类，郑玄笺："縠，善也。"①

〇王坤鹏："胥收"的对象是下文中的民，民众不会一定犯错，因此谈不到匡正。"收"当作原读，义同受。《诗经·周颂·维天之命》"我其收之"，朱熹《诗集传》云"收，受"。"由"读作迪，意为导。《尚书·大诰》"弗造哲迪民康"，"迪民康"，意为导民于安康。又《尚书·酒诰》云："惟曰我民迪"，亦是导民之意。此句意为：收受民众，引导他们，养育他们，使他们和顺。②

〇苏建洲："縠"应解为"善"。《诗·小雅·黄鸟》："黄鸟黄鸟，无集于縠，无啄我粟。此邦之人，不我肯縠。"毛传："縠，善也。"郑玄笺："云不肯以善道与我。"《诗·大雅·桑柔》："朋友已谮，不胥以縠。"郑玄笺："縠，善也。"其次，"㺶"字亦应读为"顺"，顺应也。《汉书·游侠传》："百官有司奉法承令，以修所职，失职有诛，侵官有罚。夫然，故上下相顺，而庶事理焉。""相顺"犹"胥顺"，"上下相顺"可为本简读为"凡百君子，返（及）尔（爾）𦘔（荩）臣……胥㺶（顺）"的证据。"胥縠胥顺"是说百君子及其荩臣以善道相待相助，互相顺应，不起争执。③

〇黄杰："由"应当读为"导"。……"导"即引导。禁，读为"告"。④ 从文意看，"收""由""禁""㺶"很有可能是一组近义词，读为"纠""导""告""训"恰好能够符合这一特点。上古文献中这四个词有一些并用之例……"疋（胥）收（糾）疋（胥）由（導），疋（胥）禁（告）疋（胥）㺶（训）"即相互纠正、引导、告谕、训诫，这种相互督促纠正的建设性关系正是"君子""𦘔

① 马楠：《〈芮良夫毖〉与文献相类文句分析及补释》，第76页。

② 王坤鹏：《清华简〈芮良夫毖〉篇笺释》，简帛网，2013年2月26日。

③ 苏建洲：《〈清华三·芮良夫毖〉研读札记》，第48页。

④ 此说原为苏建洲（"海天游踪"）简帛网论坛2013年1月26日的观点，正式发表的《清华简〈芮良夫毖〉初读》已经放弃此说。

臣”们彼此之间的理想状态。①

〇高中华、姚小鸥：“收”或训“恤”。《说文·心部》：“恤，忧也，收也。”……“胥收胥由，胥穀胥均”两句戒兄弟相恤，和衷共济。与上文“兄弟忒矣，恐不和均”相呼应。②

按：“胥”从整理者训为“相”，有相互之义。“收”通“纠”，匡正。由，可读为“迪”，有引导、开导义。豢，“穀”之异体。穀，训为“善”。“坸”，读为“顺”，有顺平义。“疋（胥）收（纠）疋（胥）由（迪），疋（胥）豢（穀）疋（胥）坸（均）”，言相互匡正相互引导，相与为善并互相顺平。

【37】民不日幸，尚慐（忧）思

〇整理者：《大戴礼记·诰志》“天曰作明，日与，惟天是戴”，孔广森《补注》：“日，犹日日也。”

〇高中华、姚小鸥：“民”即人，非专指庶民。“幸”，侥幸之意。《说文·夭部》：“幸，吉而免凶也。从逆从夭。夭，死之事。”“尚”，希冀之辞。参见第三章“尚桓桓”注。“思”，句末语气词。《大雅·抑》“神之格思，不可度思，矧可射思”。《周颂·赉》“於绎思”。诸“思”字用法相同。“民不日幸，尚忧思”，言（今兹内忧外患）我等岂有幸免除祸患？诸位庶几恤之哉！③

按：民，指的是较为底层的贵族。“民不日幸”是说上层的贵族（君子）相争，底层之民每日都不幸。尚，表希冀。“民不日幸，尚慐（忧）思”，仍然是芮良夫对君子的儆毖之辞。

殹先人又（有）言[38]，则畏（威）蠹（虐）之[39]。或因斩椅（柯），不远亓（其）恻（则）[40]。母（毋）濩（害）天棠（常）[41]，各堂（尚）尔惪（德）[42]。寇（寇）戎方晋，【一〇】悬（谋）猷佳（惟）戒[43]，和剸（专）同心[44]，母（毋）又（有）相放（饰）[45]。恂求又（有）忞（才），聖智恿（勇）力[46]。必罙（探）亓（其）尾（度），以暴（貌）亓（其）胷

① 黄杰：《清华简〈芮良夫毖〉补释》，第9页。

②③ 高中华、姚小鸥：《清华简〈芮良夫毖〉疏证（上）》，第27、28页。

(状)[47]，身与【一一】之语，以求亓（其）上[48]。

【38】殹先人又（有）言

〇整理者：“殹”通“繄”。

〇王坤鹏：疑“则威虐之”前书手漏书一句。《诗经》中亦有引用先人言论之例，《大雅·板》云：“先民有言：‘询于刍荛’”。下文简25、26亦云“民亦有言：谋无小大，而器不再利，屯可与忨，而鲜可与惟”，亦是四句。①

〇高中华、姚小鸥：“繄”，句首发语词，亦含有一定实义。在此表示伤痛，与“噫”字用法相近。《左传·隐公元年》记郑庄公之言：“尔有母遗，繄我独无。”“繄”字用法与此类似。……“繄先人有言，则威虐之”，伤其蔑弃先人之言。②

按：殹，此处用作指示词。③“畏（威）蠚（虐）之”在文意上无所承接，“殹先人又（有）言”之后可能有阙文。

【39】则畏（威）蠚（虐）之

〇整理者：“蠚”通“虐”。《广雅·释诂三》：“虐，恶也。”《论衡·谴告》：“威、虐，皆恶也。”

〇王瑜桢：“畏虐”二字疑可读为“畏戒”。“虐”上古音属疑母药部，“戒”上古音属见母职部，二字声近，韵可旁转（《古音学发微》1065）。“畏戒”一辞见《汉书·五行志》“始皇不畏戒自省”。④

〇庞壮城：“则”字，通“贼”。可译成“先人有言，害仁者（贼）恶之；有的人因袭《诗·伐柯》，便不会远离道德原则”。⑤

按：“殹先人有言”和“则威虐之”两句之间可能有阙文，难以判断“蠚”字读法。如果没有阙文，王瑜桢读法可参考。

【40】或因斩椅（柯），不远亓（其）恻（则）

〇整理者：这两句参看《豳风·伐柯》：“伐柯伐柯，其则不远。”斩、伐同义

① 王坤鹏：《清华简〈芮良夫毖〉篇笺释》，简帛网，2013年2月26日。

② 高中华、姚小鸥：《清华简〈芮良夫毖〉疏证（上）》，第28页。

③ 参见本书《耆夜》第13条按语。

④ 王瑜桢：《〈清华大学藏战国竹简（叁）·芮良夫毖〉释译》，古文字学青年论坛，台北“中研院”史语所，2013年，第328－329页。

⑤ 庞壮城：《清华简〈芮良夫毖〉释译》，《出土文献综合研究集刊》第1辑，巴蜀书社，2014年，第146页。

换用。“椅”同“柯”，“恻”同“则”。“不远其则”即“其则不远”的倒装，是为适应押韵的需要。

〇赵平安：《诗序》云：“《伐柯》，美周公也。周大夫刺朝廷之不知也。”一般认为是成王时的作品。《中庸》有一段孔子的话，也引到《伐柯》：“子曰：‘道不远人。人之为道而远人，不可以为道。《诗》云：‘伐柯伐柯，其则不远。’执柯以伐柯，睨而视之，犹以为远。故君子以人治人，改而止。忠恕违背不远，施诸己而不愿，亦勿施于人。君子之道四，丘未能一焉：所求乎子，以事父未能也；所求乎臣，以事君未能也；所求乎弟，以事兄未能也；所求乎朋友，先施之未能也。庸德之行，庸言之谨，有所不足，不敢不勉，有余不敢尽；言顾行，行顾言，君子胡不慥慥尔！’”引文与《诗经》完全一致，对诗旨也有很好的发挥。这一理解同样适用于简文。这是文献引《伐柯》的最早记录。简文则提供了周厉王时期征引的例证，时代更早，弥足珍贵。①

〇高中华、姚小鸥：“或”，用作不定代词，意为“谁”。清华简《郑武夫人规孺子》简16“不是然，或称起吾先君于大难之中”，谓不如此，谁称起吾先君于大难之中？句中“或”字即当训为“谁”。“因”，就；“柯”，斧柄；“则”，法。“或因斩柯，不远其则”，言谁能依就手中斧柄，以为斩柯之法则？意无人能之。“斩柯”即“伐柯”。《豳风·伐柯》“伐柯伐柯，其则不远”，《郑笺》：“伐柯者必用柯，其大小长短近取法于柯，所谓不远求也。”……“或因斩柯，不远其则”，言诸臣不能取则，与上两句“先人有言，则威虐之”不能取法先人，义正相成。②

按： 整理者意见可从。“伐柯伐柯，其则不远”即言要砍一根制斧柄的木头，它的样子就是手中的斧柄，不必远求。③“或因斩柯，不远其则”句义类似。因为“殹先人有言”和“则威虐之”两句间疑似有阙文，无法判断“或因斩柯，不远其则”这句类似谚语的话在这里具体所指。

【41】母（毋）潧（害）天祟（常）

〇整理者：《左传》文公十八年：“颛顼氏有不才子，不可教训，不知话言，告之则顽，舍之则嚚，傲很明德，以乱天常。”天常指天之常道。

---

① 赵平安：《〈芮良夫讼〉初读》，第79页。

② 高中华、姚小鸥：《清华简〈芮良夫毖〉疏证（上）》，第28－29页。

③ 程俊英、蒋见元：《诗经译注》，中华书局，1991年，第429页。

按：整理者意见可从。

【42】各棠（尚）尔悳（德）

○整理者：《战国策·秦策一》“所当未尝不破也”，鲍彪注：“当，相值也。”

○邬可晶：《说文·八部》：“尚，曾也……”徐灏引《论语·里仁》“好仁者无以尚之”曰：“尚之言上也，加也；曾犹重也，亦加也，故训为‘曾’。”《尚书·多方》“迪简在王庭，尚尔事”，孙星衍：“……进择汝在王庭，加汝所事。”本篇10号简说：“毋害天常，各堂尔德。”这个“堂”大概也应读为当“曾（增）”“加”讲的“尚”。作者告诫“凡百君子，及尔荩臣”不要损害“天常”，要各自增加你们的“德”。“尚”“害”义相对。①

按：“尚”，可训为贵。《易·剥》：“君子尚消息盈虚，天行也。”孔颖达疏：“君子通达物理，贵尚消息盈虚。”“尚德”有贵德的意思。邬可晶说法亦可成立。

【43】寇（寇）戎方晋，思（谋）猷隹（惟）戒

○整理者：《管子·幼官》“戒审四时以别息”，《集校》引丁士涵云：“戒，慎也。”

○朱德威：寇（寇）戎方晋，思（谋）猷隹（惟）戒，上博二《容成氏》简37：“汤乃悔（谋）戒求贤。”②

○高中华、姚小鸥：“寇戎方晋，谋猷维戒”，言战事日亟，必谋划以戒备之。③

按：疑似“思（谋）”和“猷”构成同义复词。“戒”，从整理者训释，训为“慎”。

【44】和剸（专）同心

○整理者：“剸”即“剸”字。《荀子·王制》“而兵剸天下劲矣”，王先谦《集解》：“剸，读与专同。”《广雅·释言》：“专，齐也。”

○苏建洲：以用字习惯来说，剸多用为“断”，本篇简20、22也是如此。其实此字仍可释为“断”，《广雅·释诂四》：“断，齐也。”④

① 邬可晶：《说清华简〈芮良夫毖〉“其罚时尚其德型宜利”》，《汉字汉语研究》2021年第4期，第14页。
② 朱德威：《〈芮良夫毖〉集释》，第105页。
③ 高中华、姚小鸥：《清华简〈芮良夫毖〉疏证（上）》，第30页。
④ 苏建洲（“海天游踪”）：简帛论坛“清华简《芮良夫毖》初读”版块帖子，简帛网，2013年1月31日。

〇邬可晶：窃疑读为“抟”或“团”，意谓聚集。《史记·秦始皇本纪》所载琅琊刻石云“普天之下，抟心揖志”。①

按：出土文献同篇内部同字表示多词的情况较为常见。剸，可读为“专”。《广雅·释言》：“专，齐也。”

【45】母（毋）又（有）相放（饰）

〇整理者：放，从攴力声，郭店简《缁衣》和上博简《仲弓》读为“服”。服、负声纽同为并母，韵部职、之对转。《周礼·考工记·车人》“牝服二柯有叁分柯之二”，郑玄注：“郑司农云：‘服读为负。’”王筠《说文句读·贝部》：“背德曰负。”

〇马楠：放，读为“忒”。②

〇邬可晶：“毋有相放”的“放”所代表的词，其义应与“和剸同心”相反。……这个词很可能是“饰”。……此句大意是说，在“寇戎方臻”的形势下，“厥辟”与“御事”、诸“御事”之间要协力同心，不要相互饰匿。③

〇宁镇疆：学者释为“饰”，意为“巧饰”。可资证明的是，《大戴礼记·文王官人》篇多处亦提到考察一个人时，要充分注意其“饰”的问题。如第二条中的“不饰其美”“饰其见物”，第五条中还有“人有多隐其情，饰其伪”，第六条还提到“饰貌者不情”，最后总结时又说到“伪饰无情者可辨”，均是其例。更重要的是，“揆德”一条中还提到“合志如同方，共其忧而任其难”是“交友”之道。所谓“合志”“同方”“共其忧”与“毋有相放”前的“合专同心”辞例可以说极为相近。然则，所谓“合专同心，毋有相饰”就是说要同心合力，不应有所伪饰。因此下面的“必探其度，以貌其状。身与之语，以求其上”不过是就如何破除伪饰，得其本真，从而达到准确选人而提出的具体的“官人”之法。④

按：宁镇疆说法可从。“毋有相饰”与“必探其度，以貌其状。身与之语，以求其上”有关。

---

① 邬可晶：《读清华简〈芮良夫毖〉札记三则》，《古文字研究》第30辑，中华书局，2014年，第410页。

② 马楠：《〈芮良夫毖〉与文献相类文句分析及补释》，第76页。

③ 邬可晶：《读清华简〈芮良夫毖〉札记三则》，第410－411页。

④ 宁镇疆：《早期“官人”之术的文献源流与清华简〈芮良夫毖〉相关文句的释读问题》，《出土文献》第13辑，中西书局，2018年，第108－109页。

【46】恂求又（有）才（才），聖智恿（勇）力

○整理者：《书·盘庚》“王命众悉至于庭”，江声《集注音疏》：“郑康成曰：‘今将属民而恂焉。’恂，谋也。”

○曹方向：甬，整理者读为“用”，无注解。今按，似可读为“勇”。圣智、勇力并举，即上文之“有才”。典籍亦见将国家的人才分为“圣智”与“勇力”而并举者。《管子·明法解》：“明主在上位则竟内之，众尽力以奉其主，百官分职致治以安国家。乱主则不然。虽有勇力之士，大臣私之而非以奉其主也；虽有圣智之士，大臣私之非以治其国也。”此即勇力、圣智并举之例。芮良夫将勇力与圣智并举为“有才”，与《管子》等书立意接近，值得玩味。[①]

○黄杰：“恂”似当读为“徇”，清华简《说命上》简1“以货旬求敚（说）于邑人”，整理者将“旬”读为“徇”，可从。“徇”亦为求之意。[②]

○陈伟武：《芮良夫毖》的用字习惯，一般是以“甬”为“用”，虽然不能因此排除“圣智恿力”之“恿”读为“用”的可能性，但此处仍以读为“勇”更合理。勇敢与勇力互为表里，战国简“勇”字与“恿”原当有别，而又每用“恿”为“勇”。《芮良夫毖》简14“以武丞恿”亦以“恿”为“勇”。“圣智”“恿（勇）力”或是“有才”的具体标准。[③]

○陈剑：简文所谓“恂（徇）求”，应该是“到处宣示以求”，亦即“到处公开征求”之意。可见“徇”所含之“遍行”义在某些场合很早就已引申虚化为“到处”“公开”之类意义了。为求贤才而公开宣示，其事可与上博简《容成氏》简9～10所记尧欲让贤之事相参看：

> 尧乃为之教，曰：“自纳焉，余穴窥焉，以求贤者而让焉。”尧以天下让于贤者，天下之贤者莫之能受也。

所谓“为之教”，即发布教令让人周知，从而使贤者“自纳”，与《芮良夫毖》所说的“恂（徇）求”，性质甚为接近。“旬（徇）”字加“心”旁，似与前

---

① 曹方向（“鱼游春水”）：简帛论坛“清华简《芮良夫毖》初读”版块，简帛网，2013年1月6日。

② 黄杰：《清华简〈芮良夫毖〉补释》，第10页。

③ 陈伟武：《读清华简〈周公之琴舞〉和〈芮良夫毖〉零札》，第30页。

引《说苑》佚文“徇”字改从“言”相似，与字书“恂”字不能混为一谈。加“心”旁也许是为了强调所宣示的是统治者求才的决心。①

按：“恂”当读为“徇”，陈剑对词义的解释最为合理。“甬”可读为“勇”，“圣智”与“勇力”并举。

【47】必罙（探）亓（其）厇（度），以暴（貌）亓（其）脜（状）

○整理者：《战国策·秦策二》“不能亲国事也”，高诱注：“亲，犹知也。”《战国策·楚策四》“春申君问状”，鲍彪注：“状，事状。”

○王瑜桢：原考释将“厇”释为“宅”，不确，应读为“度”，《左传·昭公十二年》“思我王度，式如玉，式如金”，孔颖达《疏》：“思使我王之德度用如玉然，用如金然。”简文这一段都是在说明寻求人才的条件，因此君主务必探知人才的器度才能。②

○陈剑：《封许之命》所记赏赐物品中，简6原释读为“窠（纂）”之字，可与《清华简（叁）·芮良夫毖》简11原释为“㬎（亲）”之字对比：

《芮良夫毖》之字我认为应释为“暴”，读为“貌”。……此说在字形方面的根据，主要就是下引苏建洲先生所举左冢楚墓漆梮的上方亦从“目”形作之“暴”字。再结合辞例来看，其文云：“恂（徇）求有才，圣智勇力。必罙（探？深？）其厇（度?），以暴（貌）其状。身与之语，以求其上”，虽然由于其上“必罙其厇”句还难以讲得很落实，故“以貌其状”句如何准确翻译我也一直拿不准，但“貌”跟“状”在意义上的联系还是很明显的。此“貌”字作动词，“以貌其状”大概就是“以描绘、形容、表现出其‘状’”一类意义。至于“暴”与“貌”相通的证据，如楚简文字“暴”多从“爻”声，又多以“爻”声字为“貌”，都是研究者论之已详为大家所熟知而无需赘言的。③

○高中华、姚小鸥：“厇”，读为“度”。《左传·昭公十二年》“思我王度，

① 裘锡圭、陈剑：《说“徇”“謏”》，朱庆之、汪维辉、董志翘等编《汉语历史语言学的传承与发展——张永言先生从教六十五周年纪念文集》，复旦大学出版社，2016年，第271页。

② 王瑜桢：《〈清华大学藏战国竹简（叁）·芮良夫毖〉释读》，第188页。

③ 陈剑：《〈清华简（伍）与旧说互证两则〉》，复旦大学出土文献与古文字中心网，2015年4月14日。

式如金，式如玉”，《孔疏》：“思使我王之德度，用如玉然，用如金然。使之坚而且重，可宝爱也。”《孔疏》训“度”为“德度”，指君子之威仪法度。简文“度”字用法相似。……“以暴其状”，言表暴其行状。盖犹《尚书》尧之试舜，“纳于百揆，百揆时叙；宾于四门，四门穆穆；纳于大麓，烈风雷雨弗迷”。《孟子》对此表述为：“尧荐舜于天，而天受之；暴之于民，而民受之。”……“必探其度，以暴其状。身与之语，以求其上”，述古代官人铨选之法。传世文献及出土文献皆表明，周初已有官人制度。①

○宁镇疆：《大戴礼记·文王官人》有这样的句子“探取其志，以观其情”，所谓“探取其志”应该是与《芮良夫毖》“必探其度”最接近的辞例。但作为“探”的宾语，一则为“志”，一则为“度”，何者为是?《芮良夫毖》对应“宅”的字为楚文字中常见字形，目前以释“宅”和“度”较为常见，两字读音也很接近，经书中古文常作“宅”，而今文多作“度”。……《芮良夫毖》此字确以释“度”为佳，但王瑜桢“器度”的理解则恐又偏离了正途。其实，参考《文王官人》的“志”，“度”当理解为“意度”或“谋”。“志”与“谋”或“意度”均属心智语汇，明显较“器度”更近。……

可以据《大戴礼记·文王官人》篇为陈氏之说补充点文献方面的证据。此篇“官人”之法的第二条中提到，“其貌直而不悔，其言正而不私。不饰其美，不隐其恶，不防其过，曰有质者也。其貌固呕，其言工巧，饰其见物，务其小征，以故自说，曰无质者也”，下文还称“多稽而俭貌”是“质静”。在第五条的“观隐”之法中又提到“面宽而貌慈”是“隐于仁质也”，“观忠尽见于众而貌克”是“隐于交友也”，第六条的“揆德”之法中又说到“饰貌者不情”。如此种种，看来在古代的“官人”之法中，对于一个人的“貌”与其品性、品质之间的复杂关系有着详尽的考虑。或者说由于“饰貌”和“隐”的原因，仅仅看一个人的“貌”还无法准确判断一个人的品质。由此我们再来看《芮良夫毖》的“必探其度，以貌其状”——如果能探知一个人内在的“意度”或“志”，无疑就有利于“描绘、形容、表现出其‘状’”，可谓文从句顺。②

① 高中华、姚小鸥：《清华简〈芮良夫毖〉疏证（上）》，第31－32页。

② 宁镇疆：《早期“官人”之术的文献源流与清华简〈芮良夫毖〉相关文句的释读问题》，第104－107页。

按：宁镇疆说法可从，“度”当理解为“意度”，较“器度”更近。

所谓晕字［字形为］当释为暴，《叁不韦》简 79 出现了相同写法的“暴”字，字形作。整理者已在《叁不韦》相应条注释中参考陈剑说法，将《芮良夫毖》该字改释“暴”，读为“貌”。①“貌”如陈剑所分析的，用作动词。“以貌其状”与上下文的官人之法有关。

【48】身与之语，以求亓（其）上

○整理者：上，《国语・晋语五》“然而民不能戴其上久矣”，韦昭注：“上，贤也，才在人上也。”

○宁镇疆：所谓“身与之语”，与《国语》《史记》《墨子》《大戴礼记》《逸周书》所谓“召而与之语”“得而与之”“听其言”“方与之言”都可谓绝类。《芮良夫毖》还提到如果考察合格，就“以求其上”，“上”应该是使动词，使居上位的意思。……《墨子・尚贤中》的“举而上之”，以及同书《尚贤下》篇说武王将闳夭、泰颠等人“推而上之”，其中之“上”，已经足以昭示《芮良夫毖》“以求其上”之“上”字的意蕴了。《芮良夫毖》与上述文献的关联，再次说明古代关于举荐贤才的“官人”之法流传是很广的。②

按：简文此处前后文确实与先秦“官人”术有关。

昔才（在）先王，幾（既）又（有）众俑（傭）[49]，□□庶戁（难），甬（用）建亓（其）邦，坪（平）和庶民，莫敢惷（迂）憧[50]，【一二】□□□□□□□□□□甬（用）燚（协）保，罔又（有）肙（怨）诵（讼）[51]，恖（亟）静（争）献亓（其）力，畏（威）燮（燮）方戳（雠）[52]，先君以多社（功）。古【一三】□□□□□□□□□□元君，甬（用）又（有）聖政悳（德）[53]，以力及复（胥），燮（燮）栽（仇）攸（启）邨（国）[54]，以武烝（及）恿（勇），戏（卫）想（相）

① 黄德宽主编：《清华大学藏战国竹简（十二）》，中西书局，2022 年，第 129 页。

② 宁镇疆：《早期“官人”之术的文献源流与清华简〈芮良夫毖〉相关文句的释读问题》，第 103－104 页。

社【一四】禝（稷）[55]。褢（怀）态（慈）學（幼）弱、羸（羸）募（寡）、䁓（矜）蜀（独）[56]，万民具（俱）慭（慭）[57]，邦甬（用）昌篙（炽）[58]。

【49】幾（既）又（有）众俑（傭）

○整理者：俑，读为“庸”。《左传》昭公十三年“君庸多矣”，杜预注：“庸，功也。”

○苏建洲：简12“昔才（在）先王，几（既）又（有）众俑（庸）”，整理者说：俑，读为“庸”。《左传》昭公十三年“君庸多矣”，杜预注：“庸，功也。”其说是，“众庸”即“众功”，《史记·五帝本纪》：“信饬百官，众功皆兴。”同时简13的“先君以多社（功）”“多社（功）”即上面的“众俑（庸）”。①

○高中华、姚小鸥：“昔在先王，既有众庸”，言先王之辅臣甚众。②

○宁镇疆：这是讲“众傭”对于“先王”的重要性。……其中的“众傭”，其实与清华简《说命下》的“庶相”非常接近：“庶”即“众”也，而“傭”因有傭作、服力役之义，故与作为王之佐助，且操劳王事的“相”字义近。③

○刁俊豪：此句还可联系《君奭》：“我闻在昔成汤既受命，时则有若伊尹，格于皇天。在太甲，时则有若保衡。在太戊，时则有若伊陟、臣扈，格于上帝；巫咸乂王家。在祖乙，时则有若巫贤。在武丁，时则有若甘盘。率惟兹有陈，保乂有殷，故殷礼陟配天，多历年所。”其中所列众王之众臣当即“众庸”，皆为时王所有。“既有众庸”即先王得以建邦的重要条件。④

按：宁镇疆和刁俊豪说法可从。“众庸”当读为“众傭”，下文“罔有怨讼，亟争献其力，畏燮方雠”描述的正是“众傭”努力辅佐的样子。

【50】莫敢怠（迁）憧

○整理者：“憧”上一字从清华简《金縢》“殼”字左半，下从心，应为“慔”字。《广雅·释诂一》：“慔，惊也。”憧，《说文·心部》：“意不定也。”

○朱德威：此段简文言先王之功绩，“莫敢怠憧”前句作“坪（平）和庶民”，

---

① 苏建洲（“海天游踪”）：简帛论坛“简帛研读—清华简《芮良夫毖》初读”版块，简帛网，2013年2月1日。
② 高中华、姚小鸥：《清华简〈芮良夫毖〉疏证（上）》，第33页。
③ 宁镇疆：《早期“官人”之术的文献源流与清华简〈芮良夫毖〉相关文句的释读问题》，第126页。
④ 刁俊豪：《清华简〈芮良夫毖〉综合研究——与“书”类文献对读》，第45－46页。

后有缺字，但根据下文“民用协保，罔有怨痛”，可知这段话与平和民众使之和谐安定有关。“憼憧”应当指执政者某种对平和民众造成阻碍的行为。上博五·鲍4：“不以邦家为事，纵公之所欲，凫民猎乐，笃欢倍忨，疲敝齐邦。”“憼憧”或与“凫民猎乐，笃欢倍忨”有一定联系。[①]

〇高中华、姚小鸥：“平和庶民，莫敢惵憧”，言众臣勤劳王事，安靖庶民，而莫敢贰心。[②]

〇徐在国：[安大简《诗经》与“是刈是濩”的“刈”对应之字从禾，从[illegible]，应该是刈禾之“刈”的异体]。憼，从心，刈声。忞字异体。……我们怀疑读为“忞众”。《楚辞·九怀》：“奋摇兮众芳。”《考异》：“众，一作种。”“童”“重”古通，例不备举。《说文》：“忞，惩也。”段注：“古多用乂、艾为之，而忞废矣。”忞，惩处、惩治之义。简文“忞众”，惩处众人。[③]

〇侯瑞华：憼可以读为“猲”。“刈”为疑母月部字，“猲”为晓母月部字。《广韵》“餀”下有异体“餲”；朱骏声《说文通训定声》“艾”下“假借”云：“又为‘愒’，《小尔雅·广言》‘艾，止也’，左襄九年传‘大劳未艾’，注：‘息也。’”而《战国策·赵策二》“是故横人日夜务以秦权恐猲诸侯”，《史记·苏秦列传》“猲”作“愒”。可证“刈”“猲”相通。“猲”是恐吓、威胁的意思。……“憧”字又见于上博简三《仲弓》简4+26“雍也憧愚”，是愚笨的意思。在本篇简文中“憧”用为名词，指愚民。《大戴礼记·千乘》“作起不敬，以欺惑憧愚”，孔广森《大戴礼记补注》云：“造作不畏法之事，以惑愚民。”“猲憧”就是指恐吓、威逼愚民。先王之政平和庶民，不敢欺压愚弱民众，正和简文开头所描述的横征暴敛形成鲜明对比。[④]

〇蔡一峰：“莫敢憼憧”的主语承前省略，是先王而非庶民。……“莫敢”犹言“不敢”，“憼（惵）憧”又皆以“心”作义符，应该与某种心理状态有关。循“惵”音可读为“迂”，“迂”古训“避”“远”“曲”“邪”，由此引申而有“迂陋”“迂昧”义。《诗·周南·葛覃》“薄汙我私”之“汙”，安大简作“稄

---

① 朱德威：《〈芮良夫毖〉集释》，第114页。

② 高中华、姚小鸥：《清华简〈芮良夫毖〉疏证（上）》，第33页。

③ 徐在国：《〈诗·周南·葛覃〉“是刈是濩”解》，《安徽大学学报（哲学社会科学版）》2017年第5期，第85-86页。

④ 侯瑞华：《楚简“刈”字补论》，《出土文献》第1辑，2021年，第77-78页。

(濩)”。马王堆帛书《阴阳五行甲篇》“筑郭池濩”“凿濩谷”之“濩”并读为“汙”，又《十问》“尺汙”、《天下至道谈》“尺扜”皆读“尺蠖”等等，都是“懮”“迂”音近可通的积极证据。“憧”同“惷”，“莫敢迂憧”义谓不敢远僻耆昧，也正可与上文（清华简《四告》）“弗敢惷（憧）觅（昧）”云云相印证。[①]

按：蔡一峰说法较为可从。𢙺读为“迂”，“憧”为“惷”字异体。上博简三《仲弓》“雍也憧愚”、《大戴礼记・千乘》“以欺惑憧愚”也间接补正“憧”与“愚”义近。

【51】□□□□□□□□□□甬（用）𦃃（协）保，罔又（有）𥄳（怨）诵（讼）

○整理者：讼，《说文・言部》：“争也。”

○王坤鹏：简文前残缺之字，可补一“民”字，“民用协保”与简7“民用忧伤”句式相同。协，《说文・劦部》：“协，众之同和也。”此句讲周代先王如古公亶父等开邦建国，平和民众，因此民众协和，有所保养，诉讼中没有抱怨不公之事。周代文献中保民思想很突出，《尚书・康诰》“别求闻由古先哲王，用康保民”等可与竹简对读。此处所记先王时期的情况，与后文“人讼扞违”适成对比。[②]

○冯胜君：“诵”似应读为“痛”，“怨痛”，即怨恨、哀痛之义。《国语・周语上》：“民神怨痛，无所依怀。”《论衡・感虚》：“衍兴怨痛，使天下霜。”《诗・大雅・思齐》：“神罔时怨，神罔时恫。”毛传：“恫，痛也。”怨、恫（痛）对文，亦可参证。[③]

按：前后有阙文，王坤鹏推测可参考。“罔又（有）𥄳（怨）诵（讼）”当指民无怨讼，意在凸显先王的英明。

【52】恖（亟）静（争）献亓（其）力，畏（威）燮（爕）方戳（雠）

○整理者：“爕”通“袭”，见清华简《说命中》篇注〔七〕。《大雅・韩奕》“干不庭方”，陈奂《传疏》：“方，四方也。”“戳”通“雠”，指雠敌。

① 蔡一峰：《释古文字“觅”及相关问题考辨》，《文史》2023年第4期，第14－15页。

② 王坤鹏：《清华简〈芮良夫毖〉篇笺释》，简帛网，2013年2月26日。

③ 冯胜君：《读清华简〈芮良夫毖〉札记》，《汉语言文字研究》第1辑，上海古籍出版社，2014年，第186页。

○苏建洲："恒"皆当读为"亟"。①

○苏建洲："畏燮方戳（雠）"，"畏"不如读为"威"更加贴切。《孙子·九地》："……信己之私，威加于敌，故其城可拔，其国可隳。"杜牧注："……但逞兵威，加于敌国，贵伸己之私欲。"②

○尉侯凯：仅仅依据"袭""燮"双声，就断定二字可通，也不可信。……简13"畏燮方雠"、简14"燮仇启国"，整理者赵平安先生将"畏燮"之"燮"读为"袭"，"燮仇"之"燮"训为"和"，前后解释不同，其实"畏燮方雠"之"燮"也当训为"和"，"畏燮方雠"谓以威力协和四方之仇敌。《尚书·周书·武成》"大邦畏其力，小邦怀其德"，孔安国传："言天下诸侯，大者畏威，小者怀德，是文王威德之大。"可以参看。③

○王志平："燮"或从"帀"声，而"帀""集"通用。古书"集""袭"相通。《史记·陈丞相世家》："诚各去其两短，袭其两长，天下指麾则定矣。"《汉书·陈平传》"袭"作"集"。因此，心母缉部的"燮"读为邪母缉部的"袭"是没有任何问题的。……《芮良夫毖》"威燮方雠""燮仇启国"等，均应读为袭击之"袭"。④

按：与简1"恖（亟）静（争）于富"一样，恖也当读为"亟"，作为表频率的副词。畏，可读为"威"；燮，即"燮"字，可读为"袭"。

【53】甬（用）又（有）聖政悳（德）

○整理者：圣政德，犹言圣政圣德。

○高中华、姚小鸥："政德"犹言"政典"。古代"德""典"二字义近。《左传·襄公二十八年》记郑子大叔之言："楚子将死矣。不修其政德，而贪昧于诸侯，以逞其愿。欲久，得乎！""不修政德"，言不修国家政典，非言其不饬个人品行。"圣"，睿也。"用有圣政德"，言先人典章齐正。⑤

按："甬"读为"用"，表因果关系的连词。

---

① 苏建洲（"海天游踪"）：简帛论坛"简帛研读—清华简《芮良夫毖》初读"版块，简帛网，2013年1月31日。

② 苏建洲：《〈清华三·芮良夫毖〉研读札记》，第48–49页。

③ 尉侯凯：《倗戈"用燮不廷"解》，《中国国家博物馆馆刊》2018年第7期，第55–56页。

④ 王志平：《"燮"字补释》，《出土文献综合研究集刊》第13辑，巴蜀书社，2021年，第177页。

⑤ 高中华、姚小鸥：《清华简〈芮良夫毖〉疏证（上）》，第35页。

【54】以力及叏（胥），燮（燮）戟（仇）攺（启）郪（国）

〇整理者：燮，《书·顾命下》“燮和天下”，孙星衍《今古文注疏》引《释诂》云：“燮者，和也。”“戟”见于郭店简《缁衣》及清华简《系年》（晋文侯名）、《周公之琴舞》，均相当于“仇”字。《尔雅·释诂》：“仇，匹也。”此处用为名词。《鲁颂·閟宫》“大启尔宇”，朱熹《集传》：“启，开。”启国犹言建国。

〇黄杰：“燮仇”当即简13的“畏（威）燮方雠”，“雠”“仇”古通。①

〇邬可晶：“以力及叏”之“叏”……可能当读为“胥”或“谞”。《周礼·秋官·大行人》“象胥”，郑玄注：“胥，其有才知者也。”……以指才智而言的“胥（谞）”与“力”并举，且能与“徇求有才”中的“智”对应上，显然是合适的。②

按：邬可晶说法可从，“叏”可能当读为“胥”或“谞”，简文指有智慧之人。“燮”可读为“袭”。“戟”读作“仇敌”之“仇”。启国，即指周人开国。

【55】以武丞（及）恿（勇），戏（卫）想（相）社禝（稷）

〇整理者：“想”即“相”。《礼记·乐记》“治乱以相”，陆德明《释文》云：“相，辅相也。”

〇王坤鹏：“及”义为“继”，《荀子·儒效》“周公屏成王而及武王以属天下”，杨谅注：“及，继。”“作”意为作始，《周颂·天作》“天作高山，大王荒之，彼作矣，文王康之”，简文“作”与《诗经》同义，都是指周代先王作始建国之意。“启国”意为开辟疆土，相似说法如《左传·庄公二十八年》云：“晋之启土，不亦宜乎。”“以力继作”“以武继勇”，意思相似，都是强调在自身力量发展的基础上，使用武力开疆辟土。因此，“燮”当如上文“畏燮方雠”一样，假为袭。③

按：“及”是连词，连接前后两个并列名词。

【56】裛（怀）忈（慈）孳（幼）弱、羸（羸）募（寡）、矜（矜）蜀（独）

〇整理者：《易·大壮》“羸其角”，陆德明《释文》：“羸，郑、虞作累。”《易·井》“羸其瓶”，马王堆帛书本“羸”作“累”。《战国策·秦策一》“此国

---

① 黄杰：《清华简〈芮良夫毖〉补释》，第10页。

② 邬可晶：《读清华简〈芮良夫毖〉札记三则》，第412页。

③ 王坤鹏：《清华简〈芮良夫毖〉篇笺释》，简帛网，2013年2月26日。

累也”，高诱注：“累，忧也。”“𧡛”从见巠声，而“矜”本从矛今声，音近通假。《书·旅獒》孔颖达疏：“‘矜’是怜惜之意。”

〇陈伟武：“赢㝐𧡛蜀”为名词性词组，非两个动宾结构并列的词组。“赢（羸）”亦弱义，毋须辗转为训。读“𧡛”为“矜”虽近是，但非用为哀怜义，而是用为“鳏独”义，如《书·无逸》“惠鲜鳏寡”，汉石经“鳏”作“矜”。矜，即矝字。《礼记·王制》“老而无妻谓之矜”，陆德明《释文》：“矜，本又作鳏。”①

〇黄杰：该句简文当断作“怀慈幼弱、羸寡、茕独”，“茕”古音耕部群母，与“𧡛”音近。“幼弱”“羸寡”“茕独”为三个并列双音名词。②

〇高中华、姚小鸥：“幼弱”“羸寡”“茕独”三者一例，俱为“怀”字宾语。《大雅·皇矣》“侵阮徂共”，《郑笺》：“阮也，徂也，共也，三国犯周而文王伐之。”阮、徂、共俱为“侵”字宾语，句法类似。句言怀此幼弱鳏寡孤独之人。③

按：“幼弱”和“茕独”二词古书多见，如《国语·周语》“弃壮之良而用幼弱”、《小雅·正月》“哀此茕独”。全句似乎可断句为：褱（怀）忈（慈）學（幼）弱、赢（羸）㝐（寡）、𧡛（茕）蜀（独）。“褱（懷）忈（慈）”为谓语，后面的“幼弱”“羸寡”“茕独”为宾语。

【57】万民具（俱）慭（慭）

〇整理者：《说文·心部》：“慭……一曰说也。”《文心雕龙·论说》：“说者，悦也。”

〇高中华、姚小鸥：“慭”，《说文·心部》：“肯也。”……“万民俱慭”，言万民皆愿从之。④

按：整理者说法可从。

【58】邦甬（用）昌䈙（炽）

〇整理者：䈙，从竹惪声，惪声字与戠声字相通，读为“炽”。《说文·火部》：“炽，盛也。”

按：整理者说法可从。与前文“甬（用）又（有）圣政惪（德）”中的“甬”一样，这里“甬”读为“用”，表因果关系的连词。

---

① 陈伟武：《读清华简〈周公之琴舞〉和〈芮良夫毖〉零札》，第30页。

② 黄杰：《清华简〈芮良夫毖〉补释》，第11页。

③④ 高中华、姚小鸥：《清华简〈芮良夫毖〉疏证（上）》，第36－37页。

三、芮良夫二毖

二攺（启）曰：天猷畏矣，豫（予）命亡（无）成[59]。生【一五】□□難（难），不秉纯悳（德）[60]，亓（其）尾（度）甬（用）遂（失）縈（营）[61]，莫好安情（靖），于可（何）又（有）静[62]。莫爯（称）氒（厥）立（位），而不智（知）允盈（盈）[63]。莫【一六】……型，自记（起）俴（残）虐（虐）[64]，邦甬（用）不寍（宁）。

【59】天猷畏矣，豫（予）命亡（无）成

○整理者：“舍命”乃古人常语。毛公鼎：“公厝舍命。”《郑风·羔裘》：“舍命不渝。”指发布号命而言。

○苏建洲：“无成”似乎不能理解为没有成就的意思，此处的“成”可能是指“必也”“定也”，即“成式”“成命”“成法”的“成”。①

○单育辰：此二字又见上博六《用曰》简1“参节之未得，豫命乃縈”，似非发布号令之义。②

○姚小鸥、高中华：“豫”读为“渝”。古音“豫”字馀母鱼部，“渝”馀母侯部，声同韵近，故可相通借。“渝”与同属俞声的“愉”“偷”，俱有轻薄意。……“天犹威矣，渝命无成”，言天威在上矣，偷惰轻慢，事将无成。《大雅·板》：“敬天之怒，无敢戏豫；敬天之渝，无敢驰驱”，亦言此意。按“有成”为周人政治理想，故诗人以“无成”相戒。下第三章“反反其无成，用皇可畏”，与此处遥相呼应。③

按：“成”，可参考苏建洲说法，训为“定”。“豫”可读为“予”，给予也。“予命无成”，即予命不定，有天命无常的意思。

---

① 苏建洲（“海天游踪”）：简帛论坛“简帛研读—清华简《芮良夫毖》初读”版块，简帛网，2013年2月1日。

② 单育辰：《清华三〈诗〉、〈书〉类文献合考》，第228页。

③ 姚小鸥、高中华：《清华简〈芮良夫毖〉疏证（下）》，《中国诗歌研究》第15辑，第2－3页。

【60】不秉纯悳（德）

〇整理者：中山王嚳壶（《集成》9735）："寔有纯德遗训。"《周颂·维天之命》："文王之德之纯。"毛传："纯，大。"纯德即大德。

〇姚小鸥、高中华："纯德"，极言先王典章昭明之辞。[①]

按：纯德即纯一之德。此处的"德"应该还没有完全伦理化，不指个人品德。"不秉纯德"就是不严格遵守周人的各种族群规范和社会纪律。

【61】亓（其）厇（度）甬（用）�（失）褮（营）

〇整理者：《大戴礼记·文王官人》"烦乱之而志不营"，卢辩注："营，犹乱也。"

〇姚小鸥、高中华："褮"，通"营"。《考工记》："匠人营国。"郑玄注："营，谓丈尺其大小。"引申为规度、营谋之意。《孟子·梁惠王上》引《大雅·灵台》"经之营之"，朱熹注："营，谋为也。""失营"，谓失其营度。[②]

按：度，法度。用，可能指的是器用的使用规则。"失营"即失于营。"度用失营"，法度和器用褮乱。

【62】莫好安情（靖），于可（何）又（有）静

〇整理者："安情"即安于情，"莫好安情"即没有人喜欢安于情。可，宜也。

〇单育辰："于可又静"应读为"于何有争"。[③]

〇马楠："莫好安靖，于何有静？"句谓诸臣莫恤邦之不宁，不求安靖庶民，则邦国何可求平定乎？"安靖"屡见于《左传》《国语》，如《左传》襄二十七年"慈和而后能安靖其国家"；哀十六年"王孙若安靖楚国，匡正王室"；《国语·周语下》"所以安靖神人，献酬交酢也"。[④]

〇王坤鹏：此句意为国家的治理者都不安于性情，心目无极，欲望无度，局势怎么能够平静下来呢？每个人都尸位素餐，却不知道已经达到了极点。[⑤]

〇姚小鸥、高中华："情"，读为"靖"。"情""靖"声韵俱同，古多通用。……"莫好安靖，于何有静"，言群臣莫能静好其德，政局何从安定？[⑥]

---

①② 姚小鸥、高中华：《清华简〈芮良夫毖〉疏证（下）》，第4页。

③ 单育辰（"ee"）：简帛论坛"简帛研读—清华简《芮良夫毖》初读"版块，简帛网，2013年1月13日。

④ 马楠：《〈芮良夫毖〉与文献相类文句分析及补释》，第78页。

⑤ 王坤鹏：《清华简〈芮良夫毖〉篇笺释》，简帛网，2013年2月26日。

⑥ 姚小鸥、高中华：《清华简〈芮良夫毖〉疏证（下）》，第5页。

按： 马楠说法可参考。“情”读为“靖”，“安情”即“安靖”。“于何”表示反诘。“莫好安靖，于何有静？”意在劝诫要安靖，如此邦家才有安宁。

【63】莫再（称）氒（厥）立（位），而不智（知）允温（盈）

〇整理者：《孙子·形》“四曰称”，王皙注：“权衡也。”

〇黄杰：“称”当解为副。……“莫称厥位”，即没有人的德行或能力能够称其职位。①

按： “称”，可训为“副”。而，相当于“而且”，与前文“用莫能止欲，而莫肯齐好”的“而”一样，递进连词。“莫称厥位，而不知允盈”，即言无人能称职，也不知足。

【64】自记（起）戔（残）盧（虐）

〇整理者：残、虐同义连用。《周礼·夏官·大司农》“放弑其君，则残之”，郑玄注：“残，杀也。”《尔雅·释言》：“猎，虐也。”邵晋涵《正义》：“古者以弑为虐。”

〇姚小鸥、高中华：“自起残虐，邦用不宁”，言在上者不以礼义为国，则邦家不得安宁。②

按： 整理者说法可从。“起”可训为“兴”，有引发、兴起义。《吕氏春秋·直谏》“百邪悉起”的“起”，高诱注：“兴也。”

凡隹（惟）君子，尚蓝（鉴）于先旧[65]，道（导）譚（读）善敗（败）[66]，卑（俾）圭（匡）以戒（诫）[67]。□□【一七】社（功）袜（绩）[68]，龏（恭）嵤（洁）亯（享）祀[69]，和悳（德）定型[70]，政（正）百又（有）司，疋（胥）𢘅（训）疋（胥）斈（教），疋（胥）戠（箴）疋（胥）思（诲），各煮（图）氒（厥）羕（永）[71]，以交罔（无）思（悔）[72]。

① 黄杰：《清华简〈芮良夫毖〉补释》，第11–12页。

② 姚小鸥、高中华：《清华简〈芮良夫毖〉疏证（下）》，第7页。

【65】**尚蓝（鉴）于先旧**

○整理者："先旧"见于叔尸钟（《集成》275），铭文说"尸篾其先旧，及其高祖"，指旧人、先人而言。

○朱德威：与上文"彼人不敬，不鉴于夏商"（简8）相呼应。[①]

按：整理者说法可从，此处"先旧"类似于上文所说"先人"。尚，表希冀。

【66】**道（导）諻（读）善敗（败）**

○整理者：《左传》僖公二十年："量力而动，其过鲜矣；善败由己，而由人乎哉？"善败指成功和失败。《孟子·万章下》："颂其诗，读其书，不知其人，可乎？"杨伯峻注："'读'字涵义，既有诵读之义，亦可有抽绎之义，故译文用'研究'两字。"导读指引导研究。

○苏建洲："道"似当读为"导谕"，即导谕成功和失败的道理。《淮南子·修务训》："此教训之所谕也。"高诱注："谕，导也。"古书有"导喻"的说法，如《孔子家语·冠颂》："三加弥尊，导喻其志。"[②]

○黄杰：本篇及《墙有茨》"读"应依毛传解释为抽绎。……"道"则应读为"抽"或"绌"。……"抽""绌"意为抽绎，与"读"义近，……"道（抽/绌）读善败"即抽绎、理析（历史上的）成败。[③]

○曹建国：读"道"为"导"，可从，然解为"引导"则可商。《周礼·大司乐》："以乐语教国子，兴、道、讽、诵、言、语。"郑玄注："道读曰导。导者，言古以剀今也。"孙诒让疏曰："言古以剀今，亦谓道引远古之言语，以摩切今所行之事。"这样的内涵正与上文君子鉴于先旧相协。"读"，整理者训为抽绎，可从，惟引证稍嫌迂曲。《诗·墙有茨》："中冓之言，不可读也。所可读也？言之辱也。"毛传："读，抽也。"郑玄笺："抽，犹出也。"马瑞辰曰："抽之言绌，谓绌绎其义，故笺又训抽为出也。"[④]

按："道"，可能指《周礼·春官·大司乐》所载"以乐语教国子兴、道、讽、诵、言、语"之"道"，郑玄注："道读曰导。导者，言以古剀今也。"孙诒让疏

---

① 朱德威：《〈芮良夫毖〉集释》，第132页。
② 苏建洲（"海天游踪"）：简帛论坛"简帛研读—清华简《芮良夫毖》初读"版块，简帛网，2013年2月4日。
③ 黄杰：《清华简〈芮良夫毖〉补释》，第13－14页。
④ 曹建国：《清华简〈芮良夫讼〉试论》，第21页。

言：“‘言古以剀今’，亦谓道引远古之言语，以摩切今所行之事，《乐记》子夏说古乐云‘君子于是道古’是也。”[①] 在简文语境下，“道”似乎当读如字，用作动词，有借鉴、“以之为道”的意思。[②]

謮，从整理者释为“读”，“读”读如字，即诵读之读。《国语》几次记载圣贤之士诵读善败的故事。如《晋语九》所载史黯就事君者所当具备素养，对赵简子的进言：“夫事君者，谏过而赏善，荐可而替否，献能而进贤，择材而荐之，朝夕诵善败而纳之。”又如《楚语下》王孙圉聘于晋，述说楚人人才时，说：“左史倚相能道训典，以叙百物，以朝夕献善败于寡君。”

【67】卑（俾）圭（匡）以戒（诫）

〇整理者：圭、匡音近可通。《小雅·六月》“以匡王国”，郑笺：“正也。”

〇黄杰：“卑”似当读为“俾”，使也，其下省略的宾语应当是君子自己。“戒”当读为本字，意为警省、以……为戒。《汉书·五行志》：“如灵王觉寤，匡其失政，惧以承戒，则灾祸除矣。”可供参考。“抽/细读善败，俾匡以戒”，意为抽绎分析（历史上的）成败（以寻求经验），使自己匡正过失、引以为戒。[③]

〇姚小鸥、高中华：“导读善败，俾匡以戒”，谓导读前人成败，以为今日匡戒。[④]

按：“卑”，可读为“俾”，训为使。“圭”从整理者读为“匡”，匡正也。“俾匡以诫”意谓君子们当从前人的善败中吸取经验教训，以之为戒，使自我匡正。

【68】□□衽（功）裓（绩）

〇整理者：《荀子·王霸》：“名声若日月，功绩如天地。”功绩指功业和劳绩。

按：阙文二字难以补足。后二字，有学者读为“功责”，认为与18简后面的“恭洁享祀”都是表示祭祀之义。[⑤]

---

① 孙诒让：《周礼正义》第7册，中华书局，1987年，第1725页。
② 黄甜甜：《清华简〈芮良夫毖〉补释四则》，《中国文字》新42期，第170－171页。
③ 黄杰：《清华简〈芮良夫毖〉补释》，第14页。
④ 姚小鸥、高中华：《清华简〈芮良夫毖〉疏证（下）》，第9页。
⑤ 网名“翻滚的鱼”：“清华十《行称》第5简‘利卜筮、攻A之事’，所谓‘A’字，整理者释为‘禘’，ee将其释为从糸从朿，可从。ee读为‘功绩’，tuonan先生读为‘功责’。窃以为后者读法更优。事实上‘攻责’一词并非首见。《芮良夫毖》第17简简尾缺两字，18简简首便是‘［示工］［示朿］’。整理者读为功绩，窃以为该处也当读为‘攻责’，与18简后面的‘恭洁享祀’，都是表示祭祀之义。”参见简帛论坛“清华简《芮良夫毖》初读”版块，简帛网，2023年7月9日。

【69】龏（恭）㲋（洁）亯（享）祀

〇整理者：㲋，从见从心从臼，疑为“监”之异体。《国语·楚语下》：“圣王正端冕，以其不违心，帅其群臣精物以临监享祀。”

〇邬可晶：㲋字实当与《上博（五）·鲍叔牙与隰朋之谏》简3“器必蠲䙬”的“䙬”字联系起来看。疑本有从“心”“见”声之字（与《集韵》所收作为“俔”之或体的“悓”未必有关，而可能是见于《说文·心部》的“憪”的异体），《鲍叔牙》篇加注“介”声（“见”“介”声同韵近）；《芮良夫》篇此字可能是“悓（憪）”的繁体，也可能是一个从“臼”“悓（憪）”声之字，其本义待考。《鲍叔牙》此句，陈剑《谈谈〈上博（五）〉的竹简分篇、拼合与编联问题》读为“器必蠲洁”，可信。“洁”“见”同属见母，韵部月、元对转，中古都是开口四等字，所以“㲋”也可以读为“洁”。“恭洁享祀”即强调享祀要恭敬、清洁（《鲍叔牙》说“器必蠲洁”，亦属此类），此意屡见于古书，如《逸周书·酆保》“恭敬齐洁，咸格而祀于上帝”、《史记·五帝本纪》“洁诚以祭祀”、《春秋繁露·四祭》“洁清致敬，祀其先祖父母”等可参考。①

按：“㲋”从汉字构形规律而言，“见”可能为声旁，邬可晶说法可参考，读为“洁”。“享”有进献、奉事的意思②，“享祀”即言奉事祭祀之事。

【70】和悳（德）定型

〇整理者：“和德定刑”应理解为和以德、定以刑。

按：与简7“德型不齐”的“德型”一样，此处的“型”并非刑罚意义上的“刑”，而是“型范”意义上的“型”。“定型”可能有希望明定规范和法度之意。

【71—72】政（正）百又（有）司，疋（胥）㕦（训）疋（胥）季（教），疋（胥）戠（箴）疋（胥）思（诲），各恴（图）氒（厥）羕（永），以交罔（无）思（悔）

〇整理者：郭店简《尊德义》：“凡动民必顺民心，民心有恒，求其永。”此处用法相同。交，结交、交往，引申为治理。罔谋，指罔谋之人，即民众。

---

① 邬可晶：《清华简〈芮良夫毖〉简18的“恭监享祀”》，复旦大学出土文献与古文字研究中心网论坛，2013年2月7日。

② 陈剑：《“卿事”补说》，复旦大学出土文献与古文字研究中心编《念兹在兹：复旦大学出土文献与古文字研究中心成立廿载纪念论文集》，中西书局，2025年，第188－197。

○曹方向：谋，简文从心从母。今按，或当读为“诲”，例见郭店《六德》简21。训、教、箴、诲四字词义相通。胥训胥教，胥箴胥诲，训、教、箴、诲四字义近并列，古人常有这种文法。《尚书·无逸》：“古之人犹胥训告、胥保惠、胥教诲。”与简文遣词造句都很近。训、告、教、诲，和简文只有一个“告”字不同。告、箴都表训导、告诫、教育等意。①

○黄杰：“悬”当读为“诲”。……《书·金縢》：“予小子新命于三王，惟永终是图。”可见此处“兼”确应读为“永”。“图厥永”是作长远考虑之意，“以交罔悬”承之。由此看来，“交”当读为“邀”或“要”，意为求，“罔悬”当读为“无悔”，“以交（邀）罔悬（悔）”即以求无悔，与“图厥永”意思一贯。②

○冯胜君：“各惷（图）氒（厥）兼”之“兼”，疑当读为“祥”。《诗·大雅·大明》：“大邦有子，伣天之妹。文定厥祥，亲迎于渭。”毛传：“祥，善也。”《左传·僖公三年》“弃德不祥”，杜注：“祥，善也。”《汉书·刘向传》：“由此观之，和气致祥，乖气致异；祥多者其国安，异众者其国危。”“以交罔（无）悬”黄杰先生读为“以邀无悔”，陈剑先生谓“交”可读为本字，训为“具”“皆”。《书·禹贡》：“四海会同，六府孔修，庶土交正，底慎财赋。”伪孔传：“交，俱也。”按陈说可从。“悬”读为“悔”，训为吝也，咎也。《易·蛊》：“干父之蛊，小有悔，无大咎。”《易·系辞上》：“悔吝者，忧虞之象也。”《公羊传·襄公二十九年》：“饮食必祝，曰：‘天苟有吴国，尚速有悔于予身。’”何休注：“悔，咎。”简文“各惷（图）氒（厥）兼（祥），以交罔（无）悬（悔）”，意思是说要各自图谋、谋划自己善德善行，庶几可俱无灾咎、悔吝。③

○陈伟武：“效”从交声，“交”“效”古字通，此处“交”读为“效”，指达致。古书“效”，训“致也”属常训，详参《故训汇纂》。根据楚简一简之内可以同字异用的规律，上一“悬”字读为“谋”字可从，下一“悬”字当读为“悔”，“罔悬”即无悔。后二句是讲各级官员各自追求永恒，从而达致无悔的目标。④

○曹建国：交，当读为效，考验、显明之义。《方言》：“效，明也。《荀子·

---

① 曹方向（“鱼游春水”）：简帛论坛“简帛研读—清华简《芮良夫毖》初读”版块，简帛网，2013年1月8日。

② 黄杰：《清华简〈芮良夫毖〉补释》，第14－15页。

③ 冯胜君：《读清华简〈芮良夫毖〉札记》，第186页。

④ 陈伟武：《读清华简〈周公之琴舞〉和〈芮良夫毖〉零札》，第31页。

正论》："故桀纣无天下，而汤武不弑君，由此效之也。"杨倞："效，明也。""罔谋"即诬罔不实之谋，亦即《诗·小旻》所谓"谋夫孔多""发言盈庭"者。①

○姚小鸥、高中华："各图厥永，以效无悔"，言君子当善自图谋，祈天永命，无致悔恨。②

按："思"读为"诲"，有教诲义，与"训""教""箴"义近并列。厥，指示词，相当于"其"。"羕"读为"永"是楚文字的用字习惯，"永"可训为久。简文的"各图厥永"是期望政（正）百又（有）司的各自政务能够永续安稳地进行下去。

冯胜君部分说法可参考，"交"，可训为"俱"。"思"读为"悔"，训为"咎"，"以交罔思（悔）"即以求皆无咎。

天之所韙（坏），莫【一八】之能枳（支）；天之所枳（支），亦不可韙（坏）[73]。反₌（板板）亓（其）亡（无）成[74]，甬（用）皇（况）可畏[75]。

悳（德）型态（怠）絉（惰）[76]，民所訞（交）訛（比）[77]。约结緗（绳）【一九】剸（准），民之闒（关）閟（闭）[78]。女（如）闒（关）枝扂（扃）鍪[79]，緗（绳）剸（准）既政（正），而五想（相）柔訛（比）[80]，裔（遹）易凶心[81]。覓（研）甆（甄）嘉惟[82]，枌（敉）和【二〇】庶民[83]。政命悳（德）型，各又（有）祟（常）朿（次）[84]，邦亓（其）康盗（宁）。不奉（逢）庶戁（难），年穀（穀）焚（纷）成，风雨寺（时）至[85]，此隹（惟）天所建，隹（惟）四方【二一】所龏（祇）畏。

曰：亓（其）罚寺（时）堂（尚），亓（其）悳（德）型

① 曹建国：《〈芮良夫讼〉试论》，第21－22页。
② 姚小鸥、高中华：《清华简〈芮良夫毖〉疏证（下）》，第13页。

义（宜）利。[86]女（如）闢（关）柭不閟（闭），而緄（绳）剸（准）遳（失）楑[87]，五想（相）不彊（强）[88]，罔肎（肯）【二二】献言，人颂（讼）扞（扞）啬（违）[89]，民乃졑（嗷）嚣，柆（靡）所并（屏）裒（依）[90]。日月星晨（辰），甬（用）交䜌（乱）进退，而莫旻（得）亓（其）朿（次），戢（岁）【二三】乃不尾（度），民甬（用）戾㶳（尽）[91]，窖（咎）可（何）亓（其）女（如）忖（台）垶（哉）[92]。

【73】天之所韙（坏），莫之能枳（支）；天之所枳（支），亦不可韙（坏）

〇整理者：此“天之”二句见于典籍，文字上略有出入。《左传》定公元年：“天之所坏，不可支也。”《国语·周语下》记卫彪傒见单穆公时云：“周诗有之曰：‘天之所支，不可坏也。其所坏，亦不可支也。’昔武王克殷而作此诗也，以为饫歌，名之曰‘支’。”“韙”是“坏”之异体。

〇赵平安：从𩏑，𠂤声。𩏑为𩏑之讹。𩏑，“人所度居也。从回，象城𩏑之重，两亭相对也”。古文字中“𩏑”和“土”作偏旁可以通用。𠂤即歸，见母微部，与匣母微部“坏”古音相近。韙应即坏字异体。枳从只得声，枳枝两字通用，枳可读为支。谜文系引周武王所作诗篇《支》，诗旨是教人谨慎戒惧。①

〇高佑仁：“韙”字以右半为声旁，《说文》“歸”籀文即作“埽”，古籍也有“歸”与从“褱”之“怀”假借的证据，《礼记·缁衣》“私惠不归德”，郑注：“歸或为怀。”该字的左半，又见《上博（三）周易》简19、49，今本都作“敦”，在甲骨文、金文中多当敦伐之意使用，敦伐他国，即攻击他国使之造成破坏、伤害，这可能也是《芮良夫毖》的“坏”字会以“敦”为义符的原因。②

按：“韙”字从“𩏑”，“歸”省声，读为“坏”。当然也不排除“韙”与“坏”也可能是同义、近义词的替换关系。

【74—75】反＝（板板）亓（其）亡（无）成，甬（用）皇（况）可畏

〇整理者：反反，读为“板板”。《大雅·板》“上帝板板，下民卒瘅”，毛

① 赵平安：《〈芮良夫谜〉初读》，第79页。

② 高佑仁（“youren”）：简帛论坛“简帛研读—清华简《芮良夫毖》初读”版块，简帛网，2013年1月9日。

传："板板，反也。"孔颖达疏："《释训》云：'板板，僻也。'邪僻即反戾之义，故为反也。"《逸周书·成开》"式皇敬哉"、《祭公》"汝其皇敬哉"，孔晁注："皇，大也。"

○苏建洲："无成"似乎不能理解为没有成就的意思，此处的"成"可能是指"必也""定也"，即"成式""成命""成法"的"成"。"其无成"意思是说老天捉摸不定，所以很可畏。简15"二启曰：天猷畏矣，豫（舍）命亡（无）成"的"无成"应与本简的"无成"统一解释。"用"是因果连词，可理解为因而、以致。用法如同简4"此心目无极，富而无涚，用莫能止欲"、简15"万民具慭，邦用昌炽"的"用"。①

○姚小鸥、高中华："反反"，行有节度貌。《周颂·执竞》"威仪反反"，《毛传》："反反，难也。"曾钊《诗毛郑异同辨》："难当读为傩。《桑扈》'不戢不难'，《传》：'不难，难也。'《颜氏家训·书证》引作'不傩，傩也。'据此，则以难为傩，《传》固有其例矣。《说文》：'傩，行有节度也。'亦通作那。《桑扈》'受福不那'，《说文》引作'不傩'，是其证。"《小雅·宾之初筵》"威仪反反"，《毛传》："反反，言重慎也。""重慎"亦言其节度威仪。"反反"又作"板板"。《大雅·板》"上帝板板"，《毛传》："板板，反也。"《传》意"板板"犹《执竞》《宾之初筵》之"反反"。"上帝板板"言天威可畏。……"反反其无成，用皇可畏"，言徒有威仪而无成功之实，乃大可畏惧之事。②

○张富海：简文之"㞷"相当于《逸周书》"式皇敬哉"和"汝其皇敬哉"之"皇"，这一点完全可信，因为两者的语法位置相同，都是副词作状语，但不能从孔晁注训为大。虽然"皇"确有大义，但那是一个形容词，作定语或谓语，不能作状语。……王引之、孙诒让读《逸周书》"式皇敬哉、汝其皇敬哉"和《尚书·无逸》"则皇自敬德"之"皇"为"况"，训为滋、益，即为表示程度加深的程度副词，无疑是十分正确的。此简文之"㞷"也应读为"况"，义为更加。简文是说，上天能左右成败，而且反复无定，所以更加值得畏惧。③

---

① 苏建洲（"海天游踪"）：简帛论坛"简帛研读—清华简《芮良夫毖》初读"版块，简帛网，2013年2月1日。

② 姚小鸥、高中华：《清华简〈芮良夫毖〉疏证（下）》，第13－14页。

③ 张富海：《清华简零识四则》，《古文字研究》第32辑，中华书局，2018年，第414页。

按：“成”，可训为“定”。无成，即无定。“板板无成”仍在讲天命无常。“用”，因果连词。“坒”可从张富海意见，读为“况”，表示程度加深的副词。

【76】悳（德）型态（怠）絉（惰）

〇整理者：絉、術同从术声。古籍中術、隊相通，墜、隓相通，故“絉”可通“惰”。“态絉”即“怠惰”。《逸周书·大匡》：“慎惟怠墮。”“墮”同“惰”。

〇黄杰：“态”（之部透母）似当读为从“弋”声的“忒”（职部透母）。古“能”声、“以”声字相通。……“絉”读为“坠”可从，楚简中“术”声之“述”习用为“彖”声之“遂”。“忒”意为差错。《老子》第二十八章：“为天下式，常德不忒。”王弼注：“忒，差也。”“态（忒）”及简7“悳（德）型（刑）不齐”之“不齐”与简18“和悳（德）定型（刑）”之“定”相对立。“坠”意为失坠。德、刑失坠的说法可参《左传》昭公二十五年“若夫宋国之法，死生之度，先君有命矣，群臣以死守之，弗敢失队（坠）”。①

〇王瑜桢：“德”，即“恩德”，“型”读为“刑”，即“刑罚”，《国语·晋语六》：“德刑不立，奸宄并至。”《左传·成公十六年》：“德以施惠，刑以正邪。”“态”，即态度，《荀子·修身》：“容貌、态度、进退、趋行，由礼则雅，不由礼则夷固、僻违，庸众而野。”“絉”，读为“术”，即“方法、手段”，《礼记·祭统》“惠术也，可以观政矣。”郑玄《注》：“术犹法也。”“德刑态术”句法可与《左传·僖公七年》“德刑礼义”对应。②

〇姚小鸥、高中华：“德刑”，犹言“典刑”，指典章制度。……“德刑怠惰，民所訞訿”，言德刑怠惰，民人亦将偷窳不立。③

按：“态絉”可读为“怠惰”。《说文·心部》：“怠，慢也”，“惰，不敬也”。古书有“德怠”的说法，如《左传·襄公二十八年》“宣告后人，无怠于德”。“德型怠惰”，是说对待德和型的态度，有所怠惰轻慢。

【77】民所訞（交）訿（比）

〇整理者：《孟子·离娄上》“国之所存者幸也”，焦循《正义》引王引之《经传释词》：“所，犹若也，或也。”《荀子·非十二子》“则可谓訞怪狡猾之人

① 黄杰：《清华简〈芮良夫毖〉补释》，第16页。
② 王瑜桢：《〈清华大学藏战国竹简（叁）·芮良夫毖〉释读》，第192页。
③ 姚小鸥、高中华：《清华简〈芮良夫毖〉疏证（下）》，第14页。

矣”，杨倞注：“訞与妖同。”訛，读为“僻”（比声字与辟声字相通）。

〇沈培：“所”相当于“所以”，表示的是原因。……“所”可以理解为表示凭借的“所以”，整个句子是说“民所以交结亲比，乃以约结绳剚也”。而且交结亲比的双方是民与统治者。……訞訛，即交结亲比之意。[①]

〇黄杰：“德刑态（忒）絉（坠），民所訞訛约结”当读为一句，“訞”应读为“交”，“訛”应读为“比”。古“夭”（宵部影母）声字常与“交”（宵部见母）声字通用，……“交”意为交结。“訛”亦见下文简20“五想柔訛”，整理报告读为“比”，可从。此处亦当如此读，意为比周。“交”“比”“约”“结”义相近，……“德刑态（忒）絉（坠），民所訞（交）訛（比）约结”意为德、刑差错失坠，则会成为民所攀援、交结、比周（即现代所谓拉关系、走后门）的对象。[②]

〇王坤鹏：“民所訞僻”为“所”字结构，“所”意同下句的“之”。全句意为：德刑怠惰，统治者不理政事，刑罚怠惰，是民众的訞僻之所在，而约结绳断，政事得到及时处理，治政如此，才能成为约束管理民众的关键。[③]

〇姚小鸥、高中华：“德刑怠惰，民所訞訛”，言德刑怠惰，民人亦将偷窳不立。[④]

〇周鹏：“訞”当如字读。《玉篇》：“訞，巧言貌。”《集韵·效韵》：“巧，伪也。”《小雅·巧言》：“巧言如簧，颜之厚矣。”郑玄笺：“颜之厚者，出言虚伪而不知惭于人。”[⑤]

按：《荀子·不苟》“君子易知而难狎，易惧而难胁，畏患而不避义死，欲利而不为所非，交亲而不比，言辩而不辞，荡荡乎，其有以殊于世也”。其中“交亲而不比”，杨倞注：“亲谓仁恩，比谓昵狎”[⑥]，《论语·为政》“君子周而不比，小

---

① 沈培：《试说清华简〈芮良夫毖〉跟“绳准”有关的一段话》，《出土文献与中国古代文明研究——李学勤先生八十寿诞纪念论文集》，中西书局，2016年，第180页。

② 黄杰：《清华简〈芮良夫毖〉补释》，第17－18页。

③ 王坤鹏：《清华简〈芮良夫毖〉篇笺释》，简帛网，2013年2月26日。

④ 姚小鸥、高中华：《清华简〈芮良夫毖〉疏证（下）》，第14页。

⑤ 周鹏：《清华简〈芮良夫毖〉“訞訛”与“柔訛”解》，《古文字论坛》第2辑，中西书局，2016年，第242页。

⑥ 荀况著，杨倞注：《荀子》，上海古籍出版社，1996年，第17页。

人比而不周”，孔安国云：“忠信为周，阿党为比”。[①]《洪范》“凡厥庶民，无有淫朋，人无有比德，惟皇作极”。可见“比”既可有正面义，也可有负面义。简文“訞（交）比”的“比”正是负面的阿党亲比义。

【78】约结緷（绳）剸（准），民之闢（关）閟（闭）

○整理者：《鹖冠子·天权》“释约解刺”，陆佃注：“约，如绳约之约。”《汉书·严延年传》“以结延年”，颜师古注：“结，正其罪也。”《韩非子·外储说右上》“绳之外也”，王先慎《集解》云：“谓绳墨。”犹法度。“剸”即“剸”，读为“断”。《国语·晋语九》“及断狱之日”，韦昭注：“决也。”

○马楠：“綑剸”整理者释为“緷剸”，疑非是，其字从纟从闢，闢为《说文》“辟”字或体。则“綑”可读为“辟”，训为法。“剸”用作“断”，训为裁断，如昭六年《左传》郑人铸刑书，叔向诒子产书曰“严断刑罚，以威其淫”。“约”者，盟、契之辞，《周礼·大史》“凡邦国都鄙及万民之有约剂者藏焉”，郑注“约剂，要盟之载辞及券书也。”“结”训为要约，《左传》隐三年“君子结二国之信”，襄二年“以继好、结信、谋事、补阙”，哀十二年“言以结之，明神以要之”。据此，“约结綑剸”谓盟辞契约、刑律案断。[②]

○“紫竹道人”：绳墨之“绳”可喻为“规矩法度”，当取其“正”“直”义。“断”“端”古音同声同部。简文“断”原写作从“刀”“叀”声，马王堆帛书《足臂十一脉灸经·足》屡见“膞”字，整理者指出即“腨”；古书训截齐之“断”，前人已说与“剬”音义皆近。所以“断”没有问题可假借为“端”。“端”古训“正”“直”，自可喻为“规矩法度”。[③]

○“苦行僧”：简文中“绳剸”之“剸”，与文献中表示制陶工具的“膞”代表的是同一个词。……“膞”与“县”是一类东西，都是“以度器使无亵曲者”。[④]

○沈培：“绳膞”的“绳”和“膞”虽然分别都是工具，但是“膞”远非人们所熟知，甚至古书注释本来就有不同的说法，有的学者也表示不能确定它到底

① 何晏注，邢昺疏：《论语注疏》，北京大学出版社，2000 年，第 21 页。

② 马楠：《〈芮良夫毖〉与文献相类文句分析及补释》，第 78 页。

③ “紫竹道人”：《清华〈芮良夫毖〉“绳断”补议》讨论帖，复旦大学出土文献与古文字网站论坛，2013 年 3 月 26 日。

④ “苦行僧”：《清华〈芮良夫毖〉“绳断”补议》讨论帖，2013 年 3 月 28 日。

是哪一种工具。至于“绳端”的“端”显非工具，“绳”与“端”并列，从同义的角度看，只能是“正”“直”义的两个词并列，而这种并列的词语不能像“规矩”那样通过隐喻而产生“准则、法度”义，就像“正”“直”或“端”“正”并列并不能表示“准则、法度”义一样。……能够跟“绳”结合而又表示规矩法度义的词大概只有“墨”、“钩”（或作“句”“勾”等）、“准”等几个，……楚文字的“剸”可读为“断”，或以为此字即截断之“劐”的本字。有人认为“劐”即“断”之古字。“断”与“敦”可通，“劐”从“叀”声，“敦”与从“叀”声之字关系也很密切。“敦”与“准”相通则很常见，因此“剸”可以通过“敦”而将它跟“准”联系起来。……“绳剸既正”可读为“绳准既正”。①

○刘乐贤：“关”指门闩，“闭”指插门闩的孔，“关闭”作为复音词，也是指关门的门闩。……简文用“关闭”描述“民”，大概是将“关闭”比喻为防御或控制民众的工具。“约结绳准，民之关闭”，可能是说“约结绳准”乃是防御或控制民众的工具。……“约结”不一定是指结盟、订约，而可能是指约束、控制。“约”的“约束”义十分常见。……“结”亦有“系”“扎缚”之义。……古书常见的“约束”“结束”两词，除指“缠缚”“束缚”外，又都可以指“限制”“管束”。……简文的“约结”可能与“约束”“结束”同义，是“管束”“控制”的意思。②

○王瑜桢：“关闭”在这里可以引申为管制、检核。“约结辟断，民之关闭”与上句“德形态术，民所要比”同义，本句的意思应该是“约结辟断，是人民对国之重臣所要关心检核的”。③

○曹建国：“约结”见于《管子・形势解》，曰：“圣人之与人约结也，上观其事君也，内观其事亲也，必有可知之理，然后约结。约结而不袭于理，后必相倍。”此外尚见于《荀子・王霸》《韩非子・说疑》等，其内涵同于盟誓。……关闭犹言关键，下文“关柭”义与之同。④

○姚小鸥、高中华：“关闭”，锁门之具。……简文以“关闭”喻指治民之具。

---

① 沈培：《试说清华简〈芮良夫毖〉跟“绳准”有关的一段话》，第 183 – 185 页。

② 刘乐贤：《也谈清华简〈芮良夫毖〉跟“绳准”有关的一段话》，《清华简研究》第 2 辑，中西书局，2015 年，第 139 页。

③ 王瑜桢：《〈清华大学藏战国竹简（叁）・芮良夫毖〉释读》，第 193 页。

④ 曹建国：《清华简〈芮良夫詠〉试论》，第 22 页。

“约结辟断，民之关闭”，言盟辞契约，法度刑律，为治国之具。此两句引起下文，为四、五两章总冒。第四章“如关柭扃管，辟断既正”，言若门关闭锁，法度齐正，则如何如何。第五章“如关柭不闭，而辟断失楑”，言若门关不闭，法度不正，则如何如何，从反面立论。①

○单育辰：《五纪》把“规”、“矩”、“称”、“准”、“绳”（或“直”）称为“五度”，可与《芮良夫毖》中的“约”“关”“柭”“扃”“管”“绳”“剸”略相比附，《五纪》中的“直”正与《芮良夫毖》中的“端”相应。《芮良夫毖》的“五相”可能也与“五度”有一定关联。《芮良夫毖》的“绳剸（端）既正”可理解为“准绳、中直既已放正”，“绳剸（端）失楑”可理解为“准绳、中直失去法度”，这两个“端”都是名词。《芮良夫毖》的“约结绳剸”，前面已说“约结”“绳端”是两个主谓词组组成的并列结构，其中“结”是“束结”，约结是说（规范国家、人民行为之）“绳约、制约”已经约束、束结，“绳剸”则是说（规范国家、人民行为之）“准绳”已经摆直、放正。②

按：“緟剸”之“剸”可参考沈培分析，读为“准”。《说文》：“约，缠束也。”《说文》：“结，缔也。”“约结”在古书中可表示“结盟”“订约”的意思。例如，《荀子·王霸》：“约结已定，虽睹利败，不欺其与。”在简文语境中，“约结”和“绳准”两个复合词作名词，义近，相当于前句的“德型”，指的是社会的法度和道德规范。

《说文》：“关，以木横持门户也。”《说文》：“闭，阖门也。”古书中“关闭”作为复合词，表示门闩的意思。例如，《管子·八观》：“宫垣关闭不可以不修。”简文这里的“关闭”亦是名词，用来比喻管理百姓的“约结绳准”。意思是说，约结绳准好比管理百姓的门闩。

【79】女（如）闒（关）柭扂（扃）鍙

○整理者：关、闭本指门之闩木，《说文通训定声》“关”下：“竖木为闭，横木为关。”《庄子·人间世》“求狙猴之杙者斩之”，陆德明《释文》：“杙，司马本作机，崔本作柭。”《尚书大传》“椓杙者有数”，郑玄注：“杙者，系牲者也。”

① 姚小鸥、高中华：《清华简〈芮良夫毖〉疏证（下）》，第15页。

② 单育辰：《清华简〈芮良夫毖〉续考两则》，《出土文献综合研究集刊》第19辑，巴蜀书社，2024年，第97－98页。

屋，可读为“扃”，皆属见母耕部。鋬，从金，𠔉声，“管”的异体字。

○马楠：简文以“关栊”喻“辟断”，“关栊扃縢”喻“辟断”之既正。[①]

○沈培：“扃”“管”皆指锁钥，当无可疑。……“芨”本来或有“末”的读音。“末”与“勿”相通，“勿”可用作“亹”，而“亹”“门”相通。因此，“栊”读为“门”是有可能的。……这两句话可以有两种解释，一是把前面的“关闭”像赵先生那样解释，看作是门闩，那么，后面的“关门扃管”的“扃管”也是指两种关门的锁钥。另外一种解释是把前面的“关闭”看作动词，“民之关闭”是“主之谓”结构，那么，后面的“扃管”则可能用为动词，整个句子是说“民之关闭也，如关门之设扃管也”。我们倾向于第二种解释，因为如按前一种解释，“民之关闭”含义不明；如按后一种解释，“民之关闭”即对民加以防闲的意思，也就是限制民众的意思。而且，“关门扃管”也可以跟后文的“关门不闭”相呼应，一说关门紧闭，一说关门不闭。[②]

○王瑜桢：“关栊扃鋬，辟断既正”与“关栊不闭，而辟断失楔”相对反，“既正”与“失楔”相反，则“扃鋬”应该与“不闭”相反，其意义相当于“既闭”，大约是门闩闩好了。“辟断”为名词，“关栊”也应该是名词。……黄说可从。“关橛”即“关口大门中的短木”，泛指关门，当名词。“鋬”，原考释读为“管”，意思应该是指“钥匙”，亦为名词。我以为似乎可以考虑读为“键”，其动词义即“锁闭”，“关橛扃键”指把关门闩好了，与“辟断既正”义正相同。[③]

○姚小鸥、高中华：“关栊扃管，辟断既正”以门户锁钥齐全，譬喻国家法度完备。[④]

○谢明文：从金𠔉声，它显然即“鋬”字异体。马楠、曹建国释读作“縢”，显然是把它所从之“𠔉”与“朕”字所从之“关”相混，这是不可信的。……王瑜桢的分析非常有道理，……《芮良夫毖》“屋（扃）”与“鋬”近义连用，亦是用作动词。“扃鋬（鍵）”本指关闭门户的门闩，在简文中则是作动词，意思为“关闭”，与“关栊不闭”之“不闭”相反。[⑤]

① 马楠：《〈芮良夫毖〉与文献相类文句分析及补释》，第 78 页。

② 沈培：《试说清华简〈芮良夫毖〉跟“绳准”有关的一段话》，第 187－188 页。

③ 王瑜桢：《〈清华大学藏战国竹简（叁）·芮良夫毖〉释读》，第 193 页。

④ 姚小鸥、高中华：《清华简〈芮良夫毖〉疏证（下）》，第 16 页。

⑤ 谢明文：《金文丛考（二）》，谢明文《商周文字论集》，上海古籍出版社，2017 年，第 342－343 页。

○苏建洲：研究者曾经指出“战国楚地出土文献所代表语言的歌月元三部，其开合两呼至少在非唇音部分有严格的界限”。“龹”是见纽元部三等合口，“楗/键”是群纽元部三等开口，二者除上古主元音不同外，“卷”是-o-，“建”是-a-，这两字也存在元部开合口不同的问题。楚简有“龹”读为“管”的例证……未见有“龹”读为“建”的例子，此不能无疑，因此笔者赞同读“鋬”为“管”。其次，诸家认为《芮良夫毖》“关柭扃管”与“关柭不闭”意思相对，可从。整理者认为“柭”是“杙”的异体，研究者或读为“门”“橛”“楗”“闭”，但声音距离较远，用字习惯也比较奇特，恐不可从。《老子》：“善闭无关楗而不可开，善结无绳约而不可解。”《老子校诂》引范应元：“楗，拒门木也；或从金傍，非也。横曰关，竖曰楗。”《说文》：“柭，棓也。”就是一种木棒，笔者认为“柭”是指贯穿在“横关”上的直木，与“楗”的形制相同，“关柭”的形制就相当于“关楗”，实无必要将“柭”读为“楗”，盖二者声纽颇有距离。龚橙解释“闭”构形说：“(闭) 古文当作𠄌，象木植上下入枢，后加门以为别。”马叙伦也说：“此字或如龚说初文为𠄌，象楗在闭之形。”“闭”的形体就是表示“关柭（关楗）”的十字形交会，“关柭不闭”自然指“柭/楗”拔离出“关”。

《说文》：“扃，外闭之关也，从户同声。”王筠《说文句读》户部：“扃与木部楗，盖内外相对，皆关闭之器。在门内者谓之楗，在门外者谓之扃也。”黄金贵先生指出从“冂”声之字有“外”义，如《说文》：“冂：邑外谓之郊，郊外谓之野，野外谓之林，林外谓之冂。象远界也。”“扃”是从外关的门闩，是用于室户的外面，因此《礼记·曲礼上》有“入户奉扃”的说法。简文的“扃”当训为动词“关闭”，《淮南子·俶真》：“处小隘而不塞，横扃天地之间而不窕。”高诱注：“扃，犹闭也。”……《左传》僖公三十二年“郑人使我掌其北门之管”，杜预注：“管，籥也。”清华八《虞夏》“管”写作“龠关”，也可见“管”与“籥”的关系。《礼记·月令》：“坏城郭，戒门闾，修键闭，慎管籥，固封疆，备边竟，完要塞，谨关梁，塞徯径。”郑注：“键，牡。闭，牝也。管籥，搏键器也。”……“管”是搏键器，是开启“关键”的锁钥。除了开锁的钥匙外，文献所见的“管”亦可指横木关，以及关楗上再加的锁。《说文通训定声·管》字下云：“锁籥，其牡曰楗，其牝曰管。”这里的“其牝曰管”相当于郑玄所说的“闭，牝也”。亦即“管”可理解为“闭”，即锁也。……根据上面的讨论，与“不閟（闭）”相对的“扃管”

当是“关闭”的意思。[①]

〇单育辰：在《老子》中有一句话说：“善闭，无关楗而不可开；善结，无绳约而不可解。”其中亦出现“关”“绳”“约”“结”“闭”诸字，与《芮良夫毖》相关诸句甚近，由此可知“枝”可读为“楗”。[②]

按：“横木为关。”[③]“枝”可能如苏建洲所分析的，读如字，指贯穿在“横关”上的直木。扂，可读为“扃”。《淮南子·俶真》“横扃天地之间而不窕”，“扃”，高诱注：“犹闭也”。“扃”在简文训作动词“闭”。鲞，当读为搏键器意义上“管籥”之“管”，在简文可训为动词“闭”。“关枝扃管”与下段“如关枝不闭”相对正反而言。

析言之，“关”为横木，“枝”为与之交叉的直木，二字在简文一起表示门的关闭装置；“扃”“管”表关闭义的近义词连用，整体亦表示动词关闭义。“关枝扃管”整体的意思是关枝紧闭。

【80】緝（绳）剸（准）既政（正），而五想（相）柔訿（比）

〇整理者：“五”通“互”，五、互均为鱼部字，一在疑母，一在匣母，古音很近。古书中“五”可通“牙”，“牙”可通“互”，“五”“互”间接通用。柔，《尔雅·释诂》：“安也。”訿，读为“比”，《逸周书·文酌》“往来取此〈比〉”，朱右曾《集训校释》：“比，亲也。”

〇马楠：简文以“关枝”喻“辟断”，“关枝扃縢”喻“辟断”之既正；“关枝不閟”喻“辟断”之失揆（揆训度）。下“五相柔比”、“五相不疆”亦正反设辞。“五相”盖指朝廷重臣，《礼记·曲礼下》“天子之五官，曰司徒、司马、司空、司士、司寇，典司五众”，“五相”或即《曲礼》所谓“五官”。[④]

〇苏建洲：“柔比”与“凶心”相对，“柔”可解“和柔”“和顺”也。《礼记·经解》：“温柔敦厚”，孔颖达疏：“柔，谓情性和柔。”……“比”，整理者释为“亲也”，可从。《大雅·皇矣》四章：“王此大邦，克顺克比。”毛传：“择善

---

① 苏建洲：《说〈芮良夫毖〉及“秙室门器”的“管”》，《出土文献与中国古代史》第1辑，中西书局，2021年，第230－232页。

② 单育辰：《清华简〈芮良夫毖〉续考两则》，第98页。

③ “管”“关”“籥”等词之间关系，可参杨秀芳《从词汇史角度看“关楗”“管籥”“锁钥”的关系》，《台大文史哲学报》第69期，第79－97页。

④ 马楠：《〈芮良夫毖〉与文献相类文句分析及补释》，第78页。

而从曰比。”马瑞辰《通释》：“‘王此大邦，克顺克比’，乃言文王之德能使民顺比也。《祭统》：‘身比焉，顺也。’《荀子·议兵篇》：‘立法施令，莫不顺比。’是顺与比义正相近。”屈万里：‘比，亲附也。’此言人民能顺从文王、亲附文王也。”可见简文的“柔比”正是文献的“克顺克比”。①

○黄杰：即“五相”，“相”意为辅政者。……“五相”到底指哪五位辅政者，由于缺乏材料，不得而知。“绳准既正而五相柔比”意为法度既正，而五位辅政者彼此和顺亲近，“五相不彊，罔肯献言”是说辅政者不勤勉，不肯献上谋猷或谏言。②

○沈培：“五”也许当读为“午”，表示旁午交错的意思。《汉书·霍光传》：“使者旁午。”颜师古注：“一纵一横为旁午，犹言交横也。”古书有“相午”的说法，《太玄·戾》：“杀生相午。”司马光《集注》：“午，交午也。”颇疑简文的“五相”即“相五”，亦即“相午”。“互”也有“交”义，但非“一纵一横”之交，而是犬牙交错。可见“五（午）相”“互相”意相近而实不同。……“绳准五相柔比”也就可以理解了。揣测其意，大概是说绳若直、准若平，二者一定能密切融为一体。③

○曹建国：文献中“五”“午”常通假，正因为“午”有交午、纵横相交之义。……简文中的“五相”即“交相”。“交相”见于先秦典籍，如《墨子·兼爱》：“以兼相爱、交相利之法易之。”又曰：“况于兼相爱、交相利，则与此异。”简文“五相柔比”即“交相柔比”，柔，顺也；比，亲附，谓彼此柔顺亲附。“五相不强”即“交相不强”，强，勤也，勉也；谓大家都不肯勤勉尽力于国事。④

○姚小鸥、高中华：“相”谓辅臣。《周颂·清庙》：“於穆清庙，肃雍显相。济济多士，秉文之德。”《毛传》：“相，助也。”朱熹《诗集传》：“谓助祭之公卿诸侯也。”“五相”当指五位辅臣。清华简《子产》：“乃设六辅：子羽、子剌、蔑明、卑登、俖之支、王子百。”“六辅”指子羽等六位辅臣。“五相”与“六辅”

---

① 苏建洲：《〈清华三·芮良夫毖〉研读札记》，第49－50页。此观点初见于简帛论坛“清华简《芮良夫毖》初读”版块，简帛网，2013年2月6日。

② 黄杰：《清华简〈芮良夫毖〉补释》，第20页。

③ 沈培：《试说清华简〈芮良夫毖〉跟“绳准”有关的一段话》，第186页。

④ 曹建国：《〈芮良夫讼〉试论》，第22页。

构词类似，“相”“辅”义近。[①]

○宁镇疆：“五相”当即清华简《皇门》之“大门、宗子、迩臣”以及“元武、圣夫”这几类人，而非具体的职官。……他们是商周两代最为重要的辅政之臣。“五相”之中，“大门、宗子、迩臣”多系“世官”，而“元武、圣夫”则往往是出身异族或身份低贱的人，其实即“尚贤”。[②]

按：“五相”，根据《芮良夫毖》篇的“尚贤”主张，宁镇疆说法虽无直接性证据，但较具参考价值。苏建洲说法可从，“柔”有“和顺”义。比，亲比也。“柔比”一词也见于《皇门》“百姓万民用罔不柔比在王廷”。“五相柔比”意思是说五相和顺亲比，言外之意是言五相团结合作。

【81】裔（遹）易凶心

○整理者：易，《史记·乐书》“移风易俗”，张守节《正义》：“易是改易之称也。”

○“子居”：凶心，即咎恶之心，指前文所言“婪贪狡惃，满盈康戏”等。《墨子·非命下》：“禹之《总德》有之曰：允不著，惟天民不而葆，既防凶心，天加之咎，不慎厥德，天命焉葆？”因此“裔易凶心”当是指更易执政者的为恶倾向。[③]

○姚小鸥、高中华：“遹”为句首发语词，《诗经》习用。《大雅·文王有声》“文王有声，遹骏有声，遹求厥宁，遹观厥成”，朱熹《集传》：“遹，疑与聿同，发语词。”……“易”，治，谓治之使平。……“凶心”，指纷扰之心。“五相柔比，遹易凶心”，言辅臣和顺亲比，平易其纷扰之心。意谓国有良臣，则邦家安定。[④]

按：整理者意见可参。“遹”，句首无义虚词。“易凶心”即改易凶心。

【82】覔（研）甓（甄）嘉惟

○整理者：覔，读为“研”。《易·系辞下》“能研诸侯之虑”，孔颖达疏：“研，精也。”《文选·张衡〈东京赋〉》“研核是非”，薛综注：“研，审也。”惟，

---

①④ 姚小鸥、高中华：《清华简〈芮良夫毖〉疏证（下）》，第16、17页。

② 宁镇疆：《由清华简〈芮良夫毖〉之“五相”论西周亦“尚贤”及“尚贤”古义》，《学术月刊》2018年第6期，第121－126页。

③ “子居”：《清华简〈芮良夫毖〉解析》，孔子2000网，2013年2月24日。

《尔雅·释诂上》：“谋也。”邢昺疏：“惟者，思谋也。”

○姚小鸥、高中华：覔读为“开”，训“启”。清华简《皇门》“维莫覔（开）余嘉德之说”，整理者注：“覔与開皆从开，传本作‘開’。”慗字不识，……其左上之“覀”从“西”得声，“西”上古音与“啟”字同属“脂”部。……试读“慗”为“啟”，与上“开”字义近连用。整理者读“覔慗”为“研甄”，似非文义。“惟”，整理者引《尔雅·释诂》训“谋”，可从。“开启嘉惟”，犹《大雅·抑》“訏（吁）谟定命，远犹辰告”之意。[①]

按：整理者说法可参考。“惟”当训为“谋”，与下文“鲜可与惟”之“惟”同训。“研”和“甄”动词并列，覔（研）慗（甄）嘉惟，即研核甄选好的谋略。

【83】粅（敉）和庶民

○整理者：《国语·周语上》“乃料民于太原”，韦昭注：“料，数也。”

○黄杰：“”，一是将其直接看作典籍中的“料”字，一是将其看作从米、斗声或从斗、米声的形声字。我们倾向于后一种。或可分析为从米、斗声。文献中“斗”“豆”相通，《周礼·梓人》：“一献而三酬，则一豆矣。”郑玄注：“豆，声之误。豆当为斗。”又“饮一豆酒”，郑玄注：“豆，又声之误，当为斗。”“斗”“豆”均属侯部、端系声母字。又“豆”“属”相通，在出土文献中有很多例子，如郭店《老子》甲简2“或命之或豆”，帛书和今本“豆”作“属”。所以，可以读为“属”。“属”意为聚集、会集。《左传》哀公十三年：“属徒五千，王子地助之。”杜预注：“属，会也。”《广韵·烛韵》：“属，会也。”“属”指在上者聚集人民。[②]

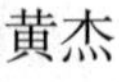

○白于蓝：此字从力米声，隶定为“粅”。所从力旁与米字右下一笔借笔。上博简第三册《容城氏》“以定男女之声”之“男”字作“”，所从“力”旁可资比较。“粅”似当读为“敉”，抚也。《后汉纪·孝献皇帝》：“袁绍使臧洪领青州，抚和民众，盗贼奔走。”……《晋书·庾翼传》：“转建威将军、西阳太守，抚和百姓，甚得欢心。”“抚和民众”“抚和百姓”与简文可相参。[③]

---

① 姚小鸥、高中华：《清华简〈芮良夫毖〉疏证（下）》，第17－18页。

② 黄杰：简帛论坛“清华简《芮良夫毖》初读”版块，简帛网，2013年3月27日。

③ 白于蓝：《〈清华大学藏战国竹简（三）〉拾遗》，《中国文字研究》第20辑，上海书店出版社，2014年，第20－21页。

○王瑜桢：右旁为“页”字，上部讹成类似“自”形。这种讹形，在战国文字中其实是找得到例证的。……此字应该读为“盭”。纇，郎外切，上古音属来母祭（月）部；盭，练结切，上古音属来母质部（《说文》大徐音郎计切，来母脂部），二字声同韵近，可以通假……。段玉裁《说文解字注》：“纇、类古今字。”《诗经·大雅·既醉》：“永锡尔类。”马瑞辰《传笺通释》：“类者，纇之假借。”朱骏声《说文通训定声·履部第十二》：“类，假借又为盭。”《逸周书·史记》：“昔谷平之君愎类无亲。”孔晁注：“类，戾也。”朱右曾《逸周书集训校释》引朱骏声曰：“类读为盭。”“盭和庶民”就是安定、和谐万民。[1]

按：“”形右旁与一般的“斗”形确实有区别，暂从白于蓝释为“粉”，读为“敉”，训为“抚”。“敉和庶民”即抚和百姓。

【84】政命悳（德）型，各又（有）祟（常）朿（次）

○整理者：“朿”通“次”。《管子·侈靡》“故有次浮也”，《集校》引何如璋云：“次，谓次第。”“棼”通“纷”。《易·巽》“用史巫纷若”，陆德明《释文》：“纷，盛也。”

按：“朿”通“次”，次序，顺序。“政命德型各有常次”，其中“德型有常次”和前文“此悳（德）型不齐”文意相反。

【85】年穀（穀）棼（纷）成，风雨寺（时）至

○整理者：“棼”通“纷”。《管子·侈靡》“故有次浮也”，《集校》引何如璋云：“次，谓次第。”

○姚小鸥、高中华：“风雨时至”，言风雨依时节而至。[2]

按：整理者和高中华、姚小鸥说法可从。“年穀纷成，风雨时至”是“不逢庶难”情况下“天所建”的结果之一。

【86】曰：亓（其）罚寺（时）堂（尚），亓（其）悳（德）型义（宜）利

○整理者：读为“曰亓（其）罚寺（时）堂（偿），亓（其）悳（德）型（刑）义（宜）利”。

---

① 王瑜桢：《〈清华三·芮良夫毖〉“纇”字考——兼释“盭和庶民”》，《彰化师大国文学志》第30期，2015年6月。

② 姚小鸥、高中华：《清华简〈芮良夫毖〉疏证（下）》，第18页。

〇马楠：尚（尚）读为“当”。[①]

〇王坤鹏：时，读为是。此句意为：刑罚都可以用钱物来代替，以求利为便宜，这就像关梃不能关闭一样，刑事决断失去法度，统治者与民众互相之间就不能勉勉维持。[②]

〇黄杰：断读为：“曰：其罚，时尚其德刑义利。”……“其罚”单独成句，“其”与清华简《金縢》简12“惟余冲人其亲逆公”的“其”意思类似，可解为将要。“时”是连词，相当于“乃”。……“尚”当读为“尚”，崇尚。“义”当读为本字，“德”“刑”“义”“利”是四个并列名词。[③]

〇沈培：“寺”当读为“时”，这种“时”的功能跟“是”很接近。……“其罚寺尚”意即“其罚是尚”，崇尚刑罚之谓。“德刑义利”的“义”当解释为“善”。《诸子平议·墨子二》“而义其俗也”，俞樾按：“义，犹善也。”简文是说统治者如果崇尚刑罚，德与刑又以利为善，那么就会招致恶果。[④]

〇王瑜桢：当读为“曰其罚时当”，时，善也，合适也；当，适当。[⑤]

〇姚小鸥、高中华：“曰其罚时当”，言刑罚正。[⑥]

〇邬可晶：整理者读“寺”为“时”，无疑是对的。我们知道，“时”的有些语法功能跟“是”相近，古人有所谓“时者，‘是’之轻而浮者”之说。位于主语与谓语之间的“是”，可以起加强肯定语气的作用，古书又写作“寔”，有时含有“实”的意味（语法研究者多认为此种“是”“寔”本是其前主语的复指成分，所以可带出肯定的语气），如《诗·秦风·小戎》“骐駵是中，騧骊是骖”，《上海博物馆藏战国楚竹书（三）·亘先》2号简“气是自生”“气是自生自作”等。“时”当也有此用法。“其罚时尚”意谓周邦的刑罚确实不断加重。[⑦] 从《尚书》的《康诰》《多方》等篇看，周人屡屡称道“明德慎罚”。“其罚时尚，其德型宜利”却已走到了“明德慎罚”的反面。《芮良夫毖》的作者对此当然是持批评态

① 马楠：《〈芮良夫毖〉与文献相类文句分析及补释》，第77页。
② 王坤鹏：《清华简〈芮良夫毖〉篇笺释》，简帛网，2013年2月26日。
③ 黄杰：《清华简〈芮良夫毖〉补释》，第21页。
④ 沈培：《试说清华简〈芮良夫毖〉跟“绳准”有关的一段话》，第188－189页。
⑤ 王瑜桢：《〈清华大学藏战国竹简（叁）·芮良夫毖〉释读》，第190页。
⑥ 姚小鸥、高中华：《清华简〈芮良夫毖〉疏证（下）》，第19页。
⑦ 邬可晶：《说清华简〈芮良夫毖〉“其罚时尚其德型宜利”》，第14页。

度的。……简文的“时”“宜”直接解释为“是”“当”即可，没有必要再取“则”“乃”之训。不过“时”“宜”都可以语法化为“则”“乃”一类用法，从这一点来看，“其德型义利”的“义”读为“当”“该”义的“宜”，与上一句“其罚时尚”的“时”对言，确实是很适宜的。[①]（整句话）意谓周邦的刑罚确实不断加重，其道德型范合该以利行，这是芮良夫的愤激之辞。[②]

按：邬可晶说法基本可从，“时”“宜”可训为“是”和“当”。“周邦的刑罚确实不断加重，其道德型范合该以利行”属于芮良夫的愤激之辞，也就是他反对的现象。整句话以“曰”开头，“曰其罚寺（时）尚，其德型宜利”引领从反面述说的“如关梙不闭”到“咎何其如以哉”一段。

【87】女（如）闢（关）梙不闋（闭），而緸（绳）剸（准）�（失）楑

○整理者：楑，《说文·木部》：“度也。”段玉裁注：“此与手部‘揆’音义皆同，‘揆’专行而‘楑’废矣。”

○马楠：“关梙不閟”喻“辟断”之失揆（揆训度）。[③]

○沈培：“緸绳剸遙（失）楑”，读为“绳准失楑”，也很容易理解，显然是绳准不正之意。[④]

按：女（如）闢（关）梙（門）不閟（闭），参见注释第79条。绳准失楑，即言法度遭到破坏，人们不再遵守共同的规范。

【88】五想（相）不疆（强）

○整理者：疆，读为“强”。《尔雅·释诂》：“强，勤也。”《孟子·梁惠王下》“强为善而已矣”，焦循《正义》引《淮南子》高诱注：“强，勉也。”

○刘乐贤：“疆”与“彊”所从“畺”旁的上部加一“屮”形，在楚文字材料中并不鲜见。……整理者将字释作“疆”并无不妥。……“疆”应当从整理者读“强”，在简文中大概也是用作“劝勉”的意思。[⑤]

按：参考第80条中宁镇疆的看法，“五相”疑似当指清华简《皇门》中的“大门、宗子、迩臣”与“元武、圣夫”这五类人。疆，读为“强”，简文有“勤

①② 邬可晶：《说清华简〈芮良夫毖〉“其罚时尚其德型宜利”》，第20－21、13页。

③ 马楠：《〈芮良夫毖〉与文献相类文句分析及补释》，第78页。

④ 沈培：《试说清华简〈芮良夫毖〉跟“绳准”有关的一段话》，第185页。

⑤ 刘乐贤：《也谈清华简〈芮良夫毖〉跟“绳准”有关的一段话》，第140页。

勉”义。

【89】人颂（讼）攼（扞）耆（违）

○整理者：“颂”通“讼”。“攼”即“扞”，《左传》成公十二年“此公侯之所以扞城其民也”，杜预注：“蔽也”。《资治通鉴·汉纪九》“抵冒殊扞”，胡三省注：“拒也”。

○黄杰：攼（扞），原注引故训“蔽也”，“拒也”，“蔽”为捍卫之义，“拒”则为抗拒之义，此处当取后一义。①

○王坤鹏：扞，整理者释为蔽。按，扞、违同义复指，其意均指不合、背离。《礼记·学记》“则扞格而不胜”，郑玄注：“扞，坚不可入之貌”。扞违与扞格意近。此句意为：民众的诉讼都不能得到正常处理，他们会号叫嚣嚣。这句与上文简 13 周代先王时期“民用协保，罔有怨讼”的情况适成对比。②

按：“颂”通“讼”，争讼也。“攼”读为“扞”，表违背义。《史记·游侠列传》：“虽时扞当世之文罔，然其私义廉絜退让，有足称者。”司马贞索隐：“违扞当代之法网，谓犯于法禁也。”“扞”“违”近义词连用。这句话可断为：人讼，扞违。“扞违”的对象可能是上文的“绳准”。

【90】民乃䎄（嗷）嚣，禁（靡）所并（屏）衮（依）

○整理者：郭店简《穷达以时》“皋陶”作“卲繇”，知皋、卲两声字可以相通。此处“䎄”读为“嗥”。《周礼·春官·大祝》“令皋舞”，郑玄注：“皋读为卒嗥呼之嗥。”孙诒让《正义》：“嗥、号音义同。”

○陈剑：“刀/召”与“激”韵部系宵药阴入对转，声母虽有舌音端组（“刀”端母、“召”定母）与牙音（“激”见母）之别，但从不少通假材料看，它们的古音应该是很接近的。……《公羊传》昭公二十五年“昭公于是噭然而哭”，《说文》“嘂”字下引作“叫”，段注改为“嘂”（“嘂”“叫”“訆”同字）；“噭哭”犹“叫号哭泣”。……《芮良夫毖》“民乃噭/叫嚣”之“噭/叫”与“叫号”义近，“嚣”则当训为“众口愁”。《汉书·王莽传赞》：“是以四海之内，嚣然丧其乐生之心。”颜师古注：“嚣然，众口愁貌也。音五高反。”《说文》“嗸”字训为

① 黄杰：《初读清华简〈芮良夫毖〉笔记》，简帛网，2013 年 1 月 5 日。
② 王坤鹏：《清华简〈芮良夫毖〉篇笺释》，简帛网，2013 年 2 月 26 日。

“众口愁也”，段注指出：“《汉书·董仲舒传》‘嚣嚣苦不足’、《汉书·食货志（上）》‘天下謷謷’、《汉书·陈汤传》‘熬熬苦之’，皆同音假借字也。”银雀山汉简“阴阳时令、占候之类”《占书》2093号“夫名川绝，大徼固（涸）”，原注：“徼，疑当读为‘沼’，‘敫’与‘召’古音相近。”其说可信。此更是我们说楚简“召”声字读为从“敫”声之“激”“噭”之佳证。①

〇姚小鸥、高中华：“咠”，召声，上古音在宵部，试读为同部之“嗸”字。“嗸”，《说文》作“嗷”，言“众口愁也”。“嗸嚣”，叠韵联绵词，摹愁苦之状。又作“嗸嗸”，《诗经·小雅·鸿雁》“哀鸣嗸嗸”。又作“嚣嚣”，《汉书·董仲舒传》“此民之所以嚣嚣苦不足也”，颜师古注：“嚣读与嗸同。嗸嗸，众怨愁声也。”“民乃嗸嚣，靡所屏依”，言由五相不勤，群臣讼争，致使百姓无所依凭，嗸嗸哀鸣。②

按：陈剑说法可从。“噭嚣”近义词连用，有呼喊哀嚣义。此处“屏”可训为“隐”“藏”。《礼记·曲礼》“左右屏而待”，郑玄注：“屏，犹退也，隐也。”《尚书·金滕》“我乃屏珪与璧”，孔安国传：“屏，藏也。”“依”，依赖也。“靡所屏依”是说民无处可藏，无人可依。

【91】日月星晨（辰），甬（用）交䜌（乱）进退，而莫㝵（得）亓（其）𣲔（次），戢（岁）乃不𡰥（度），民甬（用）戾𣧈（尽）

〇整理者：戾，《战国策·赵策二》“而齐为虚戾”，鲍彪注：“戾，疾也”。《墨子·天志中》“疾灾戾疫凶饥则不至”，孙诒让《间诂》：“戾、厉字通。”“𣧈”从歹𦘒声，读为“尽”。《玉篇·皿部》：“尽，终也。”

〇王坤鹏：𣧈，整理者读为尽。按，或当读为殣。《说文·歺部》：“殣，道中死人，人所覆也。”……《左传·昭公三年》“道殣相望”，杜预注：“饿死为殣”。前文云“年谷纷成，风雨时至”，此处叙述的正是与之相反的情况。年岁不守常度，风雨不时，导致粮食收成不好，结果自然是饿殍遍野。③

---

① 陈剑：《〈容成氏〉补释三则》，《出土文献与古文字研究》第6辑，上海古籍出版社，2015年，第372－374页。
② 姚小鸥、高中华：《说清华简〈芮良夫毖〉疏证（下）》，第21页。
③ 王坤鹏：《清华简〈芮良夫毖〉篇笺释》，简帛网，2013年2月26日。

○马楠：“民用戾尽”与《大雅·桑柔》“民靡有黎，具祸以烬”相类。[①]

○陈剑：“戾”与“参”声相通，……从用字习惯来看，《上博（七）·吴问》简1“而𢡺（殄）𢇁（绝）我二邑之好”，以楚文字之“慎”字“𢡺”为“殄”；《清华简（壹）·皇门》简12“𢜀（媢）夫先受吝（殄）罚”，以“吝”字为“殄”（今本作“媢夫先受殄罚”）。凡此可见当时“殄”字尚未行用，用以表其词之字尚不固定，则此简文以“戾”字表示“殄”亦实属正常。“殄”常训“绝”，即“去除”“消灭”“消除”“断绝”等义，具有“全部”的语义特征，故亦可训为“尽”，即“绝尽”“灭绝”义。《左传·宣公二年》“以其私憾，败国殄民”，杜预注：“殄，尽也”。简文读为“民用殄尽”，文从字顺。[②]

○姚小鸥、高中华：“次”，天象术语。《礼记·曾子问》“日穷于次”，郑玄注：“次，舍也。”古人将日月星辰运行至既定轨道的某一定点，称之为“次”。……“日月星辰，用交乱进退，而莫得其次”，言日月星辰运行紊乱，未循既定轨道。古人以为，政治失常，天象必异。……“岁乃不度，民用戾尽”，言四时之运行不合常度，致黎民无以聊生。[③]

按：“朿”通“次”，次序，顺序。“度”，常度。“岁乃不度”可能指的是年岁、收成不如常年。“甬”读为“用”，因果连词。“𣦸”可能是训为“死”之“盡”的本字[④]，“民用戾盡”即民因而病死。

【92】窨（咎）可（何）亓（其）女（如）𠮷（台）㢤（哉）

○整理者：其如台，参见《清华大学藏战国竹简（壹）·尹至》注〔一八〕。

○姚小鸥、高中华：“咎何其如台哉”，言咎殃如此，令人无可奈何。[⑤]

按：其如台，即奈何，怎么办，如何处理的意思。

𦨶（朕）隹（惟）湝（冲）人，则女（如）禾之又（有）𥝌（稺）[93]，非㪤（遘）折（哲）人，虐（吾）䊷（靡）所爰

① 马楠：《〈芮良夫毖〉与文献相类文句分析及补释》，第78页。

② 陈剑：《清华简“戾灾辠蛊”与〈芮良夫毖〉“烈假”“罪罟”合证》，《饶宗颐国学院院刊》第2期，中华书局（香港），2015年，第73－75页。

③⑤ 姚小鸥、高中华：《清华简〈芮良夫毖〉疏证（下）》，第22、23页。

④ 黄德宽主编：《古文字谱系疏证》，商务印书馆，2007年，第3555页。

（援）【二四】□诣[94]。我之不言，则畏天之發幾（机）；我亓（其）言矣，则憿（逸）者不慭（美）[95]。民亦又（有）言曰：悬（谋）亡（无）少（小）大，而器【二五】不再利屯（钝）。可与忑（翫），而鲜可与惟[96]。

曰：於（呜）虗（虖），畏孳（哉）！言罙（深）于淵（渊），莫之能恻（测）。民多勤（艰）戁（难），我心【二六】不快。戾之不□□。亡（无）父母（毋）能生，亡（无）君不能生。虗（吾）审（中）心念诖（絓）[97]，莫我或聖（听），虗（吾）忈（恐）辠（罪）之【二七】□身，我之不□，□□是遳（失），而邦受亓（其）不盗（宁）。虗（吾）甬（用）复（作）訛（毖）再夂（终），以寓命、达聖（听）[98]。【二八】

【93】 叅（朕）隹（惟）湝（冲）人，则女（如）禾之又（有）秜（穉）

○整理者：湝，读为"冲"，参见《清华大学藏战国竹简（壹）·周武王有疾周公所自以代王之志（金滕）》注〔二八〕。穉，《说文·禾部》："幼禾也。"

○姚小鸥、高中华："朕维冲人，则如禾之有穉"，诗人自言其兢兢在位，不克自安，如禾之幼弱。①

按：《金滕》篇原注为"湝，沈声，在定母侵部，读为定母冬部之'冲'。侵、冬旁转。"李学勤曾指出："'小子''末小子''冲子''幼子'等不一定指年龄的幼小。……实际'小子'等词如系自称，是表示谦卑；如称他人，则是长上的口吻。"② 简文的"冲人"是芮良夫自谦之辞。

《说文·禾部》："穉，幼禾也。""如禾之穉"是芮良夫比喻自己的力量弱小，难以去改变糟糕的现状。

【94】 非㝅（遘）折（哲）人，虗（吾）埜（靡）所爰（援）□诣

○整理者：《说文·子部》："㝅，乳也。"段玉裁注："此乳者，谓既生而乳哺之也。"哲，《诗·小雅·鸿雁》"维此哲人"，朱熹《集传》："哲，知"。㝅哲人

① 姚小鸥、高中华：《清华简〈芮良夫毖〉疏证（下）》，第24页。
② 李学勤：《何尊新释》，《中原文物》1981年第1期，第38页。

是教于哲人的意思。《小尔雅·广诂》：“诣，进也。”

○单育辰：应读为“由”，如郭店《五行》简28、简31读为“由”之“[illegible]”“[illegible]”即从“教”。参本篇简3“由求圣人，以申尔谋猷”。[①]

○黄杰：“教”当读为“穀”，这是楚简“教”的一般用法，……意为善。“穀”“哲”意近连用。“穀哲人”即善哲之人。……“非穀哲人，吾靡所援□诣”是说，没有善哲之人，我便无处“援”“□”“诣”。那么，“援”“□”“诣”与“穀哲人”在意义上的关系应当是“援”“□”“诣”于“穀哲人”。“援”意为引据。《礼记·缁衣》：“臣仪行不重辞，不援其所不及。”郑玄注：“援，犹引也。”……“诣”当读为“稽”，考校。[②]

○张富海：被哲人哺育的说法颇为可怪，亦不见于文献。即使能说“教于哲人”这种话，大概也是不能省去介词“于”的。“教”字显然应读为“遘”。清华简《金縢》简3：“尔元孙癹（发）也，㚅害虐疾。”㚅，今本《金縢》作“遘”，是简文用“㚅”表示“遘”。“㚅”字从力、教声，证明“教”亦可假借表示“遘”。“遘”和“教”中古完全同音（古候切），上古韵部虽有侯、屋之别，也极相近。“非遘哲人，吾靡所援□稽”，大概是说，遇不到哲人我就无所援引稽考。本篇上文简3—4说“迪求圣人，以申尔谋猷，毋羞问讯，庶无有咎”。“遘哲人”与“求圣人”遥相呼应，哲人和圣人都是聪明人的意思。[③]

○姚小鸥、高中华：“教”读为“穀”，训“养”。《小雅·甫田》“以穀我士女”，《郑笺》：“穀，养也。”“穀哲人”，即“穀于哲人”，谓见养于哲人。……《说文·手部》：“援，引也。”《玉篇·言部》：“诣，往也，到也。”“非穀哲人，吾靡所援诣”，言幼弱如吾，非就教于智者，则无所攀缘依就。“援”“诣”二字之间，整理报告以为缺一字。按：“援”字居第二十四简末。“诣”字居二十五简第二字位置。“诣”字上方有一字空位，审视原简照片，似有残留笔画。然“援诣”文意完全，中当不缺字。二十五简的简首空位疑抄手误抄刮削所致。[④]

按：“教”，当从张富海分析的音理，读为“遘”。“非遘哲人，吾靡所援□

① 单育辰：《清华三〈诗〉、〈书〉类文献合考》，第228－229页。
② 黄杰：《清华简〈芮良夫毖〉补释》，第23页。
③ 张富海：《清华简字词补释三则》，《古文字研究》第31辑，中华书局，2016年，第352页。
④ 姚小鸥、高中华：《清华简〈芮良夫毖〉疏证（下）》，第24页。

诣”，整理者认为有缺文。但是大体意思清楚，是芮良夫说自己没有遇见哲人，没有可以学习拜稽的人。姚小鸥、高中华“言幼弱如吾，非就教于智者，则无所攀缘依就”基本可以成立。

【95】我之不言，则畏天之發幾（机）；我亓（其）言矣，则𢙃（逸）者不䋛（美）

○整理者：发机指发动的机关。𢙃，字从心，佾声，读为“逸”。《尔雅·释言》：“逸，过也。”郝懿行《义疏》：“又通作佾。”美，《文选·陶潜〈拟古诗〉》“佳人美清夜”，吕向注：“美，犹爱也。”

○黄杰：“發”当读为“废”，“幾”当看作本字。《书·皋陶谟》：“帝庸作歌，曰：‘敕天之命，惟时惟幾。’”其中“时”“幾”均与“天之命”有密切关联。屈万里《集释》：“幾，谓机宜。”简文“發（废）幾”的“幾”应当就是《皋陶谟》“惟时惟幾”的“幾”。天“废幾”，可能与人违背天命有关。《书·多士》：“弗克庸帝，大淫泆，有辞，惟时天罔念闻，厥惟废元命，降致罚。”因为有夏淫泆，天乃废其元命，与此处“废幾”意思类似。“𢙃”读为“逸”若可从，则似当解释为安逸。“美”当解为喜、乐。……简文的意思是，我如果不说这些告诫的话，则恐怕（众人骄奢淫逸导致）上天废除曾赐予我们的机宜，我如果说这些话，则那些贪图安逸的人又会不高兴。①

按：此处“机”可训为“危”。《大戴礼记·本命》“礼经三百，威仪三千，机其文之变也”，卢辩注：“机，危也”。②《淮南子·原道》：“处高而不机，持盈而不倾。”高诱注：“机，危也；倾，覆也。”③ 简文的“危”作名词。𢙃，从整理者读为“逸”，“逸者”指淫逸之人。“美”，可训为喜、乐。《荀子·致士》“美意延年”，杨倞注：“美意，乐意也”。④ 全句句意为：我如果不说这些话，则担心上天发威，降下危险；我如果说了这些话，又担心那些淫逸之人不喜欢。

---

① 黄杰：《清华简〈芮良夫毖〉补释》，第24页。

② 卢辩注：《大戴礼记注》卷13，文渊阁《四库全书》本。

③ 高诱注：《淮南鸿烈解》卷1，《四部丛刊》景钞北宋本。

④ 荀况著，杨倞注：《荀子》，第139页。

【96】民亦又（有）言曰：毋（谋）亡（无）少（小）大，而器不再利屯（钝）。可与忎（翫），而鲜可与惟

〇整理者：屯，可训“皆”，为总括词。忨，《说文·心部》：“贪也。从心元声。《春秋传》曰：‘忨岁而漱日。’”

〇曹方向：这句显然与《诗·苕之华》“人可以食，鲜可以饱”为同一句式，“屯”应该是名词。“忨”，疑读为“玩”。《楚辞》“谁可与玩斯遗芳兮，晨向风而舒情”是也。①

〇杨鹏桦：疑“器不再利”当与“屯”连读为“器不再（在）利屯（钝）”，与“谋无小大”相应。“再”上古属精纽之部，“在”属从纽之部，二字音极近，且均可通“载”。……“小大（大小）”与“利钝”并举见《淮南子·汜论》：“象见其牙，而大小可论也；薛烛庸子，见若狐甲于剑，而利钝识矣。”……芮良夫引民谚谓“器不在利钝”，与前“谋无小大”同样，都是在国家危难之际急需“谋”与“器”，无论其大小、利钝，只求能用以济世安邦。……楚简目前似未见“再”用为“在”者，然而此处为芮良夫所引民谚，虽由楚文字书写，民谚本身可能来源于其他地区，且芮良夫非楚人、《芮良夫毖》也很可能并非楚地的“原生态”文献，因此似可不必以楚简用字习惯强求之。②

〇姚小鸥、高中华：“谋”，议也。既指所议之事，亦指所定之计议。“小大”，即今所言“大小”。“器”，即《老子》第三十六章所言“国之利器”。全句谓国事或有小大，若无谋，国将不国。其意若曰：为政治国，必战战兢兢，如履薄冰。……“屯可与愿，而鲜可与惟”，言众皆可共愿欲，而鲜有可共图谋者。《商君书·更法》篇引《语》曰“民不可与虑始，而可与乐成”，与本篇语句略有出入，义则相近。③

按：“忎”可读为“忨”或“翫”，《说文·习部》：“翫，习翫。”“惟”当训为“谋”。“再”，可从杨鹏桦读法，读为“在”。屯，可读为“钝”。“谋无小大，而器不再利钝”，是一句谚语。“可与翫，而鲜可与惟”是另一句谚语。前句大意是说：谋不分大小，器物不在利钝（言外之意是说关键要有谋和有器）。后句大意

---

① 曹方向（“鱼游春水”）：简帛论坛“简帛研读—清华简《芮良夫毖》初读”版块，简帛网，2013年1月9日。
② 杨鹏桦：《清华简（叁）断读献疑三则》，第35－36页。
③ 姚小鸥、高中华：《清华简〈芮良夫毖〉疏证（下）》，第25－26页。

是说：（人）可与之一起习翫，而少有能一起思谋的。前句重点在于强调要有谋；后句重点在于强调对大多数人不能一起思谋，只可与之享有谋的好处。姚小鸥、高中华所引“民不可与虑始，而可与乐成”大体接近后句大意。

【97】**曰：於（呜）虐（虖），畏𢦏（哉）！言罙（深）于𣶒（渊），莫之能恻（测）。民多勤（艰）戁（难），我心不快。戾之不□□。亡（无）父母（毋）能生，亡（无）君不能生。虐（吾）审（中）心念诖（絓）**

〇整理者：《楚辞·九章·哀郢》“心絓结而不解兮”，王逸注：“絓，悬”。

〇陈伟武：整理者将“母”字如字读，殆因与“父”字连文而致误解。“母”字当读为“毋”。同篇中“母”用为“毋”多见，例繁不举。“毋”通常作命令副词表示禁止，此处与“不”互文见义，作否定副词。若依原释，“亡（无）父母能生”似乎是为了强调“亡（无）君不能生”而预设，两个句子表达的是相反的意思。但这种预设却不合情理，没有父母如何能生呢？若改读，“父”与“君”相对待，亦见于传世典籍，如《孟子·滕文公下》：“天下之言，不归杨则归墨。杨氏为我，是无君也；墨氏兼爱，是无父也；无父无君，是禽兽也。”将“母”读为“毋”训“不”，“亡（无）父母（毋）能生”与“亡（无）君不能生”就只是一种并列的关系而已，并无强调的意味。①

〇姚小鸥、高中华：“言深于渊，莫之能测”，谓人心难测。……所谓“无父母能生，无君不能生”之“生”，盖由族群之生存而发言。古人以为天生烝民，必设君师以牧之，使生生不已。清华简《厚父》引《书》曰：“天降下民，设万邦，作之君，作之师，惟曰其助上帝乱下民。”……王逸注，训为“悬”，可从。“吾中心念絓，莫我或听”，言我心忧伤，出言于此，唯恐无人听也。②

按：“言深于渊，莫之能测”是芮良夫对前文各种谏言的形容，强调谏言的重要性。

“母”可从陈伟武读法，读为“毋”。“无父毋能生，无君不能生”强调“父”“君”的重要性，言外之意是希望“如父之君”能听取谏言，解决百姓疾苦。这种君王做民之父母的观念，《尚书·洪范》和西周中期的豳公盨铭文中已经出现，

---

① 陈伟武：《读清华简〈周公之琴舞〉和〈芮良夫毖〉零札》，第 31 页。
② 姚小鸥、高中华：《清华简〈芮良夫毖〉疏证（下）》，第 27 页。

《洪范》：“曰天子作民父母，以为天下王。”豳公盨铭文：“迺自作配饗民，成父母，生我王，作臣。”

【98】以寓命、达聖（听）

○整理者：寓是寄托的意思。《管子·小匡》：“事有所隐，而政有所寓。”命应理解为天命。《书·梓材》“用怿先王受命”，蔡沈《集传》：“命，天命也。”

○赵平安：最后一句“虗（吾）甬（用）复（作）訬再夂（终），㠯（以）寓命达聖（听）”，与上文“内（芮）良夫乃复（作）訬再夂（终）”相呼应。寓是寄托的意思，《管子·小匡》：“事有听隐，而政有所寓。”命应理解为天命。《尚书·梓材》：“用怿先王受命”，蔡沈《集传》：“命，天命也。”“寓命达听”反映了芮良夫作訬的高姿态和使命感。①

○姚小鸥、高中华：“命”，整理者谓“应理解为天命”。据本启第一章“天犹威矣，渝命无成”及上章“畏天之发机”等语，其说可从。诗人为王朝执政卿士，位高任重，其以“天命”自责，合乎情实。“达”，通也。《尚书·舜典》“明四目，达四聪”，《史记》引作“明通四方耳目”。“达四聪”言通达于四方之听。《芮良夫毖》为诰教邦君御事之篇，此处“达听”指达于诸邦君御事。②

按：“寓”，《管子·大匡》：“贤者死忠以振疑，百姓寓焉。”尹知章注：“寓，寄托也。”“命”不一定指天命，西周晚期和春秋时期的“命”已经有个人色彩，简文的“命”可理解为包括芮良夫个人在内所有百姓之命运。“达”在简文具体可训为“通达”“致达”。“以寓命、达听”指以寄托命运、以致听（于君子），句中省略了“达听”的对象。

---

① 赵平安：《〈芮良夫訬〉初读》，第80页。

② 姚小鸥、高中华：《清华简〈芮良夫毖〉疏证（下）》，第28页。

第四章 《耆夜》集解

一、饮至礼

武王八年延（征）伐郘（耆），大戜（戡）之[1]。还，乃歓（饮）至于文大（太）室[2]。縪（毕）公高为客，卲公保睪（奭）为【一】夹（介）[3]，周公弔（叔）旦为宔（主）[4]，辛公詎瘪（甲）为立（位）[5]，复（作）策䰠（逸）为东尚（堂）之客[6]，郘（吕）上（尚）甫（父）命为【二】司政（正），监歓（饮）酉（酒）[7]。

【1】武王八年延（征）伐郘（耆），大戜（戡）之

〇整理者：《书·西伯戡黎》："西伯既戡黎，祖伊恐，奔告于王。"戡黎的"西伯"，《尚书大传》《史记·周本纪》等以为周文王。但是这个诸侯国的位置距离商都太近，文王征伐到那里于情势不合。许多学者主张应该是武王，简文……证实了他们的质疑。①

〇李学勤：2006 年于山西黎城西关村发现了作器者为楷侯之宰的器物，"楷"通读为"黎"。……黎国的地理位置从来有两说。……《左传》宣公十五年杜预注

① 清华大学出土文献研究与保护中心编，李学勤主编：《清华大学藏战国竹简（一）》，中西书局，2010 年，第 151 页。本书对《耆夜》整理者注释皆源自该书，后文不再一一出注。

主张在上党郡壶关黎亭，即今长治西南。《史记·周本纪》正义引《尚书》孔传“黎在上党东北”，又引《括地志》云：“故黎国城，黎侯国也，在潞州黎城县东北八十里。”这个地点在今黎城东北。也有学者弥合两说。……两个地点相距不远，或许都曾在黎国境内也是可能的。……周朝建立之后，将毕公一子分封到毕公征服过的黎国。①

○刘成群：文王所伐之耆（黎）为古之骊戎，武王所伐之耆（黎）为上党之地，即《西伯戡黎》之黎国。②

○王鹏程：文王所伐为今山西长治西南、黎城西北之“耆”，武王所伐为距离朝歌很近之“黎”。献簋铭文中的“楷伯”可能是毕公之子，黎国的国君。③

○刘光胜：今本《竹书纪年》武王戡黎的时间是武王二年，绝不是清华简《耆夜》所说的“武王八年”。……即使按照武王即位未尝改元的说法，文王受命七年而崩，武王八年戡黎应在文王死后第一年，即帝辛四十二年，与今本《竹书纪年》“帝辛四十四年”仍相差两年。“二次戡黎说”只注意到今本《竹书纪年》有文王、武王都曾戡黎的记载，却没有注意到清华简《耆夜》与今本《竹书纪年》武王戡黎时间的不同。……清华简《耆夜》“武王八年戡黎”作为孤证，不能遽然为学界所采信。④

○杜勇：从出土地点和音韵通假关系看，楷侯就是黎侯，但献簋中的楷伯不一定是毕公之子。……西周金文中楷伯、楷仲、楷侯的材料不能作为《耆夜》所言武王伐黎且以毕公作为主将的可信性证明。伐黎事关殷商存亡，非武王挂帅不可想象。文王七年而崩，适逢新丧，次年伐黎不合情理。周人伐商战略中当由文王伐黎，不可能晚至武王。因此，《耆夜》只是武王伐黎的孤证，《西伯勘黎》等传世和出土《容成氏》等文献记载文王勘黎之说难以遽然否定。⑤

○陈致：如果今本《竹书纪年》所记接近事实，则《尚书大传》与《史记》作者于文王伐耆的年代上记错，而且把武王时期所伐的黎国与耆混同为一国。清华简的作者则误以武王所伐之黎为耆，以二字音既相近，字形亦有相关之处，且

---

① 李学勤：《从清华简谈到周代黎国》，《出土文献》第1辑，中西书局，2010年，第1－2页。

② 刘成群：《清华简〈乐诗〉与“西伯戡黎”再探讨》，《史林》2009年第4期，第140－145页。

③ 王鹏程：《“清华简”武王所戡之“黎”应为“黎阳”》，《史林》2009年第4期，第146－150页。

④ 刘光胜：《清华简〈耆夜〉考论》，《中州学刊》2011年第1期，第165页。

⑤ 杜勇：《从清华简〈耆夜〉看古书的形成》，《中原文化研究》2013年第6期，第21－23页。

于年代上亦未深究而致错。反过来，如果清华简所记伐耆在国名和年代上无误，那么，今本《竹书纪年》《尚书大传》与《史记》所记则都错将伐耆之事系之于文王，且《竹书纪年》更有可能是将武王伐耆之事误记为伐黎，纣王三十四年伐黎者当为文王，纣王四十四年武王所伐的是耆国。[①]

〇李零：文武图商，按古人的叙事方式，本来是个连续体。故事可以有不同版本，《容成氏》是一种版本，《耆夜》是另一种版本。我们不能说，《容成氏》一定是假，《耆夜》一定是真。这里有两种可能：一种可能，古人是把文王、武王的事混在一起讲。文王死后，武王载文王木主以伐，说明他是打着文王的旗号。古人把他俩的事混在一起讲，很合理。一种可能，文王、武王都曾伐耆，无所谓哪个对，哪个错。如今本《竹书纪年》讲周人伐黎，除去"西伯昌取耆"，还有"西伯发伐黎"。周人灭商，克耆本身很重要。我们要讨论的只是"西伯戡黎"，只是这件事对周灭商有什么意义。至于这个"西伯"是哪个西伯，"戡黎"是一次还是几次，恐怕倒在其次。[②]

〇吴良宝：古书所见的"黎"地不止一处，从它们的出现时间以及武王伐纣的路线来看，东郡之"黎"、浚县之"黎阳"可以排除在外，西周金文中"楷"所在的今山西黎城之"黎"最有可能是武王所戡之地。……顾颉刚、刘起釪根据《周本纪》所述的文王图商过程认为伐黎的应是文王，在稳固关中的基础后，向东逐渐讨平邗、黎、崇，为最终伐灭商纣铺平了道路，其说甚为平允，可见传统的文王说不应轻易推翻；清华简《郜夜》说武王戡黎，与《周本纪》说文王伐耆本身就有矛盾之处，这说明一方面战国时人认为武王曾经伐黎，另一方面司马迁依据了不同于《郜夜》的资料。这个问题目前还无法协调。看来战国时人在周文王、武王是否都曾戡黎的问题上本来就有不同的说法。如果不能论定《郜夜》简文的性质是史官实录，那就不能单从《郜夜》来认定伐黎的只有武王。[③]

按："武王八年征伐郜（耆），大戡之"，衍生出究竟是文王还是武王伐耆、伐耆的年代、是否存在二次伐耆、耆的具体地点等多个问题。传世文献如《周本纪》

---

① 陈致：《清华简中所见古饮至礼及〈郜夜〉古佚诗试解》，《出土文献》第 1 辑，第 12 页。

② 李零：《西伯勘黎的再认识——读清华楚简〈耆夜〉篇》，陈致主编《简帛 · 经典 · 古史》，上海古籍出版社，2013 年，第 115 页。

③ 吴良宝：《再论清华简〈书〉类文献〈郜夜〉》，《扬州大学学报（人文社会科学版）》2015 年第 2 期，第 69－71 页。

《尚书大传》《今本竹书纪年》中伐耆记载抵牾不一，《耆夜》的出现亦无法调和文献间的矛盾。①

【2】歙（饮）至于文大（太）室

〇整理者：《左传》桓公二年：“凡公行，告于宗庙；反行，饮至、舍爵、策勋焉，礼也。”说的是诸侯，王礼也应如此。杨伯峻《春秋左传注》说，师返，于宗庙“祭告后，合群臣饮酒，谓之饮至”，又解释“舍爵”说：“设置酒杯，犹言饮酒”，均与简文相合。文太室，祭祀文王的太室。《书·洛诰》：“王入太室，裸。”疏：“太室，室之大者。故为清庙，庙有五室，中央曰太室。”

〇陈致：所谓“饮至”之礼，屡见于《春秋》经传。《左传·隐公五年》公将如棠观鱼，臧僖伯谏言中说道：“三年而治兵，入而振旅。归而饮至，以数军实。昭文章，明贵贱。辨等列，顺少长，习威仪也。”故所谓饮至，是用于战争之后，师旅凯旋，归而献祭于宗庙或其他场所，……目的是“以数军实”“昭文章”“明贵贱”“辨等列”“顺少长”和“习威仪”等，当然其中最重要的是饮酒庆功。《左传·僖公二十八年》载晋人得胜回晋的饮至之礼：“秋七月丙申，振旅，恺以入于晋，献俘、授馘，饮至、大赏，征会、讨贰。杀舟之侨以徇于国，民于是大服。”献俘、授馘，饮至、大赏，征会、讨贰，这些与饮至礼相伴随进行，在广义上也是饮至礼的部分内容。……饮至礼较早的记载，传世文献中资料不多。西周早期金文中周公东征鼎铭文的“酓秦”，李学勤先生认为即“饮至”，可见周初已有饮至礼。其他金文中也有记录，只是未用“饮至”这个词。如懿王时期的噩侯驭方鼎记述周王与噩侯驭方在典礼纳壶、行裸礼、侑酒、行射礼、饮酒、赏赐的整个过程，所谓“饮至”可知大概。②

〇李家浩：“文太室”，指文王宗庙的太室。对于武王来说，文王宗庙是祢庙。据有关礼书，飨礼是在祢庙里举行的。武王在文王宗庙行饮至之礼，与礼书所记相合。③

按：如陈致所总结，饮至礼所含仪式内容多样，最重要的当是饮酒庆功，《耆

---

① 《耆夜》问世以来关于伐耆是文王还是武王，以及伐耆年代的研究综论，参见季旭升《〈清华简（壹）·耆夜〉研究》，《古文字与古代史》第3辑，台北“中研院”史语所，2012年，第305－315页。

② 陈致：《清华简所见古饮至礼及〈郘夜〉古佚诗试解》，第13－16页。

③ 李家浩：《清华竹简〈耆夜〉的饮至礼》，《出土文献》第4辑，中西书局，2013年，第20页。

夜》篇只述及了饮酒和赋诗环节。

【3】縪（毕）公高为客，卲公保睪（奭）为夹（介）

○整理者：毕公即毕公高。《史记·魏世家》："魏之先，毕公高之后也。毕公高与周同姓。武王之伐纣，而高封于毕，于是为毕姓。"索隐："《左传》富辰说文王之子十六国有毕、原、丰、郇，言毕公是文王之子。"毕公高在饮酒中为客，可能是由于任伐耆的主将，功劳最大的缘故。卲公保睪即召公奭。读"睪"为"奭"，保是官名，夹训为"介"，指助宾客行礼者。

○马楠：据《仪礼》，君不与臣伉礼，故诸侯燕礼，膳宰为主人。昭九年晋膳宰屠蒯是也。胡匡衷《仪礼释官》以为诸侯膳宰（中士）当《周礼》天子膳夫（上士）。春秋时膳宰亦通称宰夫，而"（介）"执掌不同。此不云主人，或膳夫为主人，常事不书；或武王亲为主人。以《燕礼》例之，武王席在阼阶上，西面。简文云毕公为客，召公为夹，案"夹""介"皆可训"辅"。以《乡饮酒礼》例之，毕公席在户牖之间，南面；召公为介，辅毕公为礼，席在西阶上，东面。①

○李家浩："毕公高为客"之"客"，相当礼书所说饮酒礼的宾、介之"宾"，指上宾。《仪礼·士冠礼》郑玄注："饮酒之礼，贤者为宾，其次者为介。"毕公高在饮至礼时之所以为上宾，正如《耆夜》整理者注所说，"可能是由于任伐耆的主将，功劳最大的缘故"。"召公保睪为夹"之"睪"，是召公的名字，传世文献作"奭"，银雀山汉简作"昔"。《说文》皕部："奭……此燕召公名，读若郝。"上古音"奭""睪""昔"都是铎部字，故可通用。②

○张富海："夹"字象两人夹扶一人形，引申而有辅助之义，但不能作名词用。动词"夹"是入声，读*kreep，通过加－s尾（即所谓去声别义），变读为*kreeps，就转化为了名词，而*kreeps正是"介"字的语音形式。助手义的名词"介"，当即辅助义的动词"夹"的派生词。故简文用"夹"为"介"，并非假借，实际上是用了一个本字。这种用字习惯应当远有所承，但在当时"介"已由*kreeps音变为*kreets的情况下，反而不合实际语音。③

---

① 马楠：《清华简〈郘夜〉礼制小札》，《清华大学学报（哲学社会科学版）》2009年第5期，第14页。

② 李家浩：《清华竹简〈耆夜〉的饮至礼》，第20页。

③ 张富海：《上古汉语－ps＞－ts音变在战国文字中的反映》，《出土文献与古文字研究》第8辑，上海古籍出版社，2019年，第229页。

【4】周公弔（叔）旦为宔（主）

〇整理者：周公叔旦即周公旦，叔是排行。宔，即“主”字。据《仪礼》，君不与臣抗礼，故诸侯燕礼膳宰为主人。此次饮至之礼，而使周公为主，盖尊毕公。以《燕礼》例之，应为武王席在阼阶上，西面；毕公席在户牖之间，南面；召公为介，辅毕公为礼，席在西阶上，东面。周公为主人，献宾，献君，自酢于君。

〇曹建墩：燕饮礼中有主人，有宾。据《仪礼·燕礼》所载，主人为国君，称为正主；宰夫为献主，即代替国君与宾客行献酢之礼的人。通言之，献主亦可称为主人。《礼记·燕义》解释说：“使宰夫为献主，臣莫敢与君亢礼也”，“君席阼阶之上，居主位也。君独升立席上，西面特立，莫敢适之义也”。国君为一国的至尊，无人敢以与国君相匹敌的身份与之行礼。简文中的“主”指的是献主。尽管当时武王尚未一统天下，但周人受命之说起自文王，武王继承乃父遗志，亦自视为天子。天子至尊，臣下莫敢与之抗礼而行酬酢。因武王地位尊崇，不与卑者行献酢礼，而是以周公代为献主与宾客行礼。①

〇“子居”：贾公彦疏：“天子有宰夫，兼有膳夫，掌君饮食。诸侯亦有宰夫，复有膳宰，掌君饮食，与天子膳夫同……必知膳宰卑于宰夫者，案天子宰夫下大夫，膳夫上士。天子膳夫卑于宰夫，则知诸侯膳宰亦卑于宰夫者也。”是燕礼以宰夫为主人。关于宰夫为主人的问题，李学勤先生在《读〈周礼正义·天官〉笔记》一文中已有详论，读者可参考。据《左传·定公四年》：“武王之母弟八人，周公为大宰，康叔为司寇，聃季为司空，五叔无官，岂尚年哉！”可见周公正是以太宰之职而为主人。②

〇程浩：在《耆夜》的饮至礼中，毕公为客，如果一定要选出一位与之地位相当的人代替武王作为“主”，那也非周公莫属。周公与毕公同称“公”，又是兄弟，担任“主”并无不妥。如果担任“主”的是膳夫，又如何让毕公与其平起平坐？③

按：简文这里是周公代为献主与宾客行礼。

---

① 曹建墩：《清华简〈耆夜〉篇中的饮至礼考释二则》，罗运环主编《楚简楚文化与先秦历史文化国际学术研讨会论文集》，湖北教育出版社，2013 年，第 350－351 页。

② “子居”：《清华简〈耆夜〉解析》，《学灯》第 20 期（网络版），2011 年 10 月 1 日。

③ 程浩：《清华简〈耆夜〉篇礼制问题释惑——兼谈如何阅读出土文献》，《社会科学论坛》2012 年第 3 期，第 70 页。

【5】辛公䛠麐（甲）为立（位）

○整理者：辛公䛠甲即辛公甲。或称辛甲、辛甲大夫。䛠，即《集韵・至韵》的"謉"，《说文》讹作"謉"。䛠和甲疑是名和字的关系。案《仪礼・燕礼》："小臣设公席。"《周礼・小臣》："正王之燕服位。"辛公䛠甲为位，是正君臣之位，非亲设席加几。

○复旦读书会（2011）："谦"，原简作，整理者隶定从"臣"，不确。楚简"颐"字写作，所从的"臣"字与此字绝不相同。此字当从"泉"，也见于包山简85作，用为人名。"泉"作的写法，可以参考《集成》4539、所从的"泉"旁。①

○赵平安：其中䛠字，原简作。……古文字阶段，臣经常单用或作偏旁。……简文释为䛠是完全可能的。简文䛠有两种可能的理解。参照"卲公保睪（奭）"，可以理解为官名，还可理解为名字。……《说文・言部》收有謉字，……结合形音两方面看，本作臣声，讹为臣声的可能性最大。謉可以读为颐，指面颊而言。《释名・释形体》："颊，夹也。面旁称也，亦取挟敛食物也。"麐，即甲。《书・多方》："因甲于内乱。"孔颖达疏："夹声近甲，古人甲与夹通用。"因此，謉与麐是有意义上的联系，合乎名、字意义相因的原则。……字右边与泉、臣都有一定距离。……对于文字释读来说，字形当然是首先要考虑的因素，当字形上难以判断的时候，文例便成为首先要考虑的因素。②

○马楠：简文云辛公为位，作册逸为东堂之客。案《燕礼》，小臣设公席，与《夏官・小臣》"正王之燕服位"正合；司宫设宾席，盛世佐以为当《周礼》宫人之职。据《周礼》，小臣上士，宫人中士，是君臣之差。此辛公为位，是正君臣之位，非亲设席加几。③

○李家浩：礼书说上宾有"介"，主人有"僎"。……"周公叔旦为主"是对"毕公高为客"而言的，作为"客"的毕公高有"介"，作为"主"的周公叔旦应

① 复旦大学出土文献与古文字研究中心研究生读书会：《清华简〈耆夜〉研读札记》，复旦大学出土文献与古文字中心网，2011年1月5日。

② 赵平安：《谈谈出土文献整理过程中有关文字释读的几个问题——以清华简的整理为例》，《深圳大学学报（人文社会科学版）》2012年第2期，第45页。

③ 马楠：《清华简〈郘夜〉礼制小札》，第14页。

该有“僎”。……据铜器铭文和传世文献，先秦时期飨礼有侑者或御者。……商周铜器铭文还把相当侑者之“侑”或御者之“御”又称为“逦”或“丽”，如听簋（集成3.03975）“辛子（巳），王畬（饮）多亚，耶（听）就逦”，“逦”或“丽”应该读为“僎”。上古音虽然“丽（逦）”属来母歌部，“僎”属从母元部，但是从“丽”得声的“籭”“矖”“躧”“灑”“釃”等字却属心母，与从母都是齿头音；歌、元二部是严格的阴阳对转关系。文献中没有找到“丽（逦）”“僎”直接通用的例子，但是却找到它们间接通用的例子。例如：从“丽”得声的“躧”“纚”等字或作从“徙”得声的“蹝”“縰”等。而古文字“徙”或用作“选”。……从“丽”得声的字与从“徙”得声的字相通，而“徙”字又与“选”字相通，那么“丽（逦）”与“僎”当然也可以相通。……《耆夜》“为立”之“为”与听簋“就逦”之“就”同义，都是担任的意思；其后的“立”与“逦”，疑是同一个词的不同写法。上古音“丽（逦）”属来母歌部，“立”属来母缉部，二字声母相同，韵部看似远隔，其实有关。先秦时期，“立”字往往用为物部的“位”和质部的“莅”或“莅”。……物、质二部与月部关系密切。……听簋“就逦”等的“逦”或“丽”读为“僎”，那么《耆夜》“为立”之“立”也应该读为“僎”。……辛公詎甲原是商纣王之臣，因商纣无道，后来投奔周，任太史之职。太史熟知礼仪，在饮至礼时由辛公詎甲担任主人周公叔旦的“僎”，是十分合适的。①

○徐渊：辛公謰甲担任为位的职份，《周礼·夏官·小臣》：“小臣掌王之小命，诏相王之小法仪。掌三公及孤卿之复逆，正王之燕服位。”所谓“燕服位”，就是燕礼中的向位和服饰。在《周官》中《小臣》隶属于《大仆》，《大仆》所掌为“掌正王之服位，出入王之大命”，又“王燕饮，则相其法”。可见《周官》中的“大仆”“小臣”的执掌与简文中的“为位”近似。由于《周官》一书综合了春秋战国时代各国的众多官职，故可以认定大仆和小臣在燕饮礼中的职份在东周时代是相类似的，它们之间是否真的如《周官》所说有隶属关系，则难以断定。《耆夜》记述的是王级的饮至礼，在此礼典中辛公謰甲的职份为“为位”，对应的就是《仪礼·燕礼》中的“小臣”，也就是《周官》中的“大仆”“小臣”之职，两者是同一职位的不同称法。由此，李文认为“为立”之“立”由于声音的关系

① 李家浩：《清华竹简〈耆夜〉的饮至礼》，第23－27页。

可读为“僎”的意见，在礼制角度来讲并不能成立。①

按：徐渊说法可从，辛公詎甲在饮至礼中的执掌近似“小臣”“大仆”。

【6】复（作）策䜌（逸）为东尚（堂）之客

〇整理者：作策逸即作册逸。《书·洛诰》：“王命作册逸祝册，惟告周公其后。王宾，杀禋咸格，王入太室，祼。王命周公后，作册逸诰，在十有二月。”作册逸即史佚。东堂或说即东箱、东厢，历来礼家聚讼不已，张惠言折衷前说，以为东序之东，东夹之南。

〇马楠：“东堂”即“东箱”，历来礼家聚讼不已，张惠言折衷前说，以为东序之东，东夹之南。则“东堂之客”当在东序之东，北面。案《聘礼》郑注，公袭于序坫之间（坫在堂东南角），即此东堂之前位。凡袭皆在隐处，若然，史佚在此悬远之位，颇为可疑。试别作一解，《燕礼》孤位在“阼阶西，北面”，君席之左；《聘礼·记》燕聘问之卿，则上介（聘卿之辅）为宾，宾（聘卿）位亦在主国君左，阼阶西，北面，所谓“苟敬”之位。昭二十五年《左传》，叔孙婼（昭子）聘宋，“明日宴，饮酒，乐，宋公使昭子右坐”，则昭子之位本在宋公之左，北面，改坐于宋公之右，西面。若然，此位过尊，亦似不合。姑陈义于此，以俟方家。②

〇曹建墩：所谓“东堂之客”，可能是指坐于正宾席位东面的宾客，其席位在正宾之东（左）的尊位。燕饮于堂上，以东方为上（特殊者有北面之客苟敬，属于特例）。……“东堂之客”席位在堂上尊位，其身份盖类似于乡饮酒礼中的“僎宾”。……僎宾为主人之副手，虽为宾，其实是属于主人之相。简文“东堂之客”为作册逸（学者多认为即史佚），属于文职史官，《尚书·洛诰》有“王命作册逸祝册”的记载。周之太史位三公，《汉书·古今人表》“上中仁人”栏列有“史佚”，所居时位与周公、召公同，地位上高于毕公高，盖因此而成为正宾（毕公高）东方之客。在燕饮中，由于其诏相武王行礼，故坐于武王之北。③

〇李家浩：传世文献还是出土文献，往往以“尚”为“上”。“东尚”应该读为礼书所说席位的“东上”，“客”类似乡饮酒礼的三宾，即众宾之长。《诗·小

---

① 徐渊：《从清华简〈耆夜〉饮至礼典推测其成书年代》，《古典学志》第1辑，广州出版社，2021年，第20页。
② 马楠：《清华简〈郜夜〉礼制小札》，第15页。
③ 曹建墩：《清华简〈耆夜〉篇中的饮至礼考释二则》，第352－353页。

雅·宾之初筵》第五章谈到设监、史：“凡此饮酒，或醉或否。既立之监，或佐之史。”毛传：“立酒之监，佐酒之史。”马瑞辰《毛诗传笺通释》：“《内则》‘凡养老，五帝宪，三王有乞言。五帝宪，养气体而不乞言，有善则记之，为惇史。三王亦宪，既养老而后乞言，亦微其礼，皆有惇史’。《诗》所云‘或佐之史’，盖即惇史。古者饮酒皆立之监，以防失礼，惟老者有乞言之典，更佐以史，少者则否，故云‘或佐之史’。监以察仪，史以记言。”作册逸在饮至礼中担任的角色，可能名义上是“客”，实际上兼任“史”。也就是说作册逸和吕尚父在饮至礼时担任的角色，当分别属于《宾之初筵》所说的“史”和“监”。①

○徐渊：简文中的“东堂之客”指的就是《燕礼》中的“小臣师”。……“东堂之客”职守所在的位置可以参看黄以周《礼书通故》绘制的《燕礼仪节图》，正处于堂东附近的位置。……“东堂之客”的“客”可以取“傧相”或者“掌客”的义项。根据《仪礼·燕礼》，“小臣”和“小臣师”的执掌是有所不同的，小臣主要是负责礼典的政令和宾客的向位，“小臣师”则负责引导大夫行礼。《大射仪》有“小臣师纳诸公、卿、大夫”。郑玄注：“小臣师，正之佐也。”“客”则可以理解为《周官·秋官·掌客》中的“掌客”。……在《周官》中，“掌客”的职守是管理飨礼中的饮食庶具，这与小臣师的执掌比较接近，“东堂之客”的意思是“东堂之司客”。《尚书·舜典》有“宾于四门”，郑玄注：“宾，摈”。又，《左传》隐公七年有“凡伯弗宾”，皆为其例。裘锡圭在《“诸侯之旅”等印考释》一文中说，《安昌里馆玺存》收有一纽玺印文为“诸侯之旅”，《续衡斋藏印》1·14页著录的一纽白文的“戠（职）旅”印。裘文认为，《安昌里馆玺存》所收玺之“诸侯之旅”，与《墨子》“诸侯之客”语例相同，义为“来自他国的旅人”，用该玺的人即是管理他国所来旅人的官员，与《续衡斋藏印》所收玺之“戠（职）旅”是一个意思。“由于包括‘羁’和‘客’在内的‘旅’的人数很多，所以需要设职旅这类官来管理有关的事务”，由此可见，管理宾客的职官可以称为“客”，“东堂之客”与“诸侯之旅”的用法是一致的，是“职客”的意思。②

按：徐渊说法可参考。

---

① 李家浩：《清华竹简〈耆夜〉的饮至礼》，第29－31页。

② 徐渊：《从清华简〈耆夜〉饮至礼典推测其成书年代》，第20－21页。

【7】郘（吕）上（尚）甫（父）命为司政（正），监歓（饮）酉（酒）

〇整理者：吕尚父，《史记·齐太公世家》称“吕尚”或“师尚父”，云：“本姓姜氏，从其封姓，故曰吕尚。”上博简《武王践阼》作“师上父”。《仪礼》的《乡饮酒》《乡射》《燕礼》《大射》四篇皆有“司正”，立司正在行一献之礼、作乐之后，行无算爵之前。胡匡衷《仪礼释官》：“案《国语》‘晋献公饮大夫酒，令司正实爵’注：‘司正，正宾主之礼者。’其职无常官，饮酒则设之。”

〇马楠：《仪礼》的《乡饮酒》《乡射》《燕礼》《大射》四篇皆有“司正”，立司正皆在行一献之礼、作乐之后，行无算爵之前。胡匡衷《仪礼释官》说之曰，《国语》晋献公“饮大夫酒，令司正实爵”。韦注：“司正，正宾主之礼者。其职无常官，饮酒则设之。”《乡饮酒》及《乡射》以主人之相为司正，《燕礼》射人为摈，则射人为司正。《大射》大射正摈，则大射正为司正。案主人命其摈相为司正，简文“吕上父命为司正”是也。司正之设，一为安宾，《燕礼》君命射人为司正，司正西阶上北面命卿大夫：“君曰‘以我安’。”卿大夫皆对曰：“诺。敢不安。”乃行无算爵、无算乐。一为正礼，《大射》公命大射正为司正，郑注“察仪法也”。是既使宾主和乐，又使不失仪，《礼记·乡饮酒义》所谓“和乐而不流”是也。①

〇李家浩：从跟“郘上甫命为司政”句并列的“毕公高为客”等五小句来看，其语法结构是“名+动+名”，动词“为”前之字都是人名。“命”应该是人名组成的一部分，“郘上甫命”显然应该读为“吕尚父望”。上古音“命”属明母耕部，“望”属明母阳部，二字声母相同，韵部相近，故可通用。……武威汉简《仪礼·泰射》“司正”作“司政”，与《耆夜》文字相同。《说苑·善说》第十二章说：“魏文侯与大夫饮酒，使公乘不仁为觞政，曰：饮不釂者，浮以大白。”《说苑》把饮酒的执法者叫“觞政”，与《耆夜》把饮酒的执法者叫“司政”同类，字亦作“政”。《仪礼·乡射礼》郑玄注：“爵备礼毕，将留宾以事，为有懈倦失礼，立司正以监之，察仪法也。”②

按：整理者和马楠说法可从。

---

① 马楠：《清华简〈郘夜〉礼制小札》，第15页。
② 李家浩：《清华竹简〈耆夜〉的饮至礼》，第21－22页。

二、王作《乐乐旨酒》

王夜（举）籊（爵）畧（酬）縪（毕）公[8]，复（作）訶（歌）一夂（终）曰藥₌脂₌酉₌（《乐乐旨酒》[9]：“乐乐旨酒，晏（燕/宴）以二公。紝（任）𡰥（仁）戕（兄）俤（弟），【三】庶民和同[10]。方臧（壯）方武，穆₌（穆穆）克邦。嘉籊（爵）速飲（饮），逡（后）籊（爵）乃从[11]。”

【8】王夜（举）籊（爵）畧（酬）縪（毕）公

○整理者：夜，古音喻母铎部，在此读为“舍爵”之舍，舍在书母鱼部，可相通假。或说读为《说文》的“詫字，音为端母铎部，该字今《书·顾命》作“咤”，训为“奠爵”，与“舍爵”同义。籊，“爵”的形声字。畧，此处借为“酬”。

○裘锡圭：读“夜爵”为“咤爵”或“舍爵”，似乎不如读为“举爵”较为妥当。战国楚文字文献中屡见地名“平夜”，我在《谈谈随县曾侯乙墓的文字资料》一文中，因“夜”与“舆”上古音同属余母鱼部（“夜”从“亦”声，或归入鱼部入声铎部），读“平夜”为“平舆”。河南新蔡县葛陵村战国时代楚国大墓墓主是楚国的平夜君成，新蔡西北部与西汉时已置县的平舆毗邻，平夜君成就是封在平舆的封君。证实了“平夜”确应读为“平舆”。“舆”“與”同音，“举”从“與”得声，“夜”既可读为“舆”，当然也可读为“举”。“举爵”之语古书屡见。……先秦时代酬的仪式是：“主人既卒酢爵，又酌自饮，卒爵复酌进宾……”《耆夜》的“举爵”，有可能兼指“自饮”和“复酌进宾”这两件事。①

○王宁：如果篇名读为“耆举”，“举”为举爵，总觉得无法涵盖全篇内容，而且有不辞之嫌。个人理解是：舍爵策勋为告庙礼制中一项，其具体行为就是参与者互相敬酒称贺，记其功勋。“酬”，《说文》：“酬，献酬，主人进客也”，段玉裁注：“如今俗之劝酒也”。舍爵酬某人就是爵中斟满酒向某人敬酒劝饮。这种礼

① 裘锡圭：《说“夜爵”》，《出土文献》第2辑，中西书局，2011年，第17－19页。

数至今沿用，在酒桌上常听到的话就是："我倒满，敬大家一杯。"所以，个人觉得把《耆夜》读为《耆舍》更为合理一些。①

○陈伟：《左传》桓公二年"舍爵"杜预注说："爵，饮酒器也。既饮置爵，则书勋劳于策，言速纪有功也。"《左传》还有两处说到"舍爵"。文公十八年，邴歜、阎职弑杀齐懿公，"归，舍爵而行"。杜预注："饮酒讫，乃去。"定公八年，阳虎作乱失败后，其同党"子言辨舍爵于季氏之庙而出"。杜预注："辨，犹周遍也。遍告庙饮酒，示无惧。"……清代学者沈钦韩在《春秋左氏传补注》卷五文公十八年"归舍爵而行"条说："告奠于庙而去也。定八年传'子言辨舍爵于季氏之庙而出'，与此同。杜预谓饮酒讫者，鄙辞也。"日本学者竹添光鸿则针对定公八年记载说："'舍'读如'舍奠'之'舍'。季氏三庙，故曰'辨'，实爵释于祖祢之前，盖以告别，非自饮也。"……对"舍爵"的具体含义，竹添氏的分析是有道理的。《周礼·春官·占梦》"乃舍萌于四方"，郑玄注："玄谓'舍'读为'释'，'舍萌'犹'释菜'也。古书'释菜'、'释奠'多作'舍'字。"……"舍爵"大概与"舍（释）萌""舍（释）菜""奠爵"类似，是将盛有酒的器具放置于神位之前。综上所述，《耆夜》中的"夜爵"应该读作"舍爵"；"舍爵"是祭祀神灵的仪式，竹书中，武王和周公都是先祭奠文王，再相互酬唱；篇名则相应读作"耆舍"。②

○季旭升：以上读"託""舍""举""夜"四说，前三说均有可能，而读"舍"合于《左传》。一般多赞成读"举"，恐有可商。"举"为双手举物向上抬高（至少与头部齐），《仪礼》献酬酢并没有这样的动作，学者或以为酬酒"奠而不授"，……我当年学《礼记》时，老师也明白地说先秦敬酒并不是像今人一样主客授受，而是"奠而不授"，当然不会有像今人一样的把酒杯高举的敬酒动作。先秦礼书中的"举爵"是属于其他意义，主人献众毕，"一人洗升举觯于宾"，郑玄注："一人，主人之吏。发酒端曰举。"其意义只是表示"旅酬"要开始了。其他先秦典籍中的举爵、举觯，也都看不到"敬酒"的作用。《耆夜》的"夜爵"当从原

---

① 王宁：复旦读书会《清华简〈耆夜〉研读札记》，复旦大学出土文献与古文字研究中心网，2011 年 1 月 11 日。

② 陈伟：《也说清华竹书〈耆夜〉中的"夜爵"》，陈致主编《简帛·经典·古史》，第 133－134 页。

考释读成“舍爵”，即奠爵。①

〇叶国良：“夜爵”当读为“掖爵”，因为《耆夜》不是饮至礼的完整记录，只是饮至礼的尾声，即旅酬之后无算爵阶段君臣“上寿”祝福时的敬酒与作歌祝福的一段。“掖爵”即是“上寿”的动作。②

〇徐渊：武王、周公、毕公赋诗皆在“无算爵”这个环节，虽然在“无算爵”的环节《仪礼》经文并没有使用“举”字，但通过前面旅酬时用“举”，可以想见“无算爵”时的酬也是举爵以酬酒的。《乡饮酒礼》《燕礼》中多有“奠爵”“奠觯”的用法，但如果将“夜”理解为“奠”，则“奠爵”的行为不具有酬“某人”的内涵，置于文中与仪节不合。裘锡圭引《仪礼·乡饮酒礼》“一人洗，升举觯于宾”，又举《仪礼·燕礼》“公又举奠觯，唯公所赐，以旅于西阶上……”，证明将“夜”释为“举”，从饮至礼的仪节上考虑是很合理的。③

〇马楠：简文又云武王奠爵寿（醻、酬）毕公、周公，周公奠爵寿毕公、武王，又秉爵自饮。其礼与《仪礼》所载一献、旅酬、无算爵皆异。或饮至之礼，与凡常饮酒礼不合；或武王之初，行礼与《仪礼》不同，难以质言。今强做一解，以作引玉之资。案《左传》昭公元年夏四月，“赵孟、叔孙豹、曹大夫入于郑，郑伯兼享之”，“赵孟为客”。行一献之后，“穆伯（叔孙豹）赋《鹊巢》，又赋《采蘩》”，《鹊巢》为赵孟（客）而赋，“言鹊有巢而鸠居之，喻晋君有国，赵孟治之”；《采蘩》为郑伯（主人）而赋，“义取蘩菜薄物，可以荐公侯，享其信，不求其厚”。与此简文周公所行礼相合。如此，郑伯（主人）兼享赵孟（客）、叔孙豹、曹大夫之礼，当为郑伯献赵孟、赵孟酢郑伯、郑伯酬赵孟，赵孟奠爵不饮。此郑伯赵孟行一献之礼。郑伯与叔孙豹、曹大夫行一献亦然。于是有郑伯奠爵酬赵孟、郑伯奠爵酬叔孙豹之节。行一献礼终，叔孙豹酬赵孟而赋《鹊巢》，酬主人而赋《采蘩》，先赵孟后郑伯者，以宾客为一坐所尊，故行礼先之。似可以说此简文奠爵酬酒之礼。④

〇曹建墩：据《仪礼·燕礼》，国君在旅酬之前是不参与献酒的，而是等到旅

---

① 季旭升主编：《清华大学藏战国竹简（壹）读本》，艺文印书馆，2013年，第119－120页。

② 叶国良：《清华简〈耆夜〉的饮酒方式》，《中国经学》第22辑，广西师范大学出版社，2018年，第8－9页。

③ 徐渊：《从清华简〈耆夜〉饮至礼典推测其成书年代》，第15－16页。

④ 马楠：《清华简〈郘夜〉礼制小札》，第15页。

酬时由媵爵者致酒，此时国君举爵行旅。简文中周公为献主，等到武王举爵，不可能是正献时，故推断此酬应是在旅酬时。……从礼仪的角度，将夜爵读为举爵，此说较为合理。……武王酬毕公高，此酬之爵应该是由他人酌酒而奠于武王席位的。……依据传统注疏以及礼书对酬酒礼仪的记载，则武王举爵必先自饮，故此“举爵”是武王举所奠之爵自饮。……若是将夜爵理解为奠爵，可以有两种解释，一是酬毕公高之前奠爵，但……奠爵之事非行酬者所为，推断武王自不会奠爵；二是奠爵之事是武王举爵自饮后为毕公高奠爵。但从燕礼看，国君酬酒自饮之后，由于国君地位尊崇，故不再亲自酌酒将酒器奠于宾的席位，而是由宾“受虚爵”，将空酒器接过来自己洗酒器自己斟酒。……故理解为武王卒爵后奠爵酬毕公高，从仪节上很难说通。……举爵，其实类似于今日我们常说的“举杯”，乃古人行酒礼时的一种动作。或作他解，恐求之过深。[①]

按：裘锡圭读法可从，符合当时用字习惯。正如徐渊推论的，在“无算爵”的环节，《仪礼》经文虽没有使用“举”字，但通过前面旅酬时用“举”，可以推论“无算爵”时的酬也可能是举爵以酬酒的。

【9】复（作）訶（歌）一夂（终）曰藥₌脂₌酉₌（《乐乐旨酒》）

〇整理者：作歌一夂，即作歌一终，《吕氏春秋·音初》：“有娀氏有二佚女……二女作歌一终，曰：《燕燕往飞》。”古时的诗都可入乐，演奏一次叫作“一终”。乐乐旨酒，犹《诗·頍弁》“乐酒今夕”的“乐酒”。表达方式与《诗·凫鹥》“旨酒欣欣”相似。《诗·鹿鸣》：“我有旨酒，以燕乐嘉宾之心。”

〇王志平：终、章、竟都有乐曲终了之义，它们是关系非常密切的同义词。但是终与章有什么不同呢？从清华简中我们知道，简诗《乐乐旨酒》《輶乘》《赑赑》《明明上帝》只有一章，也只有一终；从单一篇章来说，所谓“一终犹言一章”并没有错。可是简诗《蟋蟀》分为三章，却也仅有一终，说明“一终犹言一章”仅适用于单一篇章，而对于重奏复沓的多篇章来说，则不适用。……对于乐诗来说，奏乐一遍就是一章。而无论是简诗《蟋蟀》还是传世的《唐风·蟋蟀》都是三章，也就是说，要复沓地奏乐三次；可是其基本的“曲折”（乐谱）却只有一套，次章、三章与首章并无区别，只需要重奏复沓三遍罢了。因此，严格说来，

① 曹建墩：《清华简〈耆夜〉篇中的饮至礼考释二则》，第355－358页。

“一终”既不是指“一章”，也不是指“演奏一次”，而是指一篇“曲折”（乐谱），一套乐曲。[①]

〇刘光胜：《耆夜》武王、周公所赋乐诗，实际是武王、周公选定，由乐官提前配以乐曲、编辑好的，先秦时期饮至礼祭祀的仪式、乐曲、人物的职责、位置都是固定的，武王、周公届时吟唱、演奏而已，其形式如同现在领导致辞，并非即兴创作。……这里的“作”与《逸周书·世俘》篇“献《明明》三终”的献字同义，不是指创作之意，而是指演奏。[②]

〇伏俊琏、冷江山：旨酒，美酒，此词《诗经》中屡见之，但以“乐乐”修饰“旨酒”，则《诗经》中未见。《大雅·凫鹥》有“旨酒欣欣，燔炙芬芬”之语，毛传：“欣欣然乐也。”则“乐乐”犹“欣欣”也。[③]

按：《耆夜》篇诸诗成文较晚，当不是武王和大臣所作，“作歌”是编撰者附会的说法。先秦的用诗方式中与“作歌”表面上最接近的是“歌诗”。“歌诗”是指在聘问燕飨等典礼中，在乐曲伴奏下，由乐工来歌唱诗。[④] 如《左传·襄公四年》所载：

> 穆叔如晋，报知武子之聘也。晋侯享之，金奏《肆夏》之三，不拜；工歌《文王》之三，又不拜；歌《鹿鸣》之三，三拜。[⑤]

又如《左传·襄公十四年》：

> 卫献公戒孙文子、宁惠子食。皆服而朝，日旰不召，而射鸿于囿。二子从之，不释皮冠而与之言，二子怒。孙文子如戚，孙蒯入使，公饮之酒，使大师歌《巧言》之卒章。[⑥]

---

① 王志平：《清华简〈耆夜〉中与音乐有关的术语“终”》，罗运环主编《楚简楚文化与先秦历史文化国际学术研讨会论文集》，第 341 页。

② 刘光胜：《清华简〈耆夜〉考论》，第 166 页。

③ 伏俊琏、冷江山：《清华简〈郘夜〉与西周时期的“饮至”典礼》，《西北师大学报（社会科学版）》2011 年第 1 期，第 62 页。

④ 马银琴：《周秦时代〈诗〉的传播史》，社会科学文献出版社，2011 年，第 40 – 41 页。

⑤ 杜预注：《春秋左传集解》，上海古籍出版社，1977 年，第 813 页。

⑥ 杜预注：《春秋左传集解》，第 909 页。

与《耆夜》不同在于，“歌诗”一般是由乐工或者大师这样的专业人员进行的，所以《耆夜》“作歌”不能理解为“歌诗”。在古人的用例中，“歌”与“赋”有相混的例子，如《国语·鲁语下》所载：

> 公父文伯之母欲室文伯，飨其宗老，而为赋《绿衣》之三章。老请守龟卜室之族。师亥闻之曰：“善哉！男女之飨，不及宗臣；宗室之谋，不过宗人。谋而不犯，微而昭矣。诗所以合意，歌所以咏诗也。今诗以合室，歌以咏之，度于法矣。”①

师亥在评论公父文伯之母赋《绿衣》时，“歌以咏之”的说法让人以为“赋诗”一定要歌咏。此外，《左传》《国语》中“赋某诗”的记载，《史记》往往记作“歌某诗”。如《国语·晋语》载秦穆公宴重耳时，“子余使公子赋《黍苗》”，《史记·晋世家》记作“歌《黍苗》”。② 但是严格意义上的“歌诗”与“赋诗”有本质不同，“赋诗”一般指春秋时期礼乐活动中，宾主双方以诗为介展开的对话活动，是由宾或主自赋，多随时口诵；“歌诗”必然合乐，由乐工来歌唱。③ 而且《左传》所载多个贵族燕饮时的“赋诗”一般以“无算爵”为背景。④《耆夜》全文以周初伐耆后饮至礼为故事背景，武王和大臣间相互酬酢，相互作歌，这种情形，十分接近《左传》燕饮时的“赋诗”。

赋诗的具体方式是什么样的？《汉书·艺文志》言：“传曰：‘不歌而诵谓之赋，登高能赋可以为大夫。’”⑤《周礼·春官·大司乐》：“以乐语教国子兴、道、讽、诵、言、语。”郑玄注：“以声节之曰诵。”孙诒让引前人说法“讽如小儿背书声，无回曲；诵则有抑扬顿挫之致”。⑥《礼记·文王世子》言及贵族子弟在四季的

---

① 左丘明、刘向著，李维琦标点：《国语 战国策》，岳麓书社，1988 年，第 52 页。

② 司马迁：《史记》卷 39，中华书局，1959 年，第 1660 页。

③ 马银琴：《周秦时代〈诗〉的传播史》，第 45－46 页。

④ 徐渊：《从清华简〈耆夜〉饮至礼典推测其成书年代》，第 22 页。

⑤ 班固撰，颜师古注：《汉书》卷 30，中华书局，1964 年，第 1755 页。

⑥ 孙诒让：《周礼正义》，中华书局，1987 年，第 1725 页。

学习时说"春诵"，孔颖达疏："谓口诵歌乐之篇章，不以琴瑟歌也"。[①] 可见赋诗的方式是"以声节之""口诵歌乐之篇章"。《耆夜》篇这里的"作歌"，"作"是编撰者的假托，去除这一假托的信息，在燕享场合上，王公大臣间所谓的"歌"最合理的解释就是"赋"。

"作歌一终"的"一终"，如王志平所言既不是指"一章"，也不是指"演奏一次"，而是指一套乐曲。武王和周公等人非专业人士，恐不能亲自作出一篇乐谱。既然"作歌"应该是赋诗，那么"作歌一终"就是指对诗篇的完整吟诵。前述《左传》襄公十四年例中，"《巧言》之卒章"说明乐工或大师歌诗可以有选择地选取诗的某一章来歌唱。"一终"本来指一首完整乐曲，与此类似，在赋诗背景下，所谓的"作歌一终"当指对诗篇的完整吟诵，而不是选择某一章来吟诵。下文《蟋蟀》诗与《唐风·蟋蟀》对比，可知三章的完整，这也能证明"一终"指诗篇章的完整。其他四首则可能本来就只有一章，所以也可称之为"一终"。

【10】乐乐旨酒，匽（燕/宴）以二公。紝（任）尸（仁）䏶（兄）俤（弟），庶民和同

○整理者：匽通"宴"。紝通"恁"，《广韵·侵韵》："恁，信也。"尸疑即《说文》古文"仁"。"和同"又见于《礼记·仲尼闲居》等处，传洛阳金村所出战国玉璜作"禾同"。这两句是说，兄弟（指毕公和周公）诚信仁爱，能使百姓和同。

○李学勤：武王诗内"宴以二公"意即以宴二公，二公是毕公和周公。[②]

○颜伟明、陈民镇："宴以"，乃"以宴"之倒，可参看郘公华钟（《集成》245）"以乐大夫，以宴士庶子"。"紝"读作"任"，二者可通，如《汉书·枚乘传》"夫以一缕之任"的"任"便通"紝"。此处"任"用作任用之意，《玉篇·人部》云："任，委任也。""尸"读作"夷"，楚简习见，疑作语助词解。《周礼·秋官·行夫》郑玄注："夷，发声。"王引之《经传释词》卷三谓《大雅·瞻卬》中"靡有夷届"的"夷"系"语助"。此外，"尸"可通"棣"，《小雅·常棣》便是周公欢宴兄弟的宴飨诗，其中是否有关联，录之备考。"兄弟"指毕公与

① 郑玄注，孔颖达正义：《礼记正义》，北京大学出版社，2000年，第732页。
② 李学勤：《清华简〈郘夜〉》，《光明日报》2009年8月3日第12版。

周公，二者一武一文，各有司职。①

○张世超：“𡰥”字又见于同批简《金縢》（简1）和《祭公之顾命》（简2），均读为“迟”。迄今为止，楚文字中可以确释为“仁”的字当为从心人声或千声、身声之字。因此，《耆夜》简之“𡰥”字释为“仁”不可信。古文字材料中以“尸”表“夷”，例不烦举。“尸”“夷”“迟”皆为舌音脂部之字，故得相通。《耆夜》之“𡰥”当释“迟”，读为“夷”。《郑风·风雨》：“云胡不夷”，又《小雅·节南山》：“既夷既怿”，毛传、郑笺并云：“夷，说也。”《楚辞·九叹·怨思》：“心巩巩而不夷。”王逸注：“夷，悦也。”“𡰥”前面的“纴”可读为“任”，《邶风·燕燕》：“仲氏任只”，郑笺：“任者，以恩相亲信也。”“任夷兄弟”相当于说“亲睦、和悦兄弟”，故下文接着说“庶民和同”。②

○苏建洲：简文曰“任夷兄弟，庶民和同”，文意接近《诗·板》“辞之辑矣，民之洽矣。辞之怿矣，民之莫矣”。于省吾在《泽螺居诗经新证》认为“辞”即金文的“辪”，当训“我”。莫、勉古同声。莫与慔古通用，《说文》训慔为勉。诗文是说：“士大夫和则民合，士大夫说则民勉。”于先生还提到《那》：“亦不夷怿”，夷怿叠义，训为喜悦，《节南山》分用之则为：“既夷既怿”。则“任夷兄弟”的“夷”，相当于《板》的“怿”。③

○郑佩玲：“壬”之上古音为定纽耕部，而以“壬”为声符之字虽众，但当中有一“任”字，该字除有“担任”“任用”等义外，经传时有训为“信”之例，故疑清华简《耆夜》所见“纴”当通“任”，具诚信之意，如《邶风·燕燕》云：“仲氏任只，其心塞渊。终温且惠，淑慎其身。先君之思，以勖寡人!”郑《笺》云：“任者，以恩相亲信也。”“任”有“信”之意，又《周礼·地官·大司徒》云：“一曰六德，知、仁、圣、义、忠、和；二曰六行，孝、友、睦、姻、任、恤；三曰六艺，礼、乐、射、御、书、数。”郑玄注：“任，信于友道。”……“纴𡰥跬俤”一语中，“纴（任）”及“𡰥（仁）”可以视为并列成分，皆用为“兄弟”之定语，形容“兄弟”既“信”且“仁”。④

---

① 颜伟明、陈民镇：《清华简〈耆夜〉集释》，复旦大学出土文献与古文字研究中心网，2011年9月20日。

② 张世超：《占毕脞说（五、六）》，复旦大学出土文献与古文字研究中心网，2012年2月29日。

③ 苏建洲：《占毕脞说（五、六）》文下评论，2012年2月29日。

④ 郑佩玲：《读清华简〈耆夜〉所见古佚诗小识》，陈致主编《简帛 经典 古史》，第218－219页。

〇胡宁：[读为“任仁兄弟”]，任，相互信赖。《诗经·邶风·燕燕》“仲氏任只”，郑笺：“任者，以恩相亲信也。”……“任”与“仁”说的都是相互之间的关系，即毕公和周公兄弟之间的互信互爱。①

按：我们不能预设《耆夜》每一个字（词）都是以楚文字习惯用法出现的，一些字（词）可能是更古老文字或者他系文字的用法。楚文字“尼”可通“迟”“夷”②，这里无论读为“迟”“夷”，都难以说通，《说文》“仁”古文的说法可采纳。《战国策·秦策三》“慈仁任忠”之“任”，鲍彪注：“犹信也”。纴（任）尼（仁）兄弟，“任”“仁”皆可看作赞扬兄弟美好品德的形容词。

【11】方臧（壯）方武，穆₌（穆穆）克邦。嘉篧（爵）速歓（饮），逡（后）篧（爵）乃从

〇整理者：臧读为“壮”，方壮方武为并列结构。壮、武义近，有时连用。虢季子白盘（《集成》10173）“牆武于戎工”，牆武即壮武。“克邦”指胜任国事，用法与“克家”同。“嘉爵速饮，后爵乃从”与后面“嘉爵速饮，后爵乃复”相类，都是劝酒之辞。“嘉爵”见《仪礼·士冠礼》“祭此嘉爵，承天之祜”。

〇陈致：先秦文献中穆穆多用于状天子庄严之容貌，……有时亦可用于形庄敬肃穆之事物。……《大戴礼·五帝德》所载的一段话似可作为此诗“穆穆克邦”注解。孔子曰：“高阳之孙，鲧之子也，曰文命。敏给克济，其德不回，其仁可亲，其言可信；声为律，身为度，称以（上士）〔出〕；亹亹穆穆，为纲为纪。巡九州，通九道，陂九泽，度九山。为神主，为民父母，左准绳，右规矩，履四时，据四海，平九州，戴九天，明耳目，治天下。”以此看来，简文中“穆穆克邦”一句是用以赞颂周公与毕公有为纲为纪，经略天下的才能。③

〇伏俊琏、冷江山：穆穆，端庄恭敬，仪容或言语和美。《诗·大雅·文王》：“穆穆文王，于缉熙敬止。”克邦，肩负着国家的重任。《说文》：“克，肩也。”④

〇颜伟明、陈民镇：“穆穆克邦”，笔者疑其承“方壮方武”而言，指周戡耆事。“穆穆”往往有肃穆义，此处用法稍有不同，乃修饰戡耆的武功，有盛大、雄

① 胡宁：《楚简逸诗——〈上博简〉〈清华简〉诗篇辑注》，上海古籍出版社，2018年，第22页。
② 刘信芳：《楚简帛通假汇释》，高等教育出版社，2011年，第276页。
③ 陈致：《清华简中所见古饮至礼及〈鄙夜〉古佚诗试解》，第21页。
④ 伏俊琏、冷江山：《清华简〈鄙夜〉与西周时期的“饮至”典礼》，第62页。

壮义。“方壮方武，穆穆克邦”一句，谓周人的军队雄壮威武，遂攻克敌国。此句言武功，“纴层兄弟”一句盖言文治。[①]

〇徐渊：“速饮”的“速”恐怕不是“快速”或“告诫”的意思，在《诗经》里“速”皆用为“招请”“招至”的意思，“嘉爵速饮，后爵乃从”只能解释为“（主人）好的酒爵来招请饮酒，（宾客）的酒爵就跟上了”。该诗所说的正是主宾之间一人一个酒爵，与无算爵时主宾各一爵完全一致。[②]

按：“方”，虚词，相当于“且”“将”。《秦风·小戎》：“方何为期，胡然我念之。”朱熹《诗集传》：“方，将也。”[③]“方壮方武”表达出一种期望将士时刻保持勇武状态的思想。“穆穆”充当状语，修饰“克邦”。“速”，招至，招请。例如，《小雅·伐木》“既有肥羜，以速诸父”中的“速”即有此义。

三、王作《輶乘》

王夜（举）籊（爵）冒（酬）周公，【四】复（作）訶（歌）一夂（终）曰游=兖=（《輶乘》：“輶乘既玳（饬），人备余不冑（胄）[12]。虞士奋甲，殹民之秀[13]。方臧（壯）方武，克燮（燮）【五】戟（仇）戬（雠）[14]。嘉籊（爵）速歓（饮），逡（后）籊（爵）乃逯（复）。”

【12】游=兖=（《輶乘》）：輶乘既玳（饬），人备余不冑（胄）

〇整理者：［按，整理者隶定“[illegible]”为“䢋”］䢋通“輶”，輶乘即輶车。《诗·驷驖》：“輶车鸾镳，载猃歇骄。”毛传：“輶，轻也。”郑玄笺：“轻车，驱逆之车也。”玳读为“饬”，整治的意思。“輶乘既饬”与《诗·六月》“戎车既饬”句式相同。备，读为“服”。

〇刘云：我们认为“[illegible]”是“游”字的讹体，可以直接释为“游”。……楚文字中的“水”旁，有时讹变得与“毛”字比较相似，如下列[illegible]（包山简简170）、

① 颜伟明、陈民镇：《清华简〈耆夜〉集释》，复旦大学出土文献与古文字研究中心网，2011年9月20日。

② 徐渊：《从清华简〈耆夜〉饮至礼典推测其成书年代》，第22页。

③ 朱熹注，王华宝整理：《诗集传》，凤凰出版社，2007年，第87页。

（曾侯乙墓竹简简 171）、（曾侯乙墓竹简简 214）、（包山简简 10）、（包山简简 181）、（包山简简 149）、（包山简简 182）。……释为“游”之后，依然可以读为“輶”，因为“游”与“輶”古音相同，都是喻母幽部。①

〇“子居”：玳当读为“翼”，“輶乘既翼”就是《逸周书·大明武》的“轻车翼卫”和《孙子兵法·行军》“轻车先出居其侧”，是指轻车已于两翼列阵完毕，此段歌诗是描述武王回顾克耆之战的情景，并非整理者所引《诗经·六月》“戎车既饬”那样出征前的整备阶段，因此可知玳字当读为“翼”。备，指防护装备，又引申指长兵。《左传·昭公二十一年》：“用少莫如齐致死，齐致死莫如去备。”杜预注：“备，长兵也。”《国语·吴语》：“审备则可以战乎?”韦昭注：“备，守御之备。”“不胄”，即不戴头盔，是表示勇武无畏或怀有必死之心的举措，典籍多有记载。“人备余不胄”即表现武王自述当他人多有防护时，自己则不戴头盔、冒阵以进的勇武。②

〇邓佩玲：“人”于诗中可理解为旁指代词，意谓“别人”；至于“备”疑读如本字，有“防备”“防御”之义。例如《楚辞·九章·惜往日》云：“惭光景之诚信兮，身幽隐而备之。”蒋骥注：“备，防也。”……因此，“人备”意指“别人防备”，至于“余不䩜（胄）”中“不䩜（胄）”之义，则可以参考《左传·哀公十六年》：“叶公亦至，及北门，或遇之，曰：‘君胡不胄？国人望君如望慈父母焉，盗贼之矢若伤君，是绝民望也，若之何不胄?’乃胄而进。又遇一人曰：‘君胡胄？国人望君如望岁焉，日日以几，若见君面，是得艾也。民知不死，其亦夫有奋心，犹将旌君以徇于国，而又掩面以绝民望，不亦甚乎!’乃免胄而进。”……“不胄”中“胄”是名词活用作动词，……从《左传》之记载可知，“胄”与“不胄”于战争中具象征意义，君主“不胄”是对士兵的一种激励，让士兵看到君主的面容，鼓励军队奋力作战。……整句大概意谓别人（指他国君主）出征时会有所防御，而我（指武王）却连头盔也不用戴上。③

按：刘云说法可参考，“”可宽式隶定为“游”，读为“輶”。“玳”可从整

① 刘云：《清华简文字考释四则》，《考古与文物》2012 年第 1 期，第 85 页。
② “子居”：《清华简〈耆夜〉解析》，中国先秦史论坛，2011 年 10 月 1 日。
③ 邓佩玲：《读清华简〈耆夜〉所见古佚诗小识》，第 219－220 页。

理者意见，读为“饬”，《小雅·六月》“戎车既饬”，毛传：“饬，正也。”《诗经》中与“輶乘既饬”句式相类似的句子有“戎车既饬”“戎车既安”（《小雅·六月》）、“戎车既驾”（《小雅·采薇》）。从“輶乘既饬，人备余不胄”前后文意来看，“既饬”是“人备余不胄”的条件，所以“輶乘既饬”表达的正是一种整装待发的态势，这也和五篇诗中所希望的勇武精神相契合。

“备”可直接读本字，不必破读。《国语·吴语》：“审备则可以战乎？”“备”，韦昭注：“守御之备”。[①] 这里的“备”用作动词，指武备。“冑”从革，由声，这是典型的楚文字写法。“不胄”这一词组古书亦有，可参邓佩玲所引《左传·哀公十六年》“君胡不胄”。“人备余不胄”，“人备”和“余不胄”文意相对，意指武王无须甲胄的保护。

“人备余不胄”五言，不同于《輶乘》其他句的四言。《輶乘》这些诗文辞最初是散文，尚未完全四言诗化，不必强求全诗一律四言。

【13】虘士奋甲，殹民之秀

○整理者：虘，即《说文》“䖑”字，用为句首感叹词。这类用法西周金文习见，柯昌济首先指出“金文之䖑用为嗟字”。《书·费誓》：“徂兹淮夷徐戎并兴。”杨树达认为应以“徂兹”为句，徂兹犹嗟兹，则字又作“徂”。殹通“繄”，句首助词，相当于“惟（维）”，《左传》隐公元年：“尔有母遗，繄我独无。”

○复旦读书会：“刃”，原简作，整理者作“甲”，似将此字看作甲胄之“甲”。按楚简、等形皆为甲乙之“甲”，甲胄之“甲”则均作“虖”，两不相混。此字释“甲”不可信。当为“刃”字。此字由于处在竹简断裂处，所以有些笔画残损不清，但细审图版仍然可以看出是“刃”字。郭店《成之闻之》简35之“刃”字作，可作参考。[②]

○赵平安：在同时期的楚简资料里，表示天干的甲和甲胄的甲有比较严格的区别，前者写法与《郘夜》简相同或相似，后者一般从虎（或虎头）从幸（象刑具之形）。可是在曾侯乙墓竹简里，前者也用为甲胄的甲。曾简是曾国的简，年代

① 《国语》，第622页。

② 复旦大学出土文献与古文字研究中心研究生读书会：《清华简〈耆夜〉研读札记》，复旦大学出土文献与古文字中心网，2011年1月5日。

比较早，但文字风格和楚简相似，一般认为属于广义的楚文字范畴。我们根据曾侯乙墓竹简，把《郘夜》此字释为甲，解释为甲胄。①

○刘洪涛：“𧆞”读为“作”，兴起也。②

○“子居”：“𧆞”当读为“组”，“组士”即“组甲之士”“组甲”之说，先秦亦习见，如《左传·襄公三年》：“使邓廖帅组甲三百、被练三千以侵吴。吴人要而击之，获邓廖。其能免者，组甲八十、被练三百而已。”《正义》引贾逵云：“组甲以组缀甲，车士服之。被练，帛也，以帛缀甲，步卒服之。凡甲所以为固者，以盈窍也。帛盈窍而任力者半，卑者所服；组盈窍而尽任力，尊者所服。”③

○季旭升：刘洪涛读“作”，意当为“奋起”，意思较好。但诗应该是赞美周公，不应该突然赞美军士，因此“作士”应释为“使士作”，全句谓“让军士奋起挥着利刃杀敌——这些军士真是人民中的豪杰”。④

○邓佩玲：在《诗》一书中“徂”用为语助词者较为鲜见。揆诸上古音，“虘”从且得声，“且”属鱼部，鱼部中从虍者有“虎”字，故疑“虘”当读为“虎”。……“虎士”一辞见于《周礼·夏官·司马》“虎士八百人”。……简文所称之“虘（虎）士”，当是士兵之骁勇善战之形容。……曾侯乙简中“甲”字屡见，均书作“”之形，其写法与清华简所见“”字类近，故“”仍以释“甲”为宜。“奋甲”亦是“不㡇（胄）”之对比，“甲”“胄”于古籍中时有连言之情况。⑤

○颜伟明、陈民镇：“緊民之秀”的“緊”亦如整理者所释，乃句首助词，“民之秀”可参看《国语·齐语》的“秀民”，韦昭注云：“秀民，民之秀出者也。”该句形容将士的英勇，甲士扬起刀刃，均是人民中的佼佼者。⑥

○邬可晶：《芮良夫毖》“以力及复（胥），燮（燮）载（仇）户攵（启）邦（国），以武𢓊（及）恿（勇），戉（卫）想（相）社禝（稷）”中的“复”当与《耆夜》里的“虘”合观。……“以力及复”之“复”……可能当读为“胥”或

① 赵平安：《谈谈出土文献整理过程中有关文字释读的几个问题——以清华简的整理为例》，第46页。
② 刘洪涛：复旦读书会《清华简〈耆夜〉研读札记》文下评论，2011年1月7日
③ “子居”：《清华简〈耆夜〉解析》，《学灯》第20期（网络版），2011年10月1日。
④ 季旭升主编：《清华大学藏战国竹简（壹）读本》，艺文印书馆，2013年，第124页。
⑤ 邓佩玲：《读清华简〈耆夜〉所见古佚诗小识》，第220－222页。
⑥ 颜伟明、陈民镇：《清华简〈耆夜〉集释》，复旦大学出土文献与古文字研究中心网，2011年9月20日。

“谞”。《周礼·秋官·大行人》“象胥”，郑玄注：“胥，其有才知者也。”[①]

○宁镇疆、高晓军：“叡士”之“叡”学者有多种读法，金文中习见“父兄诸士”一语，颇疑“叡士”即可读为“诸士”。[②]

按：西周大盂鼎铭文中“盂！……在雩御事，叡酒無敢酖”的“叡”，张富海认为当读为指代词“且”，《周颂·载芟》：“匪且有且，匪今斯今。”毛传：“且，此也。”[③] 我们认为简文和大盂鼎的“叡”，用作指代词。

出土文献中“殹”可用作指示词。例如，湖北枣阳郭家庙西周末期至春秋早期的曾国墓地出土的曾伯陭钺铭文“曾伯陭铸杀钺，用为民鼏，非历殹井（刑），用为民政”（《新收》1203）中的“殹”，郭永秉指出“殹”通“伊”，为指示词。[④] 楚系铜器王子午鼎铭文中“令尹子康，殹民之所亟”（《集成》2811）的“殹”也是相同的用法。“殹民之秀”即言上文的士是众民中的优秀者。

清华简字形不一定都是典型的楚文字写法。赵平安说法可信，这里“[illegible]”的字形更为接近曾侯乙墓中的“[illegible]”，释为“甲”。“士奋甲”类似于《诗经·大雅·常武》“王奋厥武”，这里的“武”泛指干戈军旅之事。[⑤]

【14】方臧（壯）方武，克燮（燮）戟（仇）戳（讎）

○整理者：燮，可视为“燮”或“燮”的省文，用法与《诗·大明》“燮伐大商”、曾伯霥簠（《集成》4631－4632）“印燮鳖汤”相似。戟戳即仇讎，《左传》成公十三年：“君之仇讎，而我之昏姻也。”是仇人的意思。

○王志平：“克燮仇雠”，应读为袭击之“袭”。[⑥]

按：克，古书中多处训为“胜”。[⑦]《大雅·大明》“燮伐大商”，马瑞辰《毛诗传笺通释》：“‘燮’与‘袭’双声，燮伐即袭伐之假借。”关于“燮”是否读为“袭”，学者分为两种意见。一种否定此说，认为“燮”读为“袭”未见任何用例，主张训为“和”；一种主张读为“袭”，表“袭击”义，与常见训为“和”的

① 邬可晶：《读清华简〈芮良夫毖〉札记三则》，《古文字研究》第30辑，第411－412页。
② 宁镇疆、高晓军：《叔虞方鼎与西周初期的唐晋因革》，《历史研究》2023年第4期，第210页注释③。
③ 张富海：《大盂鼎铭文的释读》，《中国书法报》2020年5月12日，第5版。
④ 郭永秉：《曾伯陭钺铭文平议》，《中国古代法律文献研究》第10辑，社会科学文献出版社，2016年，第1－18页。
⑤ 董治安主编：《诗经词典》，山东教育出版社，1989年，第283页。
⑥ 王志平：《“燮”字补释》，《出土文献综合研究集刊》第13辑，巴蜀书社，2021年，第177页。
⑦ 宗福邦、陈世绕、萧海波主编：《故训汇纂》，商务印书馆，2003年，第178页。

义项是并存的。① “燮”可读为“袭”，固然没有发现通假的用例，但是多次出现的辞例和词义推戡的结果说明“燮”有“袭”或“伐”一类的词义，就目前材料而言是不易否定的。“克燮仇雠”之“燮”读为“袭”，是目前最合适的读法。

四、周公作《赑赑》

周公夜（举）篧（爵）戳（酬）縪（毕）公，复（作）訶（歌）一夂（终）曰赑=（《赑赑》：“赑赑）戎备（服），臧（壮）【六】武悫=（赳赳）[15]。毖（密）情（靖）恳（谋）猷，褎（欲）惪（德）乃救（求）[16]。王又（有）脂（旨）酉（酒），我恴（忧）以颫[17]。既醉又蠢（侑），明日勿稻（慆）[18]。”

【15】赑赑戎备（服），臧（壮）武悫=（赳赳）

○整理者：赑，字从賏声，疑读为“央”或“英”。《诗·六月》：“织文鸟章，白旆央央。”《文选·夏侯常侍诔》：“英英夫子，灼灼其隽。”此处修饰戎备。备通“服”。《左传》襄公二十五年：“郑子产献捷于晋，戎服将事。”戎服即军服。悫悫，读为“赳赳”。《诗·兔罝》：“赳赳武夫。”

○复旦读书会：“赑”当从三“贝”省，或可读为賏声。但“賏”在耕部，“央”和“英”在阳部，相通例子不多（《古字通假会典》有“罂与盎”一例），恐未必可信。②

○苏建洲：赑即“婴”，字形作，可以联系到香港简7“晏婴”的“婴”作，是省掉女旁。赑可以读为“盛”。“盛”，禅纽耕部，中古三等开口，“婴”，匣纽耕部，中古三等开口，声韵关系密切，声纽相通如“十”是禅母和从之得声的“叶/协”是匣母。《耆夜》简9“盈”作“城”，而盈与井、婴与井可以通假，

① 相关综述参见袁金平《据安大简〈曹沫之阵〉“昌”字异体谈春秋金文“印燮”的读法》，《安徽大学学报（哲学社会科学版）》2023年第5期，第78–81页。

② 复旦大学出土文献与古文字研究中心研究生读书会：《清华简〈耆夜〉研读札记》，复旦大学出土文献与古文字中心网，2011年1月5日。

所以嬰与盛有通假的可能。古书常见盛服的说法，可见简文可读为“盛盛戎服”。[①]

○宋华强：“㬎㬎”，疑当读为“竞竞”或“勍勍”，“竞”“勍”都是群母阳部字。《广雅·释训》：“勍勍、竞竞，武也。”正与“戎服”相合。[②]

○林素清：“㬎”字应读为“粲”，音理上与“嬰”“敬”“盛”“央”等字都可相通。“粲粲”一词见于古书，如《小雅·大东》“西人之子，粲粲衣服”，毛传：“粲粲，鲜盛貌”。“粲粲戎服”用以描述戎服盛貌应当是恰当可从的。[③]

按：“㬎㬎”，肯定是用来形容“戎服”的，读为“盛盛”或“粲粲”在音理和文意上较为可通。

【16】䆩（密）情（靖）悬（谋）猷，䘒（裕）悳（德）乃救（求）

○整理者：䆩，读为“毖”。《诗·桑柔》：“为谋为毖，乱况斯削。”毛传：“毖，慎也。”情，读为“精”。悬，“谋”之古文。谋猷，见于《书·文侯之命》：“越小大谋猷，罔不率从。”䘒，“裕”的异体字。“裕德乃救”可联系《管子·势》“裕德无求”来理解。救，读为“求”，也可读为“究”。

○宋华强：读“䆩”为“毖”可从，“情”疑当读为训“善”义的“靖”，字又作“静”“竫”（说详王引之《经义述闻》卷三）。“毖靖谋猷”即谋猷慎善。《邶风·燕燕》“淑慎其身”，郑笺云：“淑，善也。”“毖靖”义同“淑慎”。[④]

○颜伟明、陈民镇：笔者认为当读作“靖”，训谋划，《尔雅·释诂上》谓“靖，谋也”，《大雅·召旻》毛传同；“谋猷”，参《尚书·文侯之命》“越小大谋猷，罔不率从”，孔传训作“所谋道德”。“毖靖谋猷”一句，指谨慎谋求治国与制胜的大略。[⑤]

○邬可晶：“毖精谋猷”与文公之母弟钟铭“鼏静朕猷远迩”十分接近，“毖精”“鼏静”当是同一语的异写，显然都应该读为“谧静”。[⑥]

○邓佩玲：“情”，古籍中有训“诚”之例，言其忠诚之心也，如《论语·子路》云：“上好礼，则民莫敢不敬；上好义，则民莫敢不服；上好信，则民莫敢不用情。”朱熹注：“情，诚实也。”……“情”“诚”上古同属耕部字，故训“情”

---

① 苏建洲：《〈耆夜〉考释四则》，复旦大学出土文献与古文字研究中心网，2011年1月9日。

②④ 宋华强：《清华简校读散札》，简帛网，2011年1月10日。

③ 林素清：《清华简文字考释二则》，《清华简研究》第2辑，第212－213页。

⑤ 颜伟明、陈民镇：《清华简〈耆夜〉集释》，2011年9月20日。

⑥ 邬可晶：《文公之母弟钟铭补释》，《中国文字》新36期，第59页。

为“诚”属于声训。简文所谓之“毖情”，言其谨慎、诚敬之心也，“毖”“情”均为行事及为政之重要态度，……“宓（毖）情母（谋）猷”，实是谨慎、诚敬谋事态度之描述。①

○高中正：现在既然已经知道《耆夜》简文之“毖”图版原作“宓”形，“宓”是“宓”之异体，《说文》云：“宓，安也。”过去的《说文》学家多已指出作“安静”义讲时“宓”是本字，“密”则是借字，只是经典中多用“密”。那么准确来说，《耆夜》的“宓情”应即“密静/靖”。“宓”“抑”在《广雅·释诂》同训为“安”，王念孙已指出“静密”与“安”“审”等词义关系密切。与“谋猷”有关的“密静”，在文中可理解为周密、慎密一类意思。②

○“子居”：此句之“救”字，当读为“就”，“裕德乃就”就是指克耆之事。③

按：邬可晶和高中正说法可从。“宓”读为“密”或“谧”。“情”可读为“靖”，《广雅·释诂》：“靖，安也”。“密靖”是两个近义的语素构成的复合词。宓（密）情（靖）母（谋）猷，即谨慎地谋划谋猷。古书中多见“求德”的说法，如《诗经·周颂·时迈》“我求懿德”，“裘（裕）悳（德）乃救”这里的“救”可读为“求”。“裕德乃求”承接“宓（毖）情（精）母（谋）猷”而言，只有谨慎地谋划谋猷，才能求得盛德。

【17】王又（有）脂（旨）酉（酒），我憂（忧）以颬

○刘云：复旦读书会疑“颬”当读为“浮”。“浮”有罚酒的意思。如《礼记·投壶》：“薛令弟子辞曰：‘毋怃，毋敖，毋偝立，毋逾言。若是者浮。’”陆德明《释文》：“浮，罚也。”“我忧以浮”的意思是：我因为在欢庆的酒宴上面有忧色，而被罚酒。周公在欢庆的酒宴上面有忧色，是其居安思危思想的表现，这一表现完全符合周公在历史上的形象。④

○郭永秉：“我忧以颬”结构当与《诗·大雅·荡》“大命以倾”相同，“我忧”是“颬”的宾语，意思是我的忧愁因为王的旨酒而“颬”。由此看来，“颬”

① 邓佩玲：《读清华简〈耆夜〉所见古佚诗小识》，第223页。
② 高中正：《清华简“宓情”与今文〈尚书〉“密静”合证》，《出土文献》第3辑，2021年，第61、63页。
③ “子居”：《清华简〈耆夜〉解析》，《学灯》第20期（网络版），2011年10月1日。
④ 刘云：复旦读书会《清华简〈耆夜〉研读札记》文下评论，2011年1月7日。

的意思可以往抚慰、安宁、消除、释解、倾泻等多种方向去理解，……上博竹书《吴命》6号简正有“宁心𢽾忧，亦唯吴伯父”的话，整理者曹锦炎先生认为：“‘𢽾’读为‘抚’（字也见于楚帛书，用为动词，其义不明）。古音‘抚’为滂母鱼部字，‘孚’为并母幽部字（从‘孚’声的‘稃’为滂母幽部字），两字声韵相近可通。‘抚’，安抚。……‘宁心𢽾忧’，安抚心之忧愁。《国语·吴语》：‘用命孤礼佐周公，以见我一二兄弟之国，以休君忧。’”……《耆夜》的“颫”、《吴命》的“𢽾”跟楚帛书“思（使）𢽾奠四极”一句的“𢽾”，似乎可以统一起来解释。……《贔贔》诗押幽部韵，把“𢽾”字读为鱼部的“抚”似乎不能非常完满地解决问题。所以我暂时认为，《吴命》和楚帛书的“𢽾”字以及《耆夜》的“颫”字，有可能记载的是一个不见于传世古书的，表示“安宁”“安抚”等义的词，似不能排除这个词和“抚”有密切的语源关系。事实如何，有待进一步研究。①

〇邓佩玲：清华简“我惪以颫”实可与《鼓钟》“忧心且妯”一辞对照，当中，“以”“且”均是连词，有“及”“与”之意；至于“颫”从孚，“孚”上古属于幽部字，《贠 =（央央）》整诗亦押幽部。……《鼓钟》之“妯”应通读作“陶”，忧也。“颫”应当读《鼓钟》之“妯”，……“我惪（忧）以颫（妯）”一语中“惪（忧）”及“颫（妯）”二字均是其忧郁心情之描述。②

〇郝贝钦：“王有旨酒”与《诗经·小雅·鹿鸣》“我有旨酒”句式相同。《鹿鸣》与“我憂以颫”对应的一句是“嘉宾式燕以敖”，可作“我有旨酒，嘉宾燕以敖”，与“王有旨酒，我忧以颫”句式相同。“燕以敖”是安适且舒畅快乐的意思。以此类推“忧以颫”可以理解为“憂且颫”，憂、颫意义应相关。《商颂·长发》：“敷政优优，百禄是遒。”“优优”，《鲁诗》作“忧忧”，“忧”有平和、宽和的意思。“颫”字郭永秉认为应当是安宁、宁定一类意思。《战国古文字典》：“𢽾，从攴，孚声。疑捊之异文。《说文》‘捊，引取也。从手孚声。’帛书‘思[illegible]’读‘慈保’。”“𢽾”，从攴，孚声，其可以与“保”通，而颫也是从孚声，也可通作“保”。《大雅·常武》三章：“王舒保作，匪绍匪游。”《毛传》：“舒，

① 郭永秉：《清华简〈耆夜〉诗试解二则》，罗运环主编《楚简楚文化与先秦历史文化国际学术研讨会论文集》，第334－335页。此文最初为楚简楚文化与先秦历史文化国际学术研讨会论文，武汉大学，2011年。

② 邓佩玲：《读清华简〈耆夜〉所见古佚诗小识》，第224－225页。

徐也；保，安也。”因此“我忧以敹”应解释为“我平和并且安闲”。这样解释才符合周国打胜仗归来喝庆功酒的喜悦气氛，正因为这样周公在后面才喝多了酒。①

○邬可晶：上古汉语中有一个义为“安定”“安宁”、读*P-系幽觉部音的词，《清华（壹）·耆夜》简7写作“䬲”。②

○高中正：《耆夜》前句称赞毕公等人军容威武，此则言正是因谋划的深密，方能求取宽裕之德（抑或指此次伐耆之大胜）——由外之壮武威仪延及内里的谋略深密，句意齐整。下文又云“王有旨酒，我忧以×，既醉又侑，明日勿慆”，其中忧虑之“䬲定”，亦可与“密静谋猷”照应。整个劝侑饮酒之进程，与《宾之初筵》称宾客未醉酒之时威仪“反反、抑抑”而醉酒后则“幡幡、怭怭”之放松以至于失态颇可参看。③

按：“我恴（忧）以䬲”倒不是实际表达周公有什么忧愁忧虑，“我忧以×”更像是当时的套语。“䬲”按照汉字构形规律，从“孚”得声，应当如郭永秉和邬可晶所分析的，有“安定”“安宁”之义，只是后世文献中未见与之直接对应的字。

【18】既醉又𧖴（侑），明日勿稻（慆）

○整理者：𧖴即《说文》“蛕”字，读为“侑”，劝饮。稻，和《诗经》“慆”字用法相同。《诗·蟋蟀》：“今我不乐，日月其慆。”毛传：“慆，过也。”

○复旦读书会：“𧖴”，古文字中“友”常可作“沓”，此字显然即曾仲大父𧖴簋（《集成》4203—4204）中的“[illegible]（𧖴）”字。简文中当从整理者读为“侑”。④

○刘洪涛：“既醉又侑”的“醉”疑读为“卒”，意思是喝完了又劝酒，跟“嘉爵速饮，后爵乃从”意思相近。所谓“醉”很可能是喝酒终卒的专字，跟醉醒之“醉”没有关系。⑤

○刘云：“明日勿稻”之“稻”当读为“叨”，即“饕”，训为贪。《说文·食

① 郝贝钦：《清华简〈耆夜〉整理与研究》，硕士学位论文，天津师范大学，2012年，第27-28页。

② 邬可晶：《说“𠚤”》，《战国文字研究》第6辑，安徽大学出版社，2022年，第33页。

③ 高中正：《清华简“寍情”与今文〈尚书〉“密静”合证》，第63页。

④ 复旦大学出土文献与古文字研究中心研究生读书会：《清华简〈耆夜〉研读札记》，复旦大学出土文献与古文字中心网，2011年1月5日。

⑤ 刘洪涛：复旦读书会《清华简〈耆夜〉研读札记》文下评论，2011年1月7日。

部》:“饕,贪也。”“明日勿叨”的意思就是以后不要贪酒喝了。①

○黄怀信:侑,劝饮。稻,疑借为“悼”。《卫风·氓》“躬自悼矣”,毛传:“悼,伤也。”谓悲伤。②

○“子居”:侑即劝,“既醉又侑”自然难免饮酒失度过量。“日月其慆”的“慆”是经过、度过之意,与此处“明日勿慆”不同,此处之“慆”当训为轻忽、怠慢。《尚书·汤诰》:“凡我造邦,无从匪彝,无即慆淫。”蔡沈集传:“慆,慢也。慆淫,指逸乐言。”“明日勿慆”当指不要因酒醉而怠惰了明天的政事。③

按:“醉”可直接读如字,不必读为“卒”。“蠧”当从整理者读为“侑”。“稻”也当从整理者读为“慆”。“日月其慆”与“明日勿慆”两处“慆”字训释当不同。如“子居”所引《尚书·汤诰》:“凡我造邦,无从匪彝,无即慆淫。”蔡沈集传:“慆,慢也。慆淫,指逸乐言。”“明日勿慆”之“慆”当训为轻忽、怠慢,这是周公对其王公贵族的期望。

五、周公作《明明上帝》

周【七】公或夜(举)籊(爵)𦉢(酬)王,复(作)祝诵一夂(终)[19]曰明=上=帝=(《明明上帝》[20]:“明明上帝,临下之光。不(丕)㬎(显)逨(来)各(格),歆(歆)氒(厥)醒(禋)明[21]。於【八】……月又(有)埅(成)敨(辙),戢(岁)又(有)剌(臬)行[22]。复(作)乎(兹)祝诵,万寿亡疆。”

【19】复(作)祝诵

○整理者:“作祝诵”与《诗·节南山》“家父作诵”、《崧高》“吉甫作诵”用法相近。“诵”指诗篇,“祝诵”即颂祝的诗篇。

○“子居”:“诵”就是《诗》中之《颂》,《周礼·春官·大司乐》:“以乐

① 刘云:复旦读书会《清华简〈耆夜〉研读札记》文下评论,2011年1月7日。
② 黄怀信:《清华简〈耆夜〉句解》,《文物》2012年第1期,第79页。
③ “子居”:《清华简〈耆夜〉解析》,《学灯》第20期(网络版),2011年10月1日。

语教国子：兴道，讽诵，言语。”郑玄注：“以声节之曰诵。”可见虽同为诗，但诵不歌无乐，徒以声节之。[①]

○刘光胜：《耆夜》多次说“作诵一终”“作兹祝诵”，这里的“作”与《逸周书·世俘》篇“献《明明》三终”的献字同义，不是指创作之意，而是指演奏。作解释为创作，在古书常见，但清华简《耆夜》这几首诗之所以称为乐诗，是有固定的乐曲、旋律相配的，武王、周公当场创作的诗篇，试问仓促之间，乐师如何配曲？如何保证饮至礼气氛的隆重、秩序的井然？因此这里的“作”不能解释为创作。[②]

按：这里的“诵”仍然指“赋诗”。《汉书·艺文志》言：“传曰：‘不歌而诵谓之赋，登高能赋可以为大夫。’”[③]《周礼·春官·大司乐》：“以乐语教国子兴、道、讽、诵、言、语。”孙诒让引前人说法“讽如小儿背书声，无回曲；诵则有抑扬顿挫之致”。[④]《礼记·文王世子》言及贵族子弟在四季的学习时说“春诵”，孔颖达疏：“谓口诵歌乐之篇章，不以琴瑟歌也”。[⑤] 诵的方式是“以声节之”地“口诵歌乐之篇章”。《耆夜》篇五诗的叙述中四处用“作歌一终”，仅此一处用“作祝诵一终”，最初的编撰者似乎将“诵”和“歌”等同视之，错将“诵”的方式混为“歌”。

【20】《明明上帝》

○整理者：《明明上帝》，诗篇名。《逸周书·世俘》记武王克商，在牧野举行典礼，“籥人奏《武》，王入，进《万》，献《明明》三终”。《明明》很可能就是《明明上帝》的异称。

○李学勤：《武》是《大武》，《明明》清代惠栋以为即现存《诗》中的《大明》，陈逢衡《逸周书补注》已指出《大明》句中有“武王”谥，成篇应该较后。现在看，《明明》或许即是周公这篇《明明上帝》。[⑥]

○陈致：这首诗似可与《逸周书·世俘解》的一段文字对照来看：“甲寅，谒

---

① “子居”：《清华简〈耆夜〉解析》，《学灯》第20期（网络版），2011年10月1日。

② 刘光胜：《清华简〈耆夜〉考论》，第166页。

③ 班固：《汉书》卷30，第1755页。

④ 孙诒让：《周礼正义》卷30，第1725页。

⑤ 郑玄注，孔颖达正义：《礼记正义》，第732页。

⑥ 李学勤：《清华简〈郘夜〉》，《光明日报》2009年8月3日第12版。

戎殷于牧野，王佩赤白旗。籥人奏武，王入，进万，献。明明三终。乙卯，籥人奏崇禹生开，三钟，终，王定。”这段文字记录了紧随姜太公吕尚所率的周军与商军的牧野之战后（51 日）所发生的事情。《大雅·大明》很可能便是《逸周书》中的“明明”。而《世俘解》所记述的事件正是在武王与商纣王在牧野之战之后，恰恰是在伐耆之后大约一二年的时间，如果周公曾经在伐耆胜利后的饮至礼为武王作过这首《明明上帝》的话，那么这首诗才更有可能是《逸周书·世俘解》所说的“明明”一诗。也就是说，牧野之战胜殷遏刘之后，这首诗作为歌颂胜利的音乐作品，又重新拿出表演，歌颂武王之德。①

按：简文《明明上帝》是否就是《逸周书·世俘解》的《明明》，目前难以确证。但是“上帝临下”“丕显来格”等内容反映的是西周时期的宗教观，这一篇前面两大句可能出自西周。

【21】不（丕）㬎（显）逨（来）各（格），歆（歆）毕（厥）醴（禋）明

〇整理者：㬎通“显”。逨各，传世文献或作“来格”。《书·益稷》“祖考来格”，格训“至”。歆通“歆”。醴明即禋盟，郑太子与兵壶作“禋槼”，泛指祭祀。

〇邓佩玲：《书·洛诰》却有“明禋”一辞，其云：“伻来毖殷，乃命宁予；以秬鬯二卣。曰‘明禋，拜手稽首休享。’”……“禋明”，亦当即《洛诰》“明禋”之倒装形式，形容词“明”置于“禋”后作补语，言祭祀之明洁也。有关“歆（歆）毕醴明”一语之意义，则可参考《左传·襄公九年》之记述：“天祸郑国，使介居二大国之间，大国不加德音，而乱以要之，使其鬼神不获歆其禋祀，其民人不获享其土利，夫妇辛苦垫隘，无所厎告。”……《左传》“使其鬼神不获歆其禋祀”言鬼神不获享祭祀，而在清华简“歆（歆）毕醴（禋）明”一语中，“歆（歆）”具“飨”义，“醴（禋）明”则言其祭祀之明洁，而“毕”是代词，“歆（歆）毕醴明”实是承上所述，言上帝获明洁之祭享也。②

〇赵思木：简文醴（禋）明和郑太子与兵壶作“禋槼”皆当读为“禋明”，即“明禋”倒文，“明”是古文献中用来表达祭品清洁的特殊形容词。③

① 陈致：《清华简中所见古饮至礼及〈鄙夜〉古佚诗试解》，第 24－25 页。

② 邓佩玲：《读清华简〈耆夜〉所见古佚诗小识》，第 225－226 页。

③ 赵思木：《从清华简〈耆夜〉谈“明”字的一种特殊含义》，《古籍整理研究学刊》2016 年第 4 期，第 87－89 页。

按：简文“畬”通“歆”，《说文·欠部》：“歆，神食气也。”“畬（歆）戼醒（禋）明”即歆其明禋，意思是使上帝获得明洁的祭享。

【22】月又（有）埅（成）敾（辙），戢（岁）又（有）剌（臬）行

○李学勤：“岁有歇行”，是讲岁星（木星）的视运动。①

○米雁：我们认为当读为“月有盛彻”，和“月有盈缺”是一个意思。“盈”及从“盈”之字，楚文字多以“呈”为声符假之，未见用“成”者。其例之多，兹不赘言。“埅”当读为“盛”，……“盛”是古人形容望日月亮圆满的习语。“[illegible]”隶定为“敾”，整理者读为“缺”。“缺”溪纽月部，“敾”透纽月部，声远，不如读为“彻”。“彻”有缺损义。……典籍中亦有“月除”的用法，如《诗经·唐风·蟋蟀》“日月其除”。我们认为用“彻”来形容望日之后，月亮一天天亏损的状态，是说得通的。②

○宋华强：“敾”亦见于郭店简《缁衣》40号、上博简《缁衣》20号，学者对该字的释读意见不一，我们同意郭店简整理者据朱德熙之说释为“歇”，此处疑当读为“亏”。“歇”从“曷”声，属匣母月部，“亏”属溪母歌部，读音相近。“亏”“缺”义近，《楚辞·天问》“东南何亏”，王逸注：“东南不足，谁亏缺之也?”《史记·范睢蔡泽列传》“月满则亏”，可与简文参照。“剌”疑当读为“艾”，“剌”“艾”都是疑母月部字，其音较“歇”为近。《左传》襄公九年“大劳未艾”，杜预注：“艾，息也。”③

○郭永秉：整理者所说后世常言的“月有盈缺”往往隐含的是人生无常、聚散不定的话，与古人说“月盈则亏”的内涵其实是不太一样的，放在周公祝王万寿的诗中，恐就更不合适。……郭店简《缁衣》篇40号简与今本《缁衣》“必见其轼”之“轼”相当的字也写作此“敾”形，上博简《缁衣》20号简对应之字则在“敾”下复加“车”旁，李零、刘信芳等学者都将“敾”字读为“辙”；很多学者还指出郭店《语丛四》11号“车敾”当读“车辙”。我认为《耆夜》的这个“敾”字也应读为“辙”。“埅（城）”字，楚文字最常见的用法是用作“成”。“成辙”之“成”，就是“成法”“成命”之“成”；成辙，就是既有的轨辙。

---

① 李学勤：《清华简〈郜夜〉》，《光明日报》2009年8月3日第12版。

② 米雁：《清华简〈耆夜〉〈金縢〉研读四则》，简帛网，2011年1月10日。

③ 宋华强：《清华简校读散札》，简帛网，2011年1月10日。

“徹”字古也有“轨”“道”一类意思，其义当亦与“车辙”之“辙”有关。……因为地球自西向东自转，月球则在恒星间逐渐从西向东移动，所以在人们看来月亮永远是东升西落的，大约27.3天一周天，月亮再回到原来恒星的位置，是为“恒星月”。古人把月球在天空中移动一周的路线叫作“白道”。月亮平圆如车轮，后代或以“月轮”“圆轮”“玉轮”等作为月亮的代称。“轮”“辙”相关，“月有成辙”的“辙”，或许正有古人这种比拟为其背景。

“岁有剘行”，当与“月有成辙”对文，“行”与“辙”义近，自然就是表示“道路”义的“行”。“剘”字从“臬”声，似应读为“设”（此蒙沈培先生来函指示）。古文字多以“埶”表“设”，“埶”是疑母祭部字，“臬”是疑母月部字，声母相同，韵部阴入对转；“设”则与“臬”字同为月部字。……“剘”读为“设”当然也是没有问题的。“设行”之“设”，应理解为“预设”，犹《国语·越语下》“用人无蓺（设）”、《庄子·山木》“无敢设”和马王堆帛书《经法·国次》《十大经·观》“人埶（设）”的“设”。“设行”就是“预设的道路”之义。一说“剘”字似亦可读为“臬”。清人多已指出“臬”字古有准则、标准、法度之义，字亦作“艺”（如《左传》昭公十三年“贡之无艺”、文公六年“陈之艺极”、《礼记·礼运》“故功有艺也”等），“臬行”即标准恒常的道路的意思，“成辙”“臬行”亦相对为文。无论取“剘”字的哪一种理解，这句话总不外乎是“岁星有它固有的路径”一类意思。……紧接《明明上帝》的这两句话之后，以“作兹祝诵，万寿亡（无）疆”两句作为祝诵的结尾，这显然是以“岁”“月”的永恒不变、往复不止，来比喻武王的万寿无疆。[①]

○李峰：这个“剘”字在楚系文字中找不到第二个例子，说明它可能并不是楚地用语。但是，有趣的是我们却可以在西周金文中找到，即辛鼎（《集成》2660）的“剘”字，殆无什么疑问是同一个字。其用例为：“厥剘多友，多友釐辛”，意思是说作器者辛用这件鼎来欢迎接待同僚朋友，那么朋友也会给辛自己带来恩惠。……就《耆夜》简文而言，更重要的是这里的“岁”并不是一般的时间概念，而很可能是具体指岁星（木星），是一个天文的实体。从地球上来看，岁星

① 郭永秉：《清华简〈耆夜〉诗试解二则》，罗运环主编《楚简楚文化与先秦历史文化国际学术研讨会文集》，第336－338页。

在特定的时间确有逆行的现象，这才是这句“岁有剔（逆）行”的真正含义。这句“岁有剔（逆）行”和前半句的“月有盛敵（澈）”形成对仗；这里“月”也指月亮，而非一个月的时间，因此“岁”也一定是一个具体的星辰。……至于“月有盛敵”中的“盛敵”，笔者认为它也可能是“澈”字的简写，即清澈之意，但是因为“盛”不可识，目前尚不能确读。但是两种读法的哪一种可能都比“盈缺”要好一些，因为他们至少有字形上的联系。如果上述读法不误，全句的意思即是：月亮有浊澈的变化，岁星有时逆向而行，这些都是亘古既有的正常事情；所以周公作歌，祝王万寿无疆，可谓寓意深远。另外，这句话还要和下面第12简的“岁裔员荅……日月亓蔑”结合起来理解。它进一步说明《耆夜》中的“岁”并不是一般时间的概念，而是具体的天文实体。[①]

〇郝贝钦：“剔”读为“臬”。“臬”，准也。行，用法同于《小雅·十月之交》：“日月告凶，不用其行。”《诗经译注》认为“行，轨道。这句意为，日月没有循着正常的轨道运行”。应理解为“岁有臬行”，指木星有标准的轨道。如此理解则“月有成辙”“岁有臬行”可以对读，指月球和木星都有其恒常的轨道。[②]

〇胡敕瑞：简文中祝诵的大意是说，岁月天行无常，人寿永恒无疆。简文中的“剔”或当读为“忒”，义为愆忒差错。“忒行”的意思与“常行”正好相反。“忒”从“弋”得声，“弋”古音为喻纽、职部；“剔”从“臬”得声，“臬”古音为疑纽、月部。职部和月部的韵腹和韵尾虽然相差较大，不过仍然可以看到月、职通转的例子。

“貣”通“忒”“慝”，古籍中不乏用例，……文献中也见从“臬”的字与从“貣”的字相通，……今本困卦九五中的“劓（刖）”在马王堆帛书中作“貣（橡）”，《说文·刀部》“剔”下云“‘剔’或从鼻”，“劓”即“剔”的异体。今本困卦上六中的“𧣾”，在汉熹平石经及陆德明《音义》所引《说文》中皆作“剔”，在上博简中也作“剔”，而马王堆帛书则作“貣”。“剔”“貣”互为异文，说明它们可以通用。

清华简《耆夜》中的“岁有剔行”之“剔”也应通“貣”，读如“忒/慝”。

---

① 李峰：《清华简〈耆夜〉初读及其相关问题》，李宗焜主编《出土材料与新视野：第四届国际汉学会议论文集》，台北“中研院”，2013年，第478－479页。

② 郝贝钦：《清华简〈耆夜〉整理与研究》，第14－15页。

简文“月有城散，岁有剶行”意谓“月亮有盛衰之变，岁星有差忒之行”。①

按： 郭永秉说法基本可从，“埅”依楚文字习惯，读为“成”，《国语·周语》“制朝以序成”，俞樾《群经平议》：“序，词也，成，亦次也”。②“散”字也应读为“辙”，本指车迹，引申为“轨”“道”之意。“月有成辙”言月亮沿着既有的轨辙有规律地运行。

“剶”可读为“臬”，《说文·木部》：“臬，射准的也”，段玉裁注：“引申为凡标准法度之称”。③“岁有臬行”也指岁星沿着既有的轨辙有规律地运行。

对于“月有成辙，岁有臬行”，应该在《耆夜》整篇背景下来理解。“月有成辙，岁有臬行”似乎受到《蟋蟀》诗中“岁矞云落”“日月其迈，从朝及夕”等句的影响而被加入《明明上帝》。这几句的诗意皆在说明岁星、日月等运行有其自身规律，人也当有劳有逸。

六、周公作《蟋蟀》

周公秉箕（爵）未歙（饮），蛬（蟋）蟖（蟀）【九】趄（趯）隆（升）于尚（堂）[23]，［周］公复（作）訶（歌）一夂（终）曰蛬₌蟖₌（《蟋蟀》：“蟋蟀）才（在）尚（堂），设（役）车亓（其）行[24]。今夫君子，不憙（喜）不藥（乐）。夫日【十】□□，□□□忘（荒）[25]。母（毋）已大藥（乐），則夂（终）以康₌（康，康）藥（乐）而母（毋）忘（荒），是隹（惟）良士之迈₌（旁旁）[26]。蛬（蟋）蟖（蟀）才（在）【十一】笞（席），戢（岁）矞（聿）员（云）茖（落）[27]。今夫君子，不憙（喜）不藥（乐）。日月亓（其）穖（迈），从朝返（及）夕。母（毋）已大康，则夂（终）【十二】以复（祚）[28]。康

① 胡敕瑞：《试释清华简及金文中的“剶”——兼释“朋執”之“執”》，杨荣祥、胡敕瑞主编《源远流长：汉字国际学术研讨会暨 AEARU 第三届汉字文化研讨会论文集》，北京大学出版社，2017 年，第 97 – 101 页。

② 引自徐元诰《国语集解》，中华书局，2002 年，第 77 页。

③ 段玉裁：《说文解字注》，上海古籍出版社，1981 年，第 264 页。

藥（乐）而母（毋）［忘（荒）］，是隹（惟）良士之思₌（瞿瞿）[29]。螽（蟋）蛪（蟀）才（在）舒（序），㦻（岁）矞（聿）員（云）□[30]。□□□□，□□□□【十三】，□□□□□□，□□□□，［从各（冬）］返（及）頣（夏）[31]。母（毋）已大康，則夂（终）以思（衢）[32]。康藥（乐）而母（毋）忘（荒），是隹（惟）良士之思₌（瞿瞿）。”【十四】

【23】盅（蟋）蛪（蟀）趄（趯）隆（升）于尚（堂）

○整理者：盅从七得声，蛪从衍（率）得声，盅蛪即蟋蟀。趄很可能是“趒”（跳）的异体，也可读为“骤”。隆，“降”之异体，亦可能是“升”字。尚通堂。

○复旦读书会：“”，原整理者隶作“趄”，同篇简12“朝”作“”。“”“”所从与楚简“舟”字明显有别，应即由“潮”的象形初文“”演变而来。“”当释作趯/跃，《周易·乾》：“或跃在渊。”孔颖达疏：“跳跃也。”“趯”可用来形容小虫，如《召南·草虫》和《小雅·出车》的“趯趯阜螽”。①

○陈志向：蒙广濑熏雄见告，此字应读为“升”。可参考包山简中“升/阩门又败”中“升/阩”字的写法，“升堂”之语典籍常见。从文意看，饮是在堂上，只有蟋蟀升于堂，周公才可能看到并因此而作歌。②

按：原字形“”，整理者释为“趄”，可依复旦读书会看法，释作“趯”。隆，广濑熏雄说法可从，原字形为“”，除了右下部“土”形外，字形接近于包山简“阩门又败”之“阩”字的写法，可宽式隶定为“阩”，读为“升”。

【24】《蟋蟀》：“蟋蟀才（在）尚（堂），返（役）车亓（其）行

○整理者：《蟋蟀》，诗篇名。从内容看，和《诗·唐风·蟋蟀》有很密切的关系，部分文句可以对读。“返车其行”，与《诗·唐风·蟋蟀》“役车其休”对读，知“返”与“役”相对，是（役）的异体字。“返”见于郭店简《五行》第四五简、上博简《容成氏》第一九简。役车，服役出行的车子。

① 复旦大学出土文献与古文字研究中心研究生读书会：《清华简〈耆夜〉研读札记》，复旦大学出土文献与古文字中心网，2011年1月5日。

② 陈志向：复旦读书会《清华简〈耆夜〉研读札记》文下评论，2011年1月7日。

○“子居”：《周礼·春官·巾车》：“服车五乘：孤乘夏篆，卿乘夏缦，大夫乘墨车，士乘栈车，庶人乘役车。”……役车为庶人所乘之车，故《唐风·蟋蟀》称“蟋蟀在堂，役车其休”。郑玄注：“役车休，农功毕，无事也。”与冬季农闲正合，而《耆夜》篇言“役车其行”则是因战之故庶人亦不得其休，民不得休则当是君臣之忧，故下言“今夫君子，不喜不乐。”[①]

○李峰：《蟋蟀》这句话显然并没有《诗经》中的那句话所表达的与民休息的社会道德意义（当然这种社会意义完全有可能是汉代以后人的想法）；相反地，它只是简单地说蟋蟀在堂上行走的样子就像是役车前行的样子。因为蟋蟀肢高首广，踌躇前行，作者这样以役车来描述蟋蟀其实是很形象生动的。这里的“蟋蟀”甚至可能有一定更深层的象征意义：即蟋蟀好斗而不屈，它本身就是一种勇武精神的象征。[②]

按：在简本和今本《蟋蟀》各自语境中来理解，“役车其行”与“役车其休”诗义相反，“役车其行”，诗作者正是以蟋蟀起兴，联想到士卒驾驶役车，期望贵族武士保持勇武精神。

此外，简10“设（役）车其行”的设，字形为“[illegible]”，赵平安认为右旁从又持㫃之形，可能是“役”字初文。[③] 苏建洲认为右旁字形第一与第三横笔与竖笔是断开的，与㫃有别，目前学界对该字的解释存在不足之处，还有待新材料来解决这个问题。[④] 我们同意苏说。

【25】今夫君子，不憙（喜）不藥（乐）。夫日□□，□□□忘（荒）

○黄怀信：“今夫君子，不喜不乐”，以字面不仅与当时环境不合，也与下文“毋已大乐”等不合，“不”宜如上文“不显来格”及《诗·颂·清庙》“不显不承”之“不”，读为“丕”，大也。不（丕）喜不（丕）乐，即大喜大乐。“夫日”下二缺文，疑是“其落”。“夫日其落”，是说太阳将落，正与二章“从朝及夕”相对，皆为描写之句。后阙三字疑是“毋已大”。“毋已大荒”，正与今本“无已大康”相对。大，太也。荒，逸乐过度。今本首章下二句作“今我不乐，日

---

① “子居”：《清华简〈耆夜〉解析》，《学灯》第20期（网络版），2011年10月1日。

② 李峰：《清华简〈耆夜〉初读及其相关问题》，第481页。

③ 赵平安：《说“役”》，《语言研究》2011年第3期，第12–14页。

④ 苏建洲：《由〈耆夜〉简10“役”字看楚竹书“役”字的构形》，苏建洲《楚文字论集》，万卷楼图书股份有限公司，2011年，第428–433页。

月其除”，二章作“今我不乐，日月其迈”，三章作“今我不乐，日月其慆”，其“今我不乐”句，无疑皆出自“今夫君子，不喜不乐”，而不知其“不”当读为“丕”，遂使本为戒人行乐之歌成了劝人及时行乐之诗。[①]

○孙飞燕：《诗经》各章用的是“未见君子……既见君子”的句式，在这些篇章中“不乐”与“忧”为近义词，与“乐”为反义词，因此“不乐”是“忧”的意思，指忧虑、担心。据此，今本的“今我不乐”与简本“今夫君子，不喜不乐”是说君子感到心忧，而不能像过去学者那样理解为及时行乐。[②]

○曹建国：“不喜不乐”的“不”或当读为“丕”。若“不”既通“丕”为语词，简文“不喜不乐”就可读为“丕喜丕乐”，犹“以喜以乐”或“载喜载乐”。如“丕”皆为“大”，则“不喜不乐”就为“大喜大乐”。无论是“以喜以乐”，还是“大喜大乐”，都能协于全诗。试想：当武王胜黎之后，于文大室举行“饮至”之礼，其间君臣酬和，赋诗为乐，诚可谓“丕喜丕乐”。而当众人欢庆之际，周公乃警戒周人，“毋已大康，则终以祚”，也在情理之中。正因为众人“丕喜丕乐”，周公“大康”“康乐而荒”之忧惧才有现实的落脚点。[③]

○李均明：李学勤先生据近年山西曲沃北赵晋侯对（晋僖公）墓出土盨铭所见“田狩湛乐于原隰”等记载，从而感言“……历史上的晋僖公实际不是生活过俭，以致不合礼制，激起人们作诗以‘刺’的君主，事实刚好相反”。又云“……而是耽于逸乐，爱好田游和美味的豪奢贵族。《诗序》所讲恐怕不是史实”。从根本上否定《诗序》的“及时行乐”说观点。谈到清华简《蟋蟀》，充分考察其历史背景，认为“简文中周公作《蟋蟀》一诗，是在战胜庆功的‘饮至’典礼上，大家尽情欢乐正是理所当然，周公只是在诗句中提醒应该‘康乐而毋荒’，才符合‘良士’的准则，要求周廷上下在得胜时保持戒惧，是这篇诗的中心思想”。……先秦典籍和铜器铭文中屡见“不”字用作语助词，“不”字强化语气，无实意。简文之“不喜不乐”即“喜乐”也。[④]

○陈才：在忧伤的心绪中，心理上是不会觉得“日月其除”的；“日月其除”

① 黄怀信：《清华简〈耆夜〉句解》，《文物》2012年第1期，第79页。
② 孙飞燕：《〈蟋蟀〉试读》，《清华大学学报（哲学社会科学版）》2009年第5期，第12页。
③ 曹建国：《论清华简中的〈蟋蟀〉》，《江汉考古》2011年第2期，第111页。
④ 李均明：《〈蟋蟀〉诗主旨辨——由清华简“不喜不乐”谈起》，《出土文献》第4辑，中西书局，2013年，第34－36页。

“日月其迈”“日月其慆”一般只有在心情高兴、快乐的时候才能产生。再考虑到，“丕”是“不”的后起分化字，在先秦时代，“不”“丕”二字都用“不”这个字形来表示。因此这里当与《诗经·大雅·清庙》中的“不显不承”读为“丕显丕承”一样，“不喜不乐”当读为“丕喜丕乐”。①

按：简本《蟋蟀》诗旨在于劝告士人劳逸结合，适时行乐。“不喜不乐”之“不”可视作无意虚词，或者读为“丕”，训为大。

【26】母（毋）已大藥（乐），则夂（终）以康₌（康，康）藥（乐）而母（毋）忘（荒），是隹（惟）良士之迈₌（旁旁）

○整理者：夂，“终”字初文。康，安。忘，通“荒”，怠荒。是，用为“寔”或“实”。迈，通“方”，准则。《诗·皇矣》：“万邦之方，下民之王。”“迈”下有重文符号，与一般用法不同。此类现象亦见于本篇第一三、一四简“愳”字下，疑指该句应重复读。

○刘云：“是惟良士之迈”的“迈”字下，13 号简的“是惟良士之愳”的“愳”字下，14 号简的“是惟良士之愳”的“愳”字下，各有一个类似重文符号的符号。这几处符号恐不是重文符号，而应是章节号，表示诗的一章结束了。《蟋蟀》共分三章，每章均以“蟋蟀在某”起始，以“是惟良士之某”结束，体例谨严，而这几处符号都是在“是惟良士之某”的“某”字之后，其为章节号的可能性是很大的。②

○陈志向：其他位置的重文号都表示将某字读两次（个别的还要读四次），所以这里的重文号似乎也应该这样理解。整理者怀疑“迈₌”中的“₌”与一般的重文号用法不同，是因将“迈”读为名词“准则”之“方”，所以“方”不可能重言。将“迈₌”和“愳₌”看作是形容词，就没有窒碍了。《唐风·蟋蟀》中形容良士的“瞿瞿”“蹶蹶”“休休”都是这种用法。“良士之迈迈”和“良士之愳愳”，句法结构同“氓之蚩蚩”也是一样的。“迈₌”则或可读为“旁旁”或“彭彭”，但《诗经》中“旁旁”或“彭彭”多用来形容车马之盛。③

① 陈才：《由清华简〈蟋蟀〉看历代诗经学的几处误读——兼谈清华简〈尹至〉〈金縢〉〈耆夜〉三篇的辨伪》，《国学季刊》第 2 期，山东人民出版社，2016 年，第 54 – 55 页。

② 刘云：复旦读书会《清华简〈耆夜〉研读札记》文下评论，2011 年 1 月 10 日。

③ 陈志向：复旦读书会《清华简〈耆夜〉研读札记》文下评论，2011 年 1 月 10 日。

〇米雁：王筠《毛诗重言考》认为《诗经》重言极多，不限于叠字的重言，实词和“其”“彼”“有”等虚词结合的重言效果和叠字相同。清华简《蟋蟀》就是用实词“边”“思”和虚词“之”结合营造的重言效果。而一般的叠字都是由拖长单音节词发展而来的，如“坎其击鼓”的“坎”拖音即成“坎坎鼓我”之“坎坎”。清华简《蟋蟀》应该是综合运用了叠字和虚词综合的重言方式，目的是拉长音节便于吟诵。①

〇邓佩玲：以今本《蟋蟀》“良士瞿瞿”“良士蹶蹶”及“良士休休”与简本“是隹（惟）良士之迈₌”对照，则知“迈₌”应该是形容之属。“迈”从方，“方”上古属帮纽阳部，同音字尚有“丙”。因为“方”“丙”二字上古音相同，在先秦文献中，从“方”得声诸字时与从“丙”得声诸字通假。……“怲”，从心，丙声。“怲怲”一辞常见于古籍中，是形容忧心之词。②

按：“迈迈”可读为“旁旁”，“旁旁”虽然在《诗经》中多用来形容车马之盛，但在《蟋蟀》篇语境之中，表示的当是良士勇武强盛之貌。

【27】䖭（蟋）䗐（蟀）才（在）笞（席），戢（岁）矞（聿）员（云）茖（落）

〇整理者：“岁矞员茖”可联系《诗·蟋蟀》“岁聿其莫”来理解。矞通“聿”，语助词。员，通“云”，与“其”字用法相似，句中助词。茖，通“莫”。

〇孙飞燕：简文“茖”字当读为今本之“暮”。“各”是见母铎部字。……古书中从“各”得声的“貉”与“莫”可以通假，如《左传》昭公二十八年：“德正应和曰莫。”《诗·大雅·皇矣》郑笺引莫作貉。据此，从“各”得声的“茖”与从“莫”得声的“暮”也应该可以相通。③

〇刘洪涛：“岁聿员茖（落）”，“茖”没必要读为“莫”，读“落”，日落就是日莫，岁落就是岁莫。④

〇黄怀信：席，所铺之筵席。岁，年。矞，同“聿”，语助词。员，同“云”，将。莫，同“暮”。岁暮，年终。《诗·豳风·七月》：“七月在野，八月在宇，九

① 米雁：《清华简〈耆夜〉〈金縢〉研读四则》，简帛网，2011 年 1 月 10 日。
② 邓佩玲：《读清华简〈耆夜〉所见古佚诗小识》，第 227 – 228 页。
③ 孙飞燕：《〈蟋蟀〉试读》，第 11 页。
④ 刘洪涛：复旦读书会《清华简〈耆夜〉研读札记》文下评论，2011 年 1 月 7 日。

月在户，十月蟋蟀入我床下。”其“十月”为十月太阳历之十月，即岁暮。蟋蟀在席，故知将到年终。①

○李峰：在这里的“岁”也并不是简单的岁时之意，而是和上文第 9 简“歲有剿（逆）行”的“岁”一样指的是岁星，是一个天文实体。……这个“茖”就是“落”字，正好与“日月其蔑”句末的“蔑”（灭）字相对应，不需其他曲解。而所谓“岁遹云落”是说岁星在其轨道上运行到一定位置，可以被看作是“落”。很可能，这是指岁星（木星）在傍晚于西方落入地平线，这正符合《耆夜》所描述的晚间时刻。②

按：“云”乃句中助词。“茖”可读为“落”，岁落也。

【28】日月亓（其）穫（迈），从朝涉（及）夕。母（毋）已大康，则夂（终）以复（祚）

○整理者：“日月其穫”可联系《诗·蟋蟀》“日月其迈”来理解。朱熹《诗集传》：“逝，迈，皆去也。”复通“祚”，福也。

○孙飞燕：“穫”字当通假读为今本之“迈”，二者均是明母月部字，其意为“行”，指时光消逝。③

○曹建国：“复”当读为“祚”，……当解为“君位”“国统”，“则终以祚”即为永享国祚。④

○刘光胜：“穫”，通“蔑”，《资治通鉴·汉纪四十九》：“蔑者，微之甚，几于无也。”……周代建子，以农历十月为岁末，听到蟋蟀的鸣叫，意味着一年即将结束。岁月流逝，君子不应过度追求安乐，要谨记自己的职守，时时心存戒惧。⑤

○季旭升：“从”字释为“自”“由”等义，应该是很明确的了。其时代大约从春秋晚期开始。战国至汉，这种用法趋于普遍。……从《耆夜》的句法作“从 A 及 B”（可以视为相当于甲骨文的“自 A 至 B”），但根据张玉金先生的分析，甲骨文目前未见“从 A 及 B”（或“从 A 至 B”、“从 A 至于 B”）的例子，由此看来，除非再发现新材料，否则我们可以说，《耆夜》可能是经过东周人改动过的材

---

① 黄怀信：《清华简〈耆夜〉句解》，第 79 页。
② 李峰：《清华简〈耆夜〉初读及其相关问题》，第 483 – 484 页。
③ 孙飞燕：《〈蟋蟀〉试读》，第 11 页。
④ 曹建国：《论清华简中的〈蟋蟀〉》，第 110 页。
⑤ 刘光胜：《由清华简谈文王、周公的两个问题》，《东岳论丛》2010 年第 5 期，第 100 页。

料，不是西周初年的原貌。[①]

〇李峰：因为后面有“从朝返夕”，限定为一天内所发生的事，这里的“日月亓蔑”显然不能被理解为一日一月的概括时间观念，而必须是指具体的太阳和月亮的天文实体。……只有这样，才能与上面第9简“月有盛散（彻），歲有剔行”所表达的“月”和“岁”的概念保持一致。……西周金文中写作“蔑”者，实际上就是东周文献中写为“灭”的字。这一点在文献中有充足证据，如《周易·剥》的“蔑”字在陆德明的《经典释文》中即引作“灭”；《国语》中有几处“蔑”就是“灭”的意思。“蔑”或“灭”是一个动词，其用作状态动词时意思很接近“没”或“埋没”。“蔑”在这一句中很清楚就是“灭”，即日月行将消失的意思，也就是日月“从朝返夕”一天中的变化。早晨日出而月亮隐形，晚间月出而太阳消失，故曰“日月其灭”是也。[②]

按：“日月其穠，从朝及夕”，意指日月从早到晚有规律地运行，这里的“穠”参考今本《蟋蟀》“日月其迈”，可读为“迈”，训为行。“祚”不一定指“国祚”，可训为一般意义的福祚。

【29】康藥（乐）而母（毋）[忘（荒）]，是隹（惟）良士之思₌（瞿瞿）

〇整理者：思，“惧”之古文，意为忧惧。

〇孙飞燕：简文“毋荒”，即“不要荒怠”，可以与中山王方壶铭文“穆穆济济，严敬不敢怠荒”参看。方壶铭文中的“不敢怠荒”，张政烺、李学勤均指出可以与《诗·商颂·殷武》“不敢怠遑”对读。壶铭“怠荒”与“严敬”意思相反，简文与壶铭有所不同的是“荒”与“康乐”相对，但“荒”的含义应该是一致的。[③]

〇黄怀信：惧，戒惧，与三章重复，疑当如今本作“蹶”，急遽。……“今我不乐”句亦是误改。[④]

〇“子居”：瞿瞿，原简作“思₌”，瞿瞿为惊遽顾视之貌。……故此处言不

---

① 李旭升：《〈清华简（壹）·耆夜〉研究》，《古文字与古代史》第3辑，台北“中研院”史语所，2012年，第324－326页。

② 李峰：《清华简〈耆夜〉初读及其相关问题》，第482－483页。

③ 孙飞燕：《〈蟋蟀〉试读》，第11页。

④ 黄怀信：《清华简〈耆夜〉句解》，第79页。

可康乐无度，是惟良士之所当注意者。[①]

按：“愳”是“惧”的古文，“愳愳”可读为“惧惧”，或者读为《诗经》中两见的叠音词“瞿瞿”。《唐风·蟋蟀》“良士瞿瞿”，毛传：“瞿瞿然顾礼义也。”《齐风·东方未明》“狂夫瞿瞿”，朱熹《诗集传》：“惊顾之貌。”[②] 叠音词“瞿瞿”的词义也是由单音词“惧”而来，表示惊惧、惊顾的样子。下一章末尾的“愳愳”词义与此处相同。

【30】蟲（蟋）衛（蟀）才（在）舒（序），戠（岁）矞（聿）员（云）□

○整理者：舒，可读为“舍”或“序”。因为饮酒在堂上，理解为序更贴切些。序是堂的东西墙。

○黄人二、赵思木：此字疑应释为“舒”，读为“宇”，《说文》：“宇，屋边也。”《豳风·七月》：“五月斯螽动股，六月莎鸡振羽。七月在野，八月在宇，九月在户，十月蟋蟀入我床下。”陆德明曰：“屋四垂为宇。”此所谓“蟋蟀在舒”，盖即《豳风·七月》所谓“八月在宇”也。[③]

○黄怀信：舒，原考释读为“序”，甚是。《礼》有“东序”“西序”。《尔雅·释宫》：“东西墙谓之序。”指室内之墙。在序，犹在室。蟋蟀在序，亦天冷岁暮的征候。[④]

按：“舒”可从整理者说法，读为“序”。《尔雅·释宫》：“东西墙谓之序。”

【31】［从各（冬）］返（及）顕（夏）

○整理者：或疑“母”上二字为“返（及）顕（夏）”。

○复旦读书会：此句原简仅存和二字，字残划可与“从朝返（及）夕”句之对应，当为“返（及）”字无误。字残划也可与楚文字中的“顕（夏）”字对应，如（《尹至》简1）。此章以鱼部字为韵，“顕（夏）”字正在韵脚处，押鱼部韵，也可以证明此字为“顕（夏）”无误。从上章“从朝返（及）夕”来看，

① “子居”：《清华简〈耆夜〉解析》，《学灯》第20期（网络版），2011年10月1日。

② 朱熹注，王华宝整理：《诗集传》，凤凰出版社，2007年，第69页。

③ 黄人二、赵思木：《读清华大学藏战国竹简〈壹〉书后（四）》，简帛网，2011年2月17日。

④ 黄怀信：《清华简〈耆夜〉句解》，第93页。

此章“□□返（及）顕（夏）”所缺二字，极有可能是“从各（冬）”。[①]

【32】母（毋）已大康，则夂（终）以愳（衢）

○复旦读书会（2011）：“则终以愳”与《蟋蟀》前两章的“则终以康”“则终以祚”相对，“愳”对应的是“康”“祚”，它显然不能读为“惧”。《易·大畜·上九》：“何天之衢，亨。”高亨注：“衢疑当读为休……休即庥字，谓受天之庇荫也。此云‘何天之衢’，即‘何天之休’也。”高亨读衢为休的说法虽不一定对，但认为“衢”表示庇荫之义，则近似。“则终以愳”之“愳”与“何天之衢”之“衢”表示的可能是同一个词。[②]

○米雁：“愳”疑读为“豫”。“则终以愳”位于《蟋蟀》的第三章，从韵脚看应该押鱼韵，“豫”正是鱼韵。……“豫”可训为安乐，《尔雅·释诂》“豫、宁、绥、康、柔，安也”“怡、怿、悦、欣、衎、喜、愉、豫、恺、康、妉、般，乐也”，在具体的文献中其义有褒有贬，依上下文意而定。……简文“则终以豫”应该是用作褒义，和上文“则终以康”“则终以祚”相呼应。[③]

○颜伟明、陈民镇：“愳”确与“康”“祚”之意相近。颇疑读作“祜”。“愳”“祜”并隶鱼部，音近可通。[④]

按：如复旦读书会所说“则终以愳”与《蟋蟀》前两章的“则终以康”“则终以祚”相对，押鱼韵，词义接近。可读为“衢”。高亨“衢”读为“休”的说法没有根据。《说文·行部》：“衢，四达谓之衢。”古书中“衢”一般指道路之通达。简文这里“愳（衢）”引申指内心的通达、安顺。

七、篇名“耆夜”

鄙夜【十四背】

○裘锡圭：《礼记·檀弓下》“知悼子卒未葬”章，记晋平公在大臣死而未葬

① 复旦大学出土文献与古文字研究中心研究生读书会：《清华简〈耆夜〉研读札记》，复旦大学出土文献与古文字中心网，2011年1月5日。

② 复旦大学出土文献与古文字研究中心研究生读书会：《清华简〈耆夜〉研读札记》，复旦大学出土文献与古文字中心网，2011年1月5日。

③ 米雁：《清华简〈耆夜〉〈金縢〉研读四则》，简帛网，2011年1月10日。

④ 颜伟明、陈民镇：《清华简〈耆夜〉集释》，2011年9月20日。

之时，饮酒击钟，宰夫杜蒉以让侍臣饮罚酒的方式谏平公，平公觉悟受谏。章末的一段话如下：

> 平公曰："寡人亦有过焉，酌而饮寡人。"杜蒉洗而扬觯（郑玄注：举爵于君也。……扬，举也。……）。公谓侍者曰："如我死，则必无废斯爵也。"至于今，既毕献，斯扬觯，谓之"杜举"。

《耆夜》篇是由于篇中有伐耆还师"饮至"，武王、周公"夜爵酬毕公"等内容而得名的。这跟"杜举"由于杜蒉扬觯之事而得名有相类之处。所以，把"耆夜"读为"耆举"，似乎也比读为"耆咤"或"耆舍"合理。①

〇王宁：《耆夜》之"夜"读为"举"，在文中也可通读。从其篇名来看，读为"举"似有可商量的余地。整理者读为"舍"，殆即古之"告庙"时"舍爵策勋"。《耆夜》如果读为"耆舍"，乃言戡耆战还饮至，舍爵策勋之事，合乎通篇内容，也符合古代礼制。如果篇名读为"耆举"，"举"为举爵，总觉得无法涵盖全篇内容，而且有不辞之嫌。个人理解是：舍爵策勋为告庙礼制中一项，其具体行为就是参与者互相敬酒称贺，记其功勋。文中每言某人夜爵酬某人，"夜爵"当为舍爵，亦即置爵，用现在的话来说就是在爵中倒满酒；"酬"，《说文》："酬，献酬，主人进客也"，段玉裁注："如今俗之劝酒也。"舍爵酬某人就是爵中斟满酒向某人敬酒劝饮。②

〇李零：一种可能，"举"是"举爵"的省略。一种可能，"举"是"杀牲盛馔"（如《周礼·天官·膳夫》"王日一举"郑玄注），即大摆宴席。还有一种可能，拔城曰举。如果是最后这种读法，则"耆夜"指戡黎之役。这里值得注意的是，耆不是举行饮至礼的地点，"耆夜"二字，无论如何也不可能指在耆饮至，只能指戡耆，或为戡耆，归而饮至。③

〇王占奎：耆夜之夜，通舆，舆通举。举是灭、取。王力《同源字典》，夜、与、举皆为喻母，韵部相通由平夜与平舆例业已证明。《同源字典》且有证明与、

① 裘锡圭：《说"夜爵"》，《出土文献》第2辑，第20页。

② 王宁：复旦读书会《清华简〈耆夜〉研读札记》文下评论，2011年1月11日。

③ 李零：《〈西伯勘黎〉的再认识——读清华楚简〈耆夜〉篇》，第114页。

举相通的例子。耆夜就是黎灭、黎被取。……《逸周书》有《克殷》一篇，以一场取胜的战争为篇名。《耆夜（举）》如同《克殷》也是以一场取胜的战争为篇名，不过把动词与地名反过来而已。[①]

○张怀通：“耆夜”之夜，应当照其字面的意思来理解，乃黑夜之义。所谓“耆夜”，就是武王戡耆胜利后举行饮至礼之夜。以“夜”为题是周人文献的惯例，《大武》的第二乐章叫《宿夜》，《逸周书》的第三十五篇叫《武寤》。《武寤》之“武”，显指武王伐纣的武功。据宋镇豪研究，商末甲骨文中的“寤”是一个时间概念，指“下半夜至天明之间的时段”，那么这个“寤”就是“夜”的意思，再具体讲，则是深夜。《武寤》与《耆夜》从题目到内容都比较相似。《逸周书》的第三十四篇叫《和寤》。《和寤》之寤，其含义与《武寤》之寤一样，也应作“夜”或“深夜”解。《逸周书》第十三篇叫《程寤》。《程寤》久已亡佚，清华简有一篇与之内容基本相同的简文，整理者认为就是《程寤》。《程寤》之寤，也是“夜”或“深夜”的意思。《程寤》与《耆夜》，在以“寤（夜）”命题上相同，是毫无疑问的，更为重要的是二者题目的结构也非常类似，都以地名或国名作为“寤（夜）”的定语。这些都说明《耆夜》之“夜”是夜晚或深夜之义，“耆夜”的意思是武王戡耆后举行饮至礼之夜，可以成立。将篇题中的“夜”字与正文中的“夜”字区别对待，或许有助于我们对《耆夜》主题的准确把握。否则，含义为舍爵、奠爵的“夜”出现在篇题中，总难免让人心中产生义有未安之感。[②]

○张崇礼：篇题“耆夜”的“夜”似乎应该训为“乐”。《说文·言部》：“说，说释也。”段注：“说释即悦怿。”郭店简《老子》甲本简8：“夜乎奴（如）冬涉川。”“夜”，王弼本、傅奕本作“豫”。《尚书·顾命》：“惟四月，哉生魄，王不怿。”“怿”，《汉书·律历志》引作“豫”。《尚书·金縢》：“二年，王有疾，弗豫。”“豫”“怿”皆可训“乐”。“耆夜”之“夜”读为“豫”“怿”，训为“乐”，《耆豫》符合简文庆功宴饮的主题，也切合《蟋蟀》诗周公“康乐而毋荒”的思想。[③]

○刘光胜：《耆夜》中“夜”字出现了五次，应作不同的训读。篇题中的

---

① 王占奎：《清华简〈耆夜〉名义解析》，简帛网，2012年4月8日。

② 张怀通：《〈耆夜〉解题》，复旦大学出土文献与古文字研究中心网，2012年4月9日。

③ 张崇礼：《释清华简〈耆夜〉中的“夜”字》，复旦大学出土文献与古文字研究中心网，2014年11月25日。

“夜”训为夜，意为夜晚。[①]

〇叶国良：“耆夜”当为“伐耆庆功之夜”之意。……《耆夜》所记者，应是当天饮至之礼已进入尾声，亦即从旅酬阶段进入无算爵阶段，当时吕尚仍为司正监酒，武王、周公、毕公君臣三人酒酣之际掖爵上寿，故谓之“耆夜”。[②]

〇徐渊：先秦礼典很少在夜间举行，然而唯有饮酒礼、燕礼有至夜执烛举火的例子。《仪礼·燕礼》有“宵则庶子执烛于阼阶上，司宫执烛于西阶上，甸人执大烛于庭，阍人为大烛于门外”，诸有司执烛时已经到了燕礼“无算爵”“无算乐”的阶段，即燕礼的最后阶段，不属于正礼的部分。宾客饮醉之后，可自行退场。《耆夜》的场景正是在饮至礼最后的“无算爵”“无算乐”背景下展开的。因此篇题“夜”字应当理解为“夜晚”，“夜”字点出了整个《耆夜》礼典的礼制场景，这对后文讨论武王、毕公高、召公保、周公旦、辛公諌甲、作策逸、吕尚甫的礼典角色有重要的提示作用。[③]

按：《左传》“凡公行，告于宗庙；反行，饮至、舍爵、策勋焉，礼也”，杨伯峻注“策，此作动词用，意即书写于简策”。[④]“舍爵”并不包含“策勋”，读为“耆舍”，语义也不能涵盖整个饮至礼。《耆夜》全篇讲述重点在于王公大臣间的酬酢，以“耆夜（举）”为题能够概括全篇大意。

① 刘光胜：《清华大学藏战国竹简（壹）整理研究》，上海古籍出版社，2016年，第68页。

② 叶国良：《清华简〈耆夜〉的饮酒方式》，《中国经学》第22辑，广西师范大学出版社，2018年，第9－10页。

③ 徐渊：《从清华简〈耆夜〉饮至礼典推测其成书年代》，《古典学志》第1辑，广州出版社，2021年，第14－15页。

④ 杨伯峻：《春秋左传注》，中华书局，1990年，第91页。

下编

第五章　《周公之琴舞》和《芮良夫毖》文本性质考

《周公之琴舞》与《芮良夫毖》两篇文献文辞古奥，文意多有儆毖色彩。学界一般视二篇为“诗”类文献，赵平安怀疑《芮良夫毖》之“毖”是新见的一种《尚书》体式。[①] 与《尚书》的表面差别在于，两文以四言体为主，不少文句押韵，这一特征近乎《诗经》的“雅”“颂”。而且，后世文体中的“箴”“颂”也与两文有相似性。如何看待两文与《尚书》《诗经》的关系，如何从文体上认清两篇文献的源与流，进而判断其文本性质，本章尝试做出一定的解读。

李学勤主张《周公之琴舞》讲“周公作”“成王作”，不一定是该诗直接出自周公、成王，就像《书序》讲“周公作《立政》”，而《立政》开头便说“周公若曰”，显然是史官的记述。[②] 这种史官的记述是周公和成王所处的西周的早期史官所为，还是晚于西周早期的史官所为，李文并未深究。李守奎结合“琴”“瑟”二字的古文字字形，梳理文献和考古发现中两种乐器的出现与流行的情形，认为瑟早于琴，琴在战国中晚期之后才成为弦乐的主体。因此，《周公之琴舞》两处序言式的文字是战国人的改写或题记。[③] 笔者认同这一看法，也倾向把《周公之琴舞》分两部分处理研究，此篇的核心内容体现在周公和成王所作诗篇，本章研究其文体源流和文本性质，主要以序言以外的“儆毖”文辞为研究对象。

---

① 赵平安：《〈芮良夫诐〉初读》，《文物》2012 年第 8 期，第 78 页。

② 李学勤：《再读清华简〈周公之琴舞〉》，《绍兴文理学院学报》2014 年第 1 期，第 2 页。

③ 李守奎：《先秦文献中的琴瑟与〈周公之琴舞〉的成文时代》，《吉林大学社会科学学报》2014 年第 1 期，第 11 - 19 页。

《芮良夫毖》开篇对西周末年“寇戎方晋”“厥辟御事各营其身”等背景的说明和“芮良夫作毖再终”等序言式文字也晚于篇中的主体内容，研究其文体源流和文本性质，也是以芮良夫作毖的主体内容为研究对象。

一、两篇简文的基本特征

本书在绪论中只是从语文特征和文本形态上简单分析了出土“诗”类文献的基本特点，未及深论。以下先呈现两篇简文详细的语文特征和内容要点，分析其成文时代，为下文的进一步研究奠定基础。（见表5－1）

表5－1 《周公之琴舞》语文特征和内容要点分析表①

	原文（含韵脚）	儆毖者/对象	韵部	时代特征
元启	元入启曰：无悔享君（文），罔坠其孝（幽），享惟蹈（幽）帀，孝惟型（耕）帀	周公对多士（“享”涵义近于晚起的“忠”②，指臣对君之享献）	文耕合韵③	
元启	元入启曰：敬之（之）敬之（之），天惟显帀，文非易帀。毋曰高高在上，陟降其事（之），俾监在兹（之）。 乱曰：其我夙夜不逸，儆之！日就月将（阳），学其光明（阳）。弼持其有肩，示告余显德之行（阳）	启为成王对多士，乱为成王自儆		

① 表5－1、表5－2、表6－1、表7－1采用宽式释文。

② 李学勤：《论清华简〈周公之琴舞〉的结构》，《深圳大学学报（人文社会科学版）》2015年第3期，第58页。

③ 本表对韵脚的分析适当参考了李守奎《〈周公之琴舞〉补释》，《出土文献研究》第11辑，中西书局，2012年，第5－24页。凡是《诗经》时代已有的合韵现象，不作说明。仅对《诗经》时代没有的合韵现象作出说明。

续上表

	原文（含韵脚）	儆毖者/对象	韵部	时代特征
再启	再启曰：假哉古之人（真），夫明思慎（真），用仇其有辟（锡）。允丕承丕显。思攸无斁（铎）。 乱曰：已，丕造哉（之）！思型（耕）之（之）！思毷彊之（之）！用求其定（耕），欲彼熙不落，思慎（真）	成王对多士（"用仇其有辟""思型之"说明这是成王对大臣的期许）	锡铎合韵①、耕真合韵	"允丕承丕显，思攸无斁"可与西周中期史墙盘铭文"昊昭无斁"对
三启	三启曰：德元惟何（歌）？曰渊（真）亦懿（抑）。严余不懈（锡），业业畏载（之），不易威仪（歌），在言惟克（职）敬之（之）！ 乱曰：彼天含厥（职）。抑！莫肯造之（之）。夙夜不懈，懋敷其有悦（月），欲其文人，不逸监余（鱼）	成王自儆（"严余不懈""不逸监余"说明是成王口吻）	真质通韵、质锡合韵②、之职通韵	"文人""前文人"，常与祖、考并用，见于西周中晚期金文③
四启	四启曰：亹亹其有家（鱼），保监其有後。孺子王（阳）矣，丕宁其有心，孜孜其在位，显于上下（鱼）。 乱曰：遹其显思，皇天之功。昼之在视日（质），夜之在视晨（文）。日内人，皋举不宁（耕），是惟宅	周公对成王（"孺子王"是周公对成王的称呼）	鱼阳通韵	

① 按：锡铎合韵现象未见于《诗经》时代，《楚辞》有1例，参见王力《诗经韵读 楚辞韵读》，中国人民大学出版社，2004年，第460页。

② 西周晚期吴虎鼎铭文存在质锡合韵现象，参见杨怀源、孙银琼《两周金文用韵考》，人民出版社，2014年，第228－229页。

③ 陈英杰：《西周金文作器用途铭辞研究》，线装书局，2008年，第317－318页。

续上表

	原文（含韵脚）	儆毖者/对象	韵部	时代特征
五启	五启曰：呜呼（鱼）！天多降德（职），滂滂在下（鱼），攸自求悦（月），诸尔多子（之），笃思忱之（之） 乱曰：桓称其有若，曰享会余一人（真），思辅余于艰（文），乃禔惟民（真），亦思不忘	成王对多士（“诸尔多子”“享会余一人，思辅余于艰”说明这是成王对大臣的儆毖）	之职通韵、真文合韵	
六启	六启曰：其余冲人，服在清庙，惟克小心，命不彝乎，疐天之不易。 乱曰：弗敢荒才位，宠威在上（阳），警显在下（鱼）。呜呼（鱼）！式克其有辟，用容辑余（鱼），用小心，持惟文人之若（铎）	启为成王自儆，乱主要是成王对多士（“余冲人”“用容辑余”显示是成王口吻）	鱼阳通韵、鱼铎通韵	
七启	七启曰：思有息，思憙在上（阳）。丕显其有位，右帝在落（铎），不失惟同（东）。 乱曰：遹余恭害台（之）？孝敬非怠荒。咨尔多子（之），笃其谏劭。余彖思念，畏天之载（之），勿请福之愆	启为成王祈祷，乱包括成王自儆和对多士儆毖（“余彖思念”符合成王的自我儆戒①。“咨尔多子”显示出对多士儆毖）	铎阳通韵、东阳合韵	“喜上帝”的说法已经见于西周早期的天亡簋

① 李学勤：《论清华简〈周公之琴舞〉的结构》，第59页。

续上表

	原文（含韵脚）	儆毖者/对象	韵部	时代特征
八启	八启曰：佐事王（阳），聪明其有心，不易，威仪蔼蔼，大其有谟，匄泽恃德，不俾用非容（东）。 乱曰：良德其如台（之）？曰享人大……罔克用之（之），是坠于若	周公对多士（“佐侍王”显示是周公对多士的儆毖）	东阳合韵？	
九启	九启曰：呜呼！弼敢荒德，德非懈帀（脂），纯惟敬帀（脂），文非懈帀（脂），不坠修彦。 乱曰：遹我敬之（之），弗其坠哉（之）。思丰其复，惟福思用，黄耇惟盈	启为成王对多士儆毖，乱为成王自儆（“遹我敬之”显示可能是成王的自儆）		“黄耇”见于西周中晚期金文

《芮良夫毖》篇表面上由两次“启”构成，实际上由多个押韵的段落构成。为了讨论方便，我们综合句尾押韵和文义，将全文分段于下分别讨论。[①]（见表5－2）

① 句读、分段和韵部划定参考了整理报告，以及马楠《〈芮良夫毖〉与文献相类文句分析及补释》、沈培《试说清华简〈芮良夫毖〉跟“绳准”有关的一段话》。

表5－2 《芮良夫毖》语文特征分析表

原文	韵部
芮良夫乃作毖再终，曰： 敬之哉君子！天猷畏矣。 敬哉君子！寤败改繇（幽）， 恭天之威，载听民之谣（幽）， 间隔若否，以自訾讀。 迪求圣人，以申尔谋猷（幽）， 毋扰闻繇，度毋有咎（幽）， 毋婪贪、狰愲、满盈、康戏，而不知悟告（觉）。 此心目无极，富而无涗， 用莫能止欲，而莫肯齐好（幽）。 尚恒恒敬哉，顾彼后复（幽）， 君子而受柬，万民之咎（幽）。 所而弗敬（耕），譬之若重载以行崤险，莫之扶助， 其由不颠倾（耕）	幽觉通韵
敬哉君子！恪哉毋荒（阳）， 畏天之降灾，恤邦之不臧（阳）。 毋自纵于逸，以遨不图难， 变改常术，而无有纪纲（阳）。 此德刑不齐，夫民用忧伤（阳）。 民之贱矣，而惟帝为王（阳）。 彼人不敬，不鉴于夏商（阳）	阳
心之忧矣，靡所告怀。 兄弟慝矣，恐不和均（真）， 屯云满溢，曰余未均（真）。 凡百君子，及尔荩臣（真）， 胥纠胥由，胥谷胥均（真）， 民不日幸，尚忧思	真

续上表

<table>
<tr><th>原文</th><th>韵部</th></tr>
<tr><td>繄先人有言，则威虐之（之）。
或因斩柯，不远其则（职）。
毋害天常，各当尔德（职）。
寇戎方晋，谋猷惟戒（之），
和专同心，毋有相负（之），
恂求有才，圣智用力（职）。
必探其宅，以亲其状，
身与之语，以求其上</td><td>职之通韵</td></tr>
<tr><td>昔在先王，既有众庸（东），
□□庶难，用建其邦（东），
平和庶民，莫敢憯憧（东），
□□□□，□□□□
用协保，罔有怨讼（东），
恒争献其力，畏燮方雠，先君以多功（东）</td><td>东</td></tr>
<tr><td>古□□□□□□□□□元君，用有圣政德（职），
以力及作，燮仇启国（职），
以武及勇，卫相社稷（职）。
怀慈幼弱、羸寡、矜独，
万民俱憖，邦用昌炽（职）</td><td>职</td></tr>
<tr><td>二启曰：
天猷畏矣，豫（舍）命无成（耕），
生□□难，不秉纯德，其度用失营（耕），
莫好安情，于何有争（耕）。
莫称厥位，而不知允盈（锡）。
莫……型，自起残虐，邦用不宁（耕）</td><td>锡耕通韵</td></tr>
</table>

续上表

原文	韵部
凡惟君子，尚鉴于先旧（幽）， 导读善败，卑匡以诫（职）， □□功绩，恭临享祀（之）， 和德定刑，正百又有司（之）， 胥训胥教，胥箴胥谋（之）， 各图厥永，以交罔谋（之）	幽之合韵、之职通韵
天之所坏，莫之能支； 天之所支，亦不可坏（微）。 板板其无成，用皇可畏（微）	微
德刑态惰，民所訞訛僻，约结绳断，民之关闭。 如关栊扃管，绳准既正， 而互相柔比，遹易凶心， 研甄嘉惟，料和庶民（真），政命德刑（耕），各有常次，邦其康宁（耕），不逢庶难； 年谷纷成，风雨时至。 此惟天所建，惟四方所祇畏	真耕合韵
曰其罚时偿，其德刑义利（脂）。 如关栊不闭（质），而绳断失楑（脂）， 互相不强，罔肯献言。 人颂（讼）扞违（微），民乃嗥嚣，靡所屏依，日月星辰，用交乱进退，而莫得其次（脂）。 岁乃不度，民用戾尽（真），咎何其如台哉	质脂通韵、脂真通韵、脂微合韵

续上表

原文	韵部
朕惟冲人（真），则如禾之有稺（真）， 非廸哲人（真），吾靡所援□诣（脂）。 我之不言，则畏天之发机（微）； 我其言矣，则逸者不美（脂）。 民亦有言曰：谋无小大，而器不再利（脂），屯可与忨，而鲜可与惟（微）	脂真通韵、脂微合韵
曰：呜虖畏哉（之）！ 言深于渊（真），莫之能测（职）； 民多艰难，我心不快，戾之不□□。无父母能生（耕），无君不能生（耕）。吾中心念诖，莫我或听（耕），吾恐罪之□身（真），我之不□，□□是失，而邦受其不宁（耕）。吾用作毖再终，以寓命达听（耕）	之职通韵、真耕合韵

（一）《周公之琴舞》的成文时代

李守奎认为文中周公和成王语言风格一致，文辞古奥，多与西周金文相合，这些诗当是周初诗篇，流传过程中可能掺入了后世的因素。① 深入探究之后，笔者认为《周公之琴舞》主体内容的成文至少存在三个时间层次：

（1）西周早期，一部分文辞创作成文。

（2）西周中晚期，融入新的话语，整体初步编撰成文。

（3）战国时期，再次编撰，同时加入两处序言式文句。

首先，在西周这一长时段的内部，《周公之琴舞》可能包括一些周公和成王时代已有的文辞，但是亦有西周中晚期的成分。一方面，包括相当于《敬之》的成王元启在内的一部分文辞符合成王或周公口吻，可能在西周早期已经存在。最明

① 李守奎：《先秦文献中的琴瑟与〈周公之琴舞〉的成文时代》，第11－19页。

显的是第七启“思憙在上”的说法与西周早期天亡簋铭文“喜上帝”的观念毫无二致。另一方面，《周公之琴舞》的不少文辞与西周中晚期铭文的话语风格较为接近，最为明显的是篇中至少存在两处西周中晚期金文才出现并流行的习语，分别是三启的“文人”和九启的“黄耇”。西周铜器铭文中的祭享对象一般都是祖妣考母，但是“文人”“文神”和“前文人”等祭享对象在西周中期开始出现，并流行于西周中晚期。[①] 例如，西周中期的邢叔采钟铭文有“作朕文祖穆公大钟，用喜侃文神人”（《集成》356—357），西周中期的瘐钟铭文有“敢作文人大宝协龢钟”（《集成》247—250）。详细分析西周早中晚各时期铜器铭文，不难发现，周人向祖先祈请长寿的风气盛行于恭王以降，最早可能至穆王时代。而“黄耇”恰恰是周人祈请长寿风气下的典型用词。

其次，《周公之琴舞》的诗文在东周时期至少存在文句和韵脚两方面的改编。最为明显的是成王再启中“夫明思慎，用仇其有辟”的整句是从西周金文“克明厥心，慎厥德，用辟于先王”（师望鼎，《集成》2812）或“克明慎厥德，夹诏文王武王”（逨盘，《新收》757）等话语减缩而来，“夫明思慎”应该是“明心”和“慎德”的缩语，宾语“心”和“德”被不当地删除。这种删除大概率不会发生在西周中晚期，因为此时的编者应该是熟悉所处时代政治话语的，不会将宾语“心”和“德”这种影响文意理解的关键成分删去。实际的改编者应当是春秋以后不再熟悉西周政治话语的人。

还有，成王八启的“佐侍王，聪明其有心，不易，威仪藹藹”中的“不易”单纯按照文意，应该单独句读，但由此造成了字数和韵律的不协。究其原因，从西周甚至到春秋时期流行的政治话语中[②]，“不易”往往与“有虔”“虔恤”之类词语搭配构成义近叠用，或者如在毛公鼎铭文“敬念王威不易”中一样作状语。而且，“聪明”只能形容“心”或“有心”。战国的改编者可能因为不熟悉先前的政治话语，仅据全篇四言或五言的句式，将该句误读为“佐侍王聪明，其有心不易，威仪藹藹”，这种句读虽然与全文句式协调，但是造成“佐侍王聪明”和“其

① 陈英杰：《西周金文作器用途铭辞研究》，第 317－318 页；刘源：《商周祭祖礼研究》，商务印书馆，2007 年，第 278 页。

② 春秋晚期蔡侯纽钟中仍然有“有虔不惕（易），佐佑楚王……既聪于心”一类的话语，参见杨鹏桦《清华简（叁）断读献疑三则》，《简帛研究》（2015 秋冬卷），广西师范大学出版社，2015 年，第 30－31 页。

有心不易”两句文意不通。

此外，上述表格显示出几次真文合韵的现象。学界先前对真文合韵的认识是：《诗经》中较少，《楚辞》稍有增加，西汉以后大量出现。近年大量的出土文献显示出，战国时期楚地文献已有大量真文合韵的用例。[①]《周公之琴舞》中真文合韵的用例正是战国时期楚地这一语音现象的反映。这亦说明《周公之琴舞》一定在战国时期发生过为了更加谐韵而改动文本的现象。

《周公之琴舞》主体编撰成文发生在什么时代？全篇多处与西周金文，特别是西周中晚期金文的用语和思想相接近。笔者怀疑《周公之琴舞》主体编撰成文在西周中晚期，或稍晚的时代最为可能。编者既使用了一些西周早期的语料，也融入了中晚期的不少政治话语。而且，彼时的编撰者熟悉周人的政治话语，不至于出现许多不合理的简省。如今篇中的几处不合理的删减和拼合，以及战国时代的语音现象，则应当是战国以后再次改编者所为。

（二）《芮良夫毖》的成文时代

若按照《芮良夫毖》自身的叙述，简文是西周晚期芮良夫对厥辟和御事的儆毖之辞。整理者赵平安即认为《芮良夫毖》是西周晚期一篇重要的历史文献。[②] 曹建国认为篇中“重刑”和“尚贤”的观念与西周晚期的时代不吻合，而且脂微合韵、耕文合韵和真侵元三部合韵皆不是《诗经》时代的特征，主张《芮良夫毖》成文于战国中期。[③] 黄国辉根据东周以后“乃”对“迺”和“其”对“厥”的取代情况，发现篇中虽存在“乃”“迺”和“其”“厥”并用的情况，但是“乃”和“其”占优，由此他认为该篇保存的早期书写较少，可能是春秋时人写定，而为后人所转抄。[④] 还有一些学者发现篇中的文辞与传世文献中被视作芮良夫所作的文献存在高度相似之处，例如简文“必探其度，以貌其状。身与之语，以求其上”的

---

① 李存智：《郭店与上博楚简诸篇阳声韵通假关系研究》，《台大中文学报》第30期，2009年6月，第103－107页。
② 赵平安：《〈芮良夫諴〉初读》，第77－79页。
③ 曹建国：《清华简〈芮良夫诐〉试论》，《复旦学报（社会科学版）》2016年第1期，第27－29页。
④ 黄国辉：《清华简〈厚父〉新探——兼谈用字和书写之于古书成篇与流传的重要性》，《清华大学学报（哲学社会科学版）》2016年第3期，第64－71页。

“官人”之法与《逸周书·芮良夫解》一些主张存在高度相似之处。①

我们认为黄国辉的结论最符合《芮良夫毖》篇的实际情况，可以从思想观念的时代性来补充说明。古书所包含的制度和思想等内容也能体现时代性，在语言层面以外，还可借助思想观念的时代性来给古书断代。裘锡圭在考察《商书》的成文年代时，曾指出“《商书》各篇所反映的思想以至某些制度却跟卜辞相合”，“大概确有商代的底本为根据，然而已经经过了周代人比较大的修改”。② 可见，古书所见的思想和制度等内容也具有时代性，也可以作为判定古书年代的依据。徐复观曾在方法论上揭示这种方法的重要性：“一种新思想、观念之出现，在历史中是一件大事。由思想观念出现之前后，以推论相关典籍出现之先后，这系过去考据家所忽略的一个重要方法。”③

首先是篇中的“尚贤”思想。宁镇疆近来的研究表明，“尚贤”思想在西周早已有之，清华简中另一篇成文时代较早的《皇门》篇中言及的“大门、宗子、迩臣”和“元武、圣夫”，与《芮良夫毖》的“五相”密切相关，“五相”反映的恰是当时的“尚贤”思想。④

其次，《芮良夫毖》篇多次出现的“刑”本作“型”，一般与“德”搭配使用，有“德型不齐”“德型怠惰”和“和德定型”等多种说法，整理者仅在释文括注读为“刑”，似乎默认为一般“刑罚”意义上的“刑”。邬可晶认为简文“德型”之“型”可能与《左传·襄公二十八年》“赏其德刑”之“刑”一样，恐非“赏罚”或“教化与刑罚”意义的“刑”，而是“型范”意义的“型”。⑤ 此说有一定道理。在西周大部分时段内，作为周人族群传统的“德”在很大程度上体现为“礼”和“法”。但西周的法“没有固定的表现形式，且在内容的具体性、制定及颁布的随意性等方面皆远胜于后世的令”⑥。随着西周的衰亡，以宗族制建立起

① 宁镇疆：《早期“官人”之术的文献源流与清华简〈芮良夫毖〉相关文句的释读问题》，《出土文献》第13辑，中西书局，2018年，第107页。

② 裘锡圭：《谈谈地下材料在先秦秦汉古籍整理工作中的作用》，裘锡圭《古代文史研究新探》，江苏古籍出版社，1992年，第46页。

③ 徐复观：《中国人性史论》，上海三联书店，2001年，第17页。

④ 宁镇疆：《由清华简〈芮良夫毖〉之“五相”论西周亦“尚贤”及“尚贤”古义》，《学术月刊》2018年第6期，第121－132页。

⑤ 邬可晶：《“咸有一德”探微》，复旦大学出土文献与古文字研究中心编《出土文献与中国古典学》，中西书局，2018年，第156页。

⑥ 朱腾：《从君主命令到令、律之别——先秦法律形式变迁史纲》，《清华法学》2020年第2期，第169页。

来的社会结构逐步瓦解，各个国家不再通过宗族而是与平民直接发生关系，赋税徭役完全依靠这些基层民众。在此社会情形下，定立明文法典，确保法律面前人人平等，就有了历史必要性。“德型不齐”和“德型怠惰”等说法是从反面描述西周晚期以降因为法度不定造成的社会失序，“和德定型”表达的正是对明定规范和法度的呼吁。[①] 晚至春秋晚期，子产“铸刑书”等事件则是“定型”的具体落实。

有鉴于篇中这些核心观念流行于西周晚期和春秋时期。再结合黄国辉对“乃”和“其”占优这些春秋时期语言特征的揭示，我们可以认定整篇简文主体的成文时代应该在春秋时期。

诚然，曹建国对篇中脂微合韵等语音现象的揭示，又反映出《芮良夫毖》在战国时期一定又经过了文本的修饰。相比于《诗经》时代，战国时期脂微合韵比例明显增加，《芮良夫毖》简 25“畏天之发机；我其言矣，则逸者不美”中“机”与“美”的脂微合韵正是这一趋势的反映。故而，我们可以最终认定整篇简文主体的成文时代应该在春秋时期，但战国时代的改编或使用者出于文本“当代化”的目的，又对全文几处韵脚做了改动，使之符合战国时代的特点。清华简下葬时间为战国中晚期之际[②]，那么这些改动发生时间的下限一定在战国中期。

二、两篇简文与“书”类文献的关系

除传世《尚书》和《逸周书》以外，“书”类文献的大发现要数清华简。2009 年以来，以清华简《保训》篇的整理发表为起点，多篇出土“书”类文献呈现在学者们面前。李学勤最早从与《尚书》《逸周书》关系的角度，将这些文献分为见于《尚书》《逸周书》和其他文献三类：

> 一种是真正的《尚书》，见于在今天传世的《尚书》，或者由其标题或内容可以推定是《尚书》的；第二种是不在《尚书》，可是见于传世的《逸周书》的；还有一些，是我们从来不知道的，可是从其体裁来看是和《尚书》

---

① 黄甜甜：《清华简所见西周“德”观念发微》，《哲学与文化》2021 年第 3 期，第 69 – 72 页。

② 李学勤：《清华简整理工作的第一年》，李学勤《初识清华简》，中西书局，2013 年，第 30 页。

> 《逸周书》是一类的。[①]

上述说法根据见于《尚书》《逸周书》与否，划分了三个子类，第三个子类的论定标准是各篇的体裁。参与清华简整理工作的李守奎则指出，目前学界对“书”类文献的判定有两个标准，一是从现存之《书》中归纳其特点，二是参考传统目录的分类，但两标准都很模糊。根据出土文献，先秦的书类文献比古书中留给我们的信息还要丰富而复杂。他主张把“书”类文献看作开放的概念，判定“书”类文献至少应当包括如下三个方面的标准：

> （1）所记内容是三代文献，下迄于春秋初年。
>
> （2）语言风格或如《周书》佶屈聱牙，或有明显的古老痕迹，不论是传承还是仿拟。
>
> （3）文体主要以训诰等记言为主。不同的文体各有不同的特点。[②]

据此标准，认定的清华简“书”类文献，包括《尹至》《尹诰》《说命上》《说命中》《说命下》《保训》《金縢》《皇门》《程寤》《祭公》《厚父》《封许之命》《命训》。另外还有三篇“命”，其中一篇吕仲论刑，与《吕刑》密切相关。[③]

程浩则主张所谓“书”类文献就是君臣在行政过程中的言论记录所形成的文本。考虑到《保训》成篇时代较晚，竹简长度明显比其他篇“书”类文献短；《耆夜》篇虽有大量君臣对话，但都是以诗歌的形式进行；《命训》内容与思想接近战国子书的风格，不主张将《保训》《耆夜》和《命训》归为“书”类文献。[④]根据竹简形制、简背划痕、字体特征和文本内容上的关联性，刘光胜认为《赤鹄之集汤之屋》《尹诰》《尹至》可组成较为完整的叙事整体，进而主张将《赤鹄之集汤

---

① 李学勤：《清华简与〈尚书〉、〈逸周书〉的研究》，《史学史研究》2011 年第 2 期，第 104 页。

② 李守奎：《汉代伊尹文献的分类与清华简中伊尹诸篇的性质》，《深圳大学学报（人文社会科学版）》2015 年第 3 期。

③ 李守奎：《楚文献中的教育与清华简〈系年〉性质初探》，《出土文献与古文字研究》第 6 辑，上海古籍出版社，2015 年，第 295 页。三篇“命”中一篇应该是指《摄命》，已在清华简第八册公布。

④ 程浩：《“书”类文献辨析》，《出土文献》第 8 辑，中西书局，2016 年，第 141、145 页。

之屋》也看作“书”类文献。[①]

针对上述学界对“书”类文献概念内涵与外延的诸多分歧，黄泽钧和章宁分别进行了综合性的评述。黄泽钧提出以开放的态度，区分“书”类文献的核心篇章和外围篇章。将时代较早的一些典型篇章作为“书”类文献中的核心篇章，其他的作为外围篇章。[②] 章宁也进行了系统评述，认为界定“书”类文献应被视作文类而非某种单一文体，其判定当以先秦称引状况为第一标准而不应系之体裁。他主张判定“书”类文献首要标准应是有没有作为“书”而为先秦文献所明确称引；其次，若无称引，则是否与既有被称引的文献存在明确成组关系，如《逸周书·常训》曾见称引，而与之成组的《命训》可归为“书”类之外；再次，根据篇章内容是否见于今本《尚书》《逸周书》。[③]

黄泽钧和章宁对现有说法的质疑是基本合理的，我们主张“书”类文献的判定，应当立足“史源语源”“篇章宗旨”“文本体式”和“文本功用”。首先，在史源上要求所述内容以春秋之前三代史料为依本，整体的语言也符合春秋之前的特征。在体式方面，不仅要符合“典”“谟”“训”“诰”“誓”“命”等《尚书》文体的特征，文本形态上要类似或接近现已明确的《尚书》《逸周书》类文献。在篇旨层面，又要考虑“书”类文献思想上的共同宗旨，如荀子所总结的“《书》者，政事之纪也”。在功用的层面，特别要注意考察这些文献在东周时代社会场域中的实际功能。有学者认为流传至东周社会的“书”类文献功能在于作为教育王室及贵族子弟、规范言行的教材。[④] 与“诗”“礼”“春秋”“易”等文献相比，作为教材的“书”类文献特别的功用应当是强烈的政治启蒙与教化作用。

与一般《尚书》或“书”类文献的表面差别在于，《周公之琴舞》《芮良夫毖》以四言体为主，不少文句押韵，这一特征也见于《诗经》“雅”“颂”。正因为此，学界一般将这两篇文献都归为“诗”类文献。不同的是，汉学家柯鹤立认

---

① 刘光胜：《同源异途：清华简〈书〉类文献与儒家〈尚书〉系统的学术分野》，《中国高校社会科学》2017 年第 2 期，第 117 – 122 页。

② 黄泽钧：《出土文献“书类文献”判别方式讨论》，出土文献与尚书学研究国际学术研讨会，上海大学，2018 年 9 月。

③ 章宁：《“书”类文献刍议》，《史学史研究》2019 年第 1 期。

④ 朱凤瀚：《读清华楚简〈金縢〉兼论相关问题》，陈致主编《简帛·经典·古史》，上海古籍出版社，2013 年，第 55 页。

为《周公之琴舞》的训诫兼具语言与行动两方面，都通过音乐得以连接。一方面由歌唱传授，另一方面由舞蹈行为传授。《周公之琴舞》显示出《书》与《诗》在“礼乐”和文体特征上的关联性。[①]《芮良夫毖》的整理者赵平安认为其主体内容呈现诗的形式，全篇的文本形态与伪古文《尚书》的《五子之歌》有类似之处，怀疑“毖”是新见的一种《尚书》体式。[②] 倘若根据上文我们提出的这种开放性的“书”类文献新标准，《周公之琴舞》和《芮良夫毖》似乎是可以归为“书”类文献的。

从“史源语源”上讲，虽然开头的序言性质的文字可能由后人加入，《周公之琴舞》和《芮良夫毖》篇中主体内容文辞古奥，语言风格与西周金文和《诗经》所见儆毖之辞高度相似，《周公之琴舞》简文主体内容的成文时代不晚于西周晚期。

从“篇章宗旨”上讲，虽然篇中的叙述主体不同，所处时代也不同，前者是周初的周公和成王的儆毖之辞，后者是西周末芮良夫的儆毖之辞，但两篇简文的篇旨具备相同的儆毖倾向则是十分明显的。

从“文本体式”上讲，除了《五子之歌》[③]，两篇简文的文本形态与《逸周书》中《大匡》《程典》和《芮良夫》等篇高度相似。以《程典》为例：

> 维三月既生魄，文王合六州之侯，奉勤于商。商王用宗谗，震怒无疆，诸侯不娱，逆诸文王。文王弗忍，乃作程典，以命三忠。
>
> 曰：助余体民，无小不敬，如毛在躬，拔之痛，无不省。政失患作，作而无备，死亡不诫，诫在往事。备必慎，备思地，思地慎制，思制慎人，思人慎德，德开，乃无患。慎德必躬恕，恕以明德，德当天而慎下。下为上贷，力竞以让，让德乃行。慎下必翼上，上中立而下比争，省和而顺，慎同。携乃争，和乃比。比事无政，无政无选，无选，民乃顽，顽乃害上。故选官以明训，顽民乃顺。慎守其教，小大有度，以备菑寇。协其三族，固其四援，

---

① 柯鹤立：《诗歌作为一种教育方法：试论节奏在〈周公之琴舞〉诫“小子”文本中的作用》，《出土文献与中国古代文明——李学勤先生八十寿诞纪念论文集》，中西书局，2016 年，第 515－526 页。

② 赵平安：《〈芮良夫訟〉初读》，第 78 页。

③ 今本《五子之歌》固然属伪古文《尚书》，但其文本形态和部分内容可能是有一定历史来源的，从近出清华简《说命》篇与伪古文本的对比，也可以间接证明这一点。

> 明其伍候，习其武候，依其山川，通其舟车，利其守务。士大夫不杂于工商。士之子不知义，不可以长幼。工不族居，不足以给官；族不乡别，不可以入惠。为上不明，为下不顺，无丑。轻其行，多其愚，不习。慎地，必为之图，以举其物，物其善恶，度其高下，利其陂沟，爱其农时，修其等列，务其土实，差其施赋。设得其宜，宜协其务，务应其趣。慎用必爱，工攻其材，商通其财，百物鸟兽鱼鳖，无不顺时。生穑省用，不滥其度。津不行火，薮林不伐。牛羊不尽齿不屠。土劝不极美。美不害用，用乃思慎，□备不敌，不意多□，用寡立亲，用胜怀远，远格而迩安。于安思危，于始思终，于迩思备，于远思近，于老思行。不备，无违严戒。①

不难发现，《程典》开篇也有“维三月既生魄，文王合六州之侯，奉勤于商，商王用宗谗，震怒无疆，诸侯不娱，逆诸文王，文王弗忍，乃作程典，以命三忠”这样序言或者“本事”性质的叙述，而全文的主体是四言体文，而且与《周公之琴舞》《芮良夫毖》，乃至不少《周颂》篇章一样，虽有不少押韵之处，但整体“诗”化程度有限。从内容上讲，儆毖性质的话语也是占多数。

从“功用”上讲，与“诗”“礼”“春秋”“易”等文献相比，作为教材的“书”类文献比较注重的功用应当是政治启蒙与教化。具体到《周公之琴舞》，柯鹤立认为《周公之琴舞》把口头传诵的故事和诗歌以文本的形式记录保留下来，作为楚地贵族子弟（国子或世子）教育学习的材料。篇中，通过有韵律和节奏的“书”来演绎历史故事，结合先王的经验教训来完善与生俱来的内在品格。② 同样的说法，也可以完全用来定位《芮良夫毖》在当时楚地的实际功用。

“箴”“儆”“诫”义近，《左传·宣公十二年》“箴之曰”，杜预注：“箴，诫”。《汉书·宣帝纪》“有能箴朕过失”，颜师古注：“箴，戒也”。李零曾从书名和文体形式上划分《尚书》《逸周书》这类早期文书为四类，分别是：①典、谟类（掌故类）；②训、诰、誓、命类（政令类）；③刑、法类（刑法类）；④箴、戒类

① 《逸周书》正文据国家图书馆藏元至正十四年嘉兴路儒学本，标点参考章宁《〈逸周书〉疏证》，三秦出版社，2023年，第102－109页。

② 柯鹤立：《试论〈周公之琴舞〉中“九成”奏乐模式的意义》，《清华简研究》第2辑，中西书局，2015年；柯鹤立：《诗歌作为一种教育方法：试论节奏在〈周公之琴舞〉诫“小子”文本中的作用》。

（戒敕类）。其中第四类的概述为：

> “箴”，是劝谏之辞。“戒”是警告之辞。如《左传》襄公四年有《虞人之箴》，《逸周书·尝麦》有成王箴大正之辞，就是所谓“箴”；《大戴礼记·武王践阼》提到周武王“退而为戒书”，《逸周书》有《大戒》，就是所谓“戒”。①

《周公之琴舞》和《芮良夫毖》完全可以归入第四类箴戒类，也就是说在“书”类文献的内部，两篇简文是以儆毖箴诫为功用的。

三、两篇简文的“诗”类文献特征

想要证明《周公之琴舞》和《芮良夫毖》具备和《诗经》相同的“诗”化特征，不仅要从语文特征论证两篇具备先秦“诗”文的特点，亦要从文本的功用上分析两篇简文在当时的篇旨和用途与《诗经》相同或相近。

在句式和节奏方面，两篇皆四言体为主，多为二二节奏，符合《诗经》为代表的“诗”文特征。《芮良夫毖》虽然亦有不少五言句，但四言句仍居多数。用韵方面，或邻句连续用韵，或隔句为韵，亦包含合韵和通韵现象，体现的是与《诗经》相同的用韵特点。

《诗经》中“诗”文的另一大特征是章句间的重叠复沓，《周公之琴舞》和《芮良夫毖》同样存在这类特征。例如，《周公之琴舞》周公元启“享惟慆帀，孝惟型帀”两小问句式基本相同，只是“慆”和“型”变换用字。又如《芮良夫毖》“以力及作，燮仇启国；以武及勇，卫相社稷”两句的末字“国”和“稷”押职部韵，而且各自前一小句和后一小句句式基本相同，形成押韵而且复沓的格局。必须承认，《周公之琴舞》和《芮良夫毖》的重叠复沓程度尚不及《国风》中不少典型的“诗”篇，但与三颂和大小雅中不少诗篇相比又不分高下。

关键在于，文体形式和内容方面与二文更为接近的文献可以在《诗经》中发

① 李零：《简帛古书与学术源流》，生活·读书·新知三联书店，2004年，第65页。

现许多。《周公之琴舞》文本本身明言周公、成王作多士儆毖，全篇文字也确实以儆毖朝臣或者自儆为内容。李守奎以《周公之琴舞》的发现为背景重新思考《周颂》，认为《周颂》中存在以儆戒为主旨的一类诗，傅斯年就曾将《闵予小子》《访落》《烈文》《敬之》归为一类，视为成王登基典礼所用诗，现在看来这一类诗内容上主要自戒或戒人。[①]《闵予小子》，《诗序》言“《闵予小子》，嗣王朝于庙也”，郑笺：“嗣王者，谓成王也。除武王之丧，将始即政，朝于庙也。”[②] 朱熹《诗集传》亦说：“成王免丧，始朝于先王之庙，而作此诗也。”[③]《访落》，《诗序》言“嗣王谋于庙也”，《正义》指明这是“成王既朝庙，而与群臣谋事”。[④]《烈文》，《诗序》言“成王即政，诸侯助祭也”。[⑤]《敬之》，《诗序》言“群臣进戒嗣王也”，《正义》言：“谓成王朝庙，与群臣谋事，群臣因在庙而进戒嗣王。”[⑥]《敬之》中有“惟余小子”等自称之词，恐是成王自儆之辞。[⑦] 而且，林义光曾指出《敬之》的篇义与《闵予小子》《访落》略同。[⑧] 姑且不论《诗序》对这些诗创作时代的判断是否准确[⑨]，《诗序》至少提示我们这些诗的共同点在于都是西周朝庙或嗣位等仪式用辞。仔细分析，这些仪式用辞，既有对祖先和上天的夸耀褒赞和祈祷，如《烈文》“烈文辟公，锡兹祉福”，也有对自我的儆毖，如《闵予小子》“维予小子，夙夜敬止”。

对比之下，《周公之琴舞》的构成也大体如此，全篇由成王自儆、诫大臣或周公诫成王、大臣的文辞组成。例如，“天多降德，滂滂在下”，意在夸耀上天之德，“弼敢荒在立位，宠威在上，敬显在下”意在自儆，“无悔享君，罔坠其孝，享惟蹈帀，孝惟型帀”，意在儆毖多士重臣。因此，《周公之琴舞》的文辞也适合作西周朝庙或嗣位等仪式用辞。从形式上言，《闵予小子》《访落》《烈文》《敬之》这

---

① 李守奎：《清华简〈周公之琴舞〉与周颂》，《文物》2012 年第 8 期，第 73、76 页。

②④⑤⑥ 毛亨传，郑玄笺，孔颖达疏：《毛诗正义》，北京大学出版社，2000 年，第 1578、1581、1515、1583、1583 页。

③ 朱熹注，王华宝整理：《诗集传》，凤凰出版社，2007 年，第 270 页。

⑦ 林义光：《诗经通解》，中西书局，2012 年，第 411 页；李守奎：《清华简〈周公之琴舞〉与周颂》，第 74 页；李学勤：《论清华简〈周公之琴舞〉的结构》，第 59 页。

⑧ 林义光：《诗经通解》，第 411 页。

⑨ 不少当代学者的研究认为这些诗成篇时间可能较晚，如李山主张《周颂》部分诗作于穆王时期，参见李山《西周穆王时期诗篇创作考》，《中国古典文献学丛刊》第 7 卷，2009 年，第 19 – 83 页；陈致主张《雅》《颂》诗多数成篇于西周中晚期，参见陈致《从〈周颂〉与金文中成语的运用来看古歌诗之用韵及四言诗体的形成》，《诗书礼乐中的传统：陈致自选集》，上海人民出版社，2012 年，第 1 – 30 页。

几首诗“诗”化程度都不高，只有部分合韵和通韵[①]，《周公之琴舞》的情况也是如此。以上分析共同说明《周公之琴舞》与这四首诗最初的功用高度相似，它们应具有共同的创作背景和语言风格。

泛而观之，《诗经》中，以儆戒为主旨的诗也不限于上述几首。郑玄《诗谱·大小雅谱》中言：

> 大雅《民劳》、小雅《六月》之后，皆谓之变雅，美恶各以其时，亦显善惩过，正之次也。

《毛诗正义》疏解道：

> 《民劳》《六月》之后，其诗皆王道衰乃作，非制礼所用。故谓之“变雅”也。其诗兼有美刺，皆当其时。善者美之，恶者刺之，故云“美恶各以其时”也。又以正诗录善事，所以垂法后代。变既美恶不纯，亦兼采之者，为善则显之，令自强不息；为恶则刺之，使惩恶而不为，亦足以劝戒，是正经之次，故录之也。[②]

“为恶则刺之，使惩恶而不为，亦足以劝戒”说明“变雅”部分“刺”诗的劝诫性质。如《大雅·荡之什》中的多篇诗都有明显的儆戒色彩，而且这些诗都以西周末年为时代背景，这与《芮良夫毖》十分相像。尤其是《桑柔》篇，《诗序》载“《桑柔》，芮伯刺厉王也”[③]，两篇的作者甚至一样。《芮良夫毖》多次强调敬天，如“天猷畏矣”“恭天之威”，《云汉》有“敬恭神明，宜无悔怒”，《荡》则有“疾威上帝，其命多辟”；《芮良夫毖》主张拜求圣贤之士，选贤任能，如“恂求有才，圣智用力”“迪求圣人，以申尔谋猷”，《桑柔》亦言“维此圣人，瞻言百里”；《芮良夫毖》征引民谚，如“民亦有言曰：谋无小大，而器不再利”，《桑柔》亦有“人亦有言：‘进退维谷’”。

---

① 王力：《诗经韵读 楚辞韵读》，中国人民大学出版社，2004年，第357－358、363－364页。
②③ 毛亨传，郑玄笺，孔颖达疏，龚抗云等整理：《毛诗正义》，第641、1383页。

尽管古今争议很大，多数现代学者的研究都倾向认为《诗经》诸诗全部入乐。[①]《诗经》乐歌有多个制作生产的方式，其中最主要最直接的便是贵族和乐师为各种礼仪活动而制作的乐歌。[②]《闵予小子》《访落》《烈文》《敬之》这些典礼仪式用辞自然属于这种方式。《周公之琴舞》多处乐章术语说明此篇很可能曾经入乐，被作为朝廷乐歌使用。当然，篇中周公作儆毖诗“琴舞九卒”，仅剩一首，成王所作九卒尚且完整，为什么两个“九卒”被组合在一起，学界对此提出了不同看法[③]，战国时代，“诗”与“乐”已经分途。[④] 笔者曾从楚人对文本接受的角度，怀疑《周公之琴舞》的乐舞背景在战国时代实际已经亡佚，但楚地编者仍有诗乐舞三位一体的观念，所以在简背标明“周公之琴舞”。另一方面，楚地对成组“诗”篇的编排可能受《诗经》大小“雅”和“周颂”中“什”为一组观念的影响，所以将周公乐诗仅剩的一首和成王完整的九首合在一起。[⑤]

《毛诗正义》对“变雅”创作动机和命名缘由的解释是“《民劳》《六月》之后，其诗皆王道衰乃作，非制礼作用，故谓之变雅”[⑥]。说明“刺”诗最初只是公卿大夫在西周末衰微之时对君王和王朝卿士所作的讽谏之辞。讽谏类诗以公卿列士献诗，再由乐师加工的方式进入朝廷乐歌。[⑦]《芮良夫毖》的提示性乐章术语说明该篇可能以这种献诗而后入乐的方式成为朝廷乐歌。

---

① 代表性说法如顾颉刚《论〈诗经〉所录皆为乐歌》，《古史辩》第3册下。研究史的回顾可参考朱孟庭《诗经与音乐》第二章“《诗经》与音乐关系的历史考察”，文津出版社，2005年，第33－47页。

② 赵敏俐等：《中国古代歌诗研究：从〈诗经〉到元曲的艺术生产史》第一章“《诗三百》与周代歌诗生产”，北京大学出版社，2005年，第106页。

③ 李学勤：《论清华简〈周公之琴舞〉的结构》；李守奎：《清华简〈周公之琴舞〉与周颂》；蔡先金：《清华简〈周公之琴舞〉文本与乐章》，《西北师大学报（社会科学版）》2014年第4期；赵敏俐：《〈周公之琴舞〉的组成、命名及表演方式蠡测》，《文艺研究》2013年第8期。

④ 有关诗乐分途的研究，可参考王国维《汉以后所传周乐考》，《观堂集林》，中华书局，1959年，第121页。进一步研究参见陈元锋《乐官文化与文学：先秦诗歌史的文化巡礼》第五章“乐官文化的解体”第二节“诗乐的分离”，山东教育出版社，1999年，第153－168页。

⑤ 黄甜甜：《试论清华简〈周公之琴舞〉与〈诗经〉之关系》，《中原文化研究》2015年第2期。

⑥ 毛亨传，郑玄笺，孔颖达疏，龚抗云等整理：《毛诗正义》，第641页。

⑦ 黄松毅：《仪式与歌诗：〈诗经·大雅〉研究》，中国传媒大学出版社，2009年，第187－192页；赵敏俐：《中国古代歌诗研究》第一章“《诗三百》与周代歌诗生产”，第106页；李辉：《论〈诗经〉讽谏诗的创制与入乐机制》，《文学评论》2023年第3期。

四、两篇简文内容之源

实际上，大部分“书”类文献和“诗”类文献在西周都能找到源头，只是在后世又经历了改编和再创作。

陈梦家曾划分西周金文为四类，分别是：①作器以祭祀或纪念其祖先的；②记录战役和重大的事件的；③记录王的任命、训诫和赏赐的；④记录田地的纠纷与疆界的。其中第①和③类较多。[①] 晚近出版的《中国青铜器》一书进一步划分晚商至战国时代的铜器铭文为十二种，包含徽记、祭辞、册命、训诰、记事、追孝、约剂、律令、符节诏令、媵辞、乐律、物勒工名等。[②] 其中“册命”“训诰”两类即陈梦家所划分第③类的进一步细分。“训诰”一类是西周铜器铭文最常见格式之一，格式上包括时间、地点、受诰者、诰辞、赏赐、作器等部分。[③] 其中的诰辞多见对祖先的伐耀之辞，以及对臣下的训诫之辞。如毛公鼎（《集成》02841），以下分别摘录铭文中的部分伐耀之辞和训诫之辞：

伐耀之辞：

王若曰：“父厝，丕显文武，皇天引厭厥德，配我有周。膺受大命，率怀不廷方，亡不闬（覲）于文武耿光。唯天将集厥命，亦唯先正𡰪（格）辥（乂）厥辟，𠭯（庸）勤大命，肆皇天亡斁，临保我有周，丕巩先王配命，敃（愍）天疾威，司余小子弗彶，邦将曷吉。𦒍𦒍四方，大纵不静。呜呼，趯余小子圂湛（沉）于艰，永巩（鞏?）先王。”

训诫之辞：

王曰：“父厝，今余唯𤕌（申）先王命，命汝极一方，亟（长）我邦、我家，母（毋）雖（顾?）于政，勿雍逮（律?）庶□𡨄（贯?），毋敢龏橐，龏

① 陈梦家：《尚书通论》，中华书局，2005年，第146页。

②③ 马承源主编：《中国青铜器》（修订本），上海古籍出版社，2005年，第351–362、354页。

> 巢乃敄（侮）鳏寡。善效乃友正，毋敢逸于酒，汝毋敢惰在乃服，圀（固）夙夕，敬念王威不睗（易）。汝毋弗帅用先王作明型，欲汝弗乃以乃辟圅（陷）于艰。”①

毛公鼎的铭文内容是记录王的任命、训诫和赏赐这类铭文的典范。保利艺术博物馆近年收藏的豳公盨，内容以道德教训为主。相对于陈梦家等人的铭文分类，其铭文格式较为特殊：

> 天命禹敷土，隓山濬川，迺𢽊（畴）地设征，降民监德；迺自作配饗民，成父母，生我王、作臣。厥顋（美）唯德，民好明德，頟（任）在天下。用厥邵好，益□懿德，康亡不懋。孝友訏（訏）明，经齐好祀，无䫌（悖）心。好德婚媾，亦唯协天，敏用考神，复用祓禄，永孚于宁。豳公曰：明唯克兹德，无悔。②

如李零所分析，该篇铭文的开头与《尚书》类古书中典、谟类（掌故类）相似，以历史掌故开篇，但铭文主题以道德教训为主，近于训、诰、箴、戒。③ 陈英杰径直认为整篇铭文可视为《尚书》中的“诰”体。④

从形式上讲，金文存在四言体韵文⑤，但多数呈现韵散相间的形态。《周公之琴舞》和《芮良夫毖》在形式上却以四言和五言体为主，部分地方押韵，尤其是《芮良夫毖》成段押韵或合韵，两篇内容又以儆毖为特色。与上述两篇铭文的训诫之辞对比可知，无论在文体形式上，还是内容上，二文与金文存在许多相似之处。

以上从形式与内容上分析了《周公之琴舞》和《芮良夫毖》与西周金文和

---

① 毛公鼎铭文诸家考释意见参见石帅帅《毛公鼎铭文集释》，硕士学位论文，吉林大学，2016 年。此处释文参考诸家考释意见，恕不一一注明。

② “豳公盨”铭文的释读史可参考陈英杰《𤞷公盨铭文再考》，《语言科学》2008 年第 1 期，第 63 – 72 页。此处释文参考诸家考释意见，恕不一一注明。

③ 李零：《论𤞷公盨发现的意义》，《中国历史文物》2002 年第 6 期，第 40 页。

④ 陈英杰：《𤞷公盨铭文再考》，第 73 – 74 页。

⑤ 金文韵读情况，可参王国维《两周金石文韵读》，谢维扬主编《王国维全集》第 6 卷，浙江教育出版社，2010 年，第 1 – 20 页；郭沫若《金文韵读补遗》，《金文丛考》，科学出版社，2002 年，第 275 – 322 页；陈世辉《金文韵读续辑》，《古文字研究》第 5 辑，中华书局，2005 年；陈邦怀《两周金文韵读辑遗》，《古文字研究》第 9 辑，中华书局，2005 年。

《诗经》等存在的关联，这些文献共同存在着儆毖劝诫的思想，可以在西周朝廷政治活动中找到创作缘由和目的。金文（册命、训诰类）、不少“书”类文献和“诗”类文献，这些不同“文类”最初都是西周王朝出于一定政治目的而作，其内涵上共同存在着儆毖箴诫思想。

但在广义的“文类”下进一步区分文体，除了看内容和思想，还需要视其形式和载体而定。同样具备儆毖思想的内容，或者呈现为散文体为主的“书”类文献，或者呈现在韵散相间的铭文之中，或者呈现在四言体为主的“雅”“颂”诗文之中，抑或者呈现在《周公之琴舞》和《芮良夫毖》这类乐章文辞之中。

《周公之琴舞》和《芮良夫毖》中所见乐章术语揭示出，两篇文本最初可能都是用来记录乐章的文辞。姚小鸥、孟祥笑结合学者对上博简《采风曲目》的研究成果，加之朱熹对“笙诗”和“古乐”的讨论，参照汉魏六朝乐府歌诗文本形态，认为《周公之琴舞》中虽然存在若干未剥离掉的乐舞术语，但不宜判定为乐家传本，而《周公之琴舞》是重“义”而非重“声”的诗家传本。[①] 我们认为，《周公之琴舞》中儆毖部分的文辞，最初是为朝庙和嗣位等典礼而作的仪式用辞，“入乐”之后与那些乐章术语一起组成了最终的《周公之琴舞》文本。

《芮良夫毖》中儆毖部分的文辞，最初是芮良夫所作讽谏儆毖之辞，可能曾经过公卿列士献诗的方式进入仪式所用乐歌行列，“入乐”之后与那些乐章术语一起组成了最终的《芮良夫毖》文本。战国时代，这些文本的主要功能都从重“声”转变为重“义”。早在战国前已经编订完成的《诗经》诸诗以脱离音乐背景的纯粹诗文本而存在[②]，《周公之琴舞》和《芮良夫毖》在楚地只是以儆毖色彩浓厚的文辞被接受，接近于后世的箴体文。

---

① 姚小鸥、孟祥笑：《试论清华简〈周公之琴舞〉的文本性质》，《文艺研究》2014 年第 6 期，第 43 – 53 页。

② 《诗经》的编集可参考张西堂《诗经的编订》，张西堂《诗经六论》，商务印书馆，1957 年，第 78 – 97 页；金开诚《关于诗经成书的一些问题》，《诗经》，中华书局，1963 年，第 7 – 27 页；刘毓庆、郭万金《〈诗经〉结集历程之研究》，《文艺研究》2005 年第 5 期，第 74 – 84 页；马银琴《两周诗史》上编“西周诗史”，社会科学文献出版社，2006 年，第 93 – 302 页；赵逵夫《论〈诗经〉的编集和〈雅〉诗的分为大、小两部分》，《河北师院学报》1996 年第 1 期，第 74 – 90 页。国外学者研究参冈村繁著，陆晓光译《周汉文学史考》第一章“《诗经》溯源”，上海古籍出版社，2002 年，第 1 – 49 页。

五、两篇简文文本性质之总结

“诗”类文献和“书”类文献是今人面对出土文献众多篇目，从与《诗经》和《尚书》语文特征相似性角度，所作的文献类别的划分。

在不同历史语境下，不同行为主体对文本的选择，以及文本的社会功能，也是我们应该注意的一条判断标准。有学者曾讨论先秦的“文类”，强调先秦“文类”往往是随“用”而成“类”：

> 先秦时代绝大多数的文章，几乎是随“用”而成“类”，因此它们并非由某一选文家或文论家收集书面写定的文本，先在逻辑上提出“类”概念、建立分类标准，然后加以“聚同”与“别异”并编纂而成。也就是诸多魏晋之后所被文学社群共同认定的某些“文类”，它的形成显然不是逻辑上预先设准立名的分类操作，而是在社会实践的场域中，随“用”而为众所同趋共识，逐渐形塑完成。而其类“名”所指涉的也往往是其言说行为的目的与方式。因此，其“类聚”的因素或条件，不是纯为语文形构的相似性。我们应该注意到，在语文形构之外，“社会情境”上某些“隐性形构”更是其“类聚”的发生性因素或条件。这些“社会情境”上的“隐性形构”，当包括说话者、受话者、时空背景以及媒介物等要素所形成的“动态性关系”。因此，对于“文类”的“相似性”，不能只简化为“语文形构”的外在特征。①

前述几位讨论“书”类文献标准的学者都已指明，单从文体或文本特征上，很难归纳出“书”类文献的独特特征。也就是说，判断“书”类文献不能只靠文体或文本特征这些“语文形构”。重要的判断标准，应当从“社会情境”上的“隐性形构”去寻找。单独从“语文形构”上考虑，正如前文所分析的，《周公之琴舞》和《芮良夫毖》既可视作“书”类文献，亦可视作“诗”类文献，而且“诗”类文献的“语文形构”特征更为明显一些。但是，从楚地楚人对两篇简文的接受、改

① 颜崑阳：《论文体与文类的涵义及其关系》，《清华中文学报》2007年第1期，第47页。

编和使用的“社会情境”而言，两篇简文在楚地已经从重“声”的乐章转变为重“义”的儆毖箴诫用途的文本，这才是二者文本性质的关键。

此外，《周公之琴舞》成王所作儆毖的“元启”文辞与《诗经·周颂·敬之》诗文基本相同，如果《周公之琴舞》原初就曾是乐章文辞，为什么《敬之》也在“闵予小子之什”中出现，这个问题留待尾章“由清华简论《诗经》在战国时代的编集和流传”再详细讨论。

第六章 《耆夜》文本性质考[①]

清华简《耆夜》篇自整理出版以来，学界已有广泛研究和讨论。目前学界的研究多注重文本的训释理解，着意于简本《蟋蟀》诗与《诗经·唐风·蟋蟀》的对比，以及诗文与金文的对比，简文写作年代的推定等，对其文本来源、文本形态和编撰目的研究较少，本章尝试从篇中五首诗的诗旨和“诗教”等角度予以讨论。

就简文内容而言，《耆夜》篇叙述了周武王八年伐黎后，在饮至典礼上，武王与诸大臣相互酬酢赋诗的故事。文中先后有武王酬毕公作歌一终《乐乐旨酒》、酬周公作歌一终《輶乘》，周公酬毕公作歌一终《赑赑》、酬武王作祝诵一终《明明上帝》，以及周公见蟋蟀降于堂，起兴而作歌一终《蟋蟀》。今按整理者释文列出前四诗，韵脚后括号内标明韵部：

乐乐旨酒

乐乐旨酒（幽），宴以二公（东）；
恁仁兄弟（脂），庶民和同（东）。
方臧方武（鱼），穆穆克邦（东）；
嘉爵速饮（侵），后爵乃从（东）。

① 本章曾独立发表，讨论《蟋蟀》的内容与下一章存在少量重复，但有详略之不同。为保持单章的完整性，本章未作删减。

輶　乘

輶乘既饬（职），人备余不胄（幽）；
虘士奋甲（叶），殹民之秀（幽）；
方臧方武（鱼），克燮仇雠（幽）；
嘉爵速饮（侵），后爵乃复（觉）。

赑　赑

赑赑戎备（之），臧武赳赳（幽）。
毖精谋猷（幽），裕德乃救（幽）；
王有旨酒（幽），我忧以颬（幽），
既醉又侑（之），明日勿稻（幽）。

明明上帝

明明上帝（支），临下之光（阳），
丕显来格（铎），歆厥禋明（阳）。
於……，……
月有成徹（月），岁有臬行（阳），
作兹祝诵（东），万寿亡疆（阳）。

简文中《蟋蟀》诗可与今本《唐风·蟋蟀》对读。[①] 为示差异，韵脚后标明了韵部。对比如下（见表6－1）：

---

① 简本《蟋蟀》的释读可参看孙飞燕《〈蟋蟀〉试读》，《清华大学学报（社会科学版）》2009 年第 5 期；黄怀信《清华简〈耆夜〉句解》，《文物》2012 年第 1 期；曹建国《论清华简中的〈蟋蟀〉》，《江汉考古》2011 年第 2 期。简本与今本《蟋蟀》关系之研究可参见陈致《清华简所见古饮至礼及〈郘夜〉中古佚诗试解》，《出土文献》第 1 辑，中西书局，2010 年；李峰《清华简〈耆夜〉初读及其相关问题》，李宗焜主编《出土材料与新视野：第四届国际汉学会议论文集》，台北"中研院"，2013 年；李锐《清华简〈耆夜〉续探》，《中原文化研究》2014 年第 2 期。

表6－1　简本与今本《蟋蟀》诗文及韵部对比表

唐风·蟋蟀	耆夜·蟋蟀
蟋蟀在堂（阳），岁聿其莫（铎）。 今我不乐（药），日月其除（鱼）。 无已大康（阳），职思其居（鱼）。 好乐无荒（阳），良士瞿瞿（鱼）。	蟋蟀在堂（阳），役车其行（阳）； 今夫君子（之），不喜不乐（药）； 夫日 □ □（/），□□□荒（阳）； 毋已大乐（药），则终以康（阳）， 康乐而毋荒（阳），是惟良士之旁旁（阳）。
蟋蟀在堂（阳），岁聿其逝（月）。 今我不乐（药），日月其迈（月）。 无已大康（阳），职思其外（月）。 好乐无荒（阳），良士蹶蹶（月）。	蟋蟀在席（铎），岁矞云落（铎）； 今夫君子（之），不喜不乐（药）； 日月其迈（月），从朝及夕（铎）， 毋已大康（阳），则终以祚（铎）。 康乐而毋荒（阳），是惟良士之瞿瞿（鱼）。
蟋蟀在堂（阳），役车其休（幽）。 今我不乐（药），日月其慆（幽）。 无已大康（阳），职思其忧（幽）。 好乐无荒（阳），良士休休（幽）	蟋蟀在舒（鱼），岁矞 □ □， □ □ □ □，□ □ □ □。 □ □ □ □，［从冬］及夏（鱼）。 毋已大康（阳），则终以衢（鱼）。 康乐而毋忘（阳），是惟良士之瞿瞿（鱼）

一、由语言文字推测《耆夜》的成文时代

首先，在词汇方面，《耆夜》不少词汇具备时代特征。如将“饮至”“征伐”“大室”“饮酒”“旨酒”“作歌”“和同”与“康乐”等复音词与西周至春秋时代金文对比，可知这些词多见于西周中晚期到春秋时期。[①] 金文嘏辞出现并流行发生在西周中期以后，《明明上帝》诗中“万寿无疆”等词说明其创作时代不太可能早

① 刘光胜：《清华简〈耆夜〉考论》，《中州学刊》2011年第1期，第164－170页。

于西周早期。[①] 四言成语的大量出现、四言体诗的最终形成，都应在西周中晚期。《耆夜》三首古佚诗中大量地使用了《大雅》《小雅》各篇中所常使用的套语，这些套语也正是西周中晚期铜器铭文中所习见的祝祷之词；而且三首古佚诗格式整齐，用韵精整，它们不可能是西周晚期以前的作品。[②] 高中正则指出《赑赑》"宓情""谋猷"两词出现和定型时间相对较晚，该诗最早定型应该是西周晚期以后的事。[③] 笔者同意这些观点，而且还能补充词汇层面的证据，如《蟋蟀》中"良士"这类复音词出现在春秋以后，非西周初年所习用。所有词汇的研究说明《耆夜》整篇的写定年代不大可能早于西周晚期，但其下限恐难从词汇上论定。[④]

其次，在用词习惯和词的用字层面，《耆夜》篇（至少是其中的个别诗篇）由楚人编撰的痕迹也较为明显。例如，《輶乘》诗中出现了两处东周时期楚地习用的指示词。

毛诗《秦风·蒹葭》篇中的"所谓伊人，在水一方"，安大简作"所谓殹人，才（在）水弌（一）方"，整理者注认为"殹"为"殹"的异体，用法与简本《何彼襛矣》一样读为"繄"，句首助词。[⑤] 现代学界一般公认此处的"伊"当为指示代词，有学者进一步认为此处的"伊"表示远指。[⑥] 此处"伊人"身处"在水一方"的远处，"伊"确实表远指。因此，与之相应的安大简《蒹葭》"所谓殹人"的"殹"可以确定用作指示词。东周时期楚系文字中还有相同或相近用法的辞例。湖北枣阳郭家庙西周末期至春秋早期的曾国墓地出土的曾伯陭钺铭文"曾伯陭铸杀钺，用为民𠢎，非历殹井（刑），用为民政"（《新收》1203）中的"殹"，郭永秉指出"殹"通"伊"，为指示词。[⑦] 楚系铜器王子午鼎铭文中"令尹子康，殹民之所亟"（《集成》2811）的"殹"也是相同的用法。"殹民之秀"即

---

① 曹建国：《论清华简中的〈蟋蟀〉》，第 110 – 115 页。

② 陈致：《清华简所见古饮至礼及〈郘夜〉中古佚诗试解》，第 6 – 30 页。

③ 高中正：《清华简"宓情"与今文〈尚书〉"密静"合证》，《出土文献》2021 年第 3 期，第 64 页。

④ 陈致文中曾引述日本学者关于铎月两部合韵是战国时代语音现象，推论《耆夜》成书于战国时代，此说不一定能够成立，详细讨论参见李锐《清华简〈耆夜〉续探》，第 56 – 57 页。

⑤ 安徽大学汉字发展与应用中心编，黄德宽、徐在国主编：《安徽大学藏战国竹简（一）》，中西书局，2019 年，第 107 页。

⑥ 张玉金：《西周汉语代词研究》，中华书局，2006 年，第 286 – 287 页；张玉金：《关于先秦汉语指示代词体系的问题》，张玉金主编《出土文献语言研究》第 1 辑，广东高等教育出版社，2006 年，第 139 页。

⑦ 郭永秉：《曾伯陭钺铭文平议》，《中国古代法律文献研究》第 10 辑，社会科学文献出版社，2016 年，第 1 – 18 页。

言上文备战的武士是众民中的优秀者。因此，《輶乘》的“虘士奋甲”的“虘”是楚地习用的指示词。

语言具有时代性和地域性的特点，《輶乘》指示词“虘”和“殹”如此符合楚地语言文字的习惯，不得不让人怀疑《輶乘》诗中某些词和习语虽然传承有自，但是全诗的编撰完全是东周时期楚人所为。

基于上述理由，对于《耆夜》篇的文本来源，我们作两点推论：第一，《耆夜》中各诗文的许多用词可能渊源有自，但是各篇诗最终成文要到西周晚期以后，甚至晚到战国时期。第二，《輶乘》诗可能是楚人的创作。

李学勤就清华简《周公之琴舞》曾推测说王子午之乱导致这些乐诗传入楚地，这虽然是推测之辞，但对研究《耆夜》简文的来源也有启发意义。[①] 李峰从文辞训释、历史背景等方面详细梳理了《耆夜》全文，着力对比了简本与今本《蟋蟀》，认为《耆夜》部分文辞完全合乎西周金文用辞习惯，可能有西周的源头。但仍谨慎地提出两种可能性：《耆夜》可能是西周传承而来的文献，且叙述的是历史实情；抑或是楚地编撰者将西周传下来的诗篇与《西伯戡黎》伐耆之背景相结合，编纂成《耆夜》。[②]《蟋蟀》在《国风》列入《唐风》，《诗小序》说这是刺晋僖公的诗，《耆夜》却记载《蟋蟀》是周公在征伐黎国得胜后饮至礼上所作，晋与黎相距不远，这透露出《蟋蟀》与晋地有关这则“本事”很早已经存在。笔者倾向认为《耆夜》故事背景可能是从西周传播下来的，但《耆夜》篇整体的成文时间较晚，可能是战国时期。

东周时期托古言事的风气兴盛。[③] 顾颉刚曾分析儒、墨、道等学派为宣扬学说而托古言事，援引自家眼中的史实依据，增强学说可信性。但是儒、墨、道等学派所援引的古史不一定就是伪造，部分当有所本。如《周礼·春官·宗伯》记载瞽蒙掌讽诵诗、奠世系。吕思勉就曾指出《大戴礼记·帝系姓》可能是古《世》《系》之遗存，而《五帝德》可能就是瞽矇所讽诵者。[④] 前人多谓周代古史多由史

---

① 李学勤：《新整理清华简六种概述》，《文物》2012 年第 8 期，第 67 页。

② 李峰：《清华简〈耆夜〉初读及其相关问题》，第 489 页。

③ 顾颉刚：《战国秦汉间人的造伪与辨伪》，顾颉刚《汉代学术史略》，人民出版社，2008 年，第 109 – 164 页；蒙文通：《论经学遗稿三篇》，蒙文通《经史抉原》，巴蜀书社，1995 年，第 146 – 156 页。

④ 吕思勉：《吕思勉读史札记》，上海古籍出版社，1982 年，第 234 页。

官传承，晚近以来学者注意到乐官系统口头传诵在古史传承上的重要意义。[①] 今有学者进一步推论古史传承本有“记注”和“传诵”两种形式，史官记其大略于简册之上，其详情则由瞽矇讽诵。如睡虎地《编年纪》即提纲式的记注，而其本事另有传承，如瞽矇传诵，以及聆听这种传诵的国子学生。春秋战国时代，这些口传的本事逐渐被记录为“史记”，如左丘明之工作，就是其中重要一次。[②] 同时，战国时代为经典作“传”的风气兴盛，“传”之体裁主要传述经典文意，也记载古人事迹。[③] 为“诗”作“诗本事”，这也是战国时代作“传”风气的一种表现，《耆夜》篇正是这一时代风气下的产物。《耆夜》大部分诗文和故事背景可能自有所本，但故事背景和诗文的组合，可能是东周时代文人所为。如果确实如前文推测的，《輶乘》等个别诗篇可能是楚人的创作。清华简的年代是战国中期偏晚，那么其成文的下限应当在战国中期。在战国中期之前，楚地文人结合前代流传下来的《蟋蟀》等“诗本事”和《蟋蟀》诗文，加入本地创造的《輶乘》等诗篇，最终编撰成《耆夜》篇。

知道了文本可能的来源和成文时间，那么文本是怎么编撰而成的呢?

二、由内容推论《耆夜》文本的构成

《耆夜》文本是如何构成的，可从诗文内容上详细讨论。

前三首诗的诗旨相仿。诗中“方臧方武”“虔士奋甲”“臧武赳赳”等诗句显示出《乐乐旨酒》《輶乘》《贔贔》整体上皆以希冀贵族勇武卫国为诗旨。《贔贔》“既醉又𥁕，明日勿稻”，整理者有解释：𥁕读为“侑”，劝饮。稻，和《诗经》“慆”字用法相同。《毛诗·蟋蟀》：“今我不乐，日月其慆。”毛传：“慆，过也。”有学者认为“慆”当训为轻忽、怠慢。《尚书·汤诰》：“凡我造邦，无从匪彝，无即慆淫。”蔡沈《书集传》：“慆，慢也。慆淫，指逸乐言。”“明日勿慆”当指不

① 前人研究的回顾参考阎步克《乐官、史官文化传承之异同及意义》，阎步克《乐官与史官：传统政治文化与政治制度论集》，生活·读书·新知三联书店，2001 年，第 90 - 92 页。

② 阎步克：《乐官、史官文化传承之异同及意义》，第 94 - 95 页。

③ 林庆彰：《传记之学的形成》，何志华、沈培等编《先秦两汉古籍国际学术研讨会论文集》，社会科学文献出版社，2011 年，第 15 - 16 页。

要因酒醉而怠惰了明日的政事。[①] 笔者同意这种读法，如此而言《赑赑》也有劝诫君子适时行乐但不可怠惰的诗旨。

《诗序》言：“《蟋蟀》，刺晋僖公也。俭不中礼，故作是诗以闵之，欲其及时以礼自虞乐也”[②]，古来学者对这一说法多有争讼。[③] 李学勤认为简文中周公作《蟋蟀》一诗除了表达适时欢乐之意，周公还提醒应该“康乐而毋荒”，保持戒惧。[④] 孙飞燕回顾了前人对今本《蟋蟀》诗旨的研究，多数看法是主张“及时行乐”，而简本“不喜不乐”之“不”看做否定副词，“日月其迈，从朝及夕”与“今夫君子，不喜不乐”存在因果关系，《左传·襄公二十七年》载印段赋《蟋蟀》，杜预注说此诗“能戒惧不荒”。上博简《孔子诗论》“孔子曰：《蟋蟀》智难”，李零读为“戁”，训为“畏惧”，似是确诂。这些证据表明简本《蟋蟀》的主题思想当是戒惧，而不是劝人行乐。[⑤] 曹建国主张“不喜不乐”之“不”读为“丕”，训为“大”。简本《蟋蟀》诗重心在“毋已大康，则终以祚”，即忧心国祚，不在于感叹时光飞逝。而《唐风·蟋蟀》重心在“今我不乐，日月其除”的劝诫，希望君子及时以礼行乐。[⑥] 李均明从“不喜不乐”之“不”为语助虚词立论，认为简本诗旨主张适当行乐，不忘未竟之事。[⑦] 李峰也认为今本诗旨主要是及时行乐，而简本《蟋蟀》在客观描述一个宴乐的状态，进而以岁星的有升有落等天文现象比喻人生当有逸有劳，只要不忘使命，则不失为良士之方。[⑧]

笔者认为，简本与今本《蟋蟀》都有“行乐”和“戒惧”两种思想，只是各自篇章中侧重点不同。今本侧重强调“及时行乐”；而简本虽主张“适时行乐”，更强调保持勇武精神，不忘良士的职责与使命。[⑨] 这一差别，首先可从简本“役车其行”和今本“役车其休”的差别可见端倪。从三章间的用词和诗意的对称性来看，我们怀疑简本的“行”的位置本来所用词当接近今本的“休”。《耆夜》的编

---

① “子居”：《清华简〈耆夜〉解析》，《学灯》第20期（网络版），2011年10月1日。

② 毛亨传，郑玄笺，孔颖达疏，龚抗云等整理：《毛诗正义》，第442页。

③ 前人说法可参郝志达主编《国风诗旨纂解》，南开大学出版社，1990年，第417－422页。

④ 李学勤：《清华简〈耆夜〉的〈蟋蟀〉诗》，第9页。

⑤ 孙飞燕：《〈蟋蟀〉试读》，第11－13页。

⑥ 曹建国：《论清华简中的〈蟋蟀〉》，第110－111页。

⑦ 李均明：《〈蟋蟀〉诗主旨辨——由清华简“不喜不乐”谈起》，《出土文献》第4辑，中西书局，2013年，第32－36页。

⑧ 李峰：《清华简〈耆夜〉初读及其相关问题》，第487页。

⑨ 简本与今本诗旨差异的详细论证，参见本书第七章。

撰者为了表达出对贵族武士保持勇武精神的期望，故意改换为“行”。

简本虽有残缺，但全诗分三章，各章句式相同，只有用词的变动，第二章保存完整。第二章“岁矞云落”“日月其迈，从朝及夕”“毋已大康，则终以祚”，以岁星的升落、朝夕、冬夏等周期性现象比喻人生当有劳有逸，适时行乐。这一章代表了全诗的主旨。此外，第一章“蟋蟀在堂，役车其行”，李峰推测这里以蟋蟀好斗不屈象征一种勇武精神[①]，我们倾向解释为一种“兴”的文学手法，《毛诗正义》引汉代经学家郑司农的话说：“兴者起也，取譬引类，起发己心，诗文诸举草木鸟兽以见意者，皆兴辞也。”[②] 诗作者正是以蟋蟀起兴，联想到士卒驾驶役车，期望贵族武士保持勇武精神。整体而言，简本《蟋蟀》的诗旨，即希望君子适时行乐，但仍当保持勇武精神，且不忘良士的职责与使命。简本的诗旨恰恰涵盖了前三首诗的诗旨，说明这些诗存在共同诗旨，编撰者经过有意挑选并改造后放入《耆夜》的故事背景中去。

第四首《明明上帝》为周公夜爵酬王之诗，“明明上帝，临下之光。丕显来格，歆氒禋明。于……，月有成徹，岁有剸行。作兹祝诵，万寿亡疆”。《明明上帝》整体风格为宗庙祭祀诗，与其他几首诗风格明显不同。宗庙祭祀诗之所以出现在《耆夜》中，一方面可能是为了契合饮至礼这样的典礼氛围而列入《耆夜》的，另一方面因为《明明上帝》是周公举爵酬武王的诗，如李学勤指出《节南山》有“家父作诵”，《崧高》和《烝民》有“吉甫作诵”，周公作“祝诵”就是颂祝武王的诗。[③]《左传·襄公十六年》：“晋侯与诸侯宴于温，使诸大夫舞，曰：‘歌诗必类’。”杜预注：“歌古诗当使各从义类”，今人研究认为所谓的“类”包括声类与义类，“歌诗必类”即指所歌的诗当合乎其音乐上的规定性，以及当下情境与该诗篇语义当具有相似性。[④] 编撰者似乎认为唯有宗庙祭祀诗才适合做酬酢武王的诗，这也符合“歌诗必类”的原则。

《明明上帝》整体为宗庙祭祀诗，但“月有成辙，岁有剸行”两句诗意与全诗不合。“月有成徹，岁有剸行”在诗义上的转移，似乎受到了《蟋蟀》诗中“岁矞

---

① 李峰：《清华简〈耆夜〉初读及其相关问题》，第481页。

② 毛亨传，郑玄笺，孔颖达疏，龚抗云等整理：《毛诗正义》，第14页。

③ 李学勤：《清华简〈郘夜〉》，《光明日报》2009年8月3日第12版。

④ 俞志慧：《君子儒与诗教——先秦儒家文学思想考论》，生活·读书·新知三联书店，2005年，第77－78页。

云落”“日月其迈，从朝及夕”等句的影响而错入。几句的诗意皆在说明岁星、日月等运行有其自身规律，人也当劳逸结合，适度行乐。李峰曾从天文角度作出解释，这里的岁可能指岁星，每年特定时间有逆行的现象，尤其是“大荒落”之年，这种逆行大约发生在十月，这正是蟋蟀活动的时节。① 如果此说可信，更能说明窜入的“月有成徹，岁有剘行”一句受到《蟋蟀》诗旨的影响，但这两句的句式与《蟋蟀》不协，应当只是诗义相似。编撰者为使五首诗的诗旨存在共同点，有意将其窜入《明明上帝》中。

三、《耆夜》篇的文本形态

《耆夜》文本是如何构成的，还需讨论其故事背景，也就是诗本事。“诗本事”本是唐人为概括杜甫诗背后的史事背景采用的概念，后来泛指一切古诗可能的写作背景。② 以此概念为指引，先秦两汉文献中也可发现大量“诗本事”。③《耆夜》篇的诗本事较为完整，首先叙述了武王伐耆后饮至礼的大背景：

> 武王八年征伐耆，大戡之。还，乃畬至于文大室。毕公高为客，卲公保奭为夹，周公叔旦为主，辛公䛇甲为位，作策逸为东堂之客，郘尚父命为司正，监饮酒。

而后，分别简单交代了几首诗的诗本事，讲述饮至礼上君臣间的赋诗唱和。

> 1. 王夜（举）爵酬毕公，作歌一终曰《乐乐旨酒》。
> 2. 王夜（举）爵酬周公，作歌一终曰《輶乘》。
> 3. 周公夜（举）爵酬毕公，作歌一终曰《赑赑》。
> 4. 周公或夜（举）爵酬王，作祝诵一终曰《明明上帝》。
> 5. 周公秉爵未畬，蟋蟀趯降于堂，［周］公作歌一终曰《蟋蟀》。

---

① 李峰：《清华简〈耆夜〉初读及其相关问题》，第487－489页。

② 张晖：《中国“诗史”传统》，生活·读书·新知三联书店，2012年，第1－16页。

③ 学界已有学者主张《耆夜》是战国时代“诗本事”一类的文献，参见徐建委《〈左传〉早期史料来源与〈风诗序〉之关系》，《文学遗产》2012年第2期，第57页。

从整篇文本的构成模式来看，《耆夜》很可能是战国时代文人以伐耆后的饮至礼为故事背景，融入五首古诗后组合编撰而成。《耆夜》的故事背景和诗共同表达了一种适时行乐但仍当勇武卫国的思想。

与《耆夜》相类似，先秦两汉文献中以古史背景为依托，融古诗于不同人物身上的“诗本事”，可见于《左传》《尚书大传》和《穆天子传》等书中。《尚书大传》记载舜十五年欲禅让于禹时，曾出现如下的诗本事：

> 于时俊乂百工，相和而歌《卿云》，帝乃倡之曰：
> 卿云烂兮，糺缦缦兮。
> 日月光华，旦复旦兮。
> 八伯咸进稽首曰：
> 明明上天，烂然星陈，
> 日月光华，弘于一人。
> 帝乃载歌，旋持衡曰：
> 日月有常，星辰有行，
> 四时从经，万姓允诚，
> 于予论乐，配天之灵，
> 迁于贤圣，莫不咸听，
> 鼚乎鼓之，轩乎舞之，
> 菁华已竭，褰裳去之。
> 于时八风循通，卿云藂藂。①

上述《耆夜》和《尚书大传》诗本事与一般诗本事区别在于，一般诗本事多数在交代完故事背景后，只言及诗的篇名，或有选择地录用几句诗。如《左传・文公六年》：

① 详细的前后文见陈寿祺辑《尚书大传》，《四部丛刊》影清刻《左海文集》本卷1下。

秦伯任好卒。以子车氏之三子奄息、仲行、针虎为殉，皆秦之良也。国人哀之，为之赋《黄鸟》。①

这一诗本事只是提及诗名，并未录用诗文。而上述《耆夜》和《尚书大传》所见诗本事除交代故事背景，所作诗却较为完整。类似的诗本事也见于《穆天子传》，如卷三周穆王和西王母间的唱和。②

有分析认为简文的性质应该与《穆天子传》的性质类似，书写手法也与《诗小序》一致。《耆夜》与《穆天子传》二者都有国君赋诗，以历史故事为背景，诗歌押韵且工整，均存在不见于《诗经》的逸诗。《诗小序》是战国至汉初形成的关于《诗》的附会史事的注解，《耆夜》采用的手法与《诗小序》笔法一致。③ 因此，《耆夜》篇可能是战国楚士比附史事，将多首古诗结合历史情节编缀创作而成。比较而言，《耆夜》和《尚书大传》《穆天子传》这些书中的诗本事只在文本构成模式上类似，都在叙述故事时较为完整地录用原诗，传达出特定诗旨。《尚书大传》和《穆天子传》所见诗本事中的诗只是在特定对话场景下赋诗唱和，诗在诗本事之中所占比重很小。而《耆夜》篇文本的重心却立足于诗，且以几首诗为主要内容，尤其以《蟋蟀》本事为故事高潮。《耆夜》篇中诸诗的意义何在，为什么全文录入诗文，唯有回答这些问题，才能深入理解《耆夜》的编撰目的。

四、由《周礼》“乐语”论《耆夜》篇的文本性质

诗是周代贵族教育的重要内容，以诗为核心的教育堪称诗教。《耆夜》篇编撰的深层目的，则是为贵族子弟教育制定诗教的教本。④ 现代多位学者的研究初步揭

① 杜预注：《春秋左传集解》，上海古籍出版社，1977 年，第 446 页。

② 郑杰文：《穆天子传通解》，山东文艺出版社，1992 年，第 53 页。

③ 黄宝娟：《简牍文献的诗学研究》，硕士学位论文，济南大学，2011 年，第 22 页。

④ 杜勇也指出《耆夜》是楚地士人利用《蟋蟀》早期写本等素材撰写的一篇体现诗教功能的历史文献，但没有详细讨论，与本书立足点也不同。参见杜勇《从清华简〈耆夜〉看古书的形成》，《中原文化研究》2013 年第 6 期，第 18－27 页。

示出“诗”在周代礼乐文化中具有“声”与“义”两种功能。[①] 新近的研究也认为周代礼乐制度下的诗歌传授存在两个系统，即瞽矇之教与国子之教。其中瞽矇之教是注重诗之“声”的传诗系统，而国子之教则是注重诗之“语言”“德义”的传诗系统。随着周代礼乐文化制度的发展变革，诗之“声教”与“德义”之教之间的关系，也经历了三个不同的发展阶段：以“声教”为主导的西周时代，“声教”与“义教”并重的春秋时代，“声教”衰落、“义教”独行的战国时代。[②]

“国子之教”下有“乐语”之教，“乐语”之教本是对周代贵族子弟进行的语言训练，目的是培养各种礼仪的主持者和担任出使、聘问之责的使者行人。[③]《耆夜》在楚地贵族教育体系中即充当“乐语”教本。

“乐语”的原始说法，最详细的见于《周礼》。《周礼》其书虽然有儒家理想化的成分，但其所述制度当有周代古制背景，仍然是研究先秦制度的重要参考。[④]《周礼·春官·大司乐》有关“乐语”的说法如下：

> 大司乐掌成均之法，以治建国之学政，而合国之子弟焉。凡有道者有德者，使教焉，死则以为乐祖，祭于瞽宗。以乐德教国子中、和、祗、庸、孝、友。以乐语教国子兴、道、讽、诵、言、语。……

郑玄注：

> 兴者，以善物喻善事。道读曰导。导者，言古以剀今也。倍文曰讽，以声节之曰诵，发端曰言，答述曰语。

孙诒让《正义》：

---

① 早期的研究可参考罗倬汉《诗乐论》，“民国时期经学丛书”第3辑第24册，文听阁图书有限公司，2009年，第250页。研究史的回顾可参赵沛霖《〈诗经〉与音乐关系研究的历史和现状》，《音乐研究》1993年第1期；朱孟庭《诗经与音乐》，第53－57页。

② 马银琴：《周秦时代〈诗〉的传播史》，社会科学文献出版社，2011年，第4、7－38页。

③ 王小盾：《诗六义原始》，王小盾《中国早期艺术与宗教》，东方出版社，1998年，第221、258页。

④ 刘起釪：《〈周礼〉真伪之争及其书写成的真实依据》，《古史续辨》，中国社会科学出版社，1991年，第631－653页。

“以乐语教国子兴道讽诵言语”者，谓言语应答，比于诗乐，所以通意恉、远鄙倍也。凡宾客飨射旅酬之后，则有语，故《飨射记》云“古者于旅也语”。《文王世子》云：“凡祭与养老乞言合语之礼，皆小乐正昭之于东序。”又云“语说命乞言，皆大乐正授数”。又记养三老五更云：“既歌而语以成之也，言父子君臣长幼之道，合德音之致，礼之大者也。”注云：“语，谈说也。”《乐记》子贡论古乐云：“君子于是语。”《国语·周语》云：“晋羊舌肸聘于周，单靖公享之，语说《昊天有成命》。”皆所谓乐语也。①

孙氏《正义》告诉我们，乐语指专门用来培养贵族在“飨射旅酬”等礼仪场合的应答唱和之语，其主要内容即诗。而训练乐语的方式则是“兴、道、讽、诵、言、语”。②《耆夜》篇武王与大臣间的酬酢应答乃至赋诗，类似于单靖公语说《昊天有成命》的例子，作为整体的《耆夜》就是一篇示范“乐语”的文献。

结合“兴、道、讽、诵、言、语”六种方式来具体分析，《耆夜》篇至少可以在贵族子弟的教育中起到“兴”“道”和“诵”等语言训练与德性教化之作用。孙诒让对兴、道的解释是：

兴，注云“兴者，以善物喻善事”者，《大师》注云“兴，见今之美，嫌于媚谀，取善事以喻劝之”。《释名·释典艺》云“兴物而作谓之兴”。《论语·阳货篇》孔安国注云“兴，引譬连类也”。案：此言语之兴，与六诗之兴义略同。③

孙氏认为言语之“兴”与六诗之“兴”略同，这里的六诗之“兴”当指《周礼·春官·大师》叙述大师职责时所言的“教六诗：曰风、曰赋、曰比、曰兴、曰雅、

① 孙诒让：《周礼正义》第7册，中华书局，1987年，第1724页。
② 对“乐语”的专门研究，可参马银琴《周秦时代〈诗〉的传播史》，第28－29页；俞志慧《君子儒与诗教——先秦儒家文学思想考论》，第98－106页。
③④ 孙诒让：《周礼正义》第7册，第1724、1725页。

曰颂”。这里的六诗为周代诗歌教学纲领①，指的是六种用诗方法，《毛传》则是从作诗方法角度对诸诗作“赋”“比”“兴”的评议。用诗方法与作诗方法自有其差异，但“赋”“比”“兴”的内涵差异不大。② 因此，我们可以参照六诗之“兴”来看乐语之“兴”。

参考前文所引郑众对“兴”的定义：“兴者起也，取譬引类，起发己心，诗文诸举草木鸟兽以见意者，皆兴辞也。”《耆夜》篇存在三个层面的“兴”，第一层体现于《蟋蟀》诗内，《蟋蟀》首章首句“蟋蟀在堂，役车其行”，以蟋蟀起兴，联想到“役车其行”，期望贵族武士保持勇武精神。在这句诗中，“兴”则是一种作诗的文学手法。第二层体现在周公作诗之缘由，“周公秉爵未饮，蟋蟀趯降于堂，公作歌一终曰《蟋蟀》”。编撰者借周公赋《蟋蟀》诗的例子，示范了一种礼乐仪式中“兴”的用诗方法。

前文曾说国子之教则是注重诗之“语言”“德义”教育，上述两层“兴”侧重礼乐场合中的语言教育。郑笺“兴者，以善物喻善事”，《蟋蟀》诗希望君子适时行乐，但仍当保持勇武精神，且不忘良士的职责与使命，这一诗旨正是“以善物喻善事”，这也体现出《耆夜》篇的第三层“兴”。比较而言，前两层“兴”是语言上、用诗上的示范和教育，而第三层“兴”则是德义上的教育。

道，“言古以剀今”，亦谓道引远古之言语，以摩切今所行之事，《乐记》子夏说古乐云“君子于是道古”是也。④

按，上引《礼记·乐记》详文为：

魏文侯问于子夏曰：“吾端冕而听古乐，则唯恐卧；听郑、卫之音，则不知倦。敢问古乐之如彼何也？新乐之如此何也？”子夏对曰：“今夫古乐，进旅退旅，和正以广，弦、匏、笙、簧，会守拊、鼓，始奏以文，复乱以武，治

① 从诗歌教学角度对“六诗”的阐释，参见章必功《“六诗”探故》，《文史》第22辑，第165－175页；俞志慧《君子儒与诗教——先秦儒家文学思想考论》第三章“以诗歌教学为语境的‘六义’次第”，第96－106页。

② 二者差异及衍化参见鲁洪生《赋、比、兴本义的转变》，《江西师范大学学报》1991年第2期，第42－48页；王小盾《诗六义原始》，第213－309页。

乱以相，讯疾以雅。君子于是语，于是道古，修身及家，平均天下。此古乐之发也。今夫新乐，进俯退俯，奸声以滥，溺而不止，及优、侏儒，獶杂子女，不知父子。乐终，不可以语，不可以道古。此新乐之发也。”①

“君子于是语，于是道古”，《礼记集解》：“语，谓乐终合语也。道古者，合语之时，论说父子、君臣、长幼之道，并道古昔之事也。”② 所谓“合语”亦见于《礼记·文王世子》：“凡祭与养老乞言、合语之礼，皆小乐正诏之于东序。”《礼记集解》本于郑注孔疏申说：“合语，谓于旅酬之时，而论说义理，以合于升歌之义。”③ 看来前人对“道”主要有两层的解释，第一层“道古昔之事”，有论者就认为“道古”首先意在说明礼乐的本事。④ 第二层“论说义理，以合于升歌之义”，即解说诗歌之大义，实现伦理教化之目的。第一层面上，《耆夜》述及伐耆之事，在春秋战国人眼中，这已经是古昔之事。伐耆得胜后饮至礼上武王与大臣间相互酬酢歌诗的故事，正是几首诗歌的本事。第二层面上，几篇诗所体现出共同的诗旨大义即在间接“论说义理”。

《汉书·艺文志》言“不歌而诵谓之赋”。《左传》多数赋诗主要是在燕享典礼上用韵语吟咏诗句，前文所列《耆夜》五首诗以四言为主，而且偶句的尾字入韵，或者押同一部韵，或者相邻韵部间通韵。句式整齐，尾字入韵，首先有利于诗句的讽诵。“乐语”中的讽、诵，孙诒让引前人说法“讽如小儿背书声，无回曲；诵则有抑扬顿挫之致”。⑤《礼记·文王世子》言及贵族子弟在四季的学习时说“春诵”，郑注：“诵谓歌乐也”。⑥ 孔颖达疏：“谓口诵歌乐之篇章，不以琴瑟歌也。”⑦ “周公或举爵酬王，作祝诵一终曰《明明上帝》”，与简文其他处“作歌”不同，“祝诵”的方式应当与《左传》赋诗的方式相同，是以声节之的韵语吟咏。实际上，前文已经说明《耆夜》诸诗不可能是武王和大臣当场所作，编撰者将这些诗的作者附会到这些人身上。所谓的周公“作歌”也应当是赋诗，《耆夜》这些入韵的诗句全部能起到“诵”之训练意义。

---

①②③ 孙希旦：《礼记集解》，中华书局，1989 年，第 1014－1015、558 页。

④ 王小盾：《诗六义原始》，第 259 页。

⑤ 孙诒让：《周礼正义》，第 1725 页。

⑥ 孙诒让：《礼记正义》，第 730 页。

⑦ 孙诒让：《礼记正义》，第 732 页。

因此，《周礼》所说六种乐语，《耆夜》篇至少能起到“兴”“道”和“诵”三种示范的意义。这三种示范应该说是两个层面的训练：第一层面侧重语言能力的训练，“兴”是作诗、用诗之手法，“诵”是诗歌的吟诵之法。第二层面侧重德义之教化，“道”正起着“道古”的教育目的。

《国语·楚语》记载庄王使士亹傅太子箴，士亹求教于申叔时：

> 问于申叔时，叔时曰：“教之春秋，而为之耸善而抑恶焉，以戒劝其心；教之世，而为之昭明德而废幽昏焉，以休惧其动；教之诗，而为之导广显德，以耀明其志……。”[①]

其中所言“教之诗，而为之导广显德，以耀明其志”，说明此时的贵族子弟教育中已不再重视语言训练，“诗”在其中承担的主要是政治和伦理教化功能。王小盾认为战国时代，作为祭祀制度和行为仪式的“礼”变为人格与伦理道德规范的“礼”。原有的乐语之教已转变为乐德之教，此转变中“诗”之功能也转为德和辞令之教。[②] 前文曾推测《耆夜》很可能是战国时代文人以西周故事为背景，融入古诗编撰而成。《耆夜》仍然保留语言训练的痕迹，但以德义教化色彩更为浓厚。

战国时代，楚地学术繁荣。[③] 出于培养贵族子弟礼仪素养和德性的目的，楚地上层文人在西周古史传说基础上融入古诗，编撰成《耆夜》篇，用来当作训练“乐语”的“诗教”教本。

五、总结

诗教是周代贵族教育的重要内容，其中西周时代重视以音乐和语言素养为核心的“声教”，兼及以德性为目的的“义教”。春秋时代，“声教”与“义教”并重。战国时代，“声教”衰落，“义教”独行。《耆夜》充当着诗教中“乐语”教

---

① 上海师范学院古籍整理组校点：《国语》，上海古籍出版社，1978 年，第 528 页。

② 王小盾：《诗六义原始》，第 266 页。

③ 新出土资料背景下楚地学术概况可参李锐《战国中晚期至秦汉的学术转型》，李锐《战国秦汉时期的学派问题研究》，北京师范大学出版社，2011 年，第 243－260 页。

本之功能，一方面仍然保留语言训练的痕迹。另一方面，《耆夜》简文中德性和政治悟性的教化目的更为明显。因此，《耆夜》很可能是“声教”衰落而“义教”独行的战国时代产物。战国时代文人以西周故事为背景，融入古诗编撰而成。

如若《耆夜》最终在楚地成文，说明楚人有目的地编撰过诗教教本，这也印证了《国语》中楚人以“诗”教育贵族子弟的记载，而且此种教育“以义为用”。

第七章　由清华简论《诗经》在战国时代的编集和流传

《诗》的改编、结集和流传，是先秦《诗》学最重要的问题之一。清华简“诗”类文献成文的起讫年代上至西周，下至战国时代。因而，这几篇文献的内容为我们考察《诗》的编撰、结集和流传，提供了新的材料，值得细致而深入地研究。本章以先秦《诗》学为问题背景，从内容的分析，尤其是从简本与今本可对读诗文的研究出发，探究战国时代《诗》文本的流传和结集情况。

清华简“诗”类文献文体特征复杂，前几章的研究表明《耆夜》篇是当时贵族教育中的“诗教”教本，《周公之琴舞》和《芮良夫毖》二篇具备一定的乐章特征，但在战国时代已经转变为儆毖色彩浓重的文献，充当着贵族教育的教本。四篇文献中的诗文与今本《诗》在形式与内容上高度相似。尤其是其中存在和今本《诗》近似的篇章内容，分别是《耆夜》篇的《蟋蟀》，可与《唐风·蟋蟀》整诗相对读；《周公之琴舞》篇成王儆毖的“二启”文辞，可与《周颂·敬之》整诗相对读。仔细分析这些可相对读的相似篇章，可以发现今本《诗》在诗文的文体特征、诗旨等方面改造的痕迹，也得以窥见《诗》在战国时代的编集和流传情况。

一、今本与简本《蟋蟀》之对比

现分别讨论几处与今本近似的诗文，再次列今本与简本《蟋蟀》的对比于下。(见表7－1)

表 7－1　今本与简本《蟋蟀》诗文及韵部对照表

唐风·蟋蟀	耆夜·蟋蟀
蟋蟀在堂（阳），岁聿其莫（铎）。 今我不乐（药），日月其除（鱼）。 无已大康（阳），职思其居（鱼）。 好乐无荒（阳），良士瞿瞿（鱼）。	蟋蟀在堂（阳），役车其行（阳）。 今夫君子（之），不喜不乐（药）； 夫日 □ □（/），□□□荒（阳）。 毋已大乐（药），则终以康（阳）， 康乐而毋荒（阳），是惟良士之旁旁（阳）。
蟋蟀在堂（阳），岁聿其逝（月）。 今我不乐（药），日月其迈（月）。 无已大康（阳），职思其外（月）。 好乐无荒（阳），良士蹶蹶（月）。	蟋蟀在席（铎），岁矞云落（铎）； 今夫君子（之），不喜不乐（药）； 日月其迈（月），从朝及夕（铎）， 毋已大康（阳），则终以祚（铎）。 康乐而毋荒（阳），是惟良士之瞿瞿（鱼）。
蟋蟀在堂（阳），役车其休（幽）。 今我不乐（药），日月其慆（幽）。 无已大康（阳），职思其忧（幽）。 好乐无荒（阳），良士休休（幽）	蟋蟀在舒（鱼），岁矞 □ □， □ □ □ □，□ □ □ □。 □ □ □ □，［从冬］及夏（鱼）。 毋已大康（阳），则终以思（鱼）。 康乐而毋忘（阳），是惟良士之瞿瞿（鱼）

简本与今本《蟋蟀》两诗的差异表现在三个方面。第一，韵脚和韵式不同；第二，用词、意段和句式不同；第三，诗旨不同。详述如下：

第一，韵脚和韵式不同。李学勤最早指出了简本与今本《蟋蟀》诗的韵脚差异。简本第一章押阳部韵，第二三章押鱼、铎部韵；而《唐风·蟋蟀》第一章押鱼、铎部韵，第二章押月部韵，第三章押幽部韵。[①] 两诗在文句上并非句句对应，而且简本每章末句的句式不像《唐风·蟋蟀》那样规整。陈致就李学勤早先公布的简本《蟋蟀》第二章立论，文中也对比分析两诗，认为简本《蟋蟀》的用韵较

① 李学勤：《论清华简〈耆夜〉的〈蟋蟀〉诗》，《中国文化》2011 年第 1 期，第 7－8 页。

毛诗《唐风·蟋蟀》松散，毛诗《唐风·蟋蟀》隔句押韵规整。[①] 以首章来说，毛诗《唐风·蟋蟀》共八小句，基本上是阳鱼两部互换，除第三小句不入韵以外，第二小句的“莫”字虽用铎部，但与鱼部属阴入对转；第二章八小句中，除第三小句不入韵以外，其他部分都是阳月两部互换，并且四字一小句，各大句间的韵式非常整齐。第三章与第二章相似，除第三小句不入韵以外，其他部分阳幽两部互换，各大句间的韵式整齐。

简本与今本的韵式明显迥异。简本与今本都由三章构成，结合王力《诗经》韵例的框架来解释[②]，简本第一章除第二大句，其他四大句的偶句押阳部韵。单句有残缺，但第一单句偶句和第五单句偶句押阳韵。第二章除第二大句，其他四句的偶句鱼铎通韵，第四、五单句偶句鱼铎阳通韵。第三章残缺较甚，但是第三、四、五偶句押鱼部韵，第四、五单句双句鱼阳通韵。对比之下，今本各章用韵整齐。除第二大句外，各章单句韵脚所押韵部相同，皆为阳部。偶句韵脚所押韵部三章变化三次，避免了重复。简本三章除了第二大句单偶句和第三大句单句外，无论单句还是偶句整体上鱼铎阳三部间通韵，给人在押韵上相对单一的感觉。而且各章韵式在第二大句被隔断，属于《诗》韵上的“连间韵”，连间韵存在前后对称均匀的正体，也有多寡不均、畸轻畸重的变体。[③] 简本即变体式连间韵。韵式与诗的音乐美直接相关[④]，比较而言，简本的韵式不如今本整齐且错落有致，其艺术优美性也不如今本。

第二，用词、意段和句式不同，以下先以表格形式呈现（见表7-2），左为今本，右为简本。

---

① 陈致：《清华简所见古饮至礼及〈郜夜〉中古佚诗试解》，《出土文献》第1辑，中西书局，2010年，第28页。

② 王力：《诗经韵读　楚辞韵读》，中国人民大学出版社，2004年，第47-68页。

③ 王显：《诗经韵谱》，商务印书馆，2011年，第103页。

④ 《诗经》韵式与音乐美之关系的综合研究，参见朱孟庭《诗经与音乐》第四章“《诗经》篇章形式与音乐”第三节“《诗经》韵式与乐音”，第185-202页。

表7－2 今本与简本《蟋蟀》意段类型分析表

<table>
<tr><th>今本</th><th>简本</th></tr>
<tr><td>Ⅰ式甲型</td><td>Ⅱ式甲型</td></tr>
<tr><td rowspan="2">（1）蟋蟀在堂，岁聿其A；
今我不乐，日月其B</td><td>（1）蟋蟀在E，役车其行</td></tr>
<tr><td>（2）今夫君子，不喜不乐；
夫日□□，□□□荒</td></tr>
<tr><td>（2）无已大康，职思其C；
好乐无荒，良士DD</td><td>（3）毋已大F，则终以G；
康乐而毋H，是惟良士之I</td></tr>
<tr><td>Ⅰ式乙型</td><td>Ⅱ式乙型</td></tr>
<tr><td>（1）蟋蟀在堂，役车其休；
今我不乐，日月其B</td><td>（1）蟋蟀在E，岁矞云J；
今夫君子，不喜不乐；
日月其迈，从K及L</td></tr>
<tr><td>（2）无已大康，职思其C；
好乐无荒，良士DD</td><td>（2）毋已大F，则终以G。
康乐而毋H，是惟良士之I</td></tr>
</table>

说明：①由于简本第三章残缺严重，可能存在第三型，这里暂列两型。

②表中以英文字母代指各章相同位置处用词的变换和差异。

③表中（1）（2）（3）代指“意段”的不同，详见下文分析

今本三章格式基本相同，两型的句子差异在于第三章“役车其休”与前两章的“岁聿其A”，句子完全不同。用词差异在于：第一句“岁聿其A”，“A”分别用词“莫”和“逝”。“莫”通“暮”，《豳风・七月》言“十月蟋蟀入我床下”，周历建子，十月为岁暮。“日月其B”，其中“B”分别用词“除”“迈”和“慆”。毛传：“除”训为“除去”。“迈”，“行也”。“慆”，“过也”。三词属近义词的代换。“职思其C”，其中“C”分别用词“居”“外”和“忧”。“职思其居”，郑笺云“当主思于所居之事，谓国中政令”。“外”，郑笺云“‘外’谓国外至四境”。“忧”，毛传：“忧者，可忧也”，郑笺：“谓邻国侵伐之忧。”“良士DD”，其中“DD”分别用词“瞿瞿”“蹶蹶”和“休休”。“瞿瞿”，毛传：“瞿瞿然顾礼义

也。”“蹶蹶”，毛传：“动而敏于事。”“休休”，毛传：“乐道之心。”①

“意段”即意义的段落，一章诗内可能有一个或者几个意义的段落。意段不同，韵式和诗义也可能不同。② 由今本文意来看，两型前后都存在前后两个意段。甲型第一个意段是“蟋蟀在堂，岁聿其莫/逝。今我不乐，日月其除/迈”。郑笺云：“是时农工毕，君可以自乐矣。今不自乐，日月且过去，不复暇为之。”“今我不乐”和“日月其除/迈”构成假设关系，意思是如果不及时行乐，时间就会逝去。第二个意段是“无已大康，职思其居/外。好乐无荒，良士瞿瞿/蹶蹶”。郑笺云：“君虽当自乐，亦无甚大乐，欲其用礼为节也，又当主思于所居之事，谓国中政令。”郑笺明显受该诗《诗序》影响，朱熹的说法则较为平易，“然其忧深而思远也，故方燕乐，而又遽相戒曰：今虽不可以不为乐，然不已过于乐乎？盍亦顾念其职之所居者，使其所好乐而无荒，若彼良士之长虑而却顾焉，则可以不至于危亡也”。③ 其说平实可从。乙型与甲型差异在于甲型“岁聿其A”在乙型中变为“役车其休”，如郑笺所言“役车休，农功毕，无事也”，“蟋蟀在堂，役车其休”比起“蟋蟀在堂，岁聿其A”，多出“役车休”这一个岁暮的现象，仍旧在以事实说明岁暮将至。朱熹《诗集传》在每首诗“分章系以赋比兴之名”，“赋者，直陈其事而直言之者也”。④《蟋蟀》首章后，朱熹即注明“赋也”，第二章第三章也是如此。⑤ 如此来看，三章两型前后都存在前后两个意段，第一个意段由蟋蟀在堂，岁暮将至，劝促及时行乐。第二个意段文意转折，虽然岁暮将至，当及时行乐，但又提醒乐而无荒。整体而言，诗旨有两层，不偏不倚，既劝促及时行乐，又提醒乐而无荒。

简本三章格式也基本相同，两型的句子差异在于第一章“役车其行”和后面两章“岁矞云J”不同，第一章“夫日□□”和第二章“日月其迈”不同。用词差异在于：第一章“蟋蟀在E”之“E”在三章中分别用词“堂”“席”“舒”。“席”，黄怀信释为“所铺之筵席”，符合《耆夜》故事背景。“舒”，整理者认为可读为“舍”或“序”，序是堂的东西墙⑥，此说可从。“堂”“席”和“舒”分

---

① 按，毛传“乐道之心”非严格的词义训诂。“休休”在安大简《诗经·蟋蟀》作“浮浮”，表示良士勇武之貌。安大简此处的用词在词义上接近“顾礼义”的“瞿瞿”和“敏于事”的“蹶蹶”。

② 王显：《诗经韵谱》，第74－75页。

③④⑤ 朱熹注，王华宝整理：《诗集传》，第78、3、78－79页。

⑥ 黄怀信：《清华简〈耆夜〉句解》，《文物》2012年第1期，第79页。

别指蟋蟀降于堂之后跳动到的不同位置，用词的变化避免了文辞的单一。“毋已大F”之“F”在三章中分别用词“乐”“康”，二词同义。“则终以G”之“G”在三章中分别用词“康”“祚”“愳（衢）”。“康”与“祚”同义。“愳”，表示通达之义。“康乐而毋H”之“H”在三章中分别用词“荒”“忘”，词义接近。“是惟良士之I”之“I”在三章中分别用词“旁旁”“瞿瞿”，“是惟良士之旁旁”，形容良士勇武的样子。“是惟良士之瞿瞿”，形容良士惊顾的样子。两句用词不同，文意却接近。乙型的“从K及L”在第二三章分别为“从朝及夕”和“［从冬］及夏”，分别从朝夕和冬夏这些周期性现象，意指人生当劳逸结合，适时行乐。

由简本文意来看，甲型有三个意段，乙型有两个意段，明显不对称。甲型第一个意段“蟋蟀在E，役车其行”，我们倾向解释为一种“兴”的文学笔法，郑司农对“兴”的定义为“兴者起也，取譬引类，起发己心，诗文诸举草木鸟兽以见意者，皆兴辞也”。朱自清曾总结《毛传》“兴”的两重特征，第一是发端，第二是譬喻。[①] 这个意段也符合上述“兴”的定义和特征，诗作者正是以蟋蟀发端起兴，联想到士卒驾驶役车，期望贵族武士保持勇武精神。从三章间的用词和意段的对称性来看，笔者怀疑这里的“行”的位置本来所用词当接近今本的“休”。[②] 有可能是《耆夜》的编撰者为了强调要保持勇武精神，故意改换为“行”。改换之后，“行”强调的不再是役车闲置的状态，反而是主动出行。

甲型第二个意段“今夫君子，不喜不乐。夫日□□，□□□荒”有残缺，暂不讨论。第三个意段“毋已大乐/康，则终以康/祚。康乐而毋荒/忘，是惟良士之方/惧”。“毋已大乐/康”与“则终以康/祚”前后两句构成条件关系，意在说明不要过度康乐，才能获得康祚。“康乐而毋荒/忘，是惟良士之方/惧。”又是在提醒乐而无荒，与第一个意段相呼应。“蟋蟀在E，役车其行”与“康乐而毋荒/忘，是惟良士之方/惧”首尾存在相呼应的文意，全篇诗旨的侧重不言而明。虽然劝促人生当有逸有劳，适时行乐。但更强调保持勇武精神，乐而无荒，才能获得康祚。

乙型由两个意段构成，与甲型相比，“役车其行”变为“岁矞云J”，第一个意

① 朱自清：《诗言志辨》，凤凰出版社，2008年，第57页。

② 按：安大简《诗经·魏风·蟋蟀》此处就作“休”。比较而言，《耆夜》这种“诗本事”的文本创作自由度大，而安大简《诗经》与《毛诗》的对比足以说明，这种经典在传播过程中完全将某词改为词义较远的异词，可能性小。因此，《蟋蟀》此处本作“休”的可能性大。安大简《蟋蟀》诗文参见安徽大学汉字发展与应用中心编，黄德宽、徐在国主编《安徽大学藏战国竹简（一）》，中西书局，2019年，第139页。

段“蟋蟀在E，岁矞云J；今夫君子，不喜不乐；日月其迈，从K及L”，这三句在文意上前后连接，从蟋蟀每年周期性出现的物候，再到岁星周期性地运行到一定位置[①]，君子也应该周期性地有劳有逸，有喜有乐。之后文意再次强调朝夕、冬夏这样现象的周期性。第二个意段“毋已大F，则终以G；康乐而毋H，是惟良士之I”，文意与甲型第三个意段相同，也是提醒保持勇武精神，乐而无荒，方能康祚。

学界对简本《蟋蟀》诗旨已有一定研究[②]，代表性看法如李学勤认为简文中周公作《蟋蟀》一诗除了表达适时欢乐之意，周公还提醒应该“康乐而毋荒”，保持戒惧。上文对意段的分析也说明，简本第一章三个意段，劝促人生当有逸有劳，适时行乐。但首尾两个意段明显在强调保持勇武精神，乐而无荒。第二、三章，第一个意段虽然劝促君子劳逸结合，但第二意段文意转折，强调主旨在于乐而无荒，方能康祚。所以，我们倾向认为简本不像今本那样在诗旨上不偏不倚，既劝促及时行乐，又提醒乐而无荒。简本诗旨的重心在于提醒乐而无荒，保持戒惧。

二、由《耆夜》论《国风》之改编和《诗序》之形成

（一）由简本《蟋蟀》论《国风》之改编

那么，简本与今本的关系应该是怎样的？陈致就简文《蟋蟀》与毛诗《唐风·蟋蟀》两个文本之间的关系提出三种可能。第一，简文《蟋蟀》是毛诗《唐风·蟋蟀》的前身，或者是更早的一个文本，而两个文本之间的诗行及文字差异是在传抄或者口头传播过程中产生的。如果真是这样的话，那么从简文《蟋蟀》到毛诗《唐风·蟋蟀》的过程中，除了有经过口头传播和书面传抄而造成的不经意的文本变化以外，简文《蟋蟀》更有可能是经过了文人刻意地加工而变为毛诗《唐风·蟋蟀》。第二，毛诗《唐风·蟋蟀》是简文《蟋蟀》的前身，或者是更早的一个文本，前者源于中原国家，后者是楚国文本，而用韵、语辞、异文异字的

---

① 此解释见李峰《清华简〈耆夜〉初读及其相关问题》，李宗焜主编《出土材料与新视野：第四届国际汉学会议论文集》，台北“中央研究院”，2013年，第478－479页。

② 详细回顾，可参本书第六章第二部分“由内容推论文本的构成”。

不同，则可能是由中原向楚国的传播过程中产生出来。第三，简文《蟋蟀》与毛诗《唐风·蟋蟀》是源自两个平行互不相干的文本，有各自的传播历史和各自的传播人群和范围。以上三种可能性从逻辑上说应该是均等的。[①] 李峰从文辞训释、历史背景等方面详细梳理了《耆夜》全文，着力对比了简本与今本《蟋蟀》，认为《耆夜》部分文辞完全合乎西周金文用辞习惯，可能有西周的源头。《唐风·蟋蟀》可能是在类似于简本《蟋蟀》的一首诗的基础上进行重新改编，使其符合《国风》其他诗篇的格式，从而收入《诗经》。[②] 李锐评述了有关《耆夜》成文时代、简本与今本《蟋蟀》关系等相关研究，提出简本与今本《蟋蟀》之间存在互为“族本”的关系。彼此之间“家族相似”，主题思想及主体内容相近。可能并没有处于众源流最先的“祖本”，只有一些“族本”，各系统之内才有可能存在“祖本”。两种《蟋蟀》之间，存在这种家族相似的关系，而且二者处于不同的源流系统。[③]

参考上述观点，笔者倾向认为简本和今本《蟋蟀》都是由一个文辞大致稳定的文本衍化而来，分别进入两个不同的流传系统，在两个不同流传系统中都经过了改编和加工。上文从韵式、用词和意段三方面的分析表明，两诗存在部分共通的用词、基本结构和主题思想。“蟋蟀在堂”“岁”“日月其迈”“役车”“乐而毋荒”这些要素是源头性的共用词句，三章而且每章由八至十个四言或五言句构成其最初的结构，“行乐但又乐而毋荒”是最初的主题思想或诗旨。

简本和今本分别进入两个不同的流传系统，在流传过程中都经过了改编和加工。简本所处流传系统的特色在于，保留了“岁聿其落”这些天象说法，而且“蟋蟀在堂/席/舒”用词相对丰富。今本的特色在于改编后，句式更加整齐，用韵错落有致。更明显的不同在于诗旨的不同。从最初“适时行乐但又乐而毋荒”的主题思想，分别衍生出两种诗旨。简本从蟋蟀、岁星、朝夕、冬夏这些周期性现象，促说贵族士人劳逸结合，适时行乐，但是不可过度康乐，应当乐而毋荒，不忘使命。而今本去除了岁星、朝夕、冬夏这些周期性天象，这可能是改编者不懂“岁聿云落”等天文知识所致；也可能是虽然明白这些知识，但是有意去除。从蟋蟀在堂、岁暮将至，劝促君子及时行乐，但也不可过度康乐，毋忘职责。比较而

① 陈致：《清华简中所见古饮至礼及〈郜夜〉古佚诗试解》，第28-29页。

② 李峰：《清华简〈耆夜〉初读及其相关问题》，第488-489页。

③ 李锐：《清华简〈耆夜〉续探》，《中原文化研究》2014年第2期，第59-61页。

言，今本的诗文内容复杂性减弱，言说对象由贵族士人扩大到一般君子士人，诗旨也具有一般的教化意义。

前辈学者如屈万里、余冠英等人曾经考察出《诗经》，尤其是《国风》，在用词、句式、用韵等方面经历过改编。[①] 我们的研究，也从侧面说明并印证《国风》在韵式、句式、用词等多个层面进行过改编，特别是用词的改编也会引起诗旨的变化。今本《蟋蟀》通过用词的改变，也使诗旨具有泛化的教育意义。这种方式的改编，可能是“诗”的“声”“义”分途后，重“义”的系统所作的有意改编。

（二）由《耆夜》论《诗序》之形成

《诗》经过多次编辑而成，《国风》编集入《诗》是在春秋时期[②]。这次的编集者应当不曾知晓《耆夜》诗本事，两个流传系统中对《蟋蟀》诗本事的看法自然也就不同。《蟋蟀》在《国风》列入《唐风》，《诗小序》说这是刺晋僖公的诗，《耆夜》却记载《蟋蟀》是周公所作。二者对诗篇作者和动机的记载完全不同。但是《耆夜》伐耆的故事背景多少和唐地又存在关联，这个问题该怎么解释？

战国时代为经典作“传”的风气兴盛，“传”之体裁主要传述经典文意，也记载古人事迹。[③] 给诗附会出诗本事，这也是战国时代作“传”风气的一种表现。[④]《诗序》[⑤] 也是这一风气的产物。《诗》中每篇诗前的《诗小序》往往点明各篇的诗旨，而且多以史实来说明该诗的创作背景和由来。徐复观认为先秦曾有一个叙述诗本事并发挥其大义之“传”。考虑到先秦诸多诗本事间存在的差异，尤其是同一首诗的多个诗本事也存在差异的情况，今有学者谨慎提出先秦可能存在多种《诗》传。[⑥]

---

① 屈万里：《论国风非民间歌谣的本来面目》，屈万里《书佣论学集》，开明书店，1969 年；余冠英：《关于改诗问题——讨论诗经文字曾否经过修改的一封信》，余冠英《古代文学杂论》，中华书局，1987 年。

② 《国风》入《诗》的历程，可参看刘毓庆、郭万金《〈诗经〉结集历程之研究》，第 74 – 84 页；马银琴《两周诗史》上编“西周诗史”，第 93 – 302 页。

③ 林庆彰：《传记之学的形成》，何志华、沈培等编《先秦两汉古籍国际学术研讨会论文集》，社会科学文献出版社，2011 年，第 15 – 16 页。

④ 按，五经及注之中除了《诗小序》的本事色彩浓厚外，《左传》相对《春秋》经文也可以“本事”观之，《左传》“论本事而作传”的现代研究，可参考张素卿《叙事与解释——左传经解研究》，书林出版公司，1998 年，第 86 – 99 页。

⑤ 历来对《诗》大序与小序区分，诗序的作者等研究，参见张西堂《关于毛诗序的一些问题》，张西堂《诗经六论》，商务印书馆，1957 年，第 116 – 140 页。

⑥ 曹建国：《论先秦两汉时期〈诗〉本事》，《文学遗产》2012 年第 2 期，第 42 页。

由《耆夜》和《诗小序》来推测，先秦确实有多种《诗》传或者诗本事的流传，《唐风·蟋蟀》的《诗小序》和《耆夜》分属不同的《诗》传。但是不同的《诗》传系统间存在一些共通的历史信息，《蟋蟀》与唐地有关这种认识应该很早即已存在。耆（黎）国本在尧之唐地，其地后来入于晋国。[①] 后来在不同的诗《传》那里，“《蟋蟀》与唐地有关”这则简略的诗本事信息经历了不同的发挥和改编。《耆夜》篇的作者将《蟋蟀》视作伐耆（黎）后周公所作，而《诗小序》则将其与某代晋国国君联系起来。

“序”是古今文献的重要组成部分，早期“序”强调对文本次序的揭示，这一特点很大程度上决定了《诗小序》的文本特征。后世“序跋”意义上的“序”源自刘向《叙录》，重点不再强调次第和条列，而侧重阐述每篇的创作意图；而早期的“序”，最为典型的当属《诗》《书》之“序”，实质是整体性、有次序性的“本事”合编。[②]

从今人的视角，学界习惯视《诗小序》为对各篇创作者和诗旨论说的合集，容易忽略的是《诗小序》核心的功能是为各“诗”的次序提供解释，而后才是论说其作者和创作目的。特别是作为《唐风》首篇的《蟋蟀》，《诗小序》对该篇的说法一定程度上受制于“揭示次序”这一目的。《蟋蟀》的《诗小序》言“《蟋蟀》，刺晋僖公也。俭不中礼，故作是诗以闵之，欲其及时以礼自虞乐也”[③]，魏源在《诗古微》中对此说有如下评价：

> 毛诗刺僖公、昭公，不过因《史记》谓唐叔至靖侯五世，无年可纪，而《年表》独起靖、僖以来，故《唐风》即始于僖侯（《史》作釐侯）。且《韩诗薛君章句》以“岁聿云莫”，喻君年岁已晚，而僖侯止十八年，未必即《韩诗》所指也。至以为有陶唐氏之遗风，则不过仍其土地，非能有康衢击壤之风，故诗皆刺俭非美俭，且非徒刺俭，直刺啬鄙耳。[④]

---

① 李学勤：《清华简〈郜夜〉》，《光明日报》2009 年 8 月 3 日第 12 版。

② 内山直树著，柳悦译：《汉代所见序文体例的研究——以〈说文解字·叙〉“叙曰”为中心》，曹峰主编《日本学者论中国哲学史》，华东师范大学出版社，2010 年，第 288 页。

③ 此序可能分三次编撰而成，参见王承略《〈诗序〉写作历程考论》，《文学遗产》2022 年第 2 期，第 41 页。

④ 魏源：《诗古微》，《魏源全集》第 1 册，岳麓书社，2004 年，第 423 页。

魏源这里所说《年表》当指《史记·十二诸侯年表》，《年表》有《左传》等史源依据。[①] 当代学界一般认为《诗小序》的成文早于《史记》，编撰者所据应当不是《年表》，而是与《年表》的史源相近的史料。《诗小序》为了在古史框架下为每一《国风》内部的诗篇次序提供合理的诠释，在很大程度上受制于所依的史料。《诗小序》所依托的历史记忆和史料较少，为之作“序”的人所据的史料中可能没有靖侯之前的纪年和事迹可寻。又考虑到《蟋蟀》是《唐风》首篇诗，其时代应当和晋国早期历史相关，在《诗小序》解释诗篇次序这种观念主导下，将《蟋蟀》成文时代安排在开始有纪年和事迹可寻的僖侯时期。下文“刺晋僖公俭不中礼”的说法，也只是作“序”的人根据自身对晋地风俗的粗浅了解，在美刺观念下给予的一种解读。

因此，《唐风·蟋蟀》的《诗小序》没有很强的史学可信度，其目的主要是为《唐风》的篇次提供一定的古史背景。就史料价值而言，《蟋蟀》的《诗小序》充其量是为晋国早期历史提供一种“以诗证史”的补充，但不能当作直接的史料去使用。

在“以诗证史”观念影响下，现代学界一些学者主张《诗小序》有一定史学价值，可以补充《史记》等书史料的缺环。然而，《诗小序》存在多重限制，特别是受制于“提示次序”这一编撰目的，《诗小序》中的许多古史建构是不能当做信史看待的。唯有认识到《诗小序》作为“序”的局限性，厘清各篇《诗小序》的编撰背景，才能更好认清《诗小序》史学价值的大小。

三、简本与今本《敬之》之对比

《周公之琴舞》成王所作“元启曰”开头的一篇诗与今本《诗经》的《敬之》篇可相对照，仔细对比，二者存在一些差异，先以表格形式对比。（见表7-3）

---

① 《十二诸侯年表》史源的相关研究，参见罗倬汉《史记十二诸侯年表考证》，商务印书馆，1934年；徐建委《文献考古：关于〈左传〉〈史记〉关系的研究》，商务印书馆，2021年，第115-147页。

表 7－3 今本与简本《敬之》诗文对照表

周颂・敬之	周公之琴舞・成王・元启
	元启曰：
敬之！	敬之！
敬之！	敬之！
天维显思，	天惟显帀，
命不易哉！	文非易帀。
无曰高高在上，陟降厥士，	毋曰高高在上，陟降其事，
日监在兹。	俾监在兹。
	乱曰：
维予小子，	
不聪敬止。	讫我夙夜不逸，儆之，
日就月将，	日就月将，
学有缉熙于光明。	学其光明。
佛时仔肩，示我显德行	弼持其有肩，指告余显德之行

今本“命不易哉”，简本作“文非易帀”。整理者注：“文，文德。”《周颂・武》“允文文王”，孔颖达疏释为“信有文德者之文王”。《国语・周语下》“夫敬，文之恭也”，韦昭注：“文者，德之总名也。”今本《敬之》作“命不易哉”。又，简本下文“九启”部分有“呜呼！弗敢荒德。德非惰帀，纯惟敬帀，文非懈帀，不坠修彦”。“文非懈帀”与元内启之“文非易帀”文意可能接近。

今本“命不易哉”从前后文意来看当指“天命不易”。《书・君奭》：

> 在我后嗣子孙，大弗克恭上下，遏佚前人光，在家不知天命不易。天难谌，乃其坠命。弗克经历，嗣前人，恭明德。

清代学者朱骏声《尚书古注便读》曾指明：

易，敭也，犹轻慢也。谌，信也。经，径也，犹行也，历过也。经历犹言更历知道也。言命不可慢易，天意难信，乃或出于不祥而坠命者，以弗能更事弗恭上下以继文武之明德也。[①]

《说文·攴部》："敭，侮也。"[②] 徐锴《系传》："敭，轻易之也。"[③]"敭"字应当是"轻易"之"易"的专用字，表示轻慢之义。朱骏声的说法基本可从，只是不可慢易的对象应当是天命。"命不易哉"从前后文意上来把握，其意当同于"天命不易"。各种讨论多将"易"视作"容易"之"易"，但"天命"或"文德"本身不存在难或易的问题，存在的只有人对"天命"或"文德"的态度。而且，轻慢义是由"难易"之"易"引申而来，表达的正是人的态度。

笔者在前文已经分析指出，《周公之琴舞》被西周以后人改动的痕迹较多，不排除是后人对西周天命观不了解的情况下，以自身所处时代的一些观念去做了使得文本"当代化"的改动。清华简《五纪》多次强调"文"这种德的重要性，反映出战国楚地思想中"文"再次被凸显，时人按照自己的理解，可能用熟悉的"文"替换了音近的"命"。[④]

今本"日监在兹"，简本作"卑监在兹"。"卑"整理者训为下，并指出"卑监在兹"，与上文"高高在上"相对。李学勤读"卑"为"俾"[⑤]，可从。沈培认为简文"陟降其事，俾监在兹"就是使"其事""监在兹"。"其事"即"其士"，如高亨《周颂考释》所说"厥士谓天之士。天之士者天之官吏、天之使者也"[⑥]。此外，周人早期观念中若以日月为天之使者，那么简文即说天派遣日月做使者，让它们去人间监察。今本"日监在兹"也有其合理之处，"陟降厥事，日监在兹"，郑笺："天上下其事，谓转运日月，施其所行，日月瞻视近在此也"。清代学者胡承珙认为"天上下其事，谓转运日月，施其所行"三句在解释"陟降厥事"，"日

① 朱骏声：《尚书古注便读》卷四中，华西大学国学丛书。
② 许慎撰，徐铉校定：《说文解字》，中华书局，1963 年，第 68 页。
③ 徐锴撰：《说文解字系传》，中华书局，1987 年，第 61 页。
④ 参见本书第二章"《周公之琴舞》集解"第 12 条。
⑤ 李学勤：《新整理清华简六种概述》，第 66 页。
⑥ 沈培：《〈诗·周颂·敬之〉与清华简〈周公之琴舞〉对应颂诗对读》，《出土文献与古文字研究》第 6 辑，上海古籍出版社，2015 年，第 319－326 页。

月瞻视近在此也”解释“日监在兹”，而且怀疑“日月瞻视近在此也”当为“日日瞻视近在此也”。[①] 林义光亦句解为“日日在此监观默佑吾所为之诸事”[②]。比较而言，简本与今本用词立意角度不同，皆可成立。

今本“不聪敬止”，简本作“不逸，敬之”。“不聪敬止”历来没有通顺的解读，郑笺云：“群臣戒成王以‘敬之敬之’，故承之以谦云：我小子耳，不聪达于敬之之意。”马瑞辰依《广雅》“聪，听也”，认为“不聪敬之”意为“听而警戒”。[③] 这两说皆显牵强。简本读为“不逸”，承接上文的“夙夜”，语义就通达多了。

今本“学有缉熙于光明”，简本作“斈（学）亓（其）光明”，斈，整理者认为也可读为“效”。李学勤读为“学”。[④]“缉熙”，毛传：“缉，继。熙，广大”。马瑞辰：“缉熙积渐广大以至于光明。”[⑥]简本和今本前文都有“日就月将”，已经表达了“积渐”之意。“学有缉熙于光明”，相比“日就月将”，语义稍显重复而且使全诗句式不谐，不如简本“学其光明”语义简明顺畅。“缉熙”也有与“光明”相近的意思[⑦]，我们怀疑二字可能是后人误加，或者如陈致所说的“孱入”。

今本“佛时仔肩”，简本作“弼持其有肩”。“佛时仔肩”一句难懂，郑笺：“佛，辅也。时，是也。仔肩，任也。”郑笺已经把大体意思说明白，唯独训“佛”为“辅”，“仔肩”为“任”，两种训诂古书中只此一见，较为可疑。唐兰和林义光甚至怀疑“仔”即“保”字，可训为“任”。[⑧] 简本“弼持其有肩”，“弼”，有辅佐义，“肩”，有“负担”义，“弼持其有肩”是成王希望上天能够帮助他担负天下重任。对比可知，简本用词直接明了，揭示出了比今本更清晰的文意。

以上多处差异的分析说明，简本在文意表达上稍胜于今本，而且句式更为稳定。但“文非易帀”的语义表达不如今本“命不易哉”恰当，可以说简本、今本二者各有优劣之处。那么简本《敬之》与今本《敬之》的关系是什么样的？能够说简本和今本之间有传承关系吗？这需要从《周颂》的编集和流传说起。

---

① 胡承珙：《毛诗后笺》，黄山书社，1999年，第1564页。

② 林义光：《诗经通解》，中西书局，2012年，第411页。

③⑥ 马瑞辰：《毛诗传笺通释》，中华书局，2012年，第1097页。

④ 李学勤：《新整理清华简六种概述》，第66页。

⑦ 向熹：《诗经词典》，四川人民出版社，1997年，第343页。

⑧ 林义光：《诗经通解》，第411页；唐兰：《殷虚文字记》，上海古籍出版社，2016年，第92页。

四、由简本《敬之》论《周颂》之结集和流传

现代学者傅斯年等人也曾怀疑毛诗《周颂》[1] 内部次第错乱。[2] 实际上，《左传》所载周初《大武》乐章内诗篇之序与《周颂》有差异，宋代朱熹、清代魏源等学者就曾因此而主张《毛诗》次第已失其旧。[3]《左传·宣公十二年》所载楚庄王的话：

> 武王克商，作《颂》曰："载戢干戈，载櫜弓矢。我求懿德，肆于时夏，允王保之！"又作《武》，其卒章[4]曰："耆定尔功"；其三曰："铺时绎思，我徂惟求定"；其六曰："绥万邦，屡丰年。"夫《武》，禁暴、戢兵、保大、定功、安民、和众、丰财者也，故使子孙无忘其章。[5]

其中《武》之卒章"耆定尔功"即毛诗《周颂·臣工之什·武》篇的末句；其三"铺时绎思，我徂惟求定"见于《周颂·闵予小子之什·赉》篇；其六"绥万邦，屡丰年"见于毛诗《周颂·闵予小子之什·桓》。这显示《大武》之次第与毛诗《周颂》不同。杜预对此的解释是"此三、六之数，与今本诗颂篇比不同，盖楚乐歌之次第"。[6]

《礼记·乐记》载孔子对《大武》舞容的次序描述为：

> 始而北出，再成而灭商。三成而南，四成而南国是疆，五成而分周公左召公右，六成复缀以崇。

---

① 毛诗《周颂》与先秦定本的《诗·周颂》在诗篇的次序上可能也有差异，郑玄、顾炎武等人曾有所考证，但文献不足以揭示出具体的差异，而且毛诗的整体框架应当不会有大的变动。本书所作讨论暂定今本《毛诗》能反映《诗》之概貌。对此问题的回顾，可参刘毓庆、郭万金《从文学到经学——先秦两汉诗经学史论》，华东师范大学出版社，2009 年，第 22 页。

② 傅斯年：《周颂说》，《中央研究院历史语言研究所集刊》第 1 卷第 1 期，1928 年。

③ 张素卿：《左传称诗研究》，台湾大学出版中心，1991 年，第 194－195 页。

④ 这里的"卒章"有误，当是"首章"，《诗集传》直言《周颂》之《武》是《大武》的首章，宋人所见《左传》尚未出错，此说见马瑞辰《毛诗传笺通释》，第 1089 页。

⑤⑥ 杜预注：《春秋左传集解》，上海古籍出版社，1977 年，第 590、604 页。

《大武》六成的用诗，清代以来对此多有研究[①]，各成用诗的研究虽有差异，但不少研究者认为分布于“臣工之什”和“闵予小子之什”的《武》《酌》《般》《赉》四诗曾经为大武乐章中四成的用诗。[②] 这意味着毛诗《周颂》中保留的《大武》用诗，可能已经次序散乱，或者是按照其他标准而排列。

《周颂》全部三十一首诗包括“臣工之什”和“闵予小子之什”。有学者主张“雅”“颂”之“什”本指周代宗庙歌舞的十幕歌舞剧。[③] 而《大武》乐章的研究说明毛诗《周颂》之“什”可能只保留了西周乐章的部分面貌，而非最初完整的乐章。《毛诗正义》对“什”的解释是：

> 而雅、颂篇数既多，不可混并，故分其积篇，每十为卷，即以卷首之篇为什长，卷中之篇皆统焉。[④]

这说明《诗》编订者主要根据诗义的相似相关性把十首诗编为“什”。[⑤]《大武》乐章的文辞在被编入《周颂》时，原有六成的次序被打乱。《周颂》的编订者也不曾见到《周公之琴舞》全部诗歌，只是根据诗义的相似性，把《敬之》一篇与其他几首诗一同列入《闵予之什》中，《闵予之什》内部的排列已不是最初乐章文辞的原貌。成王儆毖九首诗，甚至包括周公所作在内全部十首诗，可能是一场乐章中前后相续的诗，也可能如“闵予之什”一样，是后人根据诗义的相似性所作的重新编排。另一种可能是，“什”最迟确实指的是乐章，西周乐章的组合相对自

① 研究史的回顾可参见邓佩玲《〈诗经·周颂〉与〈大武〉重探——以清华简〈周公之琴舞〉参证》，《岭南学报》（复刊第四辑），上海古籍出版社，2015年，第221－226页。

② 孙作云：《诗经与周代社会研究》，中华书局，1966年，第239－272页。

③ 家井真著，陆越译：《〈诗经〉原意研究》，江苏人民出版社，2011年，第40页。

④ 毛亨传，郑玄笺，孔颖达疏，龚抗云等整理：《毛诗正义》，北京大学出版社，2000年，第647页。

⑤ 按，《毛诗》和海昏简《诗经》诸“什”内的诗篇篇目和排列次序差异说明“什”的诗篇组合相对自由，这大概率是后人对诗义理解的差异造成的诗组排列不同。同时，不同的“什”之间，仍然保留一些固定的诗组，这种固定的诗组不排除是早期乐章中相连续的诗篇。例如，《毛诗》的《甫田》《大田》《瞻彼洛矣》三篇相连，属于“北山之什”。三篇在海昏简《诗经》仍旧相连排列，却归属“甫田十篇”。而且，《毛诗》“白华之什”的“湛露”却紧随《瞻彼洛矣》，一起归属海昏简的“甫田十篇”。对毛诗和海昏简《诗经》篇组异同的研究，参见虞万里《由海昏简与熹平残石对勘论鲁、毛篇第异同——以〈小雅〉“〈嘉鱼〉〈鸿雁〉〈甫田〉”三什为中心》，《南洋中华文学与文化学报》第2期，第24－38页；冉雪立：《〈诗〉文本生成的“比篇”原则及其乐语渊源考论——以海昏简〈诗〉与〈毛诗〉所见“诗组”为线索》，《文学遗产》2025年第4期，第37－49页。

由，《敬之》确实亦曾被编入《闵予之什》乐章之中。

与《大武》乐舞的流传相伴随，其乐章的文辞也应该单独流传过。① 如果成王儆毖的九首诗，甚至包括周公所作在内的全部十首诗，最初确实是一场乐章中前后相续的诗，那么《周公之琴舞》的乐章文辞和《大武》乐章的文辞一样，曾经单独流传过。《左传·宣公十二年》所载楚庄王论《大武》之言虽未全部引用《大武》乐章的文辞，但从其对诗意的阐发可见其对乐章文辞的熟悉。这也间接说明在春秋中期的楚地有《大武》乐章文辞的单独流传。与《大武》相似，《周公之琴舞》所载乐章的文辞也是单独流传下来。至少在清华简书写成册的战国中期，《周公之琴舞》所载乐章文辞仍在单独流传。

《周颂》这些祭祖颂功的典礼用诗最初结集可能在春秋之前已经完成。② 从《左传》和《国语》引诗情况而言，《周颂》曾被多次单独称引，春秋中期之前，《周颂》曾长期单独流传。如《国语·晋语》载重耳过郑，郑文公不予礼遇，叔詹劝谏文公：

> 公子过郑，郑文公亦不礼焉。叔詹谏曰："……在《周颂》曰：'天作高山，大王荒之。'荒，大之也。大天所作，可谓亲有天矣。……"弗听。③

此处《周颂·天作》两句被径称《周颂》。此事发生于公元前 642 年，处春秋中期。

《左传》载鲁文公十五年（公元前 612），季文子引诗，《诗》与《周颂》同现。

> 齐侯侵我西鄙，谓诸侯不能也。遂伐曹，入其郛，讨其来朝也。季文子曰："……《诗》曰：'胡不相畏，不畏于天？'君子之不虐幼贱，畏于天也。在《周颂》曰：'畏天之威，于时保之。'不畏于天，将何能保？以乱取国，

---

① 朱金发：《先秦诗经学》，学苑出版社，2007 年，第 35－36 页。

② 有学者主张康王时期《颂》诗已初步编订，参马银琴《两周诗史》，第 135－144 页；也有主张《颂》编订于宣王时期，参刘毓庆、郭万金《〈诗经〉结集历程之研究》，第 73－77 页，刘毓庆、郭万金《从文学到经学——先秦两汉诗经学史论》，第 3－9 页。

③ 上海师范学院古籍整理组校点：《国语》，上海古籍出版社，1978 年，第 349－350 页。

奉礼以守，犹惧不终，多行无礼，弗能在矣！”[①]

随后的鲁宣公十一年（公元前598），晋郤成子所引《颂》诗已经以《诗》为名。

晋郤成子求成于众狄，众狄疾赤狄之役，遂服于晋。秋，会于欑函，众狄服也。是行也，诸大夫欲召狄。郤成子曰：“吾闻之：非德，莫如勤。非勤，何以求人？能勤有继，其从之也。《诗》曰：‘文王既勤止。’文王犹勤，况寡德乎？”[②]

“文王既勤止”见于《周颂·赉》，此处已径称为《诗》。在此之后诸多引诗用例中，引《颂》径直称作《诗》，成为惯例。[③] 这也侧面印证，《诗》在春秋晚期可能已有包含“风”“雅”“颂”的合订本。[④]

基于上述理由，我们初步认为在清华简书写的战国中期，《周公之琴舞》和《诗》皆在独立流传。又如裘锡圭所言：

清华简的主人，显然并未受到儒家《诗》《书》选本的影响。他所搜集的《诗》篇、《书》篇，绝大部分不见于儒家选本；即使是见于儒家选本的，其篇名也不相同，其文本也全都明显有异。[⑤]

我们无法知晓清华简的主人有没有看到当时已经在流传的《诗》文本，但至少知道他所搜集的诗文本与《诗》这种编订本不同。在东周时代，诗文本以多种方式流传着，既有合订本《诗》[⑥]，也有《周公之琴舞》这样的乐章文辞。

---

①② 杜预注：《春秋左传集解》，第504－505、578页。

③ 上述三条引诗用例的梳理参见马银琴《两周诗史》，第294、486页。

④ 《诗》的最终编订可参考赵逵夫《论〈诗经〉的编集与〈雅〉诗的分为“小”“大”两部分》，《河北师院学报（社会科学版）》1996年第1期，第82－84页；刘毓庆、郭万金《〈诗经〉结集历程之研究》，第80－83页；冈村繁著，陆晓光译《周汉文学史考》，上海古籍出版社，2002年，第43－46页。

⑤ 裘锡圭：《出土文献与古典学重建》，《光明日报》2013年11月14日第11版。

⑥ 《诗经》在战国时期的流传情况可参考董治安《关于战国时期“诗三百”的流传》，董治安《先秦文献与先秦文学》，齐鲁书社，1994年，第46－63页；马银琴《周秦时代〈诗〉的传播史》，社会科学文献出版社，2011年，第62－185页。从安大简和王家咀简两个战国时代《诗经》传本来看，最迟战国时代《国风》已经结集单独流传，“雅”“颂”亦可能单独流传过。

简本和今本《敬之》不一定存在传承的关系，今本《敬之》可能较早脱离原有的乐章文辞而独立，后被编集入《周颂》之中。二者在不同的文献中分别流传着，其中简本《敬之》和《周公之琴舞》整体一同亡佚，而今本《敬之》则在毛诗《周颂》中得以流传至今。

结　语

行文至此，必须要说：无论是文献疏证，还是学术史层面的研究，三篇仍有很大的研究空间，今后亟待深入。

就文献疏证的层面而言，《周公之琴舞》《芮良夫毖》和《耆夜》尚有难以读通之处。如《芮良夫毖》简4“䣭（猝）昆（惃）”之“猝”如何破读，具体有何所指，亟待我们的研究，三篇“诗”类文献中类似不明正读的地方还有不少。不少字词的训诂释读，特别需要与西周金文乃至《诗经》《尚书》和《逸周书》中具有相同时代语言风格的文献进行深入的对读，才能解读出符合时代语言特征和思想的结果。有些文段的解读需要建立在先秦史，尤其是对先秦诸多制度深入把握的基础之上，如宁镇疆对《芮良夫毖》的新解，就结合了西周“尚贤”制度和官人术。

学术史层面上的研究，也有较大研究空间。首先是诗与乐的关系问题。学界现有研究有不少讨论指出《周公之琴舞》本为乐章，但现有研究多是从“琴舞九卒”和启乱等外在术语的提示而展开的，深入乐章内部的细微研究较少。《周公之琴舞》除了“九卒”“启曰”和“乱曰”之外，还能不能发现更多的音乐背景和元素的线索？能否从《周公之琴舞》中看出东周时期诗乐分离的一些方式与手段？

就句式而言，《周公之琴舞》中存在相同句式的多次重复，不排除背后可能有相同曲调的重复。这要从前辈学者对《诗经》背后的曲调曲式的研究说起。杨荫浏《中国古代音乐史稿》中曾根据句式章法推测出《国风》和《雅》两类诗歌十种不同的曲式。[1] 例如，第一种是“一个曲调的重复”，《桃夭》为其代表：

桃之夭夭，灼灼其华。之子于归，宜其室家。
桃之夭夭，有蕡其实。之子于归，宜其家室。
桃之夭夭，其叶蓁蓁。之子于归，宜其家人。

第五种是“在一个曲调几次重复之前，用一个总的引子”，《召南·行露》为其代表：

（引子）厌浥行露，岂不夙夜，谓行多露。

（1）谁谓雀无角，何以穿我屋。谁谓女无家，何以速我狱。虽速我狱，室家不足。

（2）谁谓鼠无牙，何以穿我墉。谁谓女无家，何以速我讼。虽速我讼，亦不女从。

第八种是“两个曲调有规则地交互轮流，联成一个歌曲”，《大雅·大明》为其代表。

（第一调）明明在下，赫赫在上。天难忱斯，不易维王。天位殷适，使不挟四方。

（第二调）挚仲氏任，自彼殷商，来嫁于周，曰嫔于京。乃及王季，维德之行。大任有身，生此文王。

（第一调）维此文王，小心翼翼。昭事上帝，聿怀多福。厥德不回，以受方国。

（第二调）天监在下，有命既集。文王初载，天作之合。在洽之阳，在渭之涘。文王嘉止，大邦有子。

---

① 杨荫浏：《中国古代音乐史稿》，人民音乐出版社，1981 年，第 57－61 页。此外，朱孟庭在杨说基础上也有深入的分析，参见朱孟庭《诗经与音乐》第四章第一节“《诗经》章法与乐曲”，第 139－155 页。

《周公之琴舞》篇中多次出现一种“××其有×”的句式，分别是：

（1）简3：弼持其有肩。

（2）简4：用仇其有辟。

（3）简6：懋敷其有说。

（4）简7：亹亹其有家。

（5）简7：保监其有后。

（6）简7：丕宁其有心。

（7）简9：恒称其有若。

（8）简11：式克其有辟。

（9）简12：丕显其有位。

有学者已经对这种句式做过详细分析。① 重复性是音乐的重要特征。我们怀疑“××其有×”的句式在音乐层面就属于“一个曲调的重复”。

之所以要深入研究《周公之琴舞》的音乐背景和元素，还有一层意义在于《周公之琴舞》起初作为乐章实际使用过否。如果“琴舞九卒”和启乱等外在术语仅是后人很晚才加入的文字，那么该篇可能不曾被当作乐章使用过，可能一开始就被当作介于“诗”类文献与“书”类文献之间的文本去使用。如果该篇的文辞能够揭示出一些乐章的音乐特征，那么该篇起初可能确实是被当作乐章使用的，而且不排除在西周使用的可能性。

还有，学者多认为“诗”“乐”分离发生在东周，这一过程是如何发生的，现有研究囿于材料没有深入讨论。傅斯年曾认为《周颂》零乱失了章节，但顾史考结合《周公之琴舞》主张这些诗可能本为散诗，《周公之琴舞》是周王在行礼时命令乐官组合而成，进而推论：

① 陈美兰：《〈清华大学藏战国竹简（叁）·周公之琴舞〉“××其有×”句式研究》，《中国文字》新40期，艺文印书馆，2014年，第19-40页。

> 王“作”儆毖，当然不能理解为王自己赋诗作乐，而只是王行礼时为了警戒多士而命令乐官组合一套诗而“琴舞”之，演奏而歌颂其“儆毖”之意。在此组合过程当中，乐官或将其中各首加以若干修改，以便使其各首之间有相对的一致性，让其所歌颂的意义能更有效地显露出来。值得注意的是，《敬之》的“维予小子”句，适可与《毛诗》中的《闵予小子》及《访落》中相同之句相应，而该句恰不见于《周公之琴舞》的版本；而后者在相当位置的一句“讫我夙夜”，亦恰可与同套诗第九章的“讫我敬之”相呼应，且其下接的一句“不逸敬之”，或亦恰与第三章的“不逸监余”相应，等等。凡是此种雷同之处，或可能即是乐官将散诗临时组合而相互修改以求一致的结果，乃至同诗的不同版本形成较为明显的差异。[①]

这种说法不无存在的可能。特别是《周颂·敬之》独有的“维予小子”与《闵予小子》及《访落》中相同位置之句相应，而《周公之琴舞》中《敬之》独有的“讫我夙夜”，又与简文九成的“讫我敬之”等处相呼应。这可能是古人在构造乐章或编辑《周颂》时有意而为之的行为。由此还可以推论，今本《周颂》不是“诗”“乐”完全分离的产物，一些诗句仍然保留着乐章的痕迹。

此外，如果将顾史考这种观点扩展开来而论，那么同一首诗在西周到春秋时期礼乐兴盛的时代是否可以被纳入不同乐章？还是一般只纳入某一固定的乐章？如果《周公之琴舞》反映某一乐章诗文辞的原貌，另一《闵予小子之什》的次第又是依据什么原则而排列？这些都可以在新出土文献的背景下，结合《诗经》学，进行全面的思考研究。

最后，在《诗经》成书与传播史方面，亦有继续研究的空间。如《耆夜》篇侧面说明了战国时代“诗本事”材料的丰富性。战国时代多种诗本事的来源、传播形式、与《左传》和《国语》等史料的比较，都是可以深入开展的研究方向。

---

① 顾史考：《清华简〈周公之琴舞〉及〈周颂〉之形成试探》，顾史考《上博等楚简战国逸书纵横览》，上海古籍出版社，2018 年，第 313 页。

参考文献

整理报告

荆门市博物馆编：《郭店楚墓竹简》，文物出版社，1998 年。

清华大学出土文献研究与保护中心编，李学勤主编：《清华大学藏战国竹简（一）》，中西书局，2010 年。

清华大学出土文献研究与保护中心编，李学勤主编：《清华大学藏战国竹简（三）》，中西书局，2012 年。

清华大学出土文献研究与保护中心编，黄德宽主编：《清华大学藏战国竹简（九）》，中西书局，2019 年。

清华大学出土文献研究与保护中心编，黄德宽主编：《清华大学藏战国竹简（十一）》，中西书局，2021 年。

清华大学出土文献研究与保护中心编，黄德宽主编：《清华大学藏战国竹简（十二）》，中西书局，2022 年。

安徽大学汉字发展与应用研究中心编，黄德宽主编：《安徽大学藏战国竹简（一）》，中西书局，2019 年。

重要古籍

班固著，颜师古注：《汉书》，中华书局，1964 年。

蔡沈：《书经集传》，上海古籍出版社，1980 年。

陈奂：《诗毛氏传疏》，商务印书馆，1935 年。

杜预注：《春秋左传集解》，上海古籍出版社，1977 年。

段玉裁：《说文解字注》，上海古籍出版社，1981 年。

伏生：《尚书大传》，《四部丛刊》影印陈寿祺《左海文集》本。

洪亮吉：《春秋左传诂》，中华书局，2004 年。

胡承珙：《毛诗后笺》，黄山书社，1999 年。

孔安国传，孔颖达疏，廖名春、陈明整理：《尚书正义》，北京大学出版社，2000 年。

毛亨传，郑玄笺，孔颖达疏，龚抗云等整理：《毛诗正义》，北京大学出版社，2000 年。

上海师范学院古籍整理组校点：《国语》，上海古籍出版社，1978 年。

孙星衍：《尚书今古文注疏》，中华书局，1986 年。

孙诒让：《周礼正义》，中华书局，1987 年。

王念孙著，张其昀点校：《广雅疏证》，中华书局，2019 年。

王引之：《经义述闻》，江苏古籍出版社，2000 年。

魏源：《诗古微》，《魏源全集》（第 1 册），岳麓书社，2004 年。

徐锴：《说文解字系传》，中华书局，1987 年。

许慎著，徐铉校定：《说文解字》，中华书局，1963 年。

荀况著，杨倞注：《荀子》，上海古籍出版社，1996 年。

郑玄注，孔颖达疏，龚抗云整理：《礼记正义》，北京大学出版社，2000 年。

朱骏声：《尚书古注便读》，华西大学国学丛书本，1935 年。

朱熹注，王华宝整理：《诗集传》，凤凰出版社，2007 年。

今人著作

陈复华、何九盈：《古韵通晓》，中国社会科学出版社，1987 年。

陈剑：《甲骨金文论集》，线装书局，2007 年。

陈梦家：《尚书通论》，中华书局，2005 年。

陈民镇：《有“文体”之前：中国文体的生成与早期发展》，上海古籍出版社，2019 年。

陈英杰：《西周金文作器用途铭辞研究》，线装书局，2008 年。

陈元锋：《乐官文化与文学：先秦诗歌史的文化巡礼》，山东教育出版社，1999 年。

陈致：《诗书礼乐中的传统：陈致自选集》，上海人民出版社，2012 年。

陈致主编：《简帛 · 经典 · 古史》，上海古籍出版社，2013 年。

邓佩玲：《〈雅〉〈颂〉与出土文献新证》，商务印书馆，2017 年。

董治安：《先秦文献与先秦文学》，齐鲁书社，1994 年。

杜勇：《清华简与古史探赜》，科学出版社，2018 年。

方孝岳：《中国文学批评》，生活 · 读书 · 新知三联书店，2007 年。

冯胜利：《汉语韵律诗体学论稿》，商务印书馆，2015 年。

甘怀真：《皇权、礼仪与经典诠释：中国古代政治史研究》，台湾大学出版中心，2004 年。

冈村繁著，陆晓光译：《周汉文学史考》，上海古籍出版社，2002 年。

葛晓音：《先秦汉魏六朝诗歌体式研究》，北京大学出版社，2012 年。

顾颉刚：《汉代学术史略》，人民出版社，2008 年。

顾史考：《上博等楚简战国逸书纵横览》，上海古籍出版社，2018 年。

郭沫若：《金文丛考》，科学出版社，2002 年。

郭锡良编著，雷瑭洵参订：《汉字古音表稿（增订本）》，中华书局，2023 年。

韩高年：《礼俗仪式与先秦诗歌演变》，中华书局，2006 年。

郝志达主编：《国风诗旨纂解》，南开大学出版社，1990 年。

何志华、陈雄根编著：《先秦两汉典籍引〈诗经〉资料汇编》，香港中文大学出版社，2004 年。

胡宁：《楚简逸诗:〈上博简〉〈清华简〉诗篇辑注》，上海古籍出版社，2018 年。

胡宁：《楚简诗类文献与诗经学要论丛考》，中华书局，2021 年。

黄德宽主编：《古文字谱系疏证》，商务印书馆，2007 年。

黄松毅：《仪式与歌诗：〈诗经 · 大雅〉研究》，中国传媒大学出版社，2010 年。

洪湛侯：《诗经学史》，中华书局，2002 年。

侯乃峰：《上博楚简儒学文献校理》，上海古籍出版社，2018 年。

季旭升主编：《清华大学藏战国竹简（壹）读本》，艺文印书馆，2013 年。

家井真著，陆越译：《〈诗经〉原意研究》，江苏人民出版社，2011 年。

姜昆武：《诗书成词考释》，齐鲁书社，1989 年。

蒋绍愚：《汉语历史词汇学概要》，商务印书馆，2015 年。

李零：《简帛古书与学术源流》，生活 · 读书 · 新知三联书店，2004 年。

李锐：《战国秦汉时期的学派问题研究》，北京师范大学出版社，2011 年。

李松儒：《清华简字迹研究》，山东画报出版社，2023 年。

李学勤：《拥篲集》，三秦出版社，2000 年。

李学勤：《重写学术史》，河北教育出版社，2002 年。

李学勤：《当代学者自选文库 · 李学勤卷》，安徽教育出版社，1999 年。

李学勤：《初识清华简》，中西书局，2013 年。

李学勤等：《出土简帛与古史再建》，经济科学出版社，2017 年。

廖序东：《楚辞语法研究》，商务印书馆，2006 年。

林义光：《诗经通解》，中西书局，2012 年。

刘光胜：《清华大学藏战国竹简（壹）整理研究》，上海古籍出版社，2016 年。

刘源：《商周祭祖礼研究》，商务印书馆，2007 年。

罗倬汉：《诗乐论》，“民国时期经学丛书”第 3 辑第 24 册，文听阁图书有限公司，2009 年。

刘毓庆、郭万金：《从文学到经学——先秦两汉诗经学史论》，华东师范大学出版社，2009 年。

逯钦立：《先秦汉魏晋南北朝诗》，中华书局，1983 年。

吕思勉：《吕思勉读史札记》，上海古籍出版社，1982 年。

贾连翔：《战国竹书形制及相关问题研究——以清华大学藏战国竹简为中心》，中西书局，2015 年。

马承源：《中国青铜器》（修订本），上海古籍出版社，2005 年。

马银琴：《周秦时代〈诗〉的传播史》，社会科学文献出版社，2011 年。

马银琴：《两周诗史》，社会科学文献出版社，2006 年。

蒙文通：《经史抉原》，巴蜀书社，1995 年。

裴学海：《古书虚字集释》，中华书局，1954 年。

裘锡圭：《古代文史研究新探》，江苏古籍出版社，1992 年。

裘锡圭：《中国出土古文献十讲》，复旦大学出版社，2008 年。

裘锡圭：《裘锡圭学术文集·金文及其他古文字卷》，复旦大学出版社，2012 年。

裘锡圭：《裘锡圭学术文集·简牍帛书卷》，复旦大学出版社，2012 年。

裘锡圭：《裘锡圭学术文集·甲骨文卷》，复旦大学出版社，2012 年。

屈万里：《书傭论学集》，开明书店，1969 年。

苏建洲：《楚文字论集》，万卷楼图书股份有限公司，2011 年。

孙力平：《中国古典诗歌句法流变史略》，浙江大学出版社，2011 年。

孙作云：《诗经与周代社会研究》，中华书局，1966 年。

谭家健：《先秦散文艺术研究》，齐鲁书社，2007 年。

王国维：《观堂集林》，中华书局，1959 年。

王健文：《奉天承运：古代中国的国家概念及其正当性基础》，东大图书公司，1995 年。

王坤鹏：《近出古书与早期诗学源流》，吉林大学出版社，2017 年。

王力：《诗经韵读　楚辞韵读》，中国人民大学出版社，2004 年。

王挺斌：《战国秦汉简帛古书训释研究》，中国社会科学出版社，2022 年。

王显：《诗经韵谱》，商务印书馆，2011 年。

王小盾：《中国早期艺术与宗教》，东方出版社，1998 年。

谢明文：《商周文字论集》，上海古籍出版社，2017 年。

徐宝贵：《石鼓文整理研究》，中华书局，2008 年。

徐建委：《文献考古：关于〈左传〉〈史记〉关系的研究》，商务印书馆，2021 年。

阎步克：《乐官与史官：传统政治文化与政治制度论集》，生活·读书·新知三联书店，2001 年。

杨博：《战国楚竹书史学价值探研》，上海古籍出版社，2019 年。

杨伯峻：《春秋左传注》，中华书局，1990 年。

杨树达：《词诠》，上海古籍出版社，2007 年。

杨荫浏：《中国古代音乐史稿》，人民音乐出版社，1981 年。

姚小鸥：《诗经三颂与先秦礼乐文化》，北京广播学院出版社，2000 年。

姚小鸥主编：《诗经与楚简诗经类文献研究》，商务印书馆，2022 年。

尹盛平：《西周微氏家族青铜器群研究》，文物出版社，1992 年。

余冠英：《古代文学杂论》，中华书局，1987 年。

俞志慧：《君子儒与诗教——先秦儒家文学思想考论》，生活·读书·新知三联书店，2005 年。

俞志慧：《古“语”有之——先秦思想的一种背景和资源》，华东师范大学出版社，2010 年。

张素卿：《左传称诗研究》，台湾大学出版中心，1991 年。

张富海：《古文字与上古音论稿》，上海古籍出版社，2021 年。

张桂光主编：《商周金文辞类纂》，中华书局，2014 年。

张晖：《中国“诗史”传统》，生活·读书·新知三联书店，2012 年。

张世超、孙凌安、李国泰等编：《金文形义通解》，京都：中文出版社，1996 年。

张西堂：《诗经六论》，商务印书馆，1957 年。

赵敏俐：《中国古代歌诗研究：从〈诗经〉到元曲的艺术生产史》，北京大学出版社，2005 年。

郑杰文：《穆天子传通解》，山东文艺出版社，1992 年。

周波：《战国时代各系文字间的用字差异现象研究》，线装书局，2013 年。

朱金发：《先秦诗经学》，学苑出版社，2007 年。

朱孟庭：《诗经与音乐》，文津出版社，2005 年。

朱自清：《诗言志辨》，凤凰出版社，2008 年。

宗福邦：《故训汇纂》，商务印书馆，2003 年。

今人论文

白于蓝：《〈清华大学藏战国竹简（三）〉拾遗》，《中国文字研究》第 20 辑，上海书店出版社，2014 年。

白于蓝：《清华简〈芮良夫毖〉6－8 号简校释》，《古文字研究》第 31 辑，中华书局，2016 年。

蔡伟：《读新见的出土文献资料札记二则》，复旦大学出土文献与古文字研究中心网，2012 年 12 月 24 日。

蔡先金：《清华简〈周公之琴舞〉的文本与乐章》，《西北师大学报（社会科学版）》2014 年第 4 期。

蔡一峰：《释古文字“觅”及相关问题考辨》，《文史》2023 年第 4 期。

蔡宗齐：《古典诗歌的现代诠释——节奏、句式、诗境（理论研究和〈诗经〉研究部分）》，《中国文哲研究通讯》第 20 卷第 1 期。

曹建墩：《清华简〈耆夜〉篇中的饮至礼考释二则》，罗运环主编《楚简楚文化与先秦历史文化国际学术研讨会论文集》，湖北教育出版社，2013 年。

曹建国：《论清华简中的〈蟋蟀〉》，《江汉考古》2011 年第 2 期。

曹建国：《清华简〈芮良夫毖〉试论》，《复旦学报（社会科学版）》2016 年第 1 期。

陈才：《清华简〈耆夜〉拾遗》，《历史文献研究》第 35 辑，华东师范大学出版社，2015 年。

陈晨：《上博、清华藏简文字札记》，《简帛》第 16 辑，上海古籍出版社，2018 年。

陈亨敦：《先秦出土文献所见乐舞单位名辑考》，《中国文字》2023 年夏季号，艺文印书馆，2023 年。

陈剑：《清华简〈皇门〉“䰞”字补说》，《出土文献与古文字研究》第 4 辑，上海古籍出版社，2011 年。

陈剑：《清华简“戾灾辠蛊”与〈芮良夫毖〉“烈假”“罪罟”合证》，《饶宗颐国学院院刊》第 2 期，中华书局（香港），2015 年。

陈剑：《清华简（伍）与旧说互证两则》，复旦大学出土文献与古文字中心网，2015 年 4 月 14 日。

陈剑：《〈容成氏〉补释三则》，《出土文献与古文字研究》第 6 辑，上海古籍出版社，2015 年。

陈剑：《清华简与〈周公之琴舞〉字词合证零札》，《出土文献与中国古代文明——李学勤先生八十寿诞纪念论文集》，中西书局，2016 年。

陈剑：《战国竹书字义零札两则》，《出土文献与古文字研究》第 10 辑，上海古籍出版社，2022 年。

陈美兰：《〈清华大学藏战国竹简（叁）·周公之琴舞〉“××其有×”句式研究》，《中国文字》新 40 期，艺文印书馆，2014 年。

陈鹏宇：《清华简〈芮良夫毖〉套语成分分析》，《深圳大学学报（人文社会科学版）》2014 年第 2 期。

陈伟：《也说清华竹书〈耆夜〉中的“夜爵”》，陈致主编《简帛·经典·古史》，上海古籍出版社，2013 年。

陈伟武：《读清华简〈周公之琴舞〉和〈芮良夫毖〉零札》，《清华简研究》第 2 辑，中西书局，2015 年。

陈英杰：《𤅊公盨铭文再考》，《语言科学》2008 年第 1 期。

陈致：《清华简所见古饮至礼及〈郜夜〉中古佚诗试解》，《出土文献》第 1 辑，中西书局，2010 年。

陈致：《清华简〈周公之琴舞〉中“文文其有家”试解》，《出土文献》第 3 辑，中西书局，2012 年。

程浩：《清华简〈耆夜〉篇礼制问题释惑——兼谈如何阅读出土文献》，《社会科学论坛》2012 年第 3 期。

程浩：《“书”类文献辨析》，《出土文献》第 8 辑，中西书局，2016 年。

程薇：《清华简〈芮良夫毖〉与周厉王时期的外患》，《出土文献》第 3 辑，中西书局，2012 年。

邓少平：《试说楚简中读为“散”的“戔”字》，《中国文字研究》第 17 辑，上海人民出版社，2013 年。

邓佩玲：《〈诗经·周颂〉与〈大武〉重探：以清华简〈周公之琴舞〉参证》，《岭南学报》（复刊第 4 辑），上海古籍出版社，2015 年。

邓佩玲：《读清华简〈耆夜〉所见古佚诗小识》，陈致主编《简帛·经典·古史》，上海古籍出版社，2013 年。

邓佩玲：《〈清华三·周公之琴舞〉“非天諡德”与〈周颂〉所见诫勉之辞》，《汉语言文字研究》第 1 辑，上海古籍出版社，2014 年。

邓佩玲：《谈清华简〈芮良夫毖〉“毖”诗所见之诤谏——与〈诗〉及两周金文之互证》，《清华简研究》第 2 辑，中西书局，2015 年。

杜勇：《从清华简〈耆夜〉看古书的形成》，《中原文化研究》2013 年第 6 期。

董志翘、洪晓婷：《〈清华大学藏战国竹简（壹、贰）〉中的介词“于”和“於”——兼谈清华简的真伪问题》，《语言研究》2015 年第 3 期。

凡国栋：《先秦“顾容”礼钩沉》，《史林》2009 年第 4 期。

范常喜：《上博五〈鲍叔牙与隰朋之谏〉“诘盟”新释》，《古文字研究》第 30 辑，中华书局，2014 年。

方建军：《论清华简“琴舞九絉”及“启、乱”》，《音乐研究》2014 年第 4 期。

冯胜君：《读清华简〈芮良夫毖〉札记》，《汉语言文字研究》第 1 辑，上海古籍出版社，2015 年。

冯胜君：《论郭店简〈唐虞之道〉〈忠信之道〉〈语丛〉（一～三）及上博简〈缁衣〉为具有齐系文字特点的抄本》，北京大学博士后研究报告，2004 年。

冯胜君：《从出土文献看抄手在先秦文献传布过程中产生的影响》，《简帛》第 4 辑，上海古籍出版社，2009 年。

伏俊琏、冷江山：《清华简〈郘夜〉与西周时期的“饮至”典礼》，《西北师大学报（社会科学版）》2011 年第 1 期。

复旦大学出土文献与古文字研究中心研究生读书会：《清华简〈耆夜〉研读札记》，复旦大学出土文献与古文字中心网，2011 年 1 月 5 日。

傅斯年：《周颂说》，《中央研究院历史语言研究所集刊》第 1 卷第 1 期，1928 年。

高中华、姚小鸥：《清华简〈芮良夫毖〉疏证（上）》，《中国诗歌研究》第 14 辑，社会科学文献出版社，2017 年。

高中华、姚小鸥：《周代政治伦理与〈芮良夫毖〉“谁適为王”释义》，《文艺评论》2016 年第 9 期。

高中正：《清华简“谧情”与今文〈尚书〉“密静”合证》，《出土文献》2021 年第 3 期。

葛晓音：《四言体的形成及其与辞赋的关系》，《中国社会科学》2002 年第 6 期。

龚鹏程：《舞一舞〈周公之琴舞〉》，《中国文化》第 53 期，2021 年。

顾史考：《清华简〈周公之琴舞〉成王首章初探》，《古文字研究》第 30 辑，中华书局，2014 年。

郭永秉：《清华简〈尹至〉“㑹至在汤”解》，《清华简研究》第 1 辑，中西书局，2012 年。

郭永秉：《释清华简中倒山形的“覆”字》，《中国文字》新 39 期，艺文印书馆，2013 年。

何家兴：《从清华简〈子仪〉谈春秋秦乐》，《中国文学研究》2018 年第 2 期。

侯乃峰：《战国文字中的“阜”》，《贵州师范大学学报（社会科学版）》2017 年第 1 期。

侯瑞华：《楚简“刈”字补论》，《出土文献》2021 年第 1 期。

胡敕瑞：《读〈清华大学藏战国竹简（三）〉札记之二》，清华大学出土文献研究与保护中心网，2013 年 1 月 5 日。

胡敕瑞：《读〈清华大学藏战国竹简（三）〉札记之三》，清华大学出土文献研究与保护中心网，2013 年 1 月 7 日。

胡敕瑞：《读〈清华大学藏战国竹简（三）〉札记之四》，清华大学出土文献研究与保护中心网，2013 年 1 月 7 日。

黄德宽：《略论新出战国楚简〈诗经〉异文及其价值》，《安徽大学学报（哲学社会科学版）》2018 年第 3 期。

黄国辉：《清华简〈厚父〉新探——兼谈用字和书写之于古书成篇与流传的重要性》，《清华大学学报（哲学社会科学版）》2016 年第 3 期。

黄怀信：《清华简〈耆夜〉句解》，《文物》2012 年第 1 期。

黄杰：《初读清华简（三）〈周公之琴舞〉笔记》，简帛网，2013 年 1 月 5 日

黄杰：《再读清华简（三）〈周公之琴舞〉笔记》，简帛网，2013 年 1 月 14 日。

黄杰：《清华简〈芮良夫毖〉补释》，《简帛研究》（2015 秋冬卷），广西师范大学出版社，2015 年。

黄甜甜：《〈周公之琴舞〉初探》，《深圳大学学报（人文社会科学版）》2013 年第 6 期。

黄甜甜：《论清华简〈耆夜〉所见的周代“乐语”》，韩国《中国言语学》第 65 辑。

黄甜甜：《试论清华简〈周公之琴舞〉与〈诗经〉之关系》，《中原文化研究》2015 年第 2 期。

黄甜甜：《清华简所见西周“德”观念发微》，《哲学与文化》2021 年第 3 期。

黄益飞：《试说西周金文中的“对”字》，《青铜器与金文》第 3 辑，上海古籍出版社，2019 年。

黄泽钧：《出土文献“书类文献”判别方式讨论》，出土文献与尚书学研究国际学术研讨会，上海大学，2018 年 9 月。

季旭升：《〈周公之琴舞〉“周公作多士儆毖”小考》，《清华简研究》第 2 辑，中西书局，2015 年。

季旭升：《〈清华简（壹）·耆夜〉研究》，《古文字与古代史》第 3 辑，台北“中研院”史语所，2012 年。

季旭升：《〈毛诗·周颂·敬之〉与〈清华三·周公之琴舞·成王作敬毖〉首篇对比研究》，《古文字与古代史》第 4 辑，台北“中研院”史语所，2015 年。

季旭升：《〈清华三·周公之琴舞·成王敬毖〉第三篇研究》，《东海中文学报》第 29 期，2015 年。

季旭升：《〈清华三·周公之琴舞·成王敬毖〉第四篇研究》，《古文字研究》第 30 辑，中华书局，2014 年。

季旭升：《〈清华三·周公之琴舞·成王敬毖〉第五篇研究》，《中国文字》新 40 期，艺文印书馆，2014 年。

季旭升：《〈清华三·周公之琴舞·成王敬毖〉第六篇研究》，《兴大中文学报》第 38 期，2015 年。

季旭升：《〈清华三·周公之琴舞·成王敬毖〉第七篇研究》，《中国文字》新 42 期，艺文印书馆，2016 年。

季旭升：《〈清华三·周公之琴舞·成王敬毖〉第八篇研究》，《台北大学中文学报》第 18 期，2015 年 9 月。

贾连翔：《浅谈竹书形制现象对文字识读的影响——以清华简几处文字补释为例》，《出土文献》2020 年第 1 期。

江林昌：《清华简与先秦诗乐舞传统》，《文艺研究》2013 年第 8 期。

江林昌：《清华简〈祝辞〉与先秦巫术咒语诗》，《深圳大学学报（人文社会科学版)》2014 年第 2 期。

蒋文:《清华简〈周公之琴舞〉“周公作多士儆毖”诗解义——兼及出土及传世文献中几例表“合于刑”义的“刑”》,《出土文献与古文字研究》第 8 辑,上海古籍出版社,2019 年。

柯鹤立:《试论〈周公之琴舞〉中“九成”奏乐模式的意义》,《清华简研究》第 2 辑,中西书局,2015 年。

柯鹤立:《诗歌作为一种教育方法:试论节奏在〈周公之琴舞〉诫“小子”文本中的作用》,清华大学出土文献研究与保护中心编《出土文献与中国古代文明——李学勤先生八十寿诞纪念论文集》,中西书局,2016 年。

柯鹤立:《周代的“明心”:一种统治工具》,李峰、施劲松主编《张长寿、陈公柔先生纪念文集》,中西书局,2022 年。

匡腊英、杨怀源:《〈周公之琴舞〉“孝隹滔帀”解》,《重庆三峡学院学报》2017 年第 3 期。

李炳海:《试论〈周公之琴舞〉中九絉的内涵及价值》,《斯文》第四辑,社会科学文献出版社,2019 年。

李存智:《郭店与上博楚简诸篇阳声韵通假关系研究》,《台大中文学报》第 30 期,2009 年 6 月。

李辉:《〈周公之琴舞〉“启 + 乱”乐章结构探论》,《文史》2020 年第 3 期。

李家浩:《清华竹简〈耆夜〉的饮至礼》,《出土文献》第 4 辑,中西书局,2013 年。

李均明:《〈蟋蟀〉诗主旨辨——由清华简“不喜不乐”谈起》,《出土文献》第 4 辑,中西书局,2013 年。

李零:《论𤔲公盨发现的意义》,《中国历史文物》2002 年第 6 期。

李零:《〈西伯勘黎〉的再认识——读清华简〈耆夜〉篇》,陈致主编《简帛・经典・古史》,上海古籍出版社,2013 年。

李锐:《清华简〈耆夜〉续探》,《中原文化研究》2014 年第 2 期。

李山:《西周穆王时期诗篇创作考》,《中国古典文献学丛刊》第 7 卷,2009 年。

李守奎:《〈周公之琴舞〉补释》,《出土文献研究》第 11 辑,中西书局,2012 年。

李守奎:《先秦文献中的琴瑟与〈周公之琴舞〉的成文时代》,《吉林大学社会科学学报》2014 年第 1 期。

李守奎：《汉代伊尹文献的分类与清华简中伊尹诸篇的性质》，《深圳大学学报（人文社会科学版）》2015 年第 3 期。

李守奎：《楚文献中的教育与清华简〈系年〉性质初探》，《出土文献与古文字研究》第 6 辑，上海古籍出版社，2015 年。

李松儒：《谈清华简中“倒山”形字》，《文献语言学》第 16 辑，中华书局，2023 年。

李学勤：《周武王、周公的饮至诗歌》，《光明日报》2009 年 8 月 3 日第 12 版。

李学勤：《清华简九篇综述》，《文物》2010 年第 5 期。

李学勤：《从清华简谈到周代黎国》，《出土文献》第 1 辑，中西书局，2010 年。

李学勤：《清华简与〈尚书〉〈逸周书〉的研究》，《史学史研究》2011 年第 2 期。

李学勤：《新整理清华简六种概述》，《文物》2012 年第 8 期。

李学勤：《论清华简〈周公之琴舞〉“疐天之不易”》，《出土文献研究》第 11 辑，中西书局，2012 年。

李学勤：《论清华简〈周公之琴舞〉的结构》，《深圳大学学报（人文社会科学版）》2013 年第 1 期。

李学勤：《再读清华简〈周公之琴舞〉》，《绍兴文理学院学报（哲学社会科学版）》2014 年第 1 期。

李学勤：《有关春秋史事的清华简五种综述》，《文物》2016 年第 3 期。

李峰：《清华简〈耆夜〉初读及其相关问题》，李宗焜主编《出土材料与新视野：第四届国际汉学会议论文集》，台北“中研院”，2013 年。

廖名春：《“慎”字本义及其文献解读》，《文史》2003 年第 3 期。

廖名春：《清华简〈周公之琴舞〉与〈周颂·敬之〉篇对比研究》，《深圳大学学报（人文社会科学版）》2013 年第 6 期。

林庆彰：《传记之学的形成》，何志华、沈培等编《先秦两汉古籍国际学术研讨会论文集》，社会科学文献出版社，2011 年。

刘成群：《清华简〈郜夜〉与尊隆文、武、周公——兼论战国楚地之〈诗〉学》，《东岳论丛》2010 年第 6 期。

刘成群：《清华简〈乐诗〉与“西伯戡黎”再探讨》，《史林》2009 年第 4 期。

刘光胜：《由清华简谈文王、周公的两个问题》，《东岳论丛》2010 年第 5 期。

刘光胜：《清华简〈耆夜〉考论》，《中州学刊》2011 年第 1 期。

刘光胜：《同源异途：清华简〈书〉类文献与儒家〈尚书〉系统的学术分野》，《中国高校社会科学》2017 年第 2 期。

刘丽文：《清华简〈周公之琴舞〉与孔子删〈诗〉说》，《文学遗产》2014 年第 5 期。

刘乐贤：《也谈清华简〈芮良夫毖〉跟“绳准”有关的一段话》，《清华简研究》第 2 辑，中西书局，2015 年。

刘晓晗：《“司慎”续考》，《简帛》第 26 辑，上海古籍出版社，2023 年。

刘源：《试论西周金文“帅型祖考之德”的政治内涵》，王兴尚主编《周秦伦理文化与现代道德价值国际学术研讨会论文集》，陕西人民出版社，2008 年。

刘立志：《周公作诗传说的文化分析》，《南京师大学报（社会科学版）》2010 年第 2 期。

禄书果：《从清华简〈诗〉类文献看先秦楚地〈诗〉教特征》，《武汉大学学报（哲学社会科学版）》2018 年第 5 期。

罗新慧：《“帅型祖考”和“内得于己”：周代“德”观念的演化》，《历史研究》2016 年第 3 期。

罗新慧：《周代威仪辨析》，《北京师范大学学报（社会科学版）》2017 年第 6 期。

马芳：《也谈〈清华简·周公之琴舞〉与“孔子删诗”问题——兼与谢炳军博士商榷》，《中州学刊》2016 年第 7 期。

马楠：《清华简〈郜夜〉礼制小札》，《清华大学学报（哲学社会科学版）》2009 年第 5 期。

马楠：《试说〈周公之琴舞〉“右帝在路”》，《出土文献》第 4 辑，中西书局，2013 年。

马楠：《〈芮良夫毖〉与文献相类文句分析及补释》，《深圳大学学报（人文社会科学版）》2013 年第 1 期。

马银琴：《〈周公之琴舞〉与〈周颂·敬之〉的关系——兼论周代仪式乐歌的

制作方式》,《清华大学学报（哲学社会科学版）》2019 年第 2 期。

米雁:《清华简〈耆夜〉〈金縢〉研读四则》，简帛网，2011 年 1 月 10 日。

宁镇疆:《早期“官人”之术的文献源流与清华简〈芮良夫毖〉相关文句的释读问题》,《出土文献》第 13 辑，中西书局，2018 年。

宁镇疆：《由清华简〈芮良夫毖〉之“五相”论西周亦“尚贤”及“尚贤”古义》,《学术月刊》2018 年第 6 期。

宁镇疆：《由它簋盖铭文说清华简〈周公之琴舞〉“差寺王聪明”句的解读——兼申“成王作”中确有非成王语气〈诗〉》,《出土文献》2020 年第 4 期。

裘锡圭:《说“夜爵”》,《出土文献》第 2 辑，中西书局，2011 年。

裘锡圭:《出土文献与古典学重建》,《光明日报》2013 年 11 月 4 日第 11 版。

裘锡圭、陈剑:《说“徇”“謏”》，朱庆之、汪维辉、董志翘、何毓玲编《汉语历史语言学的传承与发展——张永言先生从教六十五周年纪念文集》，复旦大学出版社，2016 年。

单育辰:《清华三〈诗〉〈书〉类文献合考》,《清华简研究》第 2 辑，中西书局，2015 年。

沈培:《〈诗·周颂·敬之〉与清华简〈周公之琴舞〉对应颂诗对读》,《出土文献与古文字研究》第 6 辑，上海古籍出版社，2015 年。

沈培:《由清华简〈四告〉申论周人所言“懿德”的内涵》，复旦大学出土文献与古文字研究中心网，2020 年 12 月 5 日。

沈培:《试说清华简〈芮良夫毖〉跟“绳准”有关的一段话》,《出土文献与中国古代文明研究——李学勤先生八十寿诞纪念论文集》，中西书局，2016 年。

石小力:《清华简〈周公之琴舞〉“文非易帀”解》,《出土文献》第 7 辑，中西书局，2015 年。

宋华强:《清华简校读散札》，简帛网，2011 年 1 月 10 日。

苏建洲:《初读清华三〈周公之琴舞〉〈良臣〉札记》，简帛网，2013 年 1 月 18 日。

苏建洲:《释战国时期的几个“蔑”字》,《古文字研究》第 30 辑，中华书局，2014 年。

苏建洲:《楚简中与“沈人”有关的字词关系考察》，陈斯鹏主编《汉语字词关系研究》第 2 辑，中西书局，2021 年。

苏建洲：《清华简〈四告〉考释三则——“嬰”“盍”“到”》，《中国文字》2022 年夏季号，艺文印书馆，2022 年。

苏建洲：《〈清华三 · 芮良夫毖〉研读札记》，《中国文字》新40 期，艺文印书馆，2014 年。

苏建洲：《说〈芮良夫毖〉及“柏室门器”的“管”》，《出土文献与中国古代史》第 1 辑，中西书局，2021 年。

孙飞燕：《〈蟋蟀〉试读》，《清华大学学报（哲学社会科学版）》2009 年第 5 期。

孙飞燕：《清华简〈周公之琴舞〉与〈诗经 · 周颂〉的性质新论》，杨振红、邬文玲主编《简帛研究二〇一四》，广西师范大学出版社，2014 年。

孙飞燕：《清华简〈周公之琴舞〉补释》，《考古与文物》2018 年第 6 期。

孙世洋：《周代史官的“类诗家”功能与〈诗经〉早期传述状态初探》，《中国诗歌研究》第 11 辑，社会科学文献出版社，2015 年。

孙永凤：《清华简〈周公之琴舞〉集释》，硕士学位论文，吉林大学，2015 年。

王坤鹏：《清华简〈芮良夫毖〉篇笺释》，简帛网，2013 年 2 月 26 日。

王坤鹏：《清华简〈芮良夫毖〉学术价值新论》，《孔子研究》2017 年第 4 期。

王宁：《清华简〈耆夜〉中的“耆”和“夜”》，简帛研究网，2009 年 10 月 29 日。

王鹏程：《“清华简”武王所戡之“黎”应为“黎阳”》，《史林》2009 年第 4 期。

王瑜桢：《〈清华大学藏战国竹简（叁）· 芮良夫毖〉释读》，《出土文献》第 6 辑，中西书局，2015 年。

王瑜桢：《〈清华三 · 芮良夫毖〉“頪”字考——兼释“盭和庶民”》，《彰化师大国文学志》第 30 期，2015 年 6 月。

王占奎：《清华简〈耆夜〉名义解析》，简帛网，2012 年 4 月 8 日。

王志平：《清华简〈周公之琴舞〉乐制探微》，《出土文献》第 4 辑，中西书局，2013 年。

王志平：《清华简〈耆夜〉中与音乐有关的术语“终”》，罗运环主编《楚简楚文化与先秦历史文化国际学术研讨会论文集》，湖北教育出版社，2013 年。

王志平：《“夔”字补释》，《出土文献综合研究集刊》第 13 辑，巴蜀书社，

2021 年。

邬可晶：《清华简〈芮良夫毖〉简 18 的“恭监享祀”》，复旦大学出土文献与古文字研究中心网，2013 年 2 月 7 日。

邬可晶：《读清华简〈芮良夫毖〉札记三则》，《古文字研究》第 30 辑，中华书局，2014 年。

邬可晶：《“咸有一德”探微》，复旦大学出土文献与古文字研究中心、耶鲁－新加坡国立大学学院陈振传基金汉学研究委员会编《出土文献与中国古典学》，中西书局，2018 年。

邬可晶：《说清华简〈芮良夫毖〉“其罚时尚其德型宜利”》，《汉字汉语研究》2021 年第 4 期。

吴良宝：《再论清华简〈书〉类文献〈郘夜〉》，《扬州大学学报（人文社会科学版）》2015 年第 2 期。

吴祺：《说楚简中的“覞”字》，《南开语言学刊》2024 年第 1 期。

吴洋：《从〈周颂·敬之〉看〈周公之琴舞〉的性质》，《出土文献研究》第 12 辑，中西书局，2013 年。

吴雪飞：《清华三〈周公之琴舞〉补释》，简帛网，2013 年 1 月 17 日。

夏含夷：《〈诗〉之祝诵——三论“思”字的副词作用》，《清华简研究》第 2 辑，中西书局，2015 年。

谢炳军：《〈诗经〉的结集及其对〈周公之琴舞·敬之〉的选编——答徐正英先生》，《中州学刊》2016 年第 2 期。

谢炳军：《再议“孔子删〈诗〉”说与清华简〈周公之琴舞〉——与徐正英、刘丽文、马银琴商榷》，《学术界》2015 年第 6 期。

徐建委：《〈左传〉早期史料来源与〈风诗序〉之关系》，《文学遗产》2012 年第 2 期。

徐在国：《〈诗·周南·葛覃〉“是刈是濩”解》，《安徽大学学报（哲学社会科学版）》2017 年第 5 期。

徐正英、马芳：《清华简〈周公之琴舞〉组诗的身份确认及其诗学史意义》，《复旦学报（社会科学版）》2014 年第 1 期。

徐正英：《清华简〈周公之琴舞〉组诗对〈诗经〉原始形态的保存及被楚辞

形式的接受》，《文学评论》2014 年第 4 期。

徐渊：《从清华简〈耆夜〉饮至礼典推测其成书年代》，《古典学志》第 1 辑，广州出版社，2021 年。

姚小鸥、杨晓丽：《〈周公之琴舞·孝享〉篇研究》，《中州学刊》2013 年第 7 期。

姚小鸥：《〈清华大学藏战国竹简·芮良夫毖·小序〉研究》，《中州学刊》2014 年第 5 期。

姚小鸥、孟祥笑：《试论清华简〈周公之琴舞〉的文本性质》，《文艺研究》2014 年第 6 期。

姚小鸥、高中华：《清华简〈芮良夫毖〉疏证（下）》，《中国诗歌研究》第 15 辑，社会科学文献出版社，2018 年。

姚小鸥、李文慧：《〈周公之琴舞〉“视日”“视辰”与商周天道观之传承》，《中原文化研究》2022 年第 2 期。

颜崑阳：《论文体与文类的涵义及其关系》，《清华中文学报》2007 年第 1 期。

颜伟明、陈民镇：《清华简〈耆夜〉集释》，复旦大学出土文献与古文字研究中心网，2011 年 9 月 20 日。

杨鹏桦：《清华简（叁）断读献疑三则》，《简帛研究》（2015 秋冬卷），广西师范大学出版社，2015 年。

杨秀芳：《从词汇史角度看“关楗”“管籥”“锁钥”的关系》，《台大文史哲学报》第 69 期。

叶国良：《清华简〈耆夜〉的饮酒方式》，《中国经学》第 22 辑，广西师范大学出版社，2018 年。

尉侯凯：《倗戈“用燮不廷”解》，《中国国家博物馆馆刊》2018 年第 7 期。

赵敏俐：《〈周公之琴舞〉的组成、命名及表演方式蠡测》，《文艺研究》2013 年第 8 期。

赵平安：《说“役”》，《语言研究》2011 年第 3 期。

赵平安：《〈芮良夫诐〉初读》，《文物》2012 年第 8 期。

赵平安：《谈谈出土文献整理过程中有关文字释读的几个问题——以清华简的整理为例》，《深圳大学学报（人文社会科学版）》2012 年第 2 期。

赵平安：《“京”“亭”考辨》，《复旦学报（社会科学版）》2013 年第 4 期。

赵平安：《再论所谓倒山形的字及其用法》，《深圳大学学报（人文社会科学版）》2014 年第 2 期。

赵思木：《从清华简〈耆夜〉谈“明”字的一种特殊含义》，《古籍整理研究学刊》2016 年第 4 期。

张宝三：《传世文献在新出土简帛资料研究之运用检讨——以〈诗经〉为例》，《简帛》第 4 辑，上海古籍出版社，2009 年。

张富海：《清华简字词补释三则》，《古文字研究》第 31 辑，中华书局，2016 年。

张富海：《清华简零识四则》，《古文字研究》第 32 辑，中华书局，2018 年。

张富海：《上古汉语 -ps > -ts 音变在战国文字中的反映》，《出土文献与古文字研究》第 8 辑，上海古籍出版社，2019 年。

张富海：《“冘”“甚”的谐声类及相关古文字释读》，《管子学刊》2023 年第 4 期。

张峰：《楚简诗类文献与孔子删〈诗〉》，《北方论丛》2024 年第 1 期。

张怀通：《商周礼容考论》，《古代文明》2016 年第 2 期。

张利军：《清华简〈周公之琴舞〉与周公摄政》，《中国史研究》2018 年第 1 期。

章宁：《“书”类文献刍议》，《史学史研究》2019 年第 1 期。

周凤五：《郭店竹简的形式特征及其分类意义》，武汉大学中国文化研究院编《郭店楚简国际学术研讨会论文集》，湖北人民出版社，2000 年。

周鹏：《清华简〈芮良夫毖〉“訞訛”与“柔訛”解》，《古文字论坛》第 2 辑，中西书局，2016 年。

朱德威：《〈芮良夫毖〉集释》，硕士学位论文，吉林大学，2017 年。

朱凤瀚：《读清华楚简〈金縢〉兼论相关问题》，陈致主编《简帛·经典·古史》，上海古籍出版社，2013 年。

朱腾：《从君主命令到令、律之别：先秦法律形式变迁史纲》，《清华法学》2020 年第 2 期。

“子居”：《清华简〈耆夜〉解析》，《学灯》第 20 期（网络版），2011 年 10 月 1 日。

“子居”：《清华简〈芮良夫毖〉解析》，孔子 2000 网，2013 年 2 月 24 日。